중국, 미국 그리고 동아시아

중국, 미국 그리고 동아시아

신흥 강대국의 부상과 지역질서

김재철 지음

한울
아카데미

머리말

'중국의 부상과 그 파급효과'는 현 시기 국제정치의 가장 핵심적인 관심사 가운데 하나다. 특히 중국의 부상은 우리가 살고 있는 동아시아에 가장 직접적이고 분명한 영향을 끼칠 것으로 기대된다. 관심의 초점은 부상하는 중국이 기존 질서에 도전함으로써 갈등과 충돌을 촉발시킬 것인지에 주어진다. 이 책은 중국의 부상이 끼치는 영향이 기존 이론이 제시하는 것처럼 분명하기보다 복합적임을 제시한다. 중국의 부상으로 동아시아에서 경쟁이 증대되고 대치국면마저 출현했지만, 충돌을 회피하고 협력을 유지하려는 노력 또한 전개된다.

이 책은 중국의 부상에 관해 짧지 않은 기간에 진행된 저자의 관찰과 고민을 담고 있다. 저자는 대학에 자리를 잡은 다음 해인 1997년 '중국의 등장과 동아시아 정치·경제질서'라는 프로젝트를 주도한 바 있다. 당시 그 모습을 드러내기 시작한 중국의 성장이 초래할 파급효과를 사전에 파악하고 싶었기 때문이다. 구소련의 붕괴로 미국이 패권적 지위를 확립했다는 인식이 지배적이던 상황에서 추진된 이 프로젝트는 '지나치게 과감한' 것으로 인식되었다. 현지 조사를 위해 방문했던 베이징에서 만난 한국의 한 고위 외교관은 중국의 '등장'(지금 사용되는 '부상'이 아님을 주목할 것)을 이야기하는 것마저도 성급하다는 점을 힘주어 강조했다. 그러나 저자가 느꼈던 더 큰 좌절은 기존 이론을 통해 중국의 등장이 가져올 파급효과를 이해하기가 쉽지 않다는 사실이었다. 패권안정론, 세력전이론, 그리고 장주기 이론(long cycle theory) 등 신흥 강대국의 부상에 관한 구조적 접근은 모두가 중국이 강대국으로 부상한 것을 전제로 한다. 따라서 오랜 시일이 소요될 수 있는 부상의 과정에서 중국이 취할 선택이나 이러한 선택이 초래할 파급효과를 이해하는 데는 크게 도움이 되지 않는다.

이후 저자는 방향을 바꿔 중국의 외교정책을 살펴봄으로써 중국의 부상이 가져올 변화를 파악하려 시도했다. 그러나 외교정책에 대한 검토 또한 중국의 부상이 국제질서에 끼칠 영향을 밝히는 지표로 유용하지 않을 수 있다는 사실이 곧 드러났다. 2000년대 초반까지만 해도 '다극화'를 통해 미국의 '패권'을 완화시키려 들었던 중국은 9·11 이후 미국의 관계 개선 노력에 호응하여 협력을 추구함으로써 외교정책의 방향과 관련한 가변성을 보여주었다. 이후 '평화적 부상'으로 상징되는 온건한 외교정책은 동아시아의 변화가 아닌 중국의 변화 가능성을 제시했지만, 세계금융위기 이후 나타난 공세적 전환은 중국 외교정책에 존재하는 불확실성을 다시 확인시켜주었다.

이러한 일련의 과정을 거치면서 저자는 중국의 부상이 동아시아에 끼칠 영향을 이해하기 위해서는 국제관계 이론에 대한 검토와 함께 부상하는 중국과 질서를 주도하는 미국의 정책을 고찰할 필요성을 절감했다. 아울러 저자는 중국과 미국의 정책에 존재하는 불확실성으로 인해 이 지역에 나타날 변화가 분명하고 일관되기보다 복합적이고 유동적일 가능성에도 주목했다. 이 점에서 이 책은 그동안 진행된 저자의 시행착오와 성찰을 반영한다. 이러한 사실은 이 책이 기존에 이루어진 저자의 연구 성과를 일부 담고 있다는 점에서도 확인되는데, 이에 관한 구체적인 사항은 해당 부분에서 밝히고 있다.

이 책과 관련하여 많은 사람들로부터 도움을 받았다. 우선, 2014년에 고인이 되신 장주기 이론의 창시자 조지 모델스키(George Modelski) 교수는 저자에게 국제정치에 대한 흥미를 일깨워주셨다. 저자가 그의 이론을 추종하는 것은 아니지만, 신흥 강대국의 부상에 대한 관심이나 시간의 흐름이라는 맥락 속에서 동아시아의 변화를 이해하려는 이 책의 시도는 노 교수의 가르침을 반영한다. 중앙대학교의 이혜정 교수와 국립외교원의 최우선 교수는 원고를 읽고 제언을 해주었고, KOTRA의 정환우 박사는 제2장에 사용된 그림을 작성하는 데 도움을 주었다. 한편 가톨릭대학교 국제학부의 류다희, 최다현, 김건은 주와 참고문헌을 다듬어주었으며 남궁진 조교와 김희영 조교도 자료 및 그림과 관련하여 수고를 아끼지 않았다. 가톨릭대학교 도서관의 장경숙 선생은 자료를 확보하는 데, 또 도서출판 한울의 김영은 편집자는 이 책의 편집과 관련하여 많은 도움을 주었다. 모두에게 감사드린다. 마지막으로 얼마 전 타계하신 어머님과 아내, 그리고 이제는 아이들이라고 표현하기 어려울 정도로 성장한 세영, 세원, 현우에게도 평소에 표현하지 못한 감사와 사랑의 마음을 전한다.

2015년 한여름에

김재철

차례

제1장 서론

동아시아는 세계 여러 지역 가운데서도 가장 분명하고 근본적인 변화를 경험하고 있다. 냉전이 종식된 후 상대적 안정을 누렸던 동아시아에 변화를 가져온 것은 중국의 부상이었다. 중국은 개혁개방 이후 30년 넘게 연평균 10%에 육박하는 놀라운 경제성장을 지속함으로써 국력을 획기적으로 증대시켰다. 2010년 일본을 제치고 세계 제2대 경제대국으로 등장했다는 사실이 중국의 급속한 부상을 잘 보여준다. 이러한 중국의 부상은 그동안 미국이 지배해온 동아시아 지역질서에 충격을 가하고 있다. 중국은 지역 국가들과의 적극적인 경제 교류를 통해 지역 내 경제질서를 자국 중심으로 재편했다. 중국은 이미 한국, 일본, 인도네시아, 베트남, 태국, 말레이시아, 미얀마 등 대다수 동아시아 국가의 최대 교역 대상국으로 등장함으로써 이 지역의 중추적 경제행위자로 작동해온 미국의 지위를 대체했다.

중국의 부상은 미국이 경제적 어려움을 겪고 있는 상황과 어우러지면서 파급효과를 더욱 증폭시켰다. 2008년에 발생한 미국발 금융위기는 미국의 국제적 지위에 충격을 가했다. 물론 미국이 현재 경험하고 있는 경제적 위기를 극복하고 다시 유일 초강대국으로서의 지위를 회복할 가능성을 근원적으로 배제할 수는 없지만, 중국이 성장을 계속하는 한 미국이 동아시아에서 과거에 누렸던 지배적 지위를 회복할 가능성은 크지 않다. 이러한 미국의 경제적 어려움이, 중국의 부상과 어우러지면서, 동아시아 지역에서 구조적 변화가 발생할 가능성을 증대시켰다. 지난 수년 동안 이 지역에서 영토 분쟁을 둘러싼 갈등이 제고되었다는 사실과 이를 둘러싼 미국과 중국 사이의 점증하는 대립이나 중국에 대한 대응을 둘러싼 지역 국가의 분열은 20년 가까이 안정을 누렸던 동아시아가 근본적인 변화의 시기에 진입했음을 보여준다.

동아시아에서 전개되고 있는 상황은 신흥 강대국의 부상이 지역질서를 변화시켰던 역사적 기억을 상기시킨다. 새롭게 부상하는 강대국은, 패권안정 이론이나 세력전이 이론과 같은 구조적 설명이 제시하듯,[1] 국제질서를 자신의 이익과 선호에 맞게 조정하려 들었다. 가령 미국은 19세기에 먼로 독트린을 통해 아메리카 대륙에서 유럽 세력을 축출하고 자국 중심의 질서를 구축한 바 있다. 20세기의 독일과 일본 또한 자국이 속한 지역에서 주도권을 구축하려 한 바 있다. 이러한 역사적 경험은 급속하게 부상하는 중국이 동아시아 질서를 자국 중심으로 재편하려 들 가능성에 주목하게 한다. 중국이 근대 이전의 동아시아 질서를 주도했다는 사실 또한 부상하는 중국이 동아시아 지역질서의 재편을 추구할 가능성에 힘을 보탠다.

실제로 중국은 동아시아 지역질서를 변화시킬 가능성을 보여줬다. 개혁개방을 통해 국제체제 속으로 편입된 이후 융합과 일치(接軌)를 강조했던 중국은 2008년 세계금융위기가 발발한 이후 자국의 이익을 적극적으로 표출하고 또 증대된 힘을 활용하여 이를 구현하려는 공세적 행태를 드러냈다. 구체적으로 중국은 2010년 서해상에서의 한·미연합훈련을 자국의 안보를 위협하는 것으로 규정하고 거부하려 했으며 남중국해와 동중국해에서의 영토 분쟁과 관련해서도 이익을 확장적으로 규정하고 이를 증대된 역량을 통해 관철시키려 들었다. 2011년을 고비로 잠시 주춤해졌던 중국의 공세적 행태는 시진핑(习近平) 체제가 출범한 후 동중국해에 방공식별구역(ADIZ)을 선포하고 중국에 대한 근접 정찰 행위를 제어하려는 시도 등을 통해 다시 그 모습을 드러냈다. 이러한 사실은 급속하게 부상하는 중국이 기존 질서를 수용하는 것을 넘어 동아시아 질서의 변화를 추구할 가능성을 제기한다.

그러나 현실적으로 중국의 부상이 동아시아 질서에 영향을 끼치는 유일한 요인은 아니다. 미국의 존재와 역할 또한 동아시아 질서의 변화 여부를 이해하는 데 중요하다. 잘 알려진 것처럼 미국은 동아시아에서 자국 중심의 양자동맹체제를 통해 주도권을 장악하고 유지해왔다. 미국이 한국, 일본, 필리핀, 태국 등과 양자적 차원에서 체결한 안보조약과 기지협정은 미국이 이 지역에서 주도권을 장악하고 유지하는 토대로 작용했다.[2] 여기에 더해 동아시아 국가의 주요 시장으로서 미국이 지닌 경제적 영향력 또한 이 지역에서 패권을 유지시키는 데 기여했다.

물론 동아시아에서 미국의 상대적 지위가 지속적으로 약화되어온 것은 부인하기 어려운 사실이다. 1985년 플라자 협약(the Plaza Accord) 이후 강화된 엔화의 영향력에 힘입은 일본 기업들이 동남아시아에 적극적으로 투자하면서 지역 내 통합이 가속화된 바 있다. 더 거대한 충격은 중국의 부상에 의해 촉발되었다. 중국이 부상함에 따라 그동안 미국에 의존해온 지역 국가들이 새롭게 주요 경제행위자로 등장한 중국과의 관계를 강화하려 들었다. 여기에 더해 2008년 발생한 금융위기는 미국의 상대적 지위를 더욱 약화시켰다. 그러나 이러한 경제적 어려움에도 불구하고 미국은 이 지역에서 주도권을 유지하려는 의지를 보인다. 금세기 들어 진행된 테러와의 전쟁으로 중동과 아프가니스탄에 전략적 초점을 집중시켰던 미국은 중국의 부상에 대응하기 위해 아시아 태평양 지역으로 그 초점을 이동시켰다. 2011년에 공식화된 아시아로의 재균형(rebalancing)이라는 미국의 선택은 중국의 부상으로 변화의 가능성이 증대된 동아시아 지역에서 자국의 주도권과 영향력을 유지하겠다는 선언이었다.

재균형으로 대변되는 미국의 회귀는 동아시아 질서의 향방에 중요한 영향을 끼친다. 당장 미국의 재균형은 일부 동아시아 국가들로 하여금 미국과의 관계를 강화함으로써 중국의 부상에 대응하는 전략을 추구하도록 작용한다. 미국이 재균형을 천명한 후 일본과 필리핀 등 지역 국가들은 중국과의 갈등을 제고시켰다. 미국과의 연계 강화가 이 국가들로 하여금 중국에 대해 강경한 정책을 취하도록 작용한 것이다. 이러한 사실은 미국의 존재와 정책이 여전히 지역 국가의 선택에 영향을 끼침을 보여준다. 다시 말해 이 지역의 현상을 유지하려는 미국의 시도가 중국이 동아시아 질서를 변화시킬 가능성을 제어한다. 이는 동아시아 지역질서가 부상하는 중국의 선택뿐 아니라 미국의 정책에 의해서도 영향을 받을 것임을 제시한다.

그렇다면 중국의 부상과 미국의 재균형이 동아시아 지역질서에 끼치는 영향은 무엇인가? 과연 중국은 지역의 질서를 재편하려 들며 이 과정에서 미국과의 충돌도 불사하는가? 또 미국은 부상하는 중국을 봉쇄하려 시도하는가? 이러한 중국과 미국의 정책에 지역 국가는 어떻게 반응하며 그 결과로 형성된 동아시아에서의 상호작용은 어떤 모습을 띠는가? 동아시아에서 충돌은 불가피할 것인가? 아니면 긴장과 대치에도 불구하고 협력은 계속될 것인가? 이 책은 이러한 질문들을 검토하려는 시도이다.

이러한 노력은 중국의 부상이 동아시아에 끼치는 파급효과뿐 아니라 변화의 시기에 들어선 동아시아의 현상을 진단하고 또 향후의 진로를 전망하는 데도 기여할 것이다. 경제적 활력으로 인해 동아시아의 중요성은 크게 증대되었다.[3] 동시에 동아시아는 세계 강대국의 이익이 가장 집중적으로 교차되는 지역이기도 하다. 이 책은 이처럼 중요성이 증대된 동아시아에서 새로운 질서를 둘러싸고 충돌이 발생할 것인지 아니면 협력을 통해 새로운 질서에 대한 합의가 도출될 수 있을 것인지 이해하는 데 기여하고자 한다.

1. 기존 논의

중국의 부상과 그로 인해 초래될 동아시아 질서의 변화에 관한 논의는 매우 다양한데, 크게 세 가지로 구분할 수 있다. 첫 번째는 동아시아가 부상하는 중국을 중심으로 재편될 것이라는 주장이고, 두 번째는 중국과 미국이 지역질서를 둘러싸고 경쟁을 펼칠 것이라는 주장이며, 마지막 시각은 중국과 미국 사이의 협력과 현 질서의 유지 가능성을 강조한다.

1) 중화질서론

중국이 급속하게 부상하고 있고 또 전통시기 중국이 동아시아에서 위계적 국제질서를 구축하고 주도했었다는 사실은 중국의 급속한 부상이 전통적 중화질서 또는 중국이 중심이 되는 질서의 부활로 이어질 것이라는 주장을 촉발시켰다. 다시 말해 중국의 부상은 동아시아에서 전통적 질서와 유사한 위계적 질서를 부활시킬 것이라는 논리이다. 이러한 주장은 다시 2개의 부류로 구분이 가능하다. 우선 새뮤얼 헌팅턴(Samuel Huntington)은 문명충돌론의 시각에서, 동아시아 국가들이 중국을 견제(balancing)하기보다 중국에 편승(bandwagoning)할 가능성을 제기한다. 그는 유럽식 패권전쟁이나 힘의 균형 체제는 아시아에 이질적이라는 전제하에 중국이 패권적 지위를 회복함에 따라 아시아가 서구의 침입으로 시작되었던 시대를 마감

하고 과거의 모델로 회귀할 것이라고 규정한다.[4]

다음으로 서던캘리포니아대학의 데이비드 강(David Kang)은 구성주의적 시각에서 중국 중심의 질서가 출현할 가능성을 제기한다.[5] 그는 동아시아 국제관계를 이해하기 위해서는 아시아 국가의 역사적 정체성을 이해하는 것이 중요하다고 강조한다. 과거의 역사에서 중국은 지역의 패권국이었고 다른 국가들은 이를 수용했다. 그는 이러한 역사적 정체성이 향후 동아시아 질서를 형성하는 데 중요하게 작용할 것으로 규정한다. 다시 말해 동아시아 국가들은 역사적 신념으로 인해 중국이 중심 국가로 다시 부상하는 것을 자연스러운 현상으로 본다는 것이다. 그 결과 지역 국가들은 중국의 부상에서 위협보다 기회를 더 크게 느끼며, 따라서 현실주의자들의 주장과 달리 부상하는 중국을 견제하기보다 수용(accommodating)하려 든다. 즉, 동아시아 국가들이 결국 중국을 따르게 될 것이고 따라서 동아시아에서 중국을 중심으로 하는 위계적 질서가 창출될 것이라는 주장이다.

이러한 그의 주장은 중국이 대외정책을 공세적으로 전환하고 이에 따라 중국에 대한 지역 국가들의 의구심이 제고된 후에도 지속된다. 그는 동아시아 국가의 국방비가 25년 사이 최저 수준으로 떨어졌다는 사실을 들어 동아시아 국가들이 여전히 중국을 견제하려 하지 않는다는 주장을 이어갔다. 구체적으로 스톡홀름국제평화연구소(Stockholm International Peace Research Institution)의 자료에 따르면, 아세안 6개국의 경우 국방비가 GDP에서 차지하는 비중이 냉전 막바지인 1988년 3.5%에 달했던 데서 2012년 2% 이하로 감소했으며 중국과 영토 분쟁을 진행 중인 베트남의 경우에도 7.1%에서 2.4%로 급격하게 하락했다. 한편, 한국과 일본의 국방비는 1988년 144억 달러와 460억 달러였던 데서 2012년 310억 달러와 590억 달러로 각각 118%와 29% 증가했지만 중국의 국방비 증강 추세에는 미치지 못했다.[6] 이러한 수치가 아시아 국가들 사이에서 중국에 대한 위협의식이 증대되지 않았음을 보여준다는 주장이다.

강의 주장이 현실과 완전히 배치되는 것은 아니다. 동아시아에서 협력과 발전을 내세운 중국의 '매력공세(charm offensive)'는 세계금융위기가 발생하기 전까지만 해도 중국에 대한 우려를 완화시키고 심지어 '중국열(China fever)'을 창출하기도 했다.[7] 여기에 더해 조지 부시(George W. Bush) 대통령 시기에 추진된 미국의 일방주의적 외교정책 또한 중국에 대한 경제적 의존이 높아진 동아시아 국가들로 하여금 미국으로부터의 자주성을 확보하려는 노력을 더욱 강화하도록 작용함으로써 이 지역에서 미국의 비중을 현저히 약화시켰다. 동아시아에서 중국 중심의 질서가 창출될 것이라는 전망과 우려를 촉발시키기에 충분한 변화였다.

그러나 최근 동아시아에서 발생한 또 다른 변화는 이 지역에서 여전한 미국의 영향력과 중국의 취약성을 보여줌으로써 중국의 부상이 동아시아를 중국 중심으로 재편시킬 것이라는 기대가 성급한 것임을 제시했다. 세계금융위기 이후 나타난 중국의 공세적 외교정책은 동아시아에서 중국과 지역 국가 간의 갈등을 촉발시키고, 중국에 대한 의구심과 위협의식도 다시 불러일으키는 결과를 초래했다. 아울러 중국과 지역 국가들 사이의 갈등은 미국에 동아시아로 회귀할 기회를 제공했다. 일부 지역 국가들이 미국의 재균형에 적극적으로 호응함에 따라 중국은 이 지역에서 외교적 고립을 경험하게 되었고 그 결과 중국이 지배하는 질서가 출현할 가능성은 크게 약화되었다. 이는 동아시아 국가들이 중국을 두려워하지 않는다거나 중국에 대한 견제정책을 추구하지 않으려 한다는 주장과 분명하게 대비된다. 나아가 이러한 사실은 중국을 대하는 지역 국가의 입장이 확고하기보다 중국이 취하는 정책에 의해 영향을 받으며, 따라서 유동적임을 보여준다.

2) 주도권 경쟁론

현실주의자들은 중국의 부상이 동아시아의 주도권을 둘러싼 경쟁을 촉발시키고 심지어 충돌을 불가피하게 할 것이라는 주장을 제기한다. 가령 존 미어샤이머(John Mearsheimer)는 권력에 대한 끊임없는 추구가 강대국 간의 경쟁을 불가피하게 한다는 공세적 현실주의에 근거하여 중국의 부상으로 인해 미국과 중국 사이의 경쟁이 불가피해질 것이라고 규정한다. 그는 중국이 고도성장을 지속할 경우 증대된 경제력을 활용하여 군사력을 증강시키려 들 것이고 또 미국이 아시아에 개입하는 것을 수용하지 않을 것이라고 주장한다. 다시 말해 중국은 미국이 19세기 아메리카 대륙에서 그랬던 것처럼 동아시아 지역에서 외부세력인 미국을 밀어내려 할 것이라는 지적이다. 이러한 중국의 시도는 다른 국가로 하여금 중국을 봉쇄하도록 작용할 것으로 간주된다. 특히 미국이 동아시아에서 중국이 패권을 장악하는 것을 방지하기 위해 노력할 것이고 한국, 일본, 인도, 그리고 심지어 러시아도 이러한 노력에 합류할 것으로 제시된다.[8]

세력전이 이론 또한 중국의 부상이 미국과의 충돌을 야기할 것임을 제시한다. 이 이론에 따르면 수정주의적 신흥 강대국의 부상은 전쟁의 위험을 제고시킨다. 전쟁의 가능성은 신흥 강대국이 국제체제의 지배국가를 따라잡을 때 최고조에 달하는데, 이 경우 지배국가가 부상하는 국가를 제어하려 들거나 신흥 강대국이 새로운 질서로의 이행을 추구하게 됨에 따라 충돌이 발생한다. 이러한 논리에 따르면 중국의 부상은 국제체제에 더 많은 불안을 촉발시킬 것이며 심지어 질서를 둘러싼 미·중 사이의 충돌 또한 배제하기 어렵다.[9]

중국 내에서도 중국과 미국이 양극체제를 형성하고 경쟁하게 될 것이라는 주장이 제기된다. 대표적으로 칭화(清华)대학의 옌쉐퉁(阎学通)은 2023년까지 중국과 미국이 양강체제를 형성하게 될 것이라고 주장한다.[10] 그는 중국이 2018~2020년경에 경제규모에서 미국을 추월하게 될 것이고 군사력에서도 2023년까지는 격차를 대폭 축소시키게 될 것이라고 전망한다. 비록 그가 중국과 미국 간의 패권경쟁 가능성을 직접적으로 제기하지는 않지만 양국 간 국력 격차가 축소됨에 따라 안보 딜레마가 분명해질 것이고 동아시아에서 주도권을 둘러싼 경쟁 또한 불가피할 것으로 제시된다.[11] 푸단(复旦)대학의 우신보(吴心伯) 또한 경제의 중심인 중국과 안보의 중심인 미국이 동아시아 지역의 규칙을 제정하는 권한을 둘러싸고 경쟁할 것이고, 이에 따라 이 지역에서 양극화 추세가 강화될 것이라고 주장한다.[12]

이러한 시각은 최근 양국 간에 더욱 현저해진 이견과 갈등을 설명하는데 유용하다. 한반도 문제, 남중국해와 동중국해 분쟁, 그리고 중국의 군사력 증강 등을 둘러싸고 미국과 중국이 벌이는 이견과 갈등은 세력경쟁이 동아시아 지역의 국제관계를 규정하는 주요 특징임을 보여준다. 심지어 양국 간 경쟁은 새로운 형태의 냉전으로 규정되기도 한다.[13] 그러나 중국과 미국 사이에 경쟁이 증대되었다는 것이 곧 양국이 동아시아의 질서를 둘러싸고 충돌할 것임을 의미하지는 않는다. 현실적으로 상대방에 대한 미국과 중국의 정책에 갈등을 촉발시키는 요인과 함께 관계를 안정시키려는 노력 또한 존재한다. 대표적으로 미국의 재균형에는 중국에 대한 견제뿐 아니라 중국과의 협력관계 구축도 포함된다. 아울러 중국 또한 미국의 동맹체제에 맞서는 대항동맹을 추구하려는 의도를 노정시키지는 않고 있다. 따라서 경쟁적 측면만을 들어 양국 간 대결이 불가피하다고 규정하는 것은 양국관계에 존재하는 특정 측면만을 부각시키고 다른 중요한 측면은 간과하는 것과 다름이 없다.

3) 중·미협력과 현상 유지론

자유주의는 중국의 부상에도 불구하고 동아시아에서 미국과 중국이 협력하고 따라서 기존 질서가 유지될 것이라는 낙관론을 제시한다. 그 근거는 크게 두 가지다. 먼저 자유주의는 경제교류의 증대가 공동의 이익을 창출하고 이것이 다시 국가 간 협력을 규정한다고 주장한다. 즉, 국가들은 협력을 통해 공동의 이익을 유지하고 확장하려 든다는 논리이다. 따라서 교역과 투자의 규모가 증대될수록 중국과 미국이 충돌을 피하고 평화를 수호할 동기 또한 제고된다. 2013년 기준 미국과 중국 사이의 교역액은 5200억 달러를 돌파했고 상호 투자 총액 또한 1000억 달러를 넘어섰다.[14] 여기에 더해 중국은 전체 외환보유액 3조 5000억 달러의 1/3을 상회하는 1조 3000억 달러를 미국 채권에 투자했다.[15] 이러한 경제적 연계가 양국 간 협력을 규정하는 것으로 제시된다.

다음으로 자유주의는 국제기구 또한 미국과 중국 사이의 충돌을 피하고 협력을 촉진시키는 데 기여할 것이라고 주장한다. 국제기구는 국가들에게 정보를 제공하고 기대를 형성하는 것을 도움으로써 협력을 강화하는 데 기여한다. 이러한 시각에서 볼 때 중국이 그동안 국제기구에의 참여를 증대시켜왔다는 사실이 중요하게 부각된다. 구체적으로 1980년대 초반 IMF와 세계은행(World Bank)에 가입한 데 이어 2000년대 들어 WTO에 가입하는 등 국제기구에의 참여를 계속해서 증대시켜왔다. 아울러 국제체제와의 연계는 중국에게 경제발전을 비롯한 많은 혜택을 제공했다. 이러한 사실이 중국 지도부로 하여금 국제질서의 안정과 유지를 추구하도록 작용할 것으로 제시된다.

대표적으로 존 아이켄베리(John Ikenberry)는 중국이 부상해도 기존 질서가 유지될 수 있다고 주장한다. 그는 신흥 강대국이 기존 질서에 어떠한 입장을 취할 것인가는 그 질서의 성격에 크게 영향을 받는다고 규정한다. 다시 말해 중국이 기존 질서에 참여하여 이익을 얻을 수 있다면 기존 질서를 변경시키려 들기보다 유지하려 할 것이라는 주장이다. 이러한 논리에 근거하여 그는 미국이 기존 질서를 활용하여 중국의 선택에 영향을 끼칠 수 있다고 주장한다. 즉, 미국이 중국을 이해당사자(stakeholder)로 인정하는 등 중국과의 연계와 통합을 강화함으로써 국제질서를 더 포용적으로 만들 경우 중국 또한 국제체제에의 참여를 더욱 강화하게 될 것이고, 따라서 미국이 주도하는 질서가 계속해서 지배적 질서로 남을 수 있다는 주장이다.[16]

실제로 미국은 그동안 중국을 포용하기 위한 노력을 전개해왔다. 중국과의 협력을 추구하는 구상은 '책임 있는 강대국(responsible great power)'으로부터 시작하여 '이해당사자', 그리고 'G-2'까지 긴 계보를 갖는다. 1995년 당시 미국 국방장관 윌리엄 페리(William Perry)에 의해 제기된 책임 있는 강대국 구상은 부상하기 시작한 중국을 체제 내의 책임 있는 행위자로 변화시키려는 의도를 반영했다.[17] 2005년 로버트 졸릭(Robert Zoellick) 미국 국무부 부장관에 의해 제기된 이해당사자 구상 또한 중국에게 국가이익을 증진하는 데서 한 걸음 더 나아가 국제체제를 유지하기 위해 노력할 것을 촉구했다.[18] 중국과의 협력을 강조하는 미국의 구상은 G-2론에서 더욱 분명해졌다. 세계금융위기가 발생할 무렵 처음 제기되어 버락 오바마(Barrack Obama) 행정부가 출범할 무렵에 최고조에 달했던 G-2 구상은 중국을 국제체제의 책임 있는 한 축이 되도록 유도하려는 미국의 의도를 분명하게 담았다.

중국 또한 당면 과제인 경제발전이라는 목표를 달성하기 위해서 국제체제에의 참여와 통합이 필요함을 잘 알고 있었다. 이와 함께 중국은 미국과의 협력을 추구하기 위한 노력도 전개해왔다. 가령 2004년에 제기된 '평화적 부상(和平崛起)'론은 미국이 주도하는 질서에 도전을 제기하지 않겠다는 중국의 의도를 표명했다. 다시 말해 미국의 쇠퇴를 추구하기보다 미국과의 관계를 안정시킴으로써 평화로운 환경 속에서 강대국으로 부상하겠다는 의도를 표출한 것이었다.[19] 시진핑 정부 출범 후 본격화된 '새로운 형태의 강대국 관계[新型大国关系]' 구상 또한 미국과 윈윈(win-win)하는 협력관계를 구축하려는 중국의 의도를 보여주었다.

이처럼 양국 모두가 협력관계 구축을 위한 구상을 계속해서 제기해왔다는 점에서 협력에 대한 의지를 읽을 수 있다. 그러나 이것이 곧 양국 간 협력이 실현될 것임을 의미하지는 않는다. 현실은 양국 사이의 본격적이고 전면적인 협력이 쉽지 않음을 제시한다. 중국은 미국의 구상에 대해 의구심을 숨기지 않는다. 이러한 사실은 G-2 구상에 대한 중국의 입장에서 분명하게 확인된다. 중국은 원자바오(温家宝) 총리가 직접 나서서 G-2 구상에 대해 공개적으로, 그리고 그것도 두 번에 걸쳐서 반대의사를 표명했다.[20] 미국 또한 새로운 형태의 강대국 관계 구상을 통해 양국관계를 다시 설정하려는 중국의 노력에 호응을 보이지 않았다. 이처럼 양국 모두가 한편으로 협력을 강조하면서도 동시에 상대의 구상에 호응하지 않는다는 사실에서 양국 간 협력에 존재하는 한계를 목격할 수 있다.

2. 동아시아의 복합성

이상의 논의에서 드러나듯 동아시아의 상황은 복합성을 그 특징으로 한다. 다시 말해 중국의 부상으로 촉발된 동아시아 질서의 변화는 기존 이론이 제시하는 것처럼 협력이나 갈등과 같이 단순하고 분명한 모습을 띠기보다 서로 상반된 측면들을 동시에 포괄한다. 여기에 더해 상반적 측면들의 상대적 비중 또한 일관적이기보다 시기적으로 계속해서 변화하는 유동성을 보인다.

중국의 부상은, 불과 4~5년 전까지만 해도, 동아시아 질서를 중국 중심으로 재편시킬 가능성을 제기했었다. 중국은 증대되는 경제력을 활용하여 지역 국가들과의 경제적 연계를 형성하고 이를 통해 자국에 대한 우려를 완화시켰을 뿐 아니라 심지어 '중국열'까지 조성했다. 이러한 변화는 테러와의 전쟁으로 인해 전략적 초점을 중동에 집중시킨 미국의 비중이 약화된 것과 분명한 대비를 이루었다. 지역 국가들이 중국의 부상을 환영하고 중국과의 협력을 강화함에 따라 동아시아에서 평화로운 세력전이의 가능성과 우려가 촉발되었다. 중국의 일부 학자들은 중국이 지역협력을 통해 동아시아 강대국으로서의 지위를 확고히 할 수 있다는 기대를 숨기지 않았다.[21] 즉, 동아시아가 중국의 부상을 실현하는 전략적 토대가 될 것이라는 주장이었다. 미국의 일부 전략가들 또한 중국이 동아시아에서 지역협력을 통해 새로운 지역 건축(regional architecture)의 형성을 주도함으로써 미국을 배제한 질서를 창출할 것이라는 우려를 제기했다.[22]

그러나 이것이 곧 동아시아 국가들이 부상하는 중국에 편승하려 들고 따라서 동아시아가 중국 중심으로 재편됨을 의미하지는 않는다. 지역 국가들은 중국과의 증대되는 경제적 연계에도 불구하고 중국의 세력권으로 편입되기보다 자율성을 추구했다. 심지어 일본과 아세안 국가들은 자신의 주도권을 추구하며 중국의 영향력이 증대되는 것을 경계했다. 그 결과 동아시아정상회의(EAS)의 출범 사례에서 나타났듯이, 지역협력의 주도권을 장악하려던 중국의 노력은 좌절을 경험했다.[23] 아울러 대부분의 지역 국가들은 중국의 정책이 변화할 가능성에 대비하기 위해 미국과의 관계도 유지하려 들었다. 동아시아 지역에서의 변화와 협력의 한계를 분명하게 보여준 사례였다.

동아시아의 복합성과 유동성은 최근 이 지역에서 발생한 급격한 변화에서 다시 확인된다. 세계금융위기 이후 중국이 공세적 외교정책을 취하자 동아시아에서 중국과 지역 국가 사이의 갈등이 촉발되었고 중국에 대한 의구심과 위협의식도 다시 제고되었다. 이처럼 중국과 지역 국가들 사이에 촉발된 갈등과 중국에 대한 우려의 증대는 미국이 외교전략의 초점을 동아시아로 전환시킬 기회를 제공했다. 중국과 지역 국가 간의 관계가 악화된 상황에서 이루어진 미국의 회귀는 중국이 동아시아를 지배할 가능성을 크게 약화시켰다. 미국이 재균형을 추구하고 또 지역 국가들이 이를 환영했다는 사실은 미국과 지역 국가들이 중국을 견제하지 않는다는 주장과 분명하게 대비된다.

미국이 아시아로의 회귀를 통해 중국이 동아시아를 재편할 가능성을 제어하려 듦에 따라 이 지역에서 경쟁의 측면이 강화되었다. 이러한 사실은 베트남 전쟁 이후 상대적으로 안정을 유지해온 동아시아에서 최근 들어 이견과 갈등이 지속되고 심지어 영토 문제를 둘러싸고 국가 간 대치상황까지 발생했다는 점에서 확인된다. 한반도에서 천안함 사건을 둘러싸고 한국과 중국 사이에 이견이 발생한 바 있고, 남중국해와 동중국해에서도 영유권 문제를 둘러싸고 중국과 여러 지역 국가들 사이에 갈등과 분쟁이 그치지 않는다. 반면에 한때 중국의 영향력을 보여주는 증거로 간주되었던 동아시아 지역협력의 움직임은 상당 부분 동력을 상실했다.

그러나 이것이 곧 동아시아에서 미국과 중국 간의 경쟁이 불가피하며 따라서 이 지역에서 전략적 대결이 고착화됨을 의미하지는 않는다. 양국은 경쟁하면서도 이러한 경쟁이 양국관계를 규정하지 않도록 관리하려 든다. 먼저 미국은 중국을 견제하려 하지만 동시에 중국과의 협력도 유지하려 한다. 단적으로 미국은 동아시아의 동맹국에 대한 지원을 강화하면서도 여전히 이러한 지원이 미·중협력을 저해하지 않도록 관리하려 든다. 가령 한반도에서 남북 간 긴장이 고조되었던 2011년 1월 한국을 방문한 제임스 스타인버그(James Steinberg) 국무부 부장관은 북한에 대한 제재를 강화하는 것 못지않게 남·북갈등이 미·중갈등으로 확산되는 것을 방지하는 데도 노력을 경주했다.[24] 이러한 미국의 입장은 일본 및 필리핀과의 관계에서도 확인되었다. 오바마 대통령은 2014년 4월 동아시아 순방에서 일본과 필리핀에 대한 안보 공약을 강화하면서도 동시에 이로 인해 중국과의 갈등이 더욱 심화되는 것은 방지하려 했다.

관계를 안정시키려는 의지는 중국에 의해서도 표출된다. 중국은 비록 지난 몇 년간 미국과의 이견을 숨기지 않으려는 경향을 더욱 강화해왔지만 미국과의 충돌은 회피하려 들었다. 구체적으로 중국은 미국과의 갈등이 확대일로에 있던 2011년 1월 후진타오(胡锦涛) 주석의 방미를 통해 상황을 통제하려 들었고, 이후 2012년 11월 중국공산당 18차 대회에서 새로운 형태의 강대국관계 구상을 제기함으로써 관계를 안정시키려는 의지를 이어갔다. 이러한 움직임은 양국 모두가 상대와의 협력에 대한 의지를 지니며, 따라서 미국과 중국 사이에 경쟁적 측면과 함께 협력적 측면 또한 존재함을 의미한다. 다시 말해 양국관계와 관련하여 특정 시점에 협력과 경쟁이라는 2개의 서로 다른 측면 가운데 어느 한 측면이 더 강하게 부각될 수 있지만 이것이 곧 다른 측면을 완전하게 배제하는 것은 아니다.

복합성과 유동성은 동아시아 지역 국가의 정책에서도 관찰된다. 동아시아 국가의 대중정책은 중국의 부상을 환영하고 중국과의 협력을 강화하는 데서 중국의 부상이 초래할 파급효과에 대비하는 것으로 이동했다. 이러한 변화는 지역 국가의 입장이 중국 외교정책의 방향에 의해 영향받음을 제시한다. 다시 말해 중국이 온건한 외교정책을 취할 경우 지역 국가들은 중국과의 협력을 강화하는 데 주력하는 반면에 중국이 공세적 정책을 취할 경우 이에 대한 대응을 모색하는 데 초점을 집중시킨다. 지역 국가의 대응은 아세안이 주도하는 다자적 협력을 강화하는 것과 같은 자체적 노력도 포함하지만 주로 미국과의 관계를 강화하는 데 초점이 맞춰진다. 그러나 지역 국가들은 미국의 회귀에 대해서도 복합적 입장을 보인다. 한편으로 미국의 회귀를 환영하고 또 활용하려 들면서도, 일본과 필리핀을 예외로 한다면, 다른 한편으로는 미국의 회귀가 중국과의 갈등을 제고시킴으로써 선택을 강요하는 상황으로 이어지는 것도 경계한다.

종합하면, 중국의 부상으로 인해 미국이 주도해온 동아시아 질서에 변화가 촉발되었다. 그러나 이 같은 변화는 충돌이나 협력이라는 서로 극단적인 측면 가운데 어느 한 측면의 성격을 분명하게 띠기보다 2개의 측면 모두를 포괄하고, 또 시기적으로 서로 다른 측면이 교체적으로 부각되는 복합성과 유동성을 드러낸다. 이러한 사실은 중국의 부상이 동아시아에 끼치는 영향이 이미 정해진 것이 아님을 제시한다. 비록 중국의 외교정책이 공세적으로 전환하면서 경쟁의 가능성이 제고되었지만, 중국의 외교정책이 온건한 방향으로 회귀할 경우 이러한 경쟁 또한 다시 협력으로 대체될 가능성을 배제하기 어렵다. 이는 중국의 부상으로 초래된 동아시아 질서의 변화가 특정 이론이나 시각만으로 설명되기 어려움을 의미한다. 중국의 부상이 동아시아 국제질서에 끼치는 영향을 이해하기 위해서는 복합성과 유동성을 모두 포착할 수 있는 개방적(open-ended)이고 절충적인 시각이 필요하다.[25]

3. 구조와 정책

동아시아의 복합성과 유동성은 이 지역의 세력균형이라는 구조적 요인과 개별 국가의 정책이라는 행위자적 요인 모두에 존재하는 불분명성에서 기인한다.

우선, 중국의 부상이 동아시아의 세력분포에 끼친 영향에 불분명성이 존재한다. 한편으로 중국의 부상은 이 지역의 세력분포에 심대한 변화를 초래했다. 특히 경제적 측면에서 중국의 부상으로 인해 조성된 지역 국가와의 상호의존은 중국을 동아시아의 경제적 중심으로 밀어올림으로써 미국을 중심으로 하는 기존의 세력판도를 흔들었다. 이러한 사실은 미국의 상대적 쇠퇴를 고려할 때 더욱 분명해진다. 미국은 이제 더 이상 동아시아 국가의 주요 시장으로 기능하지 않는다.

그러나 다른 한편으로 중국의 부상이 동아시아의 세력분포를 근본적으로 변화시켰는지에 대해 여전히 명확하지 않은 부분이 존재한다. 미국은 계속해서 투자와 기술 등의 측면에서 동아시아의 중요한 행위자로 남아 있고 특히 군사력에서는 압도적인 우위를 유지하고 있다. 여기에 더해 소프트파워(soft power) 측면에서도 미국은 중국을 압도한다. 이러한 사실은 기존 패권국인 미국이나 신흥 강대국인 중국 가운데 어느 국가도 지난 수십 년간 미국이 누렸던 것과 같은 수준의 지배적인 우세를 점하기 어려움을 의미한다. 이 점에서 중국의 부상이 동아시아의 세력균형에 끼친 영향은 힘의 전이보다 분산이나 탈집중화(deconcentration)를 통해 더 적절하게 규정될 수 있다.

여기에 더해, 앞에서 언급한 것처럼, 양국 간에는 높은 수준의 상호의존이 형성되었다. 단적으로 미국은 중국의 최대 시장이고 중국은 미국의 최대 채권 보유국이다. 이는 양국 모두가 상대방을 필요로 함을 의미한다. 즉, 미국은 경제회복과 성장을 위해 중국이 필요하고 중국 또한 경제발전을 위해 미국 시장이 필요하다. 아울러 이러한 현실이 쉽게 바뀔 가능성 또한 크지 않다. 미국이 중국을 대신하여 채권을 매입해줄 국가를 찾기도, 또 중국이 미국을 대신할 시장을 찾기도 쉽지 않기 때문이다.

이러한 구조적 측면에 존재하는 불분명성에 더해 동아시아 행위자들의 정책에도 이중성이 존재한다. 먼저 중국과 미국의 정책에서 이중성이 관찰된다.[26] 지역에서의 영향력을 확대하려는 중국의 의지가 증대된 것은 사실이지만 지역질서를 자국 중심으로 재편함으로써 중화질서를 재현하려는 본격적인 의지는 아직까지 드러나지 않았다. 미국 또한 종합적 우위에 근거하여 지역의 주도권을 유지하려 하지만 날로 취약해지는 경제력으로 인해 중국을 전면적으로 봉쇄하는 것을 주저한다. 이처럼 중국과 미국의 정책에 존재하는 이중성은 다시 지역 국가의 정책에 영향을 끼친다.

1990년대 후반 이후 중국의 외교정책은 온건하고 합리적인 방향으로 진화해왔다. 중국은 한편으로 미국의 패권을 완화시키려 들면서도 그러한 노력이 미국 중심의 동맹을 약화시키거나 미국을 지역에서 구축하려는 시도로 인식되지 않도록 관리하려 들었다. 그 대표적 사례로 중국이 2004년에 제기한 평화적 부상이라는 구상을 들 수 있다. 중국은 지역 국가와의 차이와 갈등은 유보하고 협력을 통해 경제적 혜택을 제공함으로써 지역 국가의 대외적 선택에 영향을 끼치려 들었다. 그러나 세계금융위기로 인해 국제적 지위가 제고된 이후 중국의 정책은 변화했다. 제고된 자신감이 자국의 이익을 적극적으로 밝히고 추구하도록 작용했다. 단적으로 중국이 2013년에 본격적으로 제기한 새로운 형태의 강대국 관계 구상은 증강된 자신감을 반영한다. 미국에 상응하는 조치를 요구하지 않고 중국의 선의를 일방적으로 선언했던 평화적 부상론과 달리 새로운 형태의 강대국 관계는 미국에 대해 중국의 핵심적 이익을 존중할 것을 요구하고 있다. 이러한 변화에도 불구하고 중국은 여전히 미국과의 본격적 갈등이나 경쟁은 피하려 한다. 새로운 형태의 강대국 관계 구상의 초점이 미국과의 충돌을 피하고 안정적 관계를 수립하는 데 있다는 사실이 그 대표적 증거이다.

이러한 상황은 중국의 외교정책에 불분명성이 존재함을 제시한다. 자신에 대한 위협의식을 해소하고 미국과의 충돌을 피할 필요성이 중국으로 하여금 지역 국가와 협력하고 또 미국과의 관계를 안정시키도록 작용한다. 반면에 증대되는 국력에 대한 자각과 자부심은 중국으로 하여금 증대된 힘을 자신의 목표를 추구하는 데 더 적극적으로 활용하도록 작용함으로써 다른 국가와의 갈등을 유발한다. 이러한 상충적 요인들이 중국의 외교정책으로 하여금 온건과 공세 사이를 오가도록 작용한다.

불확실성은 미국의 정책에도 존재한다. 미국은 동아시아에서 주도권을 유지하려 하며 이를 위해 중국의 선택에 영향을 끼치려 든다. 중국의 부상이 동아시아에 영향을 끼치고 이러한 변화가 다시 전 세계적 차원에서 미국의 영향력을 약화시킬 수 있다는 사실 때문에 미국은 부상하는 중국이 기존 질서에 도전하는 것을 억제하려 한다. 이러한 사실은 최근에 이루어진 미국의 재균형에서 단적으로 확인된다. 중국의 외교정책이 공세적으로 전환되었다는 판단과 함께 미국의 동아시아 정책도 더욱 적극적인 방향으로 변화했다. 미국은 이러한 전략의 전환을 통해 중국에게 기존 질서에 도전하거나 지배력을 확립하려는 시도를 좌시하지 않겠다는 분명한 신호를 보냈다.

이처럼 미국이 동아시아로의 재균형을 통해 대중정책에서 견제의 측면을 더 강화한 것은 사실이지만 이것이 곧 중국을 봉쇄하려 하는 것인지는 분명하지 않다. 미국은 재균형이 중국과의 충돌로 이어지지 않도록 관리하는 데에도 주의를 기울인다. 단적으로 미국은 재균형을 통해 지역 국가에 대한 안보 공약을 강화하면서도 동시에 동맹국이 모험을 감행하는 것은 제어하려 한다. 이는 미국의 대중정책이 분명하고 일관된 모습을 띠기보다 여전히 관여와 경쟁이라는 상반된 선택지 사이를 선회함을 제시한다.

지역 국가의 불분명성 또한 동아시아 상황을 유동적으로 만드는 데 일조한다. 지역 국가들은 미국과 중국 사이에서 일종의 균형정책을 추구한다. 이러한 사실은 아세안 국가들에서 특히 분명하다. 평화와 협력을 중시하며 온건한 정책을 추구하는 중국과 관계를 강화해오던 아세안 국가들은 중국이 대외정책을 공세적으로 전환하자 미국을 끌어들여 대응하려는 의도를 분명하게 했다. 이는 아세안 국가들이 중국과의 관계를 설정할 때 단순히 양자적 차원에서만 고려하고 접근하지는 않음을 제시한다. 중국에 대한 대응정책을 설정하면서 미국이라는 외적변수의 존재와 작용을 고려하는 것은 한국과 일본도 마찬가지다.

이처럼 지역 국가들은 중국의 부상에 대응하려는 의도에서 미국의 회귀를 환영하면서도 동시에 미국의 재균형으로 인해 동아시아에서 미국과 중국 사이에 전면적 경쟁이 촉발되는 것은 피하려 한다. 중국의 경제적 영향력을 무시하기 어려울 뿐 아니라 미국이 부상하는 중국을 제어할 수 있는 수준의 공약을 지속적으로 제공할 것인가에 대한 의구심 또한 사라지지 않은 상태에서 양국으로부터 선택을 강요당하는 것을 원하지 않기 때문이다. 이에 따라 대부분의 지역 국가들은 미국과 중국 사이에서 균형을 유지하려는 경향을 보인다.

이상의 논의는 구조와 정책에 존재하는 불분명성이 동아시아에서 협력과 경쟁이 공존하도록 작용함을 제시한다. 물론 일시적으로 경쟁과 협력 가운데 어느 한 측면이 더 부각될 수 있지만 이것이 곧 다른 측면을 배제하거나 지역질서가 그러한 방향으로 일관되게 나아갈 것임을 의미하지는 않는다. 따라서 동아시아 질서에 나타난 변화를 이해하고 또 전망하기 위해서는 중국의 부상으로 인해 초래된 구조적 변화와 한계, 그리고 각 국가가 취하는 정책에 대한 검토가 필요하다.

4. 책의 구성

이 책은 제1장인 서론을 포함하여 모두 8개의 장으로 구성된다. 제2장에서는 중국의 부상과 그것이 동아시아 지역의 세력균형에 끼친 영향을 검토할 것이다. 중국의 부상은 미국이 지배해온 동아시아 지역의 세력분포에 충격을 가함으로써 변화의 단초를 열었다. 따라서 중국의 부상이 동아시아 지역의 구조에 끼친 영향을 살펴보는 것은 지역질서에 나타난 변화를 이해하는 출발점으로 작용한다. 논의의 초점은 중국의 부상이 미국 중심의 기존 구조에 끼친 충격과 그 정도를 검토하는 데 집중될 것이다. 구체적으로 구조상의 변화를 집중적으로 검토하되 그 한계도 함께 고려하게될 것이다.

제3장에서는 경제적으로 급속하게 성장하고 또 그 과정에서 동아시아 국가들과 밀접한 상호의존을 형성한 중국이 새롭게 획득한 힘을 어떻게 활용하려 드는가를 검토할 것이다. 특히 이 장에서는 중국의 동아시아 정책에 나타난 시기적 변화에 주목하게 될 것이다. 앞에서 언급한 것처럼 중국의 동아시아 정책은 온건한 방향에서 공세적 방향으로 전환했다. 애초 중국은 경제적 연대를 통해 지역 국가들과의 관계를 개선함으로써 자국에 대한 위협의식을 해소하고 나아가 미국의 견제에도 대응하려 했다. 그러나 2008년 세계금융위기를 전후하여 중국의 동아시아 정책은 공세적인 방향으로 전환되었다. 이 장에서는 이러한 변화의 내용과 배경을 살펴보게 될 것이다.

제4장에서는 중국의 부상과 정책에 대한 지역 국가의 반응을 검토하게 될 것이다. 지역 국가들이 중국의 부상을 어떻게 평가하고 또 어떻게 대응하는가는 중국의 부상이 지역질서에 끼친 영향과 그 한계를 이해하는 데 중요하다. 만약 지역 국가들이 부상하는 중국을 수용함으로써 질서의 변화를 촉진시킨다면 동아시아에서 중국이 주도하는 질서가 출현할 가능성은

커진다. 반면에 지역 국가들이 부상하는 중국을 견제하는 노력을 전개하거나 유사한 노력에 동참한다면 중국의 부상이 지역질서를 변화시킬 가능성은 상대적으로 적어지거나 심지어 차단될 수도 있다. 따라서 논의의 초점은 지역 국가들이 중국의 부상을 어떻게 평가하고 대응하는지에 집중될 것이다.

제5장에서는 중국의 부상과 영향력 확장에 대한 미국의 대응이 검토될 것이다. 초점은 2011년 말에 공식화된 미국의 재균형에 집중될 것이다. 부상하는 중국으로 하여금 미국의 지도력을 수용하도록 하려는 시도라는 점에서 재균형은 중국의 부상에 대한 미국의 견제로 규정될 수 있다. 그렇다면 재균형은 미국이 부상하는 중국에 대해 본격적인 봉쇄정책을 취함을 의미하는가? 이 장에서는 미국이 아시아로의 재균형을 결정하게 된 배경, 내용, 그 한계와 영향 등에 대한 검토를 통해 중국의 부상에 대한 미국의 대응을 살펴보게 될 것이다. 이러한 논의는 이 지역에서의 중국의 선택과 영향력이 중국의 역량과 지역 국가의 의도뿐 아니라 궁극적으로 미국의 존재와 의도에 의해 영향을 받는다는 매우 중요한 사실을 보여줄 것이다.

제6장과 제7장에서는 미국의 재균형으로 본격화된 동아시아 지역의 상호작용을 검토하게 될 것이다. 초점은 중국의 부상에 대한 미국과 지역 국가의 대응이 동아시아 질서의 복합성을 제고시켰음을 보여주는 데 집중될 것이다. 이를 위해 제6장에서는 미국의 재균형으로 촉발된 지역의 갈등과 대치를 검토할 것이다. 구체적으로 미국의 재균형을 활용하려는 지역 국가의 시도와 이에 대한 중국의 대응을 검토함으로써 최근 동아시아에서 영토분쟁을 둘러싼 갈등과 긴장이 제고된 배경과 논리를 제시하게 될 것이다.

반면에 제7장에서는 충돌을 회피하고 균형을 유지하려는 시도를 살펴보게 될 것이다. 구체적으로 미국의 온건론을 위시하여 미국과의 관계를 안정화시키려는 중국의 노력, 그리고 그 결과 나타난 양국 간 군사협력상의 진전이 검토될 것이다. 이어서 중국과 미국 사이에서 균형을 유지하려는 일부 지역 국가의 노력과 이로 인해 초래된 동아시아 국가들 사이의 분열을 살펴봄으로써 이 지역에서 제고된 긴장이 전략적 대결의 국면으로까지 이어지지는 않았음을 제시하게 될 것이다.

마지막 장인 결론에서는 이상의 논의를 종합하고 그 이론적 함의를 검토한 후, 동아시아 질서에 대한 전망을 간략하게 제시할 것이다.

제2장 중국의 부상과 동아시아의 세력균형

중국의 부상은 동아시아 질서의 변화를 촉발시킨 가장 근본적인 요인이다. 중국의 고도성장은 지난 수십 년 동안 이 지역에서 유지되어온 미국 우위의 경제적·군사적 세력균형에 변화를 초래했다. 30여 년 동안 지속된 중국의 경제적 성장은 동아시아에서 중국을 중심으로 하는 경제구조를 창출함으로써 미국의 경제적 지위를 약화시켰다. 아울러 중국은 지속적인 군사력 증강을 통해 제1열도선(first island chain) 이내로 군사력을 투입할 수 있는 미국의 능력을 위협하기 시작했다.

동아시아를 지배해온 미국의 지위에 충격을 가한 중국의 부상은 다시 중국과 지역 국가의 계산과 행위에 변화를 초래했다. 지역에서의 존재와 비중이 증대됨에 따라 중국의 대외적 자신감이 증대되었고 정책 또한 적극적으로 변화했다. 아울러 동아시아의 세력균형에 나타난 변화는 지역 국가들이 중국 및 미국과의 관계를 생각하고 형성하는 방식에도 변화를 초래했다. 과거 안보적·경제적으로 미국에 의존했던 동아시아 국가들은 이제 안보에서는 여전히 미국에 의존하면서도 경제적으로는 중국과의 관계를 강화하려 든다. 이러한 추세는 시간과 함께 더욱 심화되고 있다. 이처럼 동아시아에서 중국의 부상으로 인해 촉발된 구조적 변화는 각 국가의 정책에 영향을 끼치는 요인으로 작용한다. 따라서 중국의 부상과 그것이 동아시아의 세력균형에 끼친 영향을 살펴보는 것은 동아시아 지역질서에 나타난 변화를 이해하는 출발점으로 작용한다.

이 장에서는 중국의 부상과 그것이 동아시아의 세력균형에 끼친 파급효과를 살펴볼 것이다. 초점은 중국의 부상이 미국 중심의 기존 질서에 가한 충격과 그 정도를 검토하는 데 집중될 것이다. 따라서 중국의 부상에 관한 논의는 미국과의 대비라는 맥락 속에서 전개될 것이다. 논의는 크게 4개의 부분으로 구성된다. 첫째 부분에서는 중국의 부상을 경제적 측면을 중심으로 살펴볼 것이다. 둘째 부분에서는 중국과 동아시아 국가들 사이에 형성된 경제적 연계를 검토함으로써 중국이 갖는 가장 중요한 영향력의 근원을 확인할 것이다. 셋째 부분에서는 지난 수십 년간 진행된 중국의 군사 현대화 노력과 그 결과로 형성된 군사적 역량을 살펴볼 것이다. 마지막 부분에서는, 중국의 부상이 갖는 복합성을 제시하기 위한 시도로, 중국과 미국 사이에 조성된 경제적 연계를 검토할 것이다. 양국 사이에 형성된 상호의존에 대한 검토는 중국과 미국이 한편으로 경쟁하면서도 동시에 상호관계의 파열을 방지하는 데 이익을 공유함을 보여줄 것이다.

1. 중국의 경제적 부상

중국의 부상은 1979년부터 본격화된 개혁개방 정책에 힘입었다. 개혁개방 이후 중국은 놀라운 고도성장을 구가했는데, 이 사실은 1978년부터 2010년까지 중국의 연평균 GDP성장률이 9.89%에 달했다는 데서 확인된

〈그림 2-1〉 중국의 경제성장률(%)

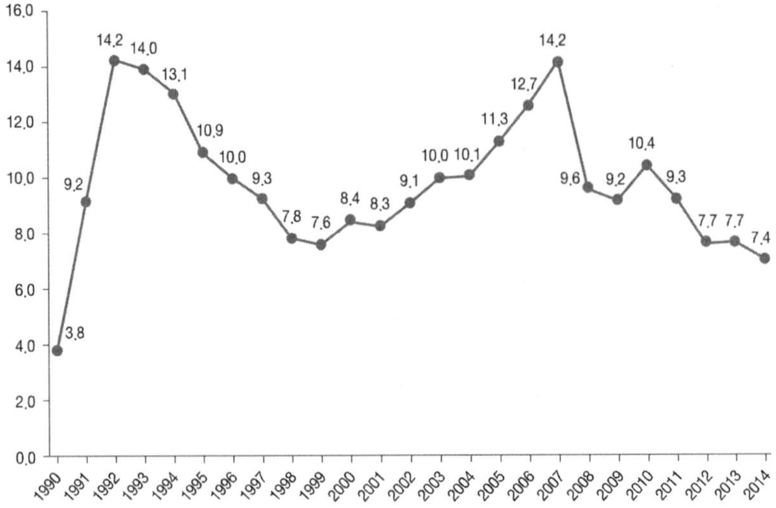

자료: 中华人民共和国国家统计局(http://www.stats.gov.cn/).

다.[1] 중국의 성장은 세계의 어떤 국가보다도 빠른 것이었다. 1978년부터 2008년까지 30년간 중국이 기록한 경제 성장률은 자료가 존재하는 166개 국가 가운데 가장 높은 것이었음은 물론이고 2위를 기록한 싱가포르에 비해서도 무려 3%포인트가 더 높은 것이었다.[2] 특히 〈그림 2-1〉이 보여주듯,[3] 2000년대 첫 10년 동안 중국의 실질 GDP 성장률은 연평균 10%를 상회했는데, 이는 같은 기간 연평균 1.68%를 기록한 미국이나 0.77%에 머문 일본의 성장률보다 압도적으로 높은 것이었다.[4] 이러한 고도성장에 힘입어 2010년 중국은 1968년 이후 42년 동안 세계 제2위의 지위를 유지해온 일본을 추월했다.[5]

지속적인 고도성장으로 중국의 경제규모는 급속하게 팽창했다. 2010년 중국의 GDP는 5조 9000억 달러를 기록했는데, 이는 1978년 대비 20.57배 증가한 것이었다.[6] 중국의 GDP가 증대됨에 따라 전 세계 경제에서 중국이 차지하는 비중도 급증했다. 구체적으로 1980년 1.8%에 불과하던 중국의 GDP 비중은 2000년에는 3.7%, 2010년에는 9.3%로 증가했다.[7] 한편 구매력 지수(PPP)를 사용한 평가는 중국의 비중이 훨씬 더 높음을 제시한다. 앵거스 매디슨(Angus Maddison)의 구매력 지수에 근거할 경우 중국의 GDP 비중은 2000년에 11.8%, 2010년에는 20.7%에 달했다.[8]

이는 중국이 미국과의 GDP 차이를 계속해서 축소시켰음을 의미한다. 공식 환율을 사용하는 세계은행의 통계에 따르면 1980년 중국의 GDP는 1894억 달러로 2조 8625억 달러에 달했던 미국의 6%에 불과했다. 중국이 WTO에 공식적으로 가입하기 직전 해인 2000년까지도 중국의 GDP는 1조 1984억 달러로 10조 2848억 달러에 달했던 미국의 11%에 불과했다. 그러나 2013년 중국의 GDP는 9조 2402억 달러를 기록함으로써 16조 7681억 달러인 미국에 55%까지 육박했다.[9] 한편 구매력 지수에 근거한 평가는 이미 중국이 규모 면에서 미국을 추월했음을 제시한다. 대표적으로 IMF는 2014년 중국의 GDP가 17조 6000억 달러에 달함으로써 17조 4000억 달러에 그친 미국을 근소하게 앞선 것으로 평가했다.[10]

중국의 경제적 부상은 GDP 이외의 수치들에서도 확인된다. 우선 교역량에서의 성장은 놀랄 만한 수준이다. 개혁개방을 시작할 무렵 세계 교역 순위 29위에 머물렀던 중국은 2004년 일본을 추월하고 미국과 독일에 이은 세계 3대 교역국으로 등장했다. 중국의 교역은 2001년 WTO에 가입한 이후 더욱 급속하게 증가했는데, 가령 2003년에서 2006년까지 3년 사이에 무려 2배의 증가를 기록했다. 이러한 성장에 힘입어 2009년에는 다시 독일을 추월하여 2대 교역국이 되었다.[11] 2013년 중국은 마침내 상품교역액 기준으로 미국을 제치고 세계 최대의 교역국으로 등장했다.[12] 중국의 부상은 외환보유액에서도 두드러진다. 1980년에 25억 달러에 불과하던 중국의 외환보유고는 2006년 2월에 8540억 달러를 기록함으로써 일본을 추월하여 세계 최대가 되었다. 이후에도 중국의 외환보유고는 꾸준하게 증대되어 2013년 말에는 3조 8000억 달러에 달했다.[13]

2. 중국과 동아시아의 경제적 연계

중국은 부상하는 과정에서 동아시아 국가와 경제적 연계를 창출하고 강화함으로써 그동안 미국과 일본을 중심으로 유지되어온 경제구조에 변화를 촉발시켰다. 그 대표적 증거로 중국이 많은 동아시아 국가의 최대 교역 대상국으로 등장했다는 사실을 들 수 있다. 중국이 이 지역의 주요 경제행위자로 부상함에 따라 미국과 일본의 비중은 상대적으로 축소되었다.

1) 최대 교역 대상국 중국

중국의 부상과 함께 중국과 동아시아 주요 국가 사이의 교역량이 급속하게 증가했다. 한국과 일본 그리고 아세안 10개국을 포함한 동아시아 12개국의 대중수출액은 2000년 869억 달러로 전체 수출액의 8%에 불과하던 데서 2010년에는 4697억 달러로 20.5%에 달했다. 반면에 대미수출은 2000년 2743억 달러로 25.3%에 달했던 데서 2010년 2641억 달러 11.5%로 대폭 감소했다. 중국의 대미수출을 포함하더라도 미국이 차지하는 비중은 2000년 30.4%에서 2010년 23.7%로 감소했다.[14] 이처럼 동아시아 국가와의 교역이 증대되면서 중국은 한국과 일본뿐 아니라 아세안의 최대 교역 대상국으로 등장했다.

우선 한국과의 교역액이 꾸준하게 증가했다. 중국 측 자료를 사용한 분석에 따르면 1992년부터 2008년까지 한·중 교역액은(1998년과 2001년을 제

〈그림 2-2〉 한국의 교역에서 중국이 차지하는 비중(%)

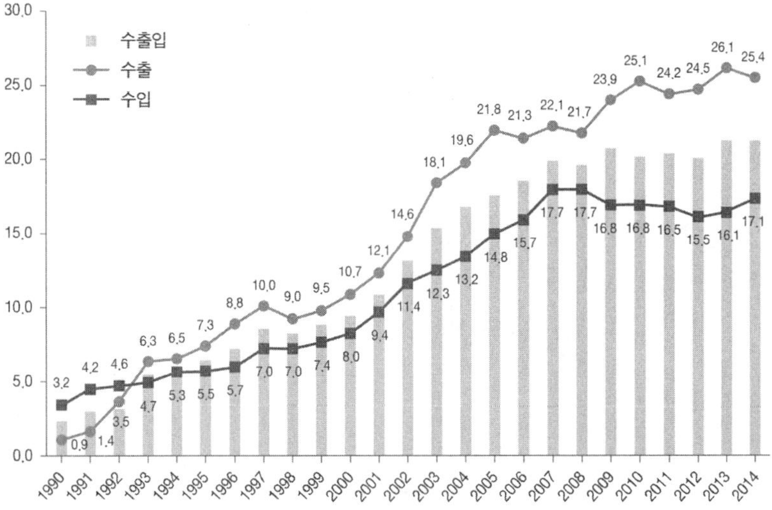

자료: 한국무역협회(kita.net).

외하고) 급속하게 증대했는데, 심지어 어떤 해에는 40%를 넘는 신장률을 기록하기도 했다.[15] 이러한 고속 성장에 힘입어 중국은 한국의 최대 교역 대상국으로 등장했다. 구체적으로 1992년 수교 당시 63억 달러였던 한·중 교역액은 수교 10여 년 만인 2004년 793억 달러를 기록했고, 중국은 미국과 일본을 제치고 한국의 최대 교역 대상국으로 등장했다. 이후에도 양국 간 교역액은 꾸준히 증가하여 2005년에는 1000억 달러를 돌파했고 2011년에는 다시 2000억 달러를 돌파했다.

교역량이 증대됨에 따라 한국의 교역에서 중국이 차지하는 비중 또한 지속적으로 증대했다. 〈그림 2-2〉에서 나타나듯, 1992년 4.0%에 불과하던 데서 2001년 10%선을 돌파했고 2009년에는 20%선을 넘어섰다. 반면에 같은 기간 미국이 차지하는 비중은 지속적으로 하락했다. 〈그림 2-3〉이 보여주듯, 1990년 26.9%를 기록했던 대미 교역 의존도는 1996년에 19.6%를 기

〈그림 2-3〉 한국의 교역에서 중국과 미국이 차지하는 비중(%)

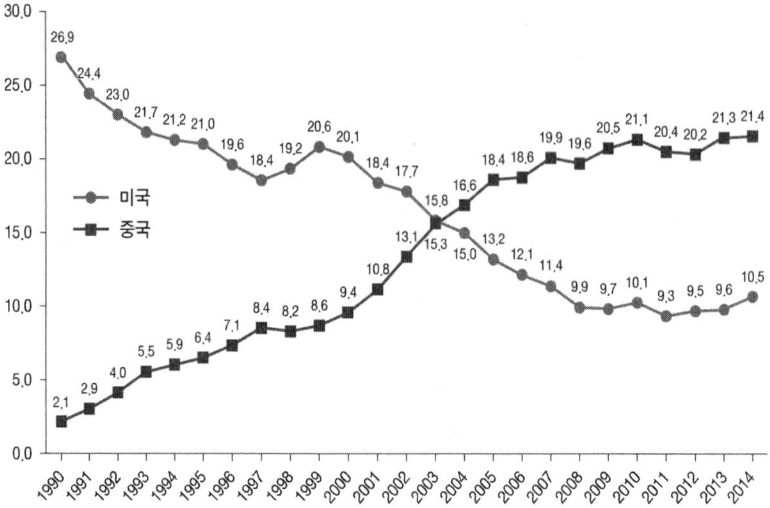

자료: 한국무역협회.

록함으로써 20%선 아래로 떨어졌고, 2008년에는 9.9%를 기록함으로써 다시 한 자릿수로 떨어졌다. 이와 동시에 중국은 한국의 최대 무역 흑자 대상국이다. 2010년의 경우 한국의 대중국 교역수지 흑자액은 452.6억 달러에 달했는데, 이는 한국의 전체 교역수지 흑자액인 411.7억 달러보다 많은 액수였다.

중국과 일본 사이의 교역량 또한, 2012년 댜오위(钓鱼, 일본명 센카쿠)도 국유화 문제로 양국관계가 급속하게 악화되기 전까지는 급격한 증대를 경험했다. 한 평가에 따르면 1990년부터 2007년까지 중국의 대일수출은 연평균 14.9%씩 증가했고 일본의 대중수출은 이보다 더 빠른 연평균 18.5% 증가를 기록했다.[16] 그 결과 일본 경제산업성 자료에 따르면 1999년 7조 5000억 엔이었던 중국과 일본의 교역액은 2011년 27조 5000억 엔으로 4배 가까이 증가했다. 이에 따라 중국은 한국의 최대 교역대상국으로 등장한

〈그림 2-4〉 일본의 교역에서 중국과 미국이 차지하는 비중(%)

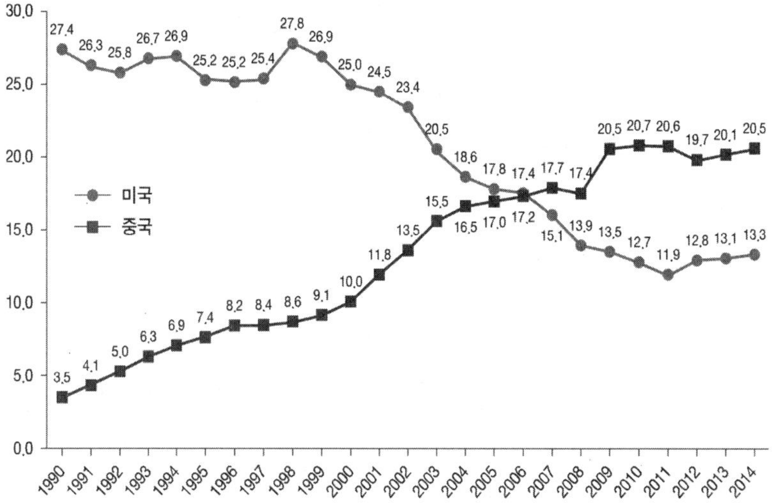

자료: 한국무역협회의 일본 경제산업성 자료에서 재인용.

2004년으로부터 3년 후인 2007년 일본의 최대 교역 대상국이 되었다.[17] 이와 함께 일본의 전체 교역에서 중국이 차지하는 비중도 급속하고 꾸준하게 증대했다. 〈그림 2-4〉에 나타나듯, 1990년 3.5%였던 중국의 비중은 2000년에 10%선을 돌파했고 2009년에는 20.5%에 달했다. 반면에 일본의 교역액에서 미국이 차지하는 비중은 1990년 27.4%에 달했으나 2004년 18.6%를 기록한 이후 2011년에는 11.9%까지 하락했다.

마지막으로 중국과 아세안 10개국 간의 교역량 또한 급격하게 증가했다. 중국과 동남아시아 국가 간의 관계가 개선되기 이전인 1990년 75억 달러에 불과했던 중국과 아세안 국가 사이의 교역액은 1999년 269억 달러로 3배 이상 증대했는데 이는 연평균 20%씩 증가한 것이었다. 이에 따라 아세안 전체 교역에서 중국이 차지하는 비중도 같은 기간 2.4%에서 4.0%로 상승했다. 한편 중국의 교역에서 아세안이 차지하는 비중은 같은 기간 6.6~

〈그림 2-5〉 아세안의 대중국 교역액(10억 달러)

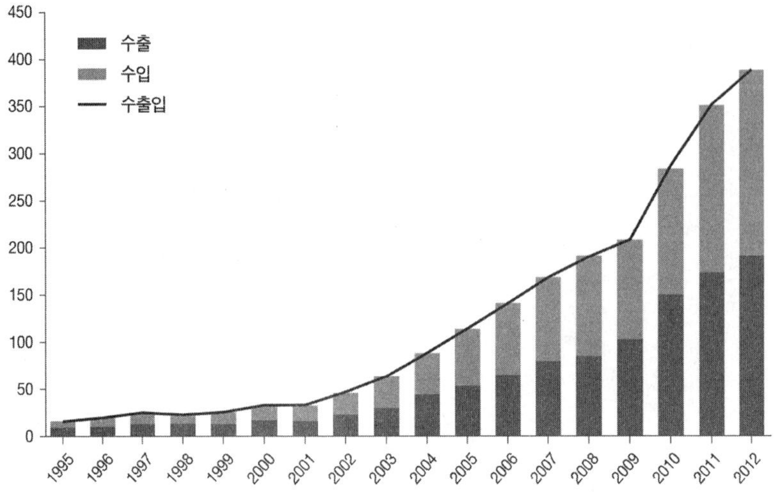

자료: Yongwook Ryu, "ASEAN's Middle Power Diplomacy toward China," 2013.10.10. http://www.eai.or.kr

7.4% 사이에서 움직였다.[18] 2000년대 들어 중국과 아세안 간의 교역은 〈그림 2-5〉에서 나타나듯 더욱 빠르게 증가했다. 2000년 350억 달러였던 중국과 아세안 간의 교역액은 2007년에 1740억 달러를 기록함으로써 거의 5배 가까이 증가했다. 이와 함께 아세안의 교역액에서 중국이 차지하는 비중 또한 같은 기간 4.3%에서 10.6%로 크게 증가했다.[19]

이러한 중국과 아세안 간의 교역량 증대 추세는 아세안과 일본 사이의 교역량 증가나 아세안과 미국 사이의 교역량 증가를 압도하는 것이었다. 가령 2000~2008년 사이 아세안 10개국의 수출 총액은 1.31배 증가했는데, 같은 기간 아세안의 대일수출액은 0.86배 증가하는 데 그친 반면 대중수출액은 4.41배 증가했다. 중·아세안 교역의 증대가 일·아세안 교역의 증대를 압도하는 현상은 세계금융위기가 본격화된 2009년 들어 더욱 현저해졌다. 2009년 아세안의 대일수출은 감소한 반면에 대중수출은 8.74% 증가했다.

그 결과 2000~2009년 사이 대중수출이 아세안의 수출에서 차지하는 비중은 3.7%에서 11.5%로 증대된 반면, 대일수출의 비중은 13.4%에서 9.4%로 감소했다.[20] 이러한 현상은 미국과의 대비에서도 확인된다. 아세안과 미국의 교역은 1998년 1156억 달러를 기록함으로써 아세안 교역액의 20.1%를 차지했던 데서 2009년에는 1496억 달러를 기록하며 9.7%로 하락했다.[21] 이에 힘입어 중국은 2009년 아세안의 최대 교역대상국으로 부상했고, 또 국가별로 볼 때도 아세안 10개국 가운데 태국, 인도네시아, 베트남, 말레이시아, 미얀마 등 5개 국가의 최대 교역 대상국으로 등장했다. 나아가 중국-아세안 자유무역지대가 출범한 2010년에는 중국과 아세안의 교역액이 전년 대비 무려 37.5% 증가한 2927억 달러에 달했다.[22] 이에 따라 아세안의 교역에서 중국이 차지하는 비중은 미국이 차지하는 비중과의 격차를 더욱 확대했다.

2) 동아시아 생산네트워크

중국과 지역 국가 간에 교역이 급증한 것은 중국과 동아시아 주요 국가 사이에 중국을 축으로 하고 또 최종 조립지로 하는 생산네트워크가 형성된 데 힘입은 바가 크다. 2001년 중국이 WTO에 가입한 후 지역 국가의 다국적 기업들이 중국에 생산기지를 건설하면서 동아시아에서 역내 생산네트워크가 형성되기 시작했다. 중국과 지역 국가 간에는 산업 내 분업뿐 아니라 심지어 상품 내 분업을 기초로 한 생산과 분업구조가 출현했다. 지역의 주요 국가들이 중국에 중간재를 수출하면 중국이 이를 가공하여 다시 미국과 유럽 등 제3국으로 수출하는 구조가 형성된 것이다. 이는 2000년대 이전까지 중간재 교역이 주로 일본과 동남아시아 국가 간에 이루어졌고 동남아시아 국가들이 최종 조립지로 기능했던 상황으로부터의 분명한 변화를

〈그림 2-6〉 한국의 대중수출에서 중간재의 비중(%)

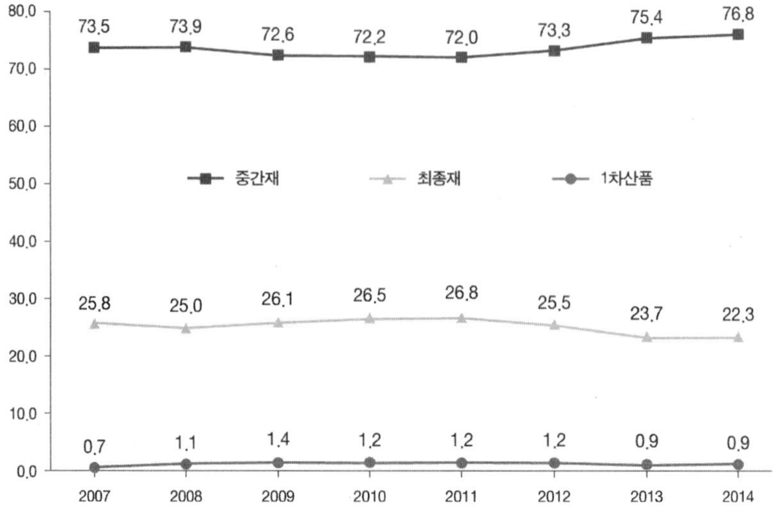

자료: 한국무역협회의 중국 해관기준 품목별 수출액을 UN BEC 기준에 따라 재분류하여 계산.

의미한다. 다시 말해 중국의 부상과 함께 일본이 주도해온 기러기형 산업 이전 형태가 붕괴되고 중국을 축으로 하는 역내 생산네트워크가 출현했다. 이러한 사실은 중국과 동아시아 주요 국가 간의 교역액에서 반제품과 부품 등을 포함하는 중간재가 차지하는 비중을 통해 확인이 가능하다.[23]

〈그림 2-6〉에서 나타나듯 2000년대 들어 한국의 대중수출에서 중간재가 차지하는 비중은 2/3를 상회했다. 이러한 교역구조는 양국 간 교역이 과거의 수직적인 산업 간 교역에서 수평적인 산업 내 교역으로 변화함을 의미한다. 변화는 한국 기업의 대중투자에 의해 촉발되었다. 즉, 중국에 투자한 한국의 기업이 한국으로부터 부품과 장비를 수입한 후 중국에서 가공하여 이를 해외시장으로 수출함에 따라 대중수출에서 중간재가 절대적인 비중을 차지하게 되었다.[24]

일본과 중국의 교역에서도 한·중 교역과 유사한 현상이 발생했다. 일본

〈그림 2-7〉 일본의 대중수출에서 중간재의 비중(%)

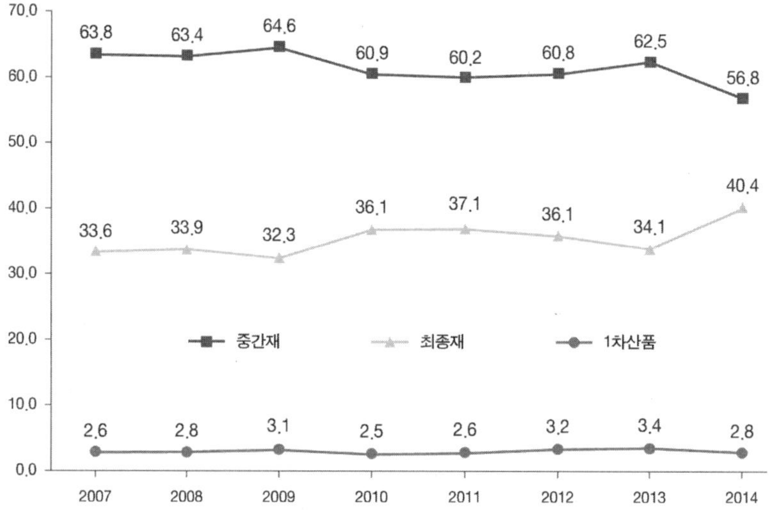

자료: 한국무역협회의 중국 해관기준 품목별 수출액을 UN BEC 기준에 따라 재분류하여 계산.

의 다국적 기업 또한 중국에 대한 직접투자를 통해 대규모의 생산설비를 구축했다. 구체적으로 1990~2007년 일본의 대중투자는 640억 달러를 기록했는데 이는 중국에 대해 이루어진 전체 해외직접투자액의 10%에 해당하는 것이었다. 이처럼 투자를 통해 중국에 대거 진출한 일본 기업들이 일본으로부터 부품을 수입하여 가공함에 따라 중·일 교역 또한 산업 간 교역에서 산업 내 교역으로의 변화를 경험했는데, 2007년의 경우 산업 내 교역의 비중이 60%를 상회했다.[25] 이후에도 〈그림 2-7〉에서 보듯 일본의 대중수출에서 중간재가 차지하는 비중은 2013년까지 60%선을 유지했다.

중국을 중심으로 하는 생산네트워크의 출현은 중국·아세안 교역의 증대에도 크게 기여했다. 1990년대 초반 아세안의 대중국 수출은 주로 천연자원에 의존했다.[26] 그러나 아세안 경제가 중국 중심의 지역생산네트워크에 포함되면서 아세안의 대중수출에서 중간재의 비중이 증대되었다. 구체적으로 아세안의 대중수출에서 자원을 기반으로 한 상품의 비중은 1990년대 초반 전체 수출액의 2/3를 차지하던 데서 1999년에 22%로 떨어진 후 계속해서 비슷한 수준을 유지했다. 이에 반해 기계류나 운수장비와 같은 중간재의 비중은 1990년 12%에서 2008년 52%로 급증했다.[27] 같은 기간 중국의 원자재 수요가 급증했다는 사실을 고려할 때 이러한 변화는 중국과 아세안 일부 국가 사이에 산업 내 교역이 증대했음을 보여준다. 특히 말레이시아, 태국, 싱가포르 등의 대중수출에서 중간재가 차지하는 비중이 증대했다.[28]

이상의 논의는 중국이 부상하는 과정에서 동아시아 지역의 경제적 통합을 강화시켰음을 제시한다. 지역 국가들이 부품을 중국에 수출하면 중국이 이를 조립하여 다시 미국과 유럽시장에 수출하는 과정을 통해 지역의 경제적 통합이 촉진되었다. 이러한 중국을 중심으로 하는 경제구조의 출현은 동아시아 국가의 대미의존도 감소로 이어졌다.

3) 중국의 경제적 부상: 기회인가 위기인가?

중국의 부상이 동아시아 각국의 경제에 끼치는 영향, 특히 지역 국가에 득이 되는지 또는 실이 되는지와 관련해서는 논쟁이 존재한다. 먼저 한편으로 중국의 부상에 대한 우려가 존재한다. 이러한 우려는 일찍이 중국의 WTO 가입을 계기로 아세안 국가들에서 집중적으로 제기된 바 있었고, 2005년 다자간섬유협정(Multi-Fiber Agreement)의 국가별 쿼터 폐지를 앞두고 다시 급증한 바 있다.[29] 핵심은 중국이 값싼 노동력을 바탕으로 저가의 상품을 대량으로 수출함으로써 아세안 국가의 산업을 위협할 것이라는 우려였다. 아울러 중국의 부상으로 인해 지역 국가들이 국제시장에서 더 치열한 경쟁에 직면하고 또 해외로부터의 직접투자도 지역 국가로부터 중국으로 이전될 것이라는 우려도 제기되었다. 이러한 우려는 한국과 일본에서도 나타났다. 물론 이러한 주장이 완전히 근거가 없는 것은 아니다. 가령 1990년대 후반부터 중국으로의 직접투자가 급증한 데 반해 아세안 국가로의 투자는 감소했는데, 이는 동아시아에 이루어지는 투자 중 많은 부분이 아세안으로부터 중국으로 이전되었음을 보여주는 증거로 제시되었다.[30]

그러나 이에 대한 반론 또한 만만치 않다. 가령 중국이 WTO에 가입한 직후의 자료에 근거한 한 연구는 일견 동남아시아로 향했던 투자가 중국으로 이전된 된 것처럼 보이지만 실상은 이와 다르다고 주장한다. 이 분석은 아세안 국가가 1992~1997년 동아시아에 투자되는 액수의 40%를 흡수했었지만 2000년 이후에는 그 비중이 20% 수준으로 감소했음을 인정한다. 그러나 이러한 변화는 중국의 WTO 가입에 의해 촉발되었다기보다 외환위기의 여파로 제시된다. 좀 더 구체적으로 인도네시아의 경기침체와 말레이시아의 자본통제 조치가 이러한 결과를 초래했다는 주장이다. 이와 같은 분석은 직접투자는 대부분 국내적 요인에 의해 결정되며, 따라서 중국이 더 많은 투자를 흡수하게 된 결정적 요인은 새로운 이익과 자본을 창출할 수 있는 중국경제의 능력 때문이라고 규정한다. 즉, 중국과 아세안은 경쟁관계가 아니라는 지적이다.[31] 여기에 더해 중국과의 연계 확대가 아세안에 대한 투자를 증대시키는 결과를 가져왔다는 주장도 존재한다. 이러한 주장은 그 근거로 2007년 아세안에 대한 직접투자가 514억 달러에 달함으로써 황금기였던 1990년대 후반의 규모를 상회하기에 이르렀다는 사실을 제시한다.[32] 이후 2013년에는 아세안 원구성원 5개국(인도네시아, 말레이시아, 태국, 필리핀, 싱가포르)이 1284억 달러의 해외투자를 유치함으로써 1176억 달러에 머문 중국을 앞서기도 했다.[33]

한편 교역 측면에서도 중국과 지역 국가 간에는 경쟁보다는 공생의 관계가 상하다. 물론 교역과 관련하여 중국의 부상이 동아시아 지역에 끼친 영향은 동북아시아와 동남아시아에서 다르게 나타나는 것이 사실이다. 상대적으로 선진적인 한국, 일본, 대만과 같은 동북아시아의 경제는 중국 제조업의 성장에서 분명한 혜택을 얻었다. 예를 들어 2000년 한국, 일본, 대만 3국의 대중교역 흑자 합계액은 300억 달러였지만 2010년이 되면 그 액수가 2100억 달러로 급증한다. 이는 기술집약적 부품의 대중수출이 폭발적으로 증대된 데 힘입은 것이었다.[34] 아울러 이는 동북아시아 국가가 중국의 엄청난 대미무역 흑자의 배후에 있음을 제시한다.

반면에 아세안의 경우는 상황이 복잡하다. 1990년대 후반 이후 한동안 아세안 국가들은 중국과의 교역에서 흑자를 누렸다. 2004년 아세안은 거의 200억 달러 가까운 대중교역 흑자를 기록했다.[35] 그러나 이후 상황이 반전되었다. 중국으로부터 완제품이나 건설 관련 장비의 수입이 증대되면서 베트남과 싱가포르가 상당한 규모의 적자를 기록했고 다른 국가의 교역 흑자 규모도 줄어들기 시작했다. 그 결과 아세안의 자료에 따르면, 2008년 아세안은 중국과의 교역에서 215억 달러 적자를 기록했다.[36] 이후 말레이시아의 대중수출이 늘면서 아세안의 교역 흑자는 다소 회복된다. 구체적으로 2010년 151억 달러, 2011년 226억 달러의 흑자를 기록했다. 그러나 2012년 들어 다시 82억 달러의 적자를 기록했고 2013년에는 상반기에만 188억 달러의 적자를 기록했다.[37] 이러한 사실은 중국과 아세안이 한·중이나 중·일에 비해 경제적으로 더 치열한 경쟁관계에 있음을 제시한다.

중국과의 교역은 동아시아 각국의 수출 증대를 촉발시킴으로써 지역 국가의 경제성장에 기여했다. 2001~2010년 사이 10년 동안 동아시아는 세계경제 성장의 중심이 되었다. 구체적으로 일본과 브루나이를 제외한 동아시아의 모든 국가가 경제성장률에서 세계 평균인 3.73%를 상회했다. 이러한 동아시아 국가의 성장은 상당 부분 중국의 경제성장과 이것이 지역 국가의 대중수출을 증대시킨 데 힘입은 것이었다. 예를 들어 2000년 한국, 일본, 아세안 원구성원 5개국의 대중수출 증가액은 각각 59.8억 달러, 77.5억 달러, 65.9억 달러로 각자의 GDP 증가액에서 차지하는 비중이 13.87%, 5.97%, 23.99%에 달했다. 한편 2010년이 되면 이러한 수치가 대폭 증가한다. 구체적으로 앞에서 언급한 각 국가(들)의 대중수출 증가폭은 각각 358.5억 달러, 457.7억 달러, 446.7억 달러였고, 각자의 GDP 증가액에서 차지하는 비중 또한 61.82%, 22.13%, 44.62%에 달했다.[38] 이처럼 중국과의 교역은 지역 국가의 경제성장을 촉진시키는 요인으로 작용했다. 특히 대중교역의 급속한 증가는 지역 국가가 두 차례에 걸친 경제위기를 성공적으로 극복할 수 있었던 중요한 원동력으로 작용했다.

이와 동시에 일부 동아시아 국가의 대중경제 의존이 지나치게 크다는 사실도 유념할 필요가 있을 것이다. 경제적 의존은 일부 아세안 국가에서 특히 분명하다. 예를 들어 2006년 캄보디아와 미얀마는 수입의 35.7%와 35.8%를 중국에 의존했고 필리핀은 수출의 45.5%를 중국에 의존했다.[39] 물론 중국은 아직까지 정치적 목적을 달성하기 위해 경제적 수단을 활용하려는 의도를 본격적으로 노정시키지는 않았다. 그러나 제3장에서 논의하는 것처럼, 2010년 일본과의 분쟁에서 희토류 수출을 제한하고 또 2012년 필리핀과의 분쟁에서 바나나 수입을 제한하는 등 경제적 수단을 정치적으로 활용할 가능성을 원천적으로 배제하고 있는 것도 아니다.

3. 중국의 군사력 증강과 동아시아의 군사적 균형

1) 군사 현대화

정세적 부상과 함께 중국의 군사력도 증강되었는데, 이는 1990년대 초반부터 본격화된 군사 현대화 노력에 힘입었다. 군사 현대화는 개혁개방기 국가의 중요한 목표 가운데 하나로 설정되었지만, 1980년대 내내 정책적 우선순위에서 경제 현대화에 뒤처졌다. 그러나 1991년에 발생한 걸프전쟁 이후 이러한 상황에 변화가 발생했다. 미국이 스텔스 기술과 정밀유도 무기 등 첨단기술을 사용하여 이라크군을 무력화시킨 제1차 걸프전쟁은 중국의 지도자들로 하여금 기술상의 열세에 있는 군대가 선진적인 군대에 의해 얼마나 쉽고 빨리 괴멸될 수 있는가를 자각하도록 하는 계기로 작용했다. 이후 중국에서는 '하이테크형 전쟁'에 대비할 수 있는 군사력을 구비할 필요성이 분명하게 강조되기 시작했다.

1993년 1월 당시 장쩌민(江泽民) 중국공산당 총서기는 당 중앙군사위원회 확대회의에서 하이테크 조건하의 국지전[高技术条件下的局部战争]에서 승리하기 위해 군사력의 질을 제고시켜야 한다고 강조함으로써 군사 현대화를 본격적으로 추진할 필요성과 함께 방향도 제시했다.[40] 이후 중국에서 추진된 군사 현대화 노력의 초점은 병력을 감축하고 장비를 현대화하는 데 집중된다. 군 병력은 대폭 감축되었는데, 구체적으로 1985년부터 2005년 사이 170만 명이 감축되어 230만 명 선을 유지하게 된다.[41] 2013년 판 중국 국방백서에 따르면 육군이 85만 명, 해군이 23만 5000명, 그리고 공군이 39만 8000명이다.[42] 나머지는 여전히 베일에 가려져 있는 국경경비대, 방위분야 연구인력, 제2포병 등으로 추정된다.

이처럼 병력 규모를 감축시키는 대신에 장비 현대화가 적극적으로 추진되었다. 초창기 중국의 방위산업은 장비 현대화 요구에 부응할 능력을 구비하지 못했고, 그 결과 중국은 구소련 붕괴 후 경제적 어려움으로 무기 수출에 적극적이었던 러시아로부터 첨단무기를 구입해 문제를 해결하려 들었다. 대표적 사례로 러시아로부터 Su-27과 Su-30 등 새로운 전투기와 킬로급 디젤 잠수함 등을 수입한 것을 들 수 있다. 여기에 더해 잠수함과 J-10 전투기 등을 자체적으로 생산하기도 했다.[43]

중국의 군사 현대화 노력은 경제성장에 힘입어 지속적으로 추진되었다. 경제성장이 중국의 군사력 현대화에 필요한 자원을 제공했다는 사실은 중국의 국방비 변화 추세에서 단적으로 확인된다. 중국의 국방비는 1993년부터 2012년까지 20년 동안 연평균 두 자릿수의 증가율을 기록했다.[44] 그 결과 중국의 국방비는 2008년 세계 제2위를 기록했고 2012년에는 1060억 달러를 기록함으로써 1000억 달러 선을 돌파했다.[45] 이러한 중국의 국방비 증가 추세는 다른 국가에 비해 압도적인 것이었다. 중국의 국방비는 크게 생활비, 훈련유지비, 장비비 등 3개 분야에 주로 지출되며 각각이 대략 1/3씩을 차지한다.[46] 이 가운데 장비비가 새로운 기술과 장비를 구입하는 데 투입되는 비용이다. 물론 중국의 실질적인 국방비 규모에 관해서는 논쟁이 존재한다. 특히 공개된 국방비가 실제로 사용되는 액수에 비해 현저하게 적다는 평가가 제기된다. 이러한 평가에 따르면 중국은 무기 구매 비용이나 연구개발(R&D) 비용 등을 국방비에 포함시키지 않는데, 이를 모두 포함할 경우 실질적인 국방비는 공식적인 국방비보다 훨씬 큰 것으로 간주된다. 한 평가는 2010년 중국의 공식적인 국방비가 787억 달러였지만 무기구입비, R&D, 기타 관련 비용을 포함할 경우 1111억 달러에 이를 것으로 추정했다.[47]

주목할 것은 높은 경제성장으로 인해 꾸준하게 증가된 국방비가 중국에게 커다란 경제적 부담을 가하지 않는다는 점이다. 예를 들어 2008년과 2009년 중국의 국방비 증가율은 각각 17.5%와 18.5%에 달했는데 이는 같은 기간 국가재정지출 증가율 25.7%와 21.9%보다 낮은 것이었다. 이에 따라 국방비가 국가재정지출에서 차지하는 비중은 1998년 8.66%에 달했던 데서 2009년 6.49%로 오히려 감소했다(이 비중은 2011년에 5.53%까지 추가적으로 하락한다). 한편 국방비가 GDP에서 차지하는 비중 또한 2%에 미치지 못한다. 국방 예산이 중국 GDP에서 차지하는 비중은 2008년 1.33%에서

2011년에는 1.28%로 감소했는데, 이는 GDP의 2%를 넘는 미국이나 영국에 비해 낮은 것이다.[48] 이러한 사실은 중국이 앞으로도 국방비에 추가적으로 투자할 여력이 있음을 제시한다.

2) 군사력 증강

군사 현대화 노력은 중국의 군사력을 증강시키는 결과를 가져왔다. 지속적인 투자, 외국 기술에의 접근, 국내 방위산업의 발전 등에 힘입어 중국의 군사력은 꾸준하게 증강되었다. 20여 년에 걸친 두 자릿수의 국방비 증가가 군사력 증강의 토대로 작용했다. 증대된 국방비가 정교하고 현대적인 군사력 건설에 지속적으로 투입됨에 따라 중국의 재래식 전력과 전략적 전력 모두가 증강되었다. 초창기 군사력 증강은 러시아로부터의 군비 수입에 힘입었지만, 이후 중국의 기업들은 풍부한 자본을 기반으로 외국의 기술과 전문성을 흡수함으로써 한때 후진적이었던 중국의 방위산업을 중국판 군산복합체로 전환시켰다. 실제로 중국은 독자적 잠수함과 Su-27을 개량한 J-11 전투기 등을 대량으로 생산하게 되었고 선진 미사일 생산에서도 빠른 진전을 이루었다.[49] 이처럼 중국 내 군수산업이 발전함에 따라 외국으로부터의 수입은 감소했다.[50] 구체적으로 스톡홀름국제평화연구소의 자료에 따르면 중국의 국방 관련 수입액은 2007년부터 2011년 사이에 58% 감소했다.[51]

중국의 군사력에 대한 본격적인 평가를 진행하는 것은 이 책의 범위를 벗어난다. 따라서 여기서는 기존 논의를 빌려 중국의 군사적 능력에 관한 대체적인 윤곽을 제시하는 데 그치도록 할 것이다. 한 군사전문가에 따르면 중국 해군은 1990년대 말 이후 현대식 구축함과 잠수함 등을 획득했고, 수륙양용 전투단과 항공모함도 구비했다. 같은 기간 중국 공군은 700대의

'4세대 플러스' 전투기, 300대의 Su-27과 Su-30MKK 전투기, 그리고 J-11 전투기 100대 등을 획득함으로써 아시아에서 가장 큰 규모의 선진 전투기를 구비하게 되었다.[52] 중국의 군사력이 증강되었다는 사실은 미국 국방부가 해마다 의회에 제출하는 보고서에서도 확인된다. 가령 2011년 판 미국 국방부의 중국 군사력 평가에 따르면 중국군은 ① 해군 함정 전력, ② 잠수함 전력, ③ 공군력, ④ 항공방어(미사일) 전력 등에서 꾸준하고도 지속적인 현대화를 이룩했다. 이 가운데서도 잠수함 전력과 미사일 전력에서의 현대화 수준이 빠르게 제고되었다.[53]

잠수함 능력의 발전은 중국의 군사력 증강을 아주 분명하게 보여준다. 미국 해군정보국(the Office of Naval Intelligence)의 보고서에 따르면, 중국은 60여 척의 잠수함을 보유하고 있는데 이 가운데 5척이 핵 공격 잠수함이고 4척이 탄도미사일을 장착한 핵 추진 잠수함이며 나머지는 디젤 잠수함이다. 이러한 잠수함 능력의 증강이 단순히 양적확대에 그치지 않는다는 사실은 중국이 2014년에 미국의 서부 지역까지 도달할 수 있는 사정거리 7000km의 잠수함 발사 탄도미사일(SLBM) 쥐랑(JL)-2호를 탑재한 진급(晋级, 094형) 최신형 핵잠수함(SSBN)을 취역시킬 것으로 보도된 데서 확인된다. 이와 관련하여 새뮤얼 라클리어(Samuel Locklear) 미국 태평양 사령관은 중국이 신뢰할 만한 잠수함 발사 핵 억제력을 구비하게 될 것으로 평가했다.[54] 미사일 능력의 증강 또한 중국의 군사력 현대화 정도를 잘 보여준다. 대표적으로 '항모 킬러'로 불리는 둥펑(DF)-21D 대함탄도미사일은 미국과 일본의 대형 함정이 중국 연안에 접근하는 것을 방지하는 데 기여한다.[55] 여기에 더해 중국은 장거리 미사일 DF-41의 배치도 준비하고 있는 것으로 알려진다. DF-31을 개량한 DF-41은 사거리 1만 2000km에 10개의 미사일을 탑재할 수 있는 다핵탄두 미사일(MIRV)로 유럽과 미국 서부해안을 사정권에 둔다.[56]

언론에 보도되는 일화들 또한 중국의 군사적 능력이 급속하게 증강되고 있음을 제시한다. 가령 중국은 2007년 1월 860km 상공의 기상위성을 탄도 미사일로 폭파하는 실험에 성공함으로써 세상을 놀라게 한 바 있다. 또 2011년 1월에는 J-20 스텔스 전투기 시험비행을 실시함으로써 중국의 군사 현대화가 예상보다 빠른 진전을 이룩하고 있음을 보여주었다. 같은 해에는 우크라이나로부터 구입한 항공모함을 개조한 랴오닝(辽宁)호의 시험 운행을 개시한 바 있다. 모두가 군사적 측면에서 이룬 일종의 '돌파'로서 중국의 군사력이 빠른 속도로 증강되고 있음을 보여주는 일화들이다. 이러한 급속한 진전을 반영하듯 2012년 판 『더 밀리터리 밸런스(The Military Balance)』는 중국이 2020년까지 지역에서 발생하는 분쟁과 관련한 합동작전을 성공적으로 수행하고 2050년까지는 미국과 경쟁할 수 있는 전력을 구비할 것이라는 전망을 제기했다.[57]

지금까지 중국의 군사력 증강은 대만 사태를 비롯한 연안에서의 유사 사태에 대응하는 데 초점을 두고 있다. 이러한 사실은 2012년 미국 국방부의 중국 군사력 평가에서 단적으로 확인된다. 이 평가는 중국의 군사력이 전체적으로 대만해협에서의 비상상황을 대비하는 데 초점이 주어져 있다고 규정했다.[58] 다시 말해 중국의 군사력은 근해에서 작전하는 능력을 구비하는 데 초점을 두고 있다. 그러나 중국이 미국의 개입에 대응하는 군사능력을 제고시키려 노력하고 있는 것 또한 부인하기 어려운 사실이다. 잠수함과 미사일 능력을 제고시키고, 여기에 더해 우주 프로젝트와 베이더우(北斗) 시스템 구축을 통해 위성정찰과 통신 능력을 제고시키며 나아가 위성파괴와 탄도미사일 요격 능력을 증강시키는 것은 미국의 개입에 대응할 수 있는 능력을 제고시키는 데 기여한다.[59]

통상적으로 중국이 반개입(反介入)이라고 부르고 미국이 반접근/지역거부(A2/AD)라고 부르는 이 능력은 미국의 항모전단이 중국 연안 가까이에 접근하는 위험이나 비용을 제고시킴으로써 미국이 전장을 지배하는 것을 방지하는 데 초점이 있다. 즉, 잠수함 전력과 육상에 배치된 대함미사일에 효과적인 해양 감시체제를 결합함으로써 미군이 중국의 근해로 접근하는 것을 억제하거나, 진입비용을 제고시켜 미국이 개입하는 것을 방지하려는 시도인 것이다. 중국은 1996년 3월 대만해협 위기에 대처하기 위해 미국이 두 척의 항공모함을 파견한 이후 A2/AD 능력을 확보하는 데 집중하기 시작한 것으로 평가된다.[60] 이처럼 중국이 서태평양에 개입할 수 있는 미국의 능력을 거부하기 위해 노력을 경주하는 것은 2002년 이후 본격화된 적극적 방어 전략과도 맥을 같이한다.

동시에 중국군이 일부 영역에서 자국의 힘을 원거리로 투사하는 능력과 관련하여 돌파를 이룬 것도 사실이다. 대표적으로 앞에서 언급한 J-20 스텔스기 시험 비행이라든가 중국 최초의 항공모함 취역 등의 사례를 들 수 있다. 아울러 중국의 미사일 전력을 담당하는 제2포병과 과학기술 단위들 또한 통신과 정보수집능력을 강화하기 위해 위성발사와 운영 능력을 연마하는 데 노력을 경주한다.[61] 여기에 더해 중국의 군사 훈련이 더욱 빈번해지고 작전 영역 또한 계속해서 확대되고 있다. 대표적으로 중국군은 미야코(宮古) 해협을 위시한 태평양으로 진출하기 위해 이용할 수 있는 모든 해협을 통해 태평양으로 진출함으로써 제1열도선을 돌파할 수 있는 능력을 과시했다.

3) 중국과 미국의 군사력 대비

앞에서 지적한 것처럼 중국의 군사력 증강은 예상을 뛰어넘는 급속한 진전을 이루었다. 이러한 사실을 반영하듯 2009년 미국 태평양 사령관 로버트 윌러드(Robert Willard)는 중국이 미국의 예측보다 빠르게 군사적 능력을 구축해왔다고 지적한 바 있다.[62] 그러나 많은 전문가들은 중국이 태평양에서 미국에 도전할 수 있는 능력을 구비했는가에 대해 의구심을 표명한다. 이러한 의구심은 중국군이 병력 규모에서만 미국에 앞설 뿐 대부분의 지표에서 미국의 경쟁자가 되지 못한다는 사실에서 기인한다.[63] 가령 중국의 해군력에 대해 미국의 한 평가는 대양에서 활동한 경험이 적고, 잠수함과 어뢰에 대한 대응 능력이 떨어지며, 대양작전 능력 또한 부족하다고 지적한다.[64] 심지어 중국 해군기술연구소의 한 전문가마저도 중국 해군이 선진기술을 꾸준하게 추구해왔지만 핵심 기술에서는 세계 수준에 미치지 못했다고 규정한다. 그는 중국 해군이 기술적 측면에서 미국과 같은 선진국에 비해 20년 뒤처져 있으며 일부 핵심 영역에서는 그 차이가 더욱 현저하다고 평가한다.[65] 여기에 더해 중국은 핵 능력과 전략무기 계통의 능력에서도 미국에 현저하게 뒤져 있다. 구체적으로 미국이 보유한 핵탄두는 중국의 21배, 대륙간탄도미사일(ICBM)은 19배, 잠수함 발사 탄도미사일은 24배에 달한다. 한편 선진적 미사일방어체제(MD)의 배치는 미국의 우위를 더욱 강화시킬 것으로 간주된다.[66]

국방비에서도 중국은 미국에게 현저하게 뒤져 있다. 중국의 국방비가 계속해서 증대되는 반면 미국의 국방비는 감축되는 추세에 있지만 양국 간 국방비 격차는 여전히 현저하다. 2003~2012년 사이 중국의 국방비는 175% 증가함으로써 32% 증가에 그친 미국의 국방비 증가 추세를 압도했다.[67] 그러나 이러한 증가 추세에도 불구하고 2012년 중국의 국방비는 1060억 달러로 5254억 달러인 미국 국방비의 1/5에 불과했다.[68] 이는 미국의 국방비가 역사상 유례를 찾기 어려울 정도로 압도적이라는 사실 때문이다. 2011년의 경우 미국의 국방비는 국방비 순위에서 2~10위를 차지한 국가의 국방비를 모두 합산한 것보다 많았다.[69] 폴 케네디(Paul Kennedy)의 지적을 빌리면[70] 이러한 미국의 우위는 지난 500여 년 동안 사례를 찾기 어려운 수준이다.

여기에 더해 중국은 동맹관계에서도 미국에 현저하게 뒤져 있다. 한 보도에 따르면 미국은 세계 100개국 이상에 기지를 보유하거나 병력을 배치하고 있다.[71] 동아시아에서도 2차 세계대전 이후 형성된 미국을 핵심으로 하는 안보구조가 여전히 건재하다. 미국은 한국, 일본, 필리핀, 태국과 동맹관계를 맺고 있고 또 싱가포르, 베트남, 캄보디아, 말레이시아, 브루나이, 인도네시아 등 대부분의 아세안 국가들과도 군사적 협력관계를 형성하고 있다. 반면에 중국은 해외에 기지가 없고 소수의 병력만이 대사관 보호나 평화유지활동을 위해 배치되어 있다. 이러한 사실들은 중국이 가까운 장래에 군사력 면에서 미국에 필적할 수 있는 가능성이 크지 않음을 제시한다.

4) 동아시아의 군사력 균형

이상에서 지적한 것처럼 중국과 미국 사이에는 군사력 면에서 현저한 격차가 존재한다. 그러나 중국과 미국의 전체 군사력만을 단순하게 비교하는 것은 동아시아에서 발생한 군사적 균형과 관련한 의미 있는 변화를 놓치는 것과 다름이 없다. 무엇보다도 미국과 중국의 군사력을 비교할 때는 미국의 군사력이 전 세계에 분산되어 있는 반면에 중국의 군사력은 동아시아라는 비교적 한정된 지역에 집중되어 있다는 사실을 고려할 필요가 있다. 이 사실은 충돌 발생 초기에 집중적으로 투입될 전력을 평가하는 데 중요하다. 아울러 지리적 요인 또한 미국과 중국의 군사력 경쟁의 향방에 영향을 끼칠 수 있다. 가령 남중국해나 동중국해 제해권 충돌과 관련하여 대륙국가인 중국은 연안에 배치된 전력을 활용할 수 있다는 점에서 미국에 비해 구조적 우위를 누린다. 다시 말해 중국은 육상에서 발신할 수 있는 전력을 활용할 수 있다는 이점이 있지만, 미국은 장거리에서 힘을 투사해야 한다.

서태평양 지역의 육상에 배치된 미국의 군사력은 소수의 기지로부터만 작전이 가능하며 또 중국이 보유한 중거리 탄도미사일(IRBM)과 같은 무기의 공격에 노출되어 있다.

나아가 중국이 추구해온 비대칭적 전력 또한 미군의 우위에 제약을 가한다. 중국은 군사 현대화 노력에도 불구하고 빠른 시일 내에 미국에 필적할 수 있는 전력을 확보하기는 쉽지 않다는 판단에서 미국의 핵심적 우위를 무력화시킬 수 있는 능력을 구비하는 데 투자해왔다. 중국은 미국 군사작전의 핵심이 항공모함을 중심으로 구성된 전력을 상대국의 연안에 접근시켜 순항미사일과 같은 정밀유도무기와 전투기 등으로 적국의 주요 시설을 공격해 상대의 작전능력을 초기에 무력화시키는 데 있다고 판단한다. 미국의 힘의 원천이 목표에 접근하여 타격할 수 있는 능력에서 나온다는 판단에 따라 중국은 앞에서 지적한 것처럼 미국이 해군력을 서태평양, 특히 중국 연안으로 투입하지 못하도록 하는 반개입 능력을 증강시키는 데 노력을 기울여왔다.

중국의 반개입 능력에 대한 평가와 관련해서는 다양한 견해가 제기된다. 한편에서는 중국의 반개입 능력이 서태평양에서 미국이 힘을 투사할 수 있는 능력에 제약을 가할 것으로 평가한다.[72] 특히 중국이 구비한 최신형 중거리 대함탄도미사일인 DF-21D나 초음속 시스키밍(sea-skimming) 미사일 등이 미국의 항모를 위협할 것이라는 주장이다. 이러한 시각을 반영하듯 미국 국방부는 중국의 군사력이 동아시아에서 미국의 군사계획에 불확실성을 초래하는 것으로 간주한다. 구체적으로 미국 국방부 산하 국방정보국(DIA)은 2013년 5월 미국 의회에 제출한 연례보고에서 DF-21D 탄도미사일의 실전배치가 미군이 아시아 및 서태평양에서 작전하는 데 중대한 위협요인이 될 수 있다고 지적했다.[73] ≪타임(Time)≫ 또한 2010년부터 배치된 사거리 약 1600km에 이르는 육지의 이동 발사대로부터 발사되는 탄도미사

일 DF-21D가 공해상에서 미국의 패권에 제약을 가하는 것으로 규정했다.[74]

다른 한편에서는 중국의 군사적 능력을 과대평가하는 것을 경계한다. 가령 스톡홀름국제평화연구소의 한 중국전문가는 중국의 A2/AD가 침투를 불가능하게 하지는 않으며 따라서 미국이 국방력 측면에서 여전히 절대적 우위에 있다고 규정한다.[75] 다른 전문가 또한 중국의 반개입 능력이 아직 제한적이라고 평가한다.[76] 여기에 더해 앞에서 언급한 DF-21D 미사일과 관련해서도 의구심이 제기된다. DF-21D와 같은 대함탄도미사일은 고정된 목표물을 향해 발사되는 미사일과 달리 광범위하고 정교한 지원체계를 필요로 한다. 미사일이 발사된 후 목표물에 도달하는 데까지 15분 정도의 시간이 걸리고 그 사이 목표물이 이동하기 때문이다. 따라서 1000마일 넘게 떨어진 육상에서 발사되는 대함탄도미사일은 해상에서 발진하는 공격보다 미국의 반격으로부터는 더 잘 보호될 수 있지만 중국이 미사일을 명중시키는 데 필요한 지원체계를 갖췄는지가 불분명하다는 평가이다.[77] 그러나 주목할 것은 중국의 군사적 능력에 회의적인 전문가들도 변화의 추세 자체는 부정하지 않는다는 사실이다. 중국의 위성정보 능력이 빠르게 개선되고 연안과 항공, 지상, 해저의 발사대에 배치된 다양한 미사일의 숫자가 지속적으로 증대되는 등 중국의 A2/AD 능력은 계속해서 증강되고 있다.

여기서 중국의 군사력이, 미국에 필적하기는 어렵다 하더라도, 동아시아에서 기술상·작전상 절대적 우위를 누려온 미국의 지위를 제약할 가능성을 찾을 수 있다. 다시 말해 중국의 반개입 능력이 빠르게 증강됨에 따라 동아시아에서 미군의 작전능력에 대한 제약 요인도 빠르게 증가하고 있다. 구체적으로 중국의 A2/AD 능력은 미국이 분쟁 지역에 진입하는 비용을 급격하게 제고시킬 수 있다. 다시 말해 정밀유도 미사일 전력의 강화와 같은 중국의 위협 능력 증강과 해상거부 전략을 실천에 옮길 수 있는 능력의 증강 등이 미국으로 하여금 과거와 같이 해군이나 공군 전력을 아시아로 투사하는 것을 어렵게 만든다. 과거 동아시아의 미군 기지나 서태평양으로 진입하는 미국의 항모전단은 커다란 위협에 노출되지 않고 작전이 가능했지만 이제 중국의 증강된 군사력에 직면한 미국은 중국으로부터 오는 위협을 고려할 필요성에 직면했다.[78]

중국이 미국 항공모함 전단이 동아시아의 전장으로 진입하는 것을 막는 비용을 제고시킴에 따라 미국은 동아시아로 진입하기 위해 대가를 감수해야 한다. 다시 말해 중국은 비대칭적 무기체계와 사상자를 발생시킬 수 있는 능력을 구비함으로써 미국에 직접적 위협이 아닌 상황에 개입하는 것과 관련하여 심리적 장애를 제기했다.[79] 이러한 중국의 능력은 미국의 정책결정자들로 하여금 비용을 지불할 의지가 없다면 동아시아에서 충돌이 발생할 때 병력을 진입시키지 못하도록 작용할 수 있다. 이는 중국의 군사력 증강이 동아시아에서 동맹국을 보호할 수 있는 미국의 능력에 제약을 가한다는 의미이다. 아울러 동아시아에서 미국의 안보전략이 제1열도선 내의 군사력 전진 배치 등 지역으로 군사력을 투입할 수 있는 능력에 의존해왔음을 고려할 때, 중국의 군사적 능력은 지역에 대한 미국의 접근 능력을 제약함으로써 미국 중심의 질서에 충격을 가할 가능성을 제기했다.

미국이 지리적으로 동아시아에서 먼 거리에 있음을 고려하면 충돌이 발생할 경우 미국은 초기에 동아시아에 배치된 전력을 활용할 수밖에 없을 것이다. 이러한 상황을 고려할 때 중국의 군사력 증강은 동아시아에서 미국의 동맹국들이 중국의 보복에 노출됨을 의미한다. 다시 말해 중국의 증강된 미사일 전력이 동아시아의 미군 기지를 타격한다는 명분 아래 미국의 동맹국을 겨냥할 가능성이 제고되었다. 이처럼 중국의 보복 위협에 노출됨에 따라 미국의 동맹국들은 미군이 자국의 군사시설을 사용하는 데 거부감을 느낄 수 있다.[80]

이상의 논의는 중국의 부상이 동아시아의 경제적·군사적 세력균형에 변화를 촉발시켰음을 제시한다. 이러한 세력균형상의 변화는 미국이 주도해 온 동아시아 질서에 충격을 가함으로써 부상하는 중국과 기존 강대국 미국이 경쟁할 가능성을 제기한다. 그러나 이러한 변화는 이 지역에서 발생한 변화의 한 측면에 불과하다. 중국의 부상은 동아시아 세력균형에 변화를 촉발시킨 동시에 중국과 미국 사이의 상호의존도 창출시키고 강화시켰다. 이러한 상호의존은 세력균형상의 변화와 달리 양국이 기존 질서를 유지하기 위해 협력하도록 작용한다. 이제 양국 사이에 존재하는 상호의존을 살펴보자.

4. 중국과 미국의 상호의존

흥미롭게도 중국의 부상은 미국과의 상호의존을 증대시키는 결과를 초래했다. 양국 간 경제적 상호의존은 수출국과 수입국, 채권국과 채무국, 생산국과 소비국이라는 다양한 차원에서 확인된다. 이러한 상호의존은 양국으로 하여금 상대와의 관계를 파괴할 수 있는 행위를 제어하도록 작용한다.

개혁개방정책은 중국의 선택이었다. 중국이 국제체제에의 참여를 결정함에 따라 개혁개방이 가능해졌다. 그러나 동시에 중국의 참여는 미국의 지원이 있었기에 가능했다는 사실 또한 부인하기 어렵다. 미국은 국제체제에의 참여가 중국으로 하여금 국제체제에 동화되고 안정을 추구하도록 작용함으로써 외교정책을 온건하고 협력적으로 변화시키는 데 기여할 것이라는 판단에서 중국의 참여를 환영했다. 미국의 이러한 방침에 힘입어 중국은 서구의 자본과 기술을 도입하고 또 상품의 수출을 통해 고도의 경제발전을 구가할 수 있었다. 미국의 수용이 없었더라면 중국이 국제체제에 참여하고 또 경제발전을 이루는 데 어려움을 겪었을 것이다. 이러한 사실

〈그림 2-8〉 미국과 중국의 교역에서 상대국이 차지하는 비중(%)

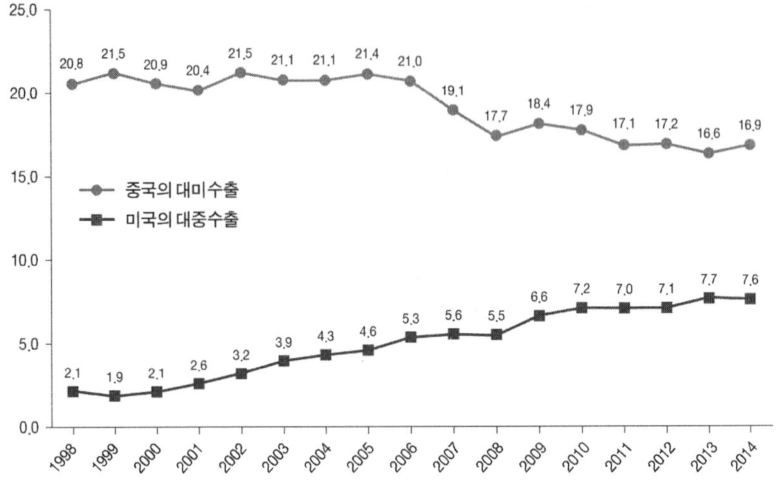

자료: 미국 상무부 및 중국 해관총서.

은 미국과의 관계가 봉쇄됨으로 인해 대외개방에 어려움을 겪고 있는 북한의 사례에서 단적으로 확인된다.

미국과의 교역, 특히 대미수출은 중국의 경제발전에 크게 기여했다. 미국 측의 통계에 따르면 중국의 대미수출은 2000년 1000억 달러에서 2013년에는 4400억 달러로 급증했다. 대미수출이 중국의 전체 교역에서 차지하는 비중은, 〈그림 2-8〉에 나타나듯, 1998년 21%에 육박함으로써 20%선을 넘어섰고 2007년에 이르러 19%선으로 다소 낮아졌지만 이후 여전히 10% 후반대의 높은 수준을 유지하고 있다. 대미수출이 중국 GDP에서 차지하는 비중 또한 2000년 8%에 달했고 2006년에는 다시 15%로 증가하는 등 꾸준히 증대되었다. 여기에 더해 중국은 미국과의 교역에서 엄청난 흑자를 기록했다. 1985년에는 거의 존재하지 않았던 중국의 흑자는 2002년 900억 달러를 넘어섰고 2008년 말에는 4000억 달러에 육박했다.[81] 중국의 대미수출

〈그림 2-9〉 중국의 미국 채권 보유액(10억 달러)

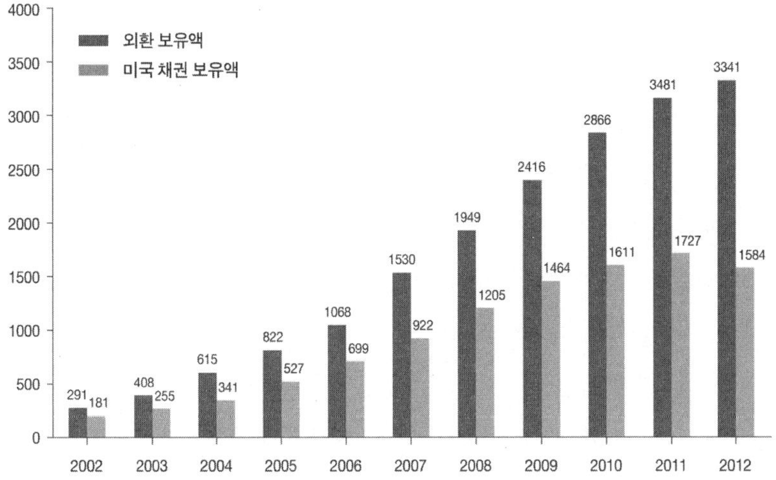

자료: Wayne Morrison and Marc Labonte, "China's Holdings of U.S. Securities: Implications for the U.S. Economy," CRS Report, August 19, 2013.

증대와 이를 통해 창출된 교역 흑자는 중국의 경제발전을 촉진시키는 데 중요한 작용을 했다. 대미수출이 정체될 경우 경제성장률도 정체되는 반면에 대미수출이 증대될 경우 경제성장률 또한 제고되는 추세가 형성되었다.

이처럼 미국과의 교역에서 막대한 흑자를 창출한 중국은 다시 이를 활용하여 미국의 채권을 구매했다. 그 결과 중국의 외환보유액이 증대됨에 따라 미국 채권 보유액도 함께 증대되었다. 〈그림 2-9〉에서 보듯, 중국의 미국 채권 보유액은 2002년 1810억 달러에서 2012년에는 1조 5800억 달러로 급증했다.[82] 이러한 중국의 미국 채권 매입은 위안(元)화의 평가절상을 방지하여 수출 경쟁력을 유지하려는 노력을 반영했다. 이러한 노력에 힘입어 중국은 달러 대비 위안화 환율을 2005년 2%가 평가절상 될 때까지 10년 동안 사실상 고정시킬 수 있었다. 한편 중국의 채권구매는 미국이 낮은 금리를 유지할 수 있도록 함으로써 소비를 촉진시키는 데 기여했고, 이러한 소비는 다시 중국으로부터 막대한 양의 상품을 수입할 필요성을 촉발시켰다. 중국의 미국 채권 매입은 2008년에 발생한 세계금융위기 당시에도 지속되었고, 그 결과 2009년 일본을 제치고 미국 채권의 최대 보유국으로 등장했다. 미국에서 금융위기가 발생한 이후 중국의 채권 매입은 미국 정부가 재정구제와 경제적 부양조치를 위해 필요한 자금을 조달하는 것을 도왔다. 이는 패권국가와 신흥 강대국 사이에 재정적 결합이 형성됨을 의미한다.

이처럼 중국과 미국 사이에 밀접한 경제적 연계가 형성됨에 따라 양국 경제가 실질적으로 하나가 되었다는 주장이 제기되었다. 한 분석가는 양국 경제의 상호의존 수준이 매우 높아 실질적으로 하나의 경제체가 되었다고 규정한다.[83] 다른 전문가들은 양국 사이에 창출된 밀접한 경제적 상호의존을 차이메리카(Chimerica)라는 개념으로 규정했다.[84] 중국의 경제 담당 부총리인 왕치산(王岐山) 또한 2010년에 양국 간 연계가 밀접해짐에 따라 양국 경제를 분리시키기 어렵게 되었다고 지적한 바 있다.[85]

물론 양국 사이의 밀접한 경제적 상호의존에 대한 우려도 존재한다. 미국에서는 중국이 보유하는 채권을 활용하여 영향력을 행사할 것이라는 우려가 제기된다. 중국이 채권을 투매함으로써 미국의 이자율이 올라가고 이는 다시 미국 경제의 위축으로 이어질 것이라는 우려이다. 반면에 중국에서는 상호의존이 봉쇄와 반봉쇄라는 양국관계의 현실을 변화시킬 수 없다는 주장이 제기된다.[86] 그러나 양국 간 상호의존은 그 잠재적 파급효과 때문에 어느 쪽도 쉽게 선제 행동을 통해 관계를 깨기 어려운 '재정상 공포의 균형(the financial balance of terror)'을 창출했다.[87] 중국이나 미국 모두 이러한 경제적 상호의존으로부터 이탈하기 쉽지 않다는 의미이다. 미국 입장에서는 적자예산을 지속시키고 재정적 자극정책을 시행하기 위해 중국이 계속해서 채권을 구매하는 것을 필요로 한다. 미국 의회예산국(Congressional Budget Office)은 2009년 GDP의 10%인 1조 5000억 달러에 달한 미국의 재정적자가 향후 10년간 총 9조 2000억 달러를 기록할 것으로 예측했는데, 이러한 재정적자의 상당 부분이 중국의 채권 매입으로 충당될 수밖에 없다. 중국이 미국 채권 매입을 중단한다면 미국 정부의 재정운용 능력은 약화될 수밖에 없을 것이다.

중국의 경우에도 미국 채권을 처분하기가 쉽지 않다. 만약 중국이 채권을 투매할 경우 달러 채권의 가치가 하락해 막대한 경제적 손실을 입을 것임은 물론, 위안화가 평가절상됨으로써 경제발전에 부정적 영향이 초래될 수 있다. 여기에 더해 미국 채권을 투매하는 것은 미국경제를 어려움에 직면하게 만듦으로써 미국 시장을 상실하게 되는 것을 의미하는데, 대미수출이 막힐 경우 경제발전에 타격이 가해질 것이고 중국과 동아시아 국가 간에 조성된 생산네트워크에도 충격이 가해지는 등 연쇄작용이 촉발될 수 있다. 미국의 수입이 세계 최종소비 수요의 상당 부분을 차지하는 상황에서 중국은 미국 시장이 원활하게 작동하도록 하기 위해서라도 미국 채권을 구매할 수밖에 없는 것이 현실이다. 따라서 중국 또한 채권자로서의 지위를 남용할 수 없을 것이다. 여기서 양국 간 재정상 공포의 균형을 경제적 상호확증파괴(Mutually Assured Economic Destruction)의 관계로 규정할 수 있다. 앞에서 지적한 것처럼 이러한 사실은 중국이 금융위기 이후에도 미국 채권에 지속적으로 투자함으로써 경제회복을 위해 밀접하게 협력하려는 의지를 표명한 데서 확인된다.

양국 간의 밀접한 경제적 연계는 양국관계에 영향을 끼친다. 경제적 연계는 미국이 군사적으로 압도적 우위에 있음에도 불구하고 중국을 전면적으로 봉쇄하기 어렵게 만드는 요인으로 작용한다. 앞에서 지적한 것처럼 중국은 미국 채권의 매입을 중단함으로써 미국을 경제적으로 어려움에 처히도록 할 수 있다. 물론 현실적으로 쉽지 않고 채권 매입을 중단할 경우 중국 또한 비용을 치르게 될 것이지만, 그럼에도 불구하고 중국이 지불할 직접적 비용은 미국에 비해 크지 않을 것으로 평가된다. 따라서 미국이 군사적 봉쇄를 추구할 경우 비용을 지불하려는 중국의 의지 또한 증대될 가능성을 배제하기 어렵다.[88] 여기에 더해 미국에게 있어서 중국의 경제적 중요성은 더욱 증가할 가능성이 있다. 중국은 조만간 미국을 제치고 세계 최대의 소비시장으로 등장할 것으로 추정된다.[89] 이는 중국이 수출을 증대시킴으로써 경제를 회복한다는 오바마 대통령의 전략을 실현하는 데 관건적인 국가가 될 것임을 의미한다. 중국과의 교역은 미국의 수출 확대와 일자리 창출에 기여할 것인 반면 중국과의 교역을 제한할 경우 유럽이나 일본과 같은 경쟁자들이 혜택을 누릴 가능성이 존재한다. 이러한 현실은 미국이 중국과의 관계를 파국으로 몰고 가기 어렵게 만든다. 다시 말해 중국은 경제적 연계를 통해 충돌의 대가를 미국이 수용할 수 없는 수준으로 높였다. 또한 미국은 기존 국제체제의 주도국으로서 기후변화, 환경오염, 테러, 국제범죄, 대량살상무기 확산과 같은 세계적 문제를 해결하는 데에도 중국의 협력을 필요로 한다.

중국 또한 자신감과 목소리가 증대되었음에도 불구하고 미국과의 대결을 추구하기가 쉽지 않다. 무엇보다도 미국 시장과 미국의 투자가 없다면 경제성장의 동력은 심대하게 약화될 것이다. 중국은 2007년 미국의 최대 수입 대상국이 되었고, EU를 제외하면 미국 또한 중국의 최대 교역 대상국이다. 아울러 중국은 막대한 규모의 외환보유고를 운영하는 방식에 제한을 느낀다. 다시 말해 달러 표시 채권을 제외하고 중국에게는 마땅히 다른 대안적 투자시장이 없다. 따라서 중국은 미국 채권의 투매와 같이 자신에게도 해가될 수 있는 행위를 선택하기 어렵다.

이러한 상황을 반영하듯, 중국과 미국 사이에 협의기제가 확대되고 또 제도화되고 있다. 중국과 미국 사이에는 70개 이상의 고위대화기제가 존재하는데, 이러한 대화기제는 양국 사이의 전략적 갈등을 완화시키는 데 기여한다. 여전히 상대적으로 취약한 지위에 있는 중국에게 이러한 대화기제를 유지하는 것은 미국에 필적하는 국가라는 국제적 지위와 영향력을 확보하는 데 기여할 뿐 아니라 미국과 서태평양의 문제를 논의할 제도적이고 정기적인 토대를 제공한다. 한편 미국의 입장에서도 이러한 대화기제는 경제를 회복하고 우발적 사건에 대응할 기회를 제공한다.[90]

결국 양국 간의 경제적 연계는 상대에 대한 정책에 제약을 가한다. 경제적 연계는 양국으로 하여금 본격적 충돌이 발생하지 않게 관리하도록 작용한다. 다시 말해 경제적·재정적 연계는 상대에 대해 대결적 정책을 추구하는 것을 어렵게 만든다. 미국과 중국이 상대를 어떻게 보든 간에 노골적인 적대나 경쟁 일변도의 정책을 선택하기가 쉽지 않다. 이러한 사실은 미국이 동맹국과의 관계를 강조하지만 이로 인해 중국과의 관계가 파열되는 것을 수용하기 어려움을 의미한다. 여기서 동아시아의 동맹국이 미국의 군사력 행사를 기대하더라도 미국이 주저할 가능성을 목격할 수 있다. 심지어 현실적 가능성은 높지 않지만 양국 간 연계는 미국과 중국 모두가 상대와의 관계를 안정시키기 위해 필요할 경우 공동으로 피후견국에 압력을 행사할 가능성마저 제기한다. 다시 말해 동아시아에서 지역 국가의 이익을 무시하는 양국 간 결탁이 이루어질 가능성을 배제하기 어렵다. 이는 특히 일본이 우려하는 사항일 뿐 아니라 한국과 같은 다른 미국의 동맹국에서도 유사한 우려가 존재한다.

5. 결론

이상의 논의는 중국의 부상이 동아시아의 세력균형에 끼친 영향과 그 한계를 동시에 보여준다. 경제적으로 중국의 부상은 동아시아의 질서를 중국 중심으로 재편시켰다. 중국이 중심이 되는 생산네트워크 형성을 통해 촉진된 중국과 지역 국가 간의 경제적 연계는 두 차례의 경제위기를 성공적으로 또 상대적으로 빠른 시일 내에 극복할 수 있었던 중요한 원동력으로 작용하는 등 지역 국가의 경제발전에 기여했다. 아울러 중국이 2000년대 들어 미국 동맹국들의 주요 교역 대상국으로 등장하고 또 대외교역에서 중국과 미국이 차지하는 비중 차이를 계속해서 확대함에 따라 이 지역에서 중국과 미국 간 경제적 영향력에 분명한 차이가 발생했다. 이는 지난 세기 패권을 누려온 미국이 경제력 규모에서 대등하거나 제압하기 쉽지 않은 경쟁자를 만났음을 제시한다. 과거 미국에 도전을 제기하거나 미국과 경쟁했던 제정 일본이나 나치 독일은 물론이고 심지어 구소련마저도 경제력에서는 미국에 현저하게 뒤졌다.[91] 중국의 부상은 미국이 오랫동안 누려왔던 이러한 우위를 종식시킬 가능성을 제기했다.

그러나 변화의 한계 또한 분명하다. 중국의 부상에도 불구하고 미국이 군사적으로 여전히 압도적 우위를 누리고 있다는 사실은 중국의 부상이 부인하기 어려운 현상임에 틀림없지만 동아시아 지역의 세력균형에 근본적인 변화를 가져오지는 않았음을 제시한다. 다시 말해 중국은 급속한 부상에도 불구하고 미국을 대체하여 이 지역의 새로운 지배국가로 등장하지 못했다. 경제적으로 중국이 지역의 가장 중요한 경제적 행위자로 등장했고 또 멀지 않은 시기에 세계적 차원에서도 주요 행위자가 되겠지만, 군사적 측면에서 미국과의 격차는 여전히 현저하다. 이러한 사실은 중국이나 미국 모두가 동아시아에서 미국이 지난 수십 년간 누렸던 것과 같은 지배적 우세를 점하지 못함을 제시한다.

종합하면 동아시아에서 중국의 부상이 끼친 영향은 새로운 우열구조의 출현으로 이어지기보다 미국의 지배력을 분산시킨 데서 더욱 분명하다. 여기에 더해 미국과 중국 사이에 유례없이 강한 상호의존 또한 출현했다. 이러한 구조상의 복합성은 이 지역의 질서가 구조적 요인에 의해서만 결정되기보다 개별 국가의 정책에 의해서도 영향을 받을 가능성을 제기한다. 나아가 이러한 복합성은 해당 국가들의 정책 또한 모호하고 이중적으로 나타날 가능성을 제시한다. 다시 말해 중국, 미국, 그리고 지역 국가의 정책 모두 대결이나 협력과 같은 분명한 방향을 추구하기보다 상충적 요소를 모두 포함하는 모호성을 띨 가능성을 목격할 수 있다. 그러면 이제 중국의 정책부터 살펴보도록 하자.

제3장 중국의 동아시아 정책

협력에서 공세로?

급속한 부상을 통해 동아시아의 세력균형에 변화를 촉발시킨 중국은 증대된 국력을 어떻게 활용하려 하는가? 역사는 부상하는 강대국이 주변국에 자신의 의지를 강요하고 나아가 지역질서를 자국 중심으로 재편하려 듦을 제시한다. 미국이 먼로 독트린을 통해 라틴 아메리카를 자국의 영향권으로 편입시킨 것이 대표적이고, 히틀러의 독일 또한 군사적 수단을 통해 중부 유럽을 지배하려 들었다. 동아시아에서도 일본이 20세기 초 서구세력의 축출을 명분으로 지역을 자국의 영향권 아래로 편입시키려는 제국주의 정책을 추구한 바 있다. 그렇다면 부상하는 중국도 동아시아를 자국의 세력권으로 편입시키려 드는가?

이 장은 중국의 부상이 동아시아에 끼치는 영향을 이해하기 위해 동아시아에 대한 중국의 구상과 전략을 검토하게 될 것이다. 중국에서 동아시아는 영향력을 개척할 주요 지역으로 간주된다.[1] 이러한 사실을 고려할 때 동아시아 정책에 대한 검토는 중국이 과연 독자적 세력권을 구축함으로써 기존 질서를 재편하려 드느냐는 의문에 대한 대답을 찾는 데 기여한다. 현실주의자들은 중국이 이 지역에서 미국을 대체하려 한다는 주장을 제기한다. 가령 미어샤이머는 중국이 동아시아에서 미국을 밀어내려 한다고 규정하고, 휴 화이트(Hugh White) 또한 동아시아에서 중국의 목표는 미국을 추월하는 것이라고 주장한다.[2]

그렇다면 중국은 실제로 미국을 대신하여 동아시아의 주도권을 장악하고 또 동아시아를 자신의 세력권으로 재편하려는 의도와 행태를 드러냈는가? 이를 검토할 때 우리는 중국이 동아시아에서 미국을 대체하려 한다는 사실을 중국의 부상이 미국의 영향력을 약화시키는 것과 구분하여 생각할 필요가 있다. 중국의 부상이 미국의 영향력을 약화시키는 것은 어쩌면 매우 자연스러운 현상일지도 모른다. 그럼에도 불구하고 중국이 미국의 주도권에 도전하지 않는 한, 양국이 공존할 가능성이 배제되는 것은 아니다. 반면에 중국이 미국의 지배권에 도전한다는 것은 미국과의 대결이라는 위험을 감수하려 든다는 점에서 차원을 달리한다. 또 이 경우 양국 간 공존 가능성은 사라진다. 따라서 '중국이 과연 동아시아에서 미국을 대체하려 드는가?'를 검토하기 위해서는 중국이 대결을 감수하고라도 미국의 주도권과 미국 주도의 질서를 대체하려 드는가를 살펴볼 필요가 있다.

현실은 이러한 검토에 대한 결론이 분명한 형태로 나타나지 않을 가능성을 제시한다. 앞에서 살펴본 것처럼 중국의 부상이 동아시아의 세력균형에 변화를 초래한 것은 사실이지만 그 변화의 정도가 미국의 지위에 정면으로 도전하도록 자극할 만큼 분명하지는 않다. 중국의 부상이 동아시아가 미국에 의해 주도되는 상황에서 이루어졌을 뿐 아니라 세계금융위기로 인해 중국과 미국 사이의 국력 격차가 급속하게 축소된 이후에도 이 지역에서 미국의 존재는 중국의 선택에 제약을 가할 만큼 여전히 강력하다. 아울러 미국의 존재는 동아시아 지역 국가의 정책적 선택에도 영향을 끼친다. 동아시아에는 상당수의 미국 동맹국이 존재하며, 이들은 여전히 부상하는 중국의 전략적 의도에 주의를 기울이고 중국이 공세적 정책을 추구한다고 판단할 경우 미국과의 연대를 강화함으로써 대응하려 든다. 여기서 동아시아에 대한 중국의 선택이 분명한 모습을 띠기보다 협력과 공세라는 서로 상반된 경향들을 조합하고 또 그 사이에서 선회할 가능성을 목격할 수 있다.

실제로 중국의 동아시아 정책은 협력과 공세의 측면을 모두 포함했고 또 시기별로 서로 다른 경향이 번갈아 부각됨으로써 혼선의 양상마저 드러냈다. 부상이 본격화되기 시작한 초기에 중국은 타협과 협력을 강조하는 위무전략에 중점을 두었다. 중국은 타협을 통해 동아시아 국가의 우려를 해소하고 경제적 협력을 통해 관계를 강화하려 시도했다. 이는 미국이 지역을 주도하는 현실에서 불가피한 선택이었다. 중국은 자국의 전략적 의도에 대한 의구심이 초래될 경우 미국이 견제를 강화하고 나아가 지역 국가들마저 대중견제에 동참할 가능성을 우려했다. 이에 따라 중국은 동아시아 지역의 다자협력에 예상보다 더 적극적으로 참여하고 또 추진하기까지 했다. 이처럼 협력을 추구하려는 노력마저도 미국을 배제하고 동아시아를 자국의 세력권으로 재편하려는 것이 아니냐는 의구심을 촉발시켰지만, 중국은 미국을 배제하거나 지배적 지위를 추구하려는 의도를 명확하게 드러내지 않았다.

2008년 세계금융위기 이후 이러한 상황에 변화가 발생하기 시작했다. 대외적 자신감이 증대된 중국은 자국의 이익을 분명히 밝히고 그것을 추구하기 위해 증대된 힘을 활용하며, 다른 국가와의 갈등이 초래되는 것도 불사하는 공세적 경향을 노정시켰다. 특히 2010년 들어 자국의 이익을 강요하려는 중국의 공세적 외교정책이 분명해지면서 중국과 동아시아 국가들 사이에 일련의 갈등이 야기되었고, 부상하는 중국이 힘이 충분치 않았을 때 미루어두었던 패권에 대한 욕구를 마침내 드러냈다는 우려가 확산되었다. 이 같은 공세적 전환이 지역에서 중국에 대한 위협의식을 제고시킴에 따라 중국은 다시 온건 노선으로 회귀했지만 2013년 시진핑 체제가 공식적으로 출범한 후 주권과 해양에서의 권리확보가 또다시 강조되면서 중국의 공세적 정책이 회귀하고 또 자리를 잡는 것이 아닌가 하는 의구심도 부활했다. 그러나 중국은 공세의 초점을 영토 분쟁을 전개하는 일부 지역 국가에 한정시키고 다른 국가에 대해서는 경제적 혜택을 제공하는 전략을 취함으로써 정책 방향을 둘러싼 불분명성을 계속해서 이어갔다.

다음에서는 중국의 동아시아 정책에 나타난 변화와 혼선을 이해하기 위해 먼저 동아시아에 대한 중국의 인식과 고려를 논의하게 될 것이다. 이어서 동아시아에 대한 중국의 정책과 이에 나타난 변화가 시기별로 검토될 것이다. 앞부분에서는 타협을 통해 지역 국가를 안심시키려는 중국의 노력이 다뤄질 것이고 계속해서 중국의 공세적 정책과 이를 둘러싼 혼선이 검토될 것이다. 마지막 부분에서는 중국이 동아시아에서 패권을 추구하려 드는가에 관한 논의가 이루어질 것이다.

1. 중국의 동아시아 인식

중국은 통상적으로 동아시아 국가로 간주된다. 중국이 지리적으로 동아시아에 위치하며 또 중요한 전략적·경제적 이익이 이 지역에 집중된다는 사실이 이러한 인식을 창출했다. 그러나 이 같은 인식과 달리 중국이 동아시아 국가로서의 정체성을 갖기 시작한 것은 그리 오래된 일이 아니다. 또한 중국이 부상과 함께 동아시아를 더욱 중시하게 된 것은 사실이지만 진정으로 동아시아 국가로서의 정체성을 갖게 되었는지에 대한 의구심은 여전히 가시지 않는다.

중국은 전통적으로 지역이라는 개념 대신에 주변이라는 개념을 선호했다. 주변은 육지뿐 아니라 해상을 사이에 두고 중국과 접한 국가와 지역 모두를 포괄하는 개념으로 중국의 안보와 관련하여 그 중요성이 인식되었고, 중국의 역대 왕조는 정권의 안정을 유지하기 위해 주변 국가와의 관계에 주의를 기울였다. 주변의 불안정이 왕조의 안전을 위협했던 사실이 중국으로 하여금 주변에 관심을 쏟도록 작용했던 것이다. 동아시아는 이렇게 규정된 주변의 한 부분이었고 중국과 동아시아의 관계는 중국 대 주변관계의 맥락에서 인식되었다. 이는 중국의 지역의식이 동아시아에 한정되기보다 주변 전체로 확산되었음을 의미한다.[3] 또한 주목할 것은 주변이라는 개념에 중국은 포함되지 않았다는 사실이다.[4] 이러한 사실이 전통시기 중국에 진정한 지역의식이 존재했다고 말하기 어렵게 만든다.

근대에 들어 중국 대외정책의 관심은 주변에서 서구 강대국으로 급속하게 이동했다. 이는 서구 강대국의 침략으로 중국의 독립과 안전이 위협을 받게 되었던 상황과 밀접한 관련을 갖는다. 다시 말해 안보에 대한 위협의 근원이 주변에서 서구 강대국으로 이전함에 따라 중국의 대외적 관심 또한 서방 강대국과의 관계로 이동했는데, 서방 국가와의 관계는 이후 한 세기 이상 외교정책에 관한 중국의 사고를 지배했다.[5] 냉전기에 들어서도 중국의 대외적 관심은 대상 국가만 바뀌었을 뿐 여전히 강대국과의 관계에 집중되었다. 구체적으로 중국의 관심은 냉전의 두 축인 미국과 구소련에 집중되었다. 이처럼 관심이 강대국과의 관계에 집중됨에 따라 중국은 동아시아 지역 전체에 대한 체계적인 정책을 수립하지 못했고 지역 국가와의 관계는 미국이나 구소련과의 관계라는 맥락 속에서 접근되고 설정되었다.[6]

중국의 대외적 관심이 강대국에 집중되는 현상은 개혁개방 이후에도 한동안 계속되었다. 중국의 대외개방은, 특히 초기에, 미국에 대한 개방으로 이해되었다. 다시 말해 중국의 경제발전과 관련하여 미국의 시장, 투자, 기술, 관리경험 등이 갖는 중요성으로 인해 대외정책의 관심은 미국과의 관계에 집중되었다. 여기에 더해 마오쩌둥(毛泽东) 시기의 실정에 대한 비판이 강조되면서 1980년대 한때 중국에서 미국은 따라 배워야 할 대상으로 간주되기도 했다. 그러나 이후 발생한 상황 변화가 동아시아에 대한 관심을 촉발시켰다.

1989년 중국에서 천안문 사태가 발생한 후 미국이 중국에 대한 제재를 주도했고 중국은 외교적 고립에 직면했다. 이러한 상황이 중국으로 하여금 미국과의 갈등 가능성에 주목하고 동아시아를 미국의 제재를 돌파할 대안으로 간주하도록 작용했다. 실제로 중국은 1990년 인도네시아 및 싱가포르, 1991년 베트남 및 브루나이, 1992년에는 한국과 각각 외교관계를 회복하거나 새롭게 수교하는 등 동아시아 국가와의 관계를 개선했다. 여기에 더해 일본 또한 1991년 가이후 도시키(海部俊樹) 총리의 방문을 통해 경제제재를 해제함으로써 중국과의 관계를 회복하려는 노력을 전개했다. 이러한 일련의 상황이 당시 리펑(李鹏) 총리로 하여금 1993년 정부업무보고에서 '주변국가와의 호혜적이고 우호적인 관계의 적극적인 발전'을 외교업무의 중요한 부분으로 규정하도록 작용했다.[7] 다시 말해 서방 국가의 제재로 중국의 외교적 공간이 축소되면서 촉발된 돌파구를 마련할 필요성이 동아시아 국가에 대한 관심을 증대시킨 것이다. 그러나 이 시기 동아시아 국가에 대한 중국의 관심은 여전히 양자관계의 측면에 한정되었고 지역의식은 찾기 어려웠다.

1997년에 발생한 외환위기는 중국이 지역 문제의 보편성을 의식하고 또 지역의식을 갖기 시작한 계기로 작용했다. 외환위기를 계기로 중국은 어떤 국가도 직면한 문제를 독자적으로 해결하기 어려우며 발전과 안보를 위해서는 번영되고 안정적인 지역 환경이 필요하다는 인식을 갖게 되었다. 이러한 인식의 전환에 이어 금세기에는 동아시아를 하나의 지역으로 간주하고 또 중국을 지역의 중요한 행위자로 간주하는 정책이 출현했다. 2002년에 개최된 중국공산당 16차 대회가 '이웃과의 친선, 이웃과의 동반자 관계[与邻为善 以邻为伴]'라는 지역정책을 제기했고 이후 중국에서는 동아시아 국가와의 관계를 강화할 필요성이 강조되기 시작했다.

이 시기 중국에서는 자국을 지역의 일원으로 간주하는 지역주의 사상을 수용하고 중국 대 주변관계와는 다른 중국 대 동아시아관계를 구축할 필요성이 제기되었다. 대표적으로 팡중잉(庞中英)은 중국이 동아시아에 대한 지역 차원의 정책이 없음을 비판하면서 주변 개념을 지역 개념으로 대체하고 중국을 지역 속에 융합시킴으로써 중국과 지역의 통합을 도모해야 한다는 주장을 제기했다. 구체적으로 그는 중국이 독자적으로 행동하는 대신에 아시아의 다자적 틀에 가입하여 아시아의 한 구성원으로서 서구와 대화하고 협력하는 동아시아 정책을 외교정책의 중심에 놓을 것을 주장했다.[8] 이후 중국은 동아시아에 대한 지역정책을 제정할 때 자국을 지역의 일원으로 간주하는 기초 위에 정책을 고려하기 시작했고, 이에 따라 동아시아 정책이 강대국 전략에 의해 영향을 받는 정도는 상대적으로 완화되었다.

이처럼 중국의 인식이 점진적으로 변화한 배경에는 몇 가지 요인이 작용했다. 첫째, 중국은 탈냉전기 동아시아에서 탈미 경향과 자주의식이 증대되었다고 판단했다. 가령 1994년에 출범한 아세안지역안보포럼(ARF)은 미국에 대한 의존을 줄이려는 시도로 인식되었다. 1997년 시작된 아세안+3(한국, 중국, 일본) 정상회의의 정례화도 지역협력에 대한 동아시아 국가의 의지가 증대되었음을 보여준 것으로 간주되었다. 여기에 더해 2001년 정찰기 사건과 관련하여 표출된 반응 또한 동아시아 국가들이 미국과 중국 사이에서 균형을 유지하려는 의지를 보여준 것으로 인식되었다. 중국에서는 동아시아의 탈미 경향이 강화되는 상황에서 미국과의 관계에 모든 외교적 노력을 집중하는 것은 지역 국가와의 관계를 희생시킴으로써 국익을 해친다는 인식이 제기되었다.

아울러 1997년 동아시아 위기 시 중국이 보여준 행동에 대한 지역 국가의 긍정적 평가 또한 중국으로 하여금 자신감을 갖고 적극적으로 행동하도록 작용했다. 중국은 외환위기 당시 IMF를 통한 문제 해결을 고집한 미국이나 서방 국가와 달리, 지역 국가에 자금을 지원하고 위안화 평가절하를 자제함으로써 동아시아 국가가 위기를 극복하는 데 힘을 보탰다. 이러한 노력이 동아시아에서 중국에 대한 평판을 제고시키는 데 기여했고, 이에 힘입어 중국의 국제적 자신감이 제고되었다. 중국은 국제적으로 좀 더 적극적이고 긍정적 역할을 할 수 있으며 이를 통해 자국에 대한 인식을 개선할 수 있다는 자신감을 갖게 되었다.

이처럼 동아시아 국가로서의 의식이 증대되고 지역에 대한 체계적인 정책을 구축하려는 의지 또한 강화된 것이 사실이지만, 이것이 곧 중국이 진정으로 동아시아 의식을 갖게 되었음을 의미하는지는 분명치 않다. 동아시아를 중시하는 것이 여전히 강대국과의 관계에 대응할 필요성과 밀접하게 연관되어 있다는 사실 때문이다. 특히 중국에게 동아시아는 미국의 견제에 대처하고 중국의 부상을 실현하기 위한 전략적 지역으로 이해된다. 다시 말해 미국이 견제하는 상황에서 주변 환경을 적극적으로 개척할 필요성이 중국으로 하여금 지역 국가에 더 큰 관심을 기울이도록 작용한다.

2. 중국의 고려

중국이 동아시아 지역에 대한 정책을 설정할 때 중요하게 고려하는 사항은 크게 세 가지로 집약할 수 있다.

첫째, 경제발전에 기여할 수 있는 평화적 주변 환경을 조성하는 것이다. 개혁개방과 함께 경제발전이 중국의 당면과제로 설정되었고 외교정책은 경제발전이라는 과제에 봉사하도록 규정되었다. 이러한 사실이 중국의 동아시아 정책에 영향을 끼쳤다. 동아시아 정책의 초점은 이 지역이 중국의 발전이라는 목표에 기여하도록 하는 데 있다. 다시 말해 중국은 경제발전에 필요한 주변 지역의 안정을 위해 지역 국가와의 관계를 건설적으로 유지하려 들었다.

동아시아 국가와의 관계를 안정시키고 협력을 강화하는 것은 중국이 경제 현대화에 집중할 수 있는 환경을 조성하는 데 기여했다. 동아시아가 안정을 유지할 경우 중국은 경제발전에 집중하고 가용 자원을 충분하게 투자할 수 있었다. 반면에 주변 지역의 불안정은 군사적 대응의 필요성을 제기하고, 이러한 군사적 대응은 제한된 자원을 경제발전으로부터 군사 분야로 돌려야 할 가능성을 제기함으로써 피해를 가할 수 있었다. 아울러 동아시아 국가들은 중국의 투자, 시장, 교역 파트너이기도 했다. 한국과 일본 그리고 싱가포르 등은 중국에 대한 주요 투자제공 국가였다. 또 동아시아 국가는 중국 기업의 중요한 시장이기도 했다. 여기에 더해 아세안의 일부 국가들은 경제발전에 따라 그 수요가 더욱 증대된 천연자원과 에너지의 공급원이기도 했다. 따라서 동아시아의 평화적 환경은 중국이 경제발전을 추진하는 데 중요한 전제조건으로 작용했다. 마지막으로 동아시아 국가는 중국 내 낙후 지역의 발전에도 기여했다. 가령 아세안과의 경제관계 증진은 윈난(云南)이나 광시(广西)와 같은 중국 서남 지방의 발전에 기여하고 동북아시아 국가와의 관계 강화는 랴오닝(辽宁)이나 지린(吉林)과 같은 동북 지방의 경제발전에 기여했다.

둘째, 중국에 대한 위협의식을 해소하는 것이다. 동아시아 지역에는 중국에 대한 우려가 광범위하게 존재했다. 우려의 한 근원은 역사적 경험이다. 전통시기의 조공체제가 동아시아 국가들로 하여금 중국의 위협을 기억하도록 작용한다. 현대에 들어 발생한 1950년 한국전쟁, 1960년대 동남아시아를 향한 중국의 혁명수출 노력, 1979년 중국의 베트남 침공과 이후 계속된 양국 간 국경 충돌, 그리고 말레이시아와 인도네시아에서의 인종적 갈등 등도 중국에 대한 지역 국가의 불신과 의구심의 원인으로 작용했다.[9] 여기에 더해 국력이 증대되기 시작한 1990년대 중반에 미스치프(mischief reef)를 점령하는 등 남중국해 영유권 문제와 관련하여 공세적 정책을 취했다는 사실 또한 중국에 대한 의구심을 지속시켰다.

지역 국가의 우려는 중국의 급속한 부상과 함께 더욱 증대되었다. 중국의 부상이 분명해지면서 '중국이 증대되는 힘을 행사하려 들 것'이라는 우려도 커졌다. 즉, 중국의 부상이 20세기 초 일본이나 독일처럼 지역에 위협으로 작용할 것이라는 우려였다. 여기에 더해 제2장에서 살펴본 것처럼 경제적 측면에서도 우려가 제기되었다. 중국경제의 효율성이 증대됨에 따라 저임금에 기반을 둔 값싼 제조품이 밀려 들고 해외시장에서도 중국에게 밀릴 것이라는 우려였다. 또 아세안을 중심으로 해외투자가 중국으로 몰려갈 것이라는 우려도 제기되었다. 중국의 동아시아 정책은 이러한 우려를 해소하고 부상하는 중국이 증대되는 역량을 건설적이고 책임 있게 사용할 것이라는 인식을 확산시키는 데 초점이 맞춰졌다.

이러한 우려를 해소하는 것은 중국에게 매우 중요한 과제이다. 중국의 부상에 대한 지역 국가의 부정적 반응을 극복하는 것은 중국의 국가목표인 강대국으로의 부상이라는 궁극적 목표를 실현하는 데 기여했다. 반면에 중국위협론이 확산될 경우 중국의 부상에도 제약이 가해질 가능성이 존재했다. 따라서 중국위협론을 배제하기 위해서라도 지역 국가와의 우호적 관계를 실현할 필요성에 직면했다. 나아가 동아시아 지역 국가의 우려를 해소하고 관계를 강화하는 것은 지역 국가가 미국이 주도하는 반중국 연대에 참여할 가능성을 완화시키는 데도 기여했다. 동아시아 국가의 상당수가 미국의 동맹국이기에 중국 지도부는 공세적 정책을 취할 경우 지역 국가로 하여금 반중국 연대에 참여하도록 하는 부정적 결과를 초래할 것으로 판단했다.[10] 실제로 1990년대 미스치프 점령이나 황옌(黃岩)도 사건 등에서 드러난 중국의 공세적 행태는 동남아시아 국가로 하여금 중국의 부상에 대해 우려하고 나아가 미국과의 관계를 강화하도록 작용했다. 이 시기 한 인도네시아 학자는 중국의 공세가 일부 아세안 국가로 하여금 역외 강대국과 실질적인 반중국 연대를 형성하도록 작용할 수 있다고 경고했고, 실제로 필리핀의 피델 라모스(Fidel Ramos) 대통령은 1997년 미국과 방문군지위협정(Visiting Forces Agreement) 협상을 개시하기로 결정했다.[11] 이처럼 지역 국가가 미국을 중심으로 하는 반중국 연대에 참여할 가능성을 차단하기 위해 중국은 관계 개선을 통해 지역 국가의 대외적 선호에 영향을 끼치려 노력했다.

이는 중국이 동아시아를 미국의 견제에 대응할 중요한 전략적 지렛대로 인식한다는 사실을 의미한다. 중국은 지역 국가와의 관계 개선을 통해 미국이 지역 국가와 연대하여 중국을 견제하는 것을 방지하려 한다. 특히 아세안은 미국의 견제를 돌파할 최적의 지역으로 간주된다.[12] 아세안과 밀접한 관계를 형성한다면 동남아시아 국가가 미국을 불러들일 이유도 사라질 것이라는 판단이었다.[13] 다시 말해 중국은 아세안이 중국과 같은 강대국의 정책을 일방적으로 수용할 것으로 기대했다.[14]

셋째, 마지막 고려는 동아시아에서 강대국 지위를 확보하고 나아가 동아시아 질서를 다시 형성하는 것이다. 강대국으로의 부상 또는 강대국 지위의 회복은 중국의 오랜 염원이자 과제이다. 이러한 과제와 관련하여 동아시아는 특히 중요한 의미가 있다. 동아시아를 중시할 것을 강조하는 전문가는 역사적으로 강대국들 모두가 지역에서 주도권을 장악함으로써 강대국으로 부상했다는 점을 강조한다. 따라서 중국이 강대국으로 부상하고 영향력을 확보하려면 우선 자신이 위치한 지역에서 그렇게 해야 하는 것으로 제시된다.[15] 다시 말해 동아시아 국가와의 관계를 강화하는 것은 중국이 아시아 태평양 지역에서 강대국으로 부상하는 데 필요한 것으로 인식되었다. 아울러 중국은 강대국이 될 경우 지역을 다시 형성하는 것도 가능하다고 보았다. 지역의 질서를 다시 형성한다는 것이 곧 이 지역에서 미국을 배제하려 듦을 의미하는 것은 아니다. 중국의 관심은 미국과 지역 국가들이 정책을 결정할 때 중국의 이익을 고려하고 중국의 이익을 침범하지 않도록 하는 데 있다.

이는 중국이 동아시아를 미국의 견제에 대응하는 카드로 활용하는 것을 넘어 이 지역에서 강대국 간의 영향력 균형에 활용할 수 있다고 믿었음을 의미한다. 이에 대해 중국의 정계와 학계에는 상당히 낙관적인 인식이 존재했다. 아시아에서 중국의 경제적 비중이 커짐에 따라 아시아 국가들의 의존은 더욱 증대될 것이고 동아시아에서 중국의 영향력도 더 커질 것이라는 인식이었다.[16] 특히 동아시아 지역의 통합은 중국의 평화적 부상이나 강대국 외교의 중요한 수단으로 간주되었다.[17] 반대로 미국이 제약을 가하거나 아세안이 주도권을 고집함으로써 중국의 노력을 제약할 가능성은 충분히 인식되지 않았다.

이처럼 중국은 동아시아에 대한 정책을 마련하고 추진할 때 여러 가지를 고려했다. 그러나 이러한 고려사항들이 항상 조화를 이루는 것은 아니었다. 특히 셋째 고려사항인 영향력 확장과 지역질서 형성이라는 목표는 앞의 두 고려사항과 충돌할 가능성이 있다. 실제 중국의 동아시아 정책은 이러한 다양한 고려 가운데 어떤 것이 강조되는가에 의해 결정되었다.

3. 협력을 통한 위무정책

중국의 동아시아 정책은 금세기 들어 그 모습을 더욱 구체화한다. 우선 앞에서 지적한 것처럼, 2002년에 열린 중국공산당 16차 대회가 '이웃과의 선린, 이웃과의 동반자'라는 방침을 제기함으로써 지역정책을 중국 외교정책의 중요한 구성요소로 부각시켰다. 이어서 2003년 10월 아세안+3 정상회의와 함께 인도네시아 발리에서 개최된 '아세안상업·투자정상회의'에서 원자바오 총리가 '무린, 안린, 푸린(睦邻, 安邻, 富邻)' 정책을 천명함으로써 지역정책을 더욱 구체화했다.[18] 이후 중국 지도자들이 여러 차례 무린, 안린, 푸린 정책을 강조함으로써 중국의 지역정책으로 자리 잡았다.

무린, 안린, 푸린 정책은 그동안 개별적으로 추진되었던 지역정책의 요소들을 통합시키는 방식으로 중국이 추구할 방향을 제시했다. 구체적으로 '무린'은 공존이라는 원칙 아래 지역 국가와의 조화로운 관계를 구축하려는 시도이고, '안린'은 지역의 평화와 안정을 적극적으로 추구하고 대화와 협력을 통해 상호신뢰를 증진시키려는 시도이며, '푸린'은 지역 국가와의 상호 호혜적 협력을 강화함으로써 공동발전을 실현하려는 노력이었다. 종합하면 이 시기 중국의 동아시아 정책은 힘이 아닌 평화와 협력이라는 외교적·경제적 수단을 통해 지역 국가의 우려를 해소하고 관계를 증진시키는 데 초점이 있었다.

이러한 동아시아 정책의 초점은 지리적으로 동남아시아에 집중되었다. 물론 중국의 궁극적 관심은 동북아시아에 집중되어 있는 것이 사실이다. 동북아시아는 동아시아에서 절대적 비중을 차지할 뿐 아니라 대만 문제나 북한 핵 문제 등 동아시아의 현안이 집중되어 있는 지역이기도 하다. 그러나 이 시기 중국의 동아시아 정책의 초점이 동남아시아에 집중되었던 것 또한 부인하기 어려운 사실이다. 이는 현실적 요인에 기인했다. 우선 동남아시아에서 미국의 영향력이 상대적으로 취약했다. 미국이 한국 및 일본과의 강력한 동맹을 통해 동북아시아에서 주도권을 장악한 데 비해 동남아시아에서 미국의 영향력은 상대적으로 취약한 것으로 인식되었다. 따라서 중국은 동남아시아에서 영향력을 확대하기가 상대적으로 용이하다고 판단했다. 아울러 동남아시아 국가로 구성된 아세안이 동아시아 지역의 다자적 협력에서 주도적 역할을 발휘함을 고려할 때 아세안과의 관계 강화는 동아시아 질서형성과 관련하여 중국의 영향력을 증대시키는 데 기여할 것으로 기대되었다. 동남아시아에 초점을 둔 중국의 위무정책은 다음과 같은 내용을 포함했다.

1) 우려 해소와 신뢰 증진

중국은 지역 국가의 우려를 해소하고 신뢰를 증진하려 노력했다. 부상하는 중국이 위협이 되기보다 건설적이고 책임 있는 강대국이 될 것이라는 인식을 창출하려는 시도였다. 이를 위해 중국은 협상을 통해 합의를 도출하고 또 아세안이 주도하는 국제적 규범을 수용하는 등 대외정책과 관련하여 온건한 입장을 유지하려 들었다.

중국이 자신의 이익을 강요하기보다 협상하고 타협하며 책임 있게 행동할 것이라는 메시지를 전달하려 했다는 사실은 남중국해 분쟁에서 가장 구체적으로 드러났다. 중국은 대화기제의 확립과 조약체결 등을 통해 무력에 의존하기보다 국제법에 따라 분쟁을 해결할 것이라는 메시지를 전달하려 했다.[19] 구체적으로 중국은 2002년 '남중국해행동선언(Declaration of Conduct)'에 서명하고 또 2003년 발리에서 열린 아세안+3 정상회의에서 아세안 우호협력조약(Treaty of Amity and Cooperation)에 가입했으며 아세안과 '평화와 번영을 지향하는 전략적 동반자 관계'에도 합의했다.

중국은 2002년 11월 아세안과 남중국해행동선언에 합의함으로써 남중국해에서 충돌이 발생하는 것을 방지하기 위해 아세안이 입안하고 재가한 원칙을 수용하려는 의도를 표명했다. 이는 남중국해 문제에 대해 중국이 유연성을 보인 것으로 해석할 수 있다. 중국과 아세안이 협상을 통해 도출한 행동선언은 유엔해양법(UNCLOS) 인정, 통행의 자유, 영토와 영해 분쟁의 평화적 해결, 미점유 지형지물에 대한 추가적 점유 금지 등의 내용을 포함했다.[20] 이 선언에 비록 법적 구속력이 있지는 않았지만, 분쟁의 평화적 해결이나 도서에 대한 추가적 점유 금지 등의 내용을 담음으로써 직접 관련이 있는 국가들이 우호적인 협의와 협상이라는 평화적 방식을 통해 영토와 관할권 문제를 해결하며 무력에 호소하거나 무력위협을 가하지 않겠다는 의지를 보여주었다. 중국은 선언에 합의함으로써 대화를 통해 분쟁을 처리하고 협력을 통해 평화와 안정을 유지하려 한다는 신호를 보내려고 했다.

이처럼 외교적 수단을 통해 아세안의 우려를 해소하려는 중국의 의도는 2003년 우호협력조약에 조인한 데서도 확인된다. 중국은 주권, 내정 불간섭, 평등, 무력위협의 포기, 분쟁의 평화적 해결과 같은 아세안의 분쟁 해결 규범을 수용하려는 의지를 보였다. 아울러 이는 중국이 다수가 합의한 규칙을 준수하려는 의지를 표명한 것으로도 해석할 수 있다. 같은 시기에 이루어진 중국과 아세안 사이의 전략적 동반자관계 선언 또한 아세안과 장기적으로 협력하고 공존하려는 중국의 의도를 보여주었다.

이처럼 지역 국가와의 관계와 관련하여 평화와 협력을 강조하는 추세는 중국이 이후에 선언한 평화적 부상이나 조화세계(和谐世界)와 같은 외교적 구상에서도 확인된다. 물론 평화적 부상의 초점은 미국과의 관계에 집중되었다. 그럼에도 중국은 자국의 부상이 평화적 과정이 될 것임을 선언함으로써 중국에 대한 동아시아 국가의 우려를 해소하려 들었다. 이러한 사실은 구상을 주도한 것으로 알려진 정비젠(郑必坚)의 주장에서 확인된다. 그는 현대 역사에서 부상하는 일부 국가가 침략, 식민화, 팽창, 심지어 대규모 침략전쟁을 통해 다른 국가의 자원을 강탈했다고 지적한 후 중국은 세계대전을 일으켰던 독일이나 일본이 갔던 길을 따라가지 않을 것이며 전 세계적 지배권을 놓고 경쟁했던 냉전기 강대국의 행태를 따르지도 않을 것이라고 주장했다.[21] 후진타오 주석이 2005년 4월 인도네시아 자카르타에서 열린 아시아·아프리카정상회의에서 제기한 조화세계 구상 또한 중국의 부상이 지역의 평화와 번영에 기여할 것이라는 점을 강조했다.[22]

2) 경제협력과 관계 강화

경제적 역량을 활용하여 지역 국가와의 협력을 강화하고 이를 통해 다시 관계를 증진시키는 것은 동아시아 정책의 중요한 부분이었다. 중국은 경제협력을 통해 중국의 부상이 위협이 되지 않을 것이며 나아가 부강한 중국이 동아시아의 경제성장과 번영에 기여할 것이라는 인식을 창출하려 들었다. 즉, 중국은 증대되는 경제력을 활용하여 지역 국가의 인식과 정책에 영향을 끼치려 들었다. 경제적 수단을 통해 지역 국가와의 관계 개선을 시도한 것은 이 시기 중국을 지배했던 'GDP 지상주의'라는 사상을 국제관계에 투영시킨 결과였다. 경제관계의 증대를 통해 국가관계의 개선을 시도했다는 점에서 중국의 전략은 서방의 자유주의와도 맥을 같이했다.

이러한 방침 아래 중국은 주변 국가들과의 경제협력을 적극적으로 추진했다. 그 대표적인 시도가 아세안과의 FTA 추진이었다. 주룽지(朱镕基) 중국 총리는 2000년 싱가포르에서 열린 중국·아세안정상회의에서 아세안 국가들에게 FTA를 제안했다. 당시 지역의 경제를 주도하던 일본이 싱가포르와의 양자 간 FTA를 고려하던 상황에서 중국은 아세안 구성 국가 모두와의 FTA를 제안함으로써 아세안 관리들을 놀라게 했다. 중국과 좀 더 밀접한 경제관계를 추구할 수밖에 없는 입장이었던 아세안이 호응함에 따라 다음 해인 2001년 브루나이에서 열린 중국·아세안정상회의에서 FTA 체결에 대한 합의가 이루어졌고, 또 2002년 정상회의에서는 기본협정(framework agreement)이 체결되었다. 계속해서 2004년 11월 비엔티엔에서 열린 중국·아세안정상회의에서 관세감면과 철폐 계획을 포함한 상품무역 분야의 자유화 협정이 체결됨으로써 2010년에 중국·아세안FTA를 출범시키기 위한 토대가 마련되었다. 이후 중국과 아세안은 2007년 1월 세부에서 열린 정상회의에서 서비스무역 분야의 자유화 협정을 체결하고 7월부터 서비스 분야의 시장도 개방하기 시작했다. 그로부터 약 1년 반이 지난 2009년 8월 양측은 다시 투자협정을 체결함으로써 2010년 중국과 아세안 6개국 사이에 FTA를 출범시키기 위한 준비를 모두 마쳤다.

중국은 아세안과의 FTA 체결을 통해 경제적 이익과 함께 관계 강화라는 정치적 목표도 추구했다. 경제적으로 중국은 FTA를 통해 아세안 국가와의 경제관계를 증진시킴으로써 아세안 국가의 천연자원을 확보하고 또 중국 기업의 시장 개척에도 도움을 얻을 수 있을 것으로 기대했다. 여기에 더해 아세안과의 FTA는 지역의 협력과 통합을 추동시키는 실험으로서의 성격도 띠었다.

경제적 고려에 더해 중국이 아세안과의 FTA를 추진한 데는 정치적 고려도 매우 중요하게 작용했다. 중국은 경제관계의 강화를 통해 호혜에 대한 의지를 보여줌으로써 양자관계를 전면적으로 발전시키고 이를 통해 우호적인 주변 환경을 조성하고자 했다.[23] FTA는 힘의 균형에 직접적으로 영향을 끼치지는 않지만 지역 국가의 인식과 정치적 지향에 영향을 끼침으로써 영향력 균형에 긍정적으로 작용할 가능성을 내포한 것으로 인식되었다. 이러한 중국의 의도는 중국이 아세안 국가들이 관심을 가진 농산물 분야에서 조기수확(early harvest) 프로그램을 시행하고 또 후발 아세안 국가에 대해 자유화시기를 유예해주는 조치를 취한 데서 단적으로 확인된다. 중국은 2005년 태국에 조기수확 프로그램을 시행함으로써 FTA 협상을 촉진시키는 동시에 경제적 침체에 빠진 일본을 대신하여 동아시아 경제통합을 주도하려는 의도를 보였다. 즉, 중국이 아세안과의 FTA를 적극적으로 추진한 데는 지역 국가에게 성의를 보여줌으로써 관계를 강화하려는 의도가 작용했다. 이 점에서 아세안에 대한 FTA 제안은 중국의 동아시아 전략의 출발점으로 간주될 수 있다.

중국이 활용한 경제적 카드에는 교역의 확대뿐 아니라 경제적 지원도 포함되었다. 지역 국가와의 경제협력을 통해 인식을 개선하고 관계를 강화하려는 시도는 중국으로 하여금 동남아시아의 저발전 국가에 경제적인 지원을 하도록 작용했다. 이에 따라 중국의 해외원조액은 2002년 5100만 달러에 불과하던 데서 2007년 250억 달러로 급증한다.[24] 이러한 경제적 지원에는 직접적 원조뿐 아니라 투자와 같은 다양한 형태가 포함된다. 한 자료에 따르면, 2002~2007년 동남아시아에 대한 중국의 경제적 지원은 140억 달러를 넘어섰다.[25]

이 가운데 43%가 인프라 건설에 그리고 32%가 자원개발에 각각 투자되었다.[26] 이는 중국의 경제적 지원이 교량, 항구, 도로와 같은 대규모 기간시설을 건설하는 데 집중됨을 의미한다. 중국은 지도자들의 방문과 같은 기회를 활용하여 양자 간 협정을 체결하는 방식을 통해 경제적 지원을 제공함으로써 그 효과를 극대화시켰다. 아울러 중국의 이러한 지원은 서구나 국제기구의 지원과 달리 민주주의나 부패척결과 같은 전제조건을 부가하지 않고 이루어진다. 국가별로 봤을 때 중국의 경제원조는 미얀마, 캄보디아, 라오스 등 가난하면서도 동시에 미국과의 관계가 원만하지 못한 동남아시아 국가에 집중되었다. 이러한 노력에 힘입어 중국은 이 국가들의 주요 후원국으로 등장했다.[27]

중국의 경제적 지원이 갖는 특징은 캄보디아 사례에서 단적으로 확인할 수 있다. 1997년 캄보디아에서 쿠데타가 발생하자 서구 국가들은 민주적 절차가 회복될 때까지 지원을 유보했다. 이에 반해 중국은 가장 먼저 정권을 승인하고 훈센(Hun Sen) 총리를 지원했다. 아울러 훈센 총리는 1999년 중국을 방문하여 2억 달러의 무이자 차관과 1800만 달러의 원조를 획득했다. 라오스 사례 또한 중국이 시행하는 경제적 지원의 특징을 잘 보여준다. 2007년 8월까지 중국의 라오스 투자는 11억 달러에 달함으로써 아세안 국가들 가운데 태국에 이어 2위를 기록했다. 중국이 투자한 액수의 1/3은 수력발전소 건설에 집중되었고 또 자원개발에도 상당한 액수가 투입되었다.[28]

경제적 지원이 증대됨에 따라 일부 아세안 국가에 대한 중국의 지원은 미국을 추월했다. 2004년까지 중국의 필리핀 지원은 미국의 4배, 라오스 지원은 3배, 인도네시아 지원은 2배에 이르렀고, 미얀마와 캄보디아에 대한 지원도 미국보다 많았다.[29] 아울러 이러한 사실은 중국의 경제적 지원이 대륙부 동남아시아 국가를 넘어 필리핀과 인도네시아 등 해양 국가에까지 미쳤음을 보여준다.

이처럼 중국은 동남아시아 국가들과의 관계를 개선하기 위해 경제적 인센티브 제공에 의존하는 정책을 추구했다. 아세안과의 FTA 체결과 대외원조 등은 모두가 아세안 국가들이 정책을 결정할 때 중국의 이익을 고려하고 중국이 반대하는 행동을 하지 않도록 하려는 의도를 반영했다. 이러한 행태는 지역의 불안정을 촉발시키거나 영토를 둘러싸고 분쟁을 불사했던 과거와 분명한 대비를 이루었다.

3) 지역협력에의 적극성

중국은 지역 국가와의 양자 간 경제협력과 함께 동아시아 지역의 다자협력에도 적극적으로 임했다. 다자간 지역협력은 아세안 국가들에 의해 주도되었다. 아세안은 집단적 협상력을 확보하기 위한 시도에서 중국을 다자적 틀 속에 불러들였다. 다시 말해 아세안은 양자적 차원에서 상대할 경우 중국이 아세안 국가들 사이의 이견을 활용하는 것과 같은 불이익이 창출될 가능성을 우려했다. 이에 따라 다자적 틀을 통해 중국을 지역협력의 그물망 속에 연계시킴으로써 공세적 행동을 제어하고 나아가 책임 있고 협력적인 강대국으로 변화시키려 시도했다. 이러한 판단에서 아세안은 1994년 중국, 미국, 일본 등 강대국을 끌어들여 아세안지역안보포럼을 창립했고, 1997년에는 다시 아세안+3를 출범시켰다. 또 2005년에는 아세안+3 국가에 호주, 뉴질랜드, 인도를 포함시켜 동아시아정상회의를 출범시켰다.

중국은 1990년대 중반까지 양자관계를 우선시하고 다자협력에 대해서는 수동적 태도를 견지했다. 이러한 중국의 태도는 다자협력에 관한 우려를 반영했다. 중국은 다자기구가 중국의 주권에 제약을 가하는 것 외에도 미국과 같은 역외 강대국이 중국의 부상을 제어하거나 또 작은 국가들이 중국에 대항하는 연합을 형성하는 수단으로 작용할 가능성을 우려했다. 특히 중국은 미국이 다자기구를 지배한다고 판단하고 다자협력이 중국을 봉쇄하려는 미국의 노력에 이바지할 가능성을 주목했다.

1990년대 중반 이후 이러한 인식에 점차 변화가 발생하여 중국은 다자적 틀에 적극적으로 참여하기 시작했다. 이뿐만 아니라 다자기구를 활용하여 자국에 대한 의구심을 해소하고 신뢰를 증강시키려는 관여정책도 추구하기 시작했다. 여기에는 다자적 틀에 참여하는 것이 지역의 안정과 협력에 기여하는 책임 있는 강대국 이미지를 창출함으로써 지역 국가와의 양자관계를 개선하는 데 기여할 것이라는 판단이 작용했다.[30] 즉, 다자기구에 참여함으로써 국제적 규칙을 준수하려 한다는 의지를 선언하는 것이 평화공존에 대한 중국의 의지를 보여주는 데 도움이 될 것이라는 판단이었다. 나아가 중국은 점차 지역의 다자적 협력체를 자신의 지위와 영향력을 증강시킬 수 있는 틀로 간주하기 시작했다. 물론 다자적 협력에 참여함으로 인해 제약을 받겠지만 동시에 이를 통해 동아시아에 대한 영향력을 강화할 수 있다는 판단이었다.[31]

이러한 판단에 따라 중국은 지역협력에 적극적으로 참여하는 방향으로 정책을 전환했다. 대표적으로 2002년에 열린 중국공산당 16차 대회의 보고는 선린우호 정책의 강화와 함께 지역협력을 강화할 필요성을 지적함으로써 중국외교에서 지역협력의 비중을 제고시켰다.[32] 이 시기 중국은 이미 동아시아 지역의 다자적 협력에 적극적으로 참여하고 있었다. 이러한 사실은 아세안+3에 대한 중국의 적극성에서 확인된다. 중국은 아세안 10개국을 위시하여 한국 및 일본과의 연계를 강화하기 위해 아세안+3의 발전을 추진했다. 나아가 중국은 아세안+3가 동아시아 통합의 주요기제(main vehicle)이며 또 그러한 움직임을 아세안이 주도(main driver)한다는 사실을 수용했다. 여기에 더해 중국은 아세안+3를 경제적 조직에서 안보를 포함하는 종합성 다자기구로 변화시키려는 목표도 추구했다.[33]

중국이 아세안+3를 지지한 이유는 여러 가지다. 우선, 아세안+3가 아세안에 의해 주도된다는 사실이다. 즉, 강대국이 아니라 상대적으로 취약한 행위자인 아세안이 주도한다는 사실이 다자협력이 중국에게 불리한 결정을 강요할 것이라는 우려를 완화시켰다. 또한 제도화를 통해 규칙을 강요하기보다 협의를 통한 합의 도출과 구성원의 수용 가능성(comfort level)을 중시하는 아세안 방식(the ASEAN way)이 중국의 국익에 제약을 가하지 않을 것이라는 판단으로 이어졌다. 마지막으로 미국이 참여하지 않았다는 사실 또한 중국으로 하여금 아세안+3에 적극적으로 임하도록 작용했다.[34]

다자협력에 대한 중국의 적극성은 동북아시아에서도 나타났다. 그 대표적 사례로 중국이 북한 핵 문제 해결을 위해 6자회담을 성사시키고 주도했다는 사실을 들 수 있다. 물론 중국이 처음부터 6자회담에 적극적이었던 것은 아니다. 2002년 2차 북한 핵 위기가 발발한 이후 미국이 중국에 책임 있는 역할을 촉구했지만 중국은 북한 핵 문제를 미국과 북한 사이의 문제로 간주하고 중재에 소극적이었다. 그러나 2003년 중반부터 중국의 태도에 변화가 발생한다. 중국은 6자회담을 성사시키기 위해 관련 국가에 대한 셔틀 외교를 진행했다. 이 과정에서 장쩌민 당중앙군사위 주석과 후진타오 총서기가 관련 국가 지도자들과 대화를 하거나 친서를 보내는 등 개인적으로 관여했다.[35] 또한 북한의 참여를 독려하기 위해 경제적 원조를 제공하며 독려하거나 반대로 송유관을 차단하는 방식으로 압력을 가하기도 했다.

이처럼 중국이 6자회담에 적극적으로 임하게 된 데는 북한 핵 문제가 한국, 일본, 대만 등의 핵무장을 촉발시킬 수 있다는 판단 때문이었다. 아울러 북한에 공격 가능성을 경고한 부시 대통령의 역할도 중요하게 작용했다. 그러나 동시에 안보적 우려를 넘어 책임 있는 강대국 이미지를 구축하는 데 기여할 것이라는 판단이 중국으로 하여금 6자회담에 적극적으로 임하도록 작용한 것도 사실이다.[36] 즉 6자회담을 성사시킴으로써 중국이 아시아의 평화와 안정이라는 국제적 책임을 이행하는 강대국이라는 이미지를 구축하려 시도했다. 이러한 사실은 이후 중국이 6자회담을 지속시키고 또 그것을 통해 성과를 도출하려 노력한 데서도 확인된다. 가령 중국은 6자회담에서 탈퇴하겠다는 북한에 압력을 가하고 방코 델타 아시아 은행이 북한과 거래하는 것을 중단시켰을 뿐 아니라 2005년 중반에는 9·19 합의 도출을 위해 북한과 미국에 압력을 가하기도 했다.[37]

마지막으로 중국이 다자협력에 적극적이 되었다는 사실은 2008년 한·중·일정상회의를 개최한 데서도 확인된다. 한·중·일정상회의는 아세안+3와 밀접한 관련을 갖는다. 아세안이 주도하는 정상회의에 개별적으로 참석하던 한·중·일 3국은 1999년 김대중 대통령의 발의로 마닐라에서 중국의 주룽지 총리와 일본의 오부치 게이조(小渕恵三) 총리가 참석한 가운데 3국 정상 간 비공식 조찬모임을 시작했다. 비공식적으로 진행되던 3국 간 정상회의를 중국이 주도적으로 공식화시키고 제1차 회의를 개최한 데는 여러 가지 이유가 있지만, 전략적 측면에서 볼 때 한·중·일 협력이 한·미·일 협력이나 동맹을 약화시키는 데 기여할 가능성에 주목한 것이 중요하게 작용했다고 볼 수 있다.

4) 온건정책의 한계

2000년대 초반 중국이 지역 국가를 위무하려는 온건한 동아시아 정책을 취했다는 것이 곧, 자유주의가 제시하는 것처럼, 협력을 중시하는 국가로 변화했음을 의미하지는 않는다. 중국의 변화에는 여전히 한계가 존재했다. 대표적으로 다자협력에 대한 중국의 정책에 한계가 존재했다. 중국은 자국의 주권을 제약하거나 보편적 규칙을 강요할 가능성이 있는 기구에 대해 유보적인 입장을 보인 반면에 지도력을 행사할 수 있거나 최소한 공유할 수 있는 다자적 기구에 적극성을 보였다.[38] 아울러 중국은 다자협력과 관련하여 제도화보다 자발성과 합의를 중시하는 비공식적 접근을 선호했다. 이는 제도화가 중국의 주권에 제약을 가하고 미국과 같은 강대국의 이익에 더 크게 봉사할 것이라는 생각이 여전히 존재했기 때문이다. 이러한 우려에서 중국은 다자협력에 참여하면서도 궁극적 결정권은 개별국가에 귀속되어야 한다는 입장을 견지함으로써 다자기구의 결정이 주권을 제약하는 것을 회피했다. 마지막으로 중국은 참여국이 자국에 우호적이고 또 참여한 강대국 숫자가 적을 경우에 더 적극적이었다. 구체적으로 미국이 주도하는 APEC에 소극적인 반면에 미국이 참여하지 않은 아세안+3와 같은 지역협력에 적극적이었다. 여기에 더해 자신이 주최하고 의장국 역할을 수행한 6

자회담에 적극적이었다는 사실 또한 다자협력과 관련하여 중국이 세력관계에 민감함을 제시한다.

이러한 사실은 중국의 지역협력에의 참여가 다자적 협력에 대한 인식의 변화를 반영하기보다 자국의 이익과 목표를 구현하기 위한 전략적 판단에서 연원했음을 보여준다. 실제로 중국의 한 전문가는 중국이 다자적 협력과 관련하여 공동 이익에 기반을 두는 협력을 강조하는 반면에 가치나 신념상의 공통성을 추구하지 않는다고 평가한다. 다시 말해 중국은 지역의 다자협력체를 구성원 간의 협의, 협조, 협력의 수단으로 간주할 뿐 관리기능을 가진 초국가적 조직으로 보지 않는다는 지적이다.[39] 그 결과 다자주의에 대한 중국의 지지는 낮은 수준에 머물렀고 주권의 부분적 위임이나 공유를 추구하지 않았다. 아울러 중국은 경제적 측면에 초점을 둠으로써 자신의 우위를 유지하려 드는 반면에 다른 강대국이 우월적 지배력을 누리는 것에 반대했다.[40] 이러한 중국의 입장은 동아시아에서 지역주의의 진정한 발전에 제약을 가했다.[41]

아울러 중국은 힘의 사용이라는 선택지를 포기하지도 않았다. 오히려 중국은 간헐적으로나마 힘을 활용하려는 의도를 드러냄으로써 온건정책의 진정성에 대한 의구심을 촉발시켰다. 특히 중국은 자국이 중시하는 주권과 관련된 문제에 대해 강경한 입장을 취했다. 가령 2004년 7월 당시 싱가포르 부총리였던 리셴룽(Lee Hsien Loong)이 대만을 방문하자 중국은 싱가포르와의 FTA 협상을 중단했다.[42] 아울러 남중국해 문제와 관련해서도 여전히 강경한 입장을 버리지 않았다. 다자적 논의를 반대하고 관련 국가 사이의 양자적 해결을 고집했을 뿐 아니라 남중국해행동선언이 규정한 법적 구속력을 지닌 행동규약(Code of Conduct)을 제정하기 위한 협상과 관련해서도 강경한 입장을 견지했다.[43] 행동선언을 실천에 옮기기 위한 양측 간의 협의가 2004년에 시작되었지만 중국이 협상에 앞서 아세안 국가들이 자체적으로 논의를 진행하는 것에 반대함에 따라 진전은 이루어지지 않았다. 여기에 더해 중국은 2007년부터 남중국해에 경계표시를 설치하기 시작하고 금어기를 설정했으며, 같은 해 11월에는 난사(南沙)군도·시사(西沙)군도·중사(中沙)군도를 포함하여 남중국해 260만km^{2}의 해양에 있는 섬을 관할하는 현(县)급 산사(三沙)시를 신설해 하이난(海南)성에 귀속시켰다. 아울러 이 시기 중국은 남중국해에서의 탐사작업에 참가한 서구의 원유회사에 압력을 가하기도 한 것으로 알려졌다. 구체적으로 2008년 7월 엑손 모빌(Exxon Mobil)에 대해 베트남 석유회사와의 공동탐사계획을 철회하지 않을 경우 중국 사업에 영향을 받을 것이라고 경고한 것으로 보도되었다.[44] 마지막으로 중국은 군사력을 증강하려는 노력도 계속했다. 특히 새로운 구축함과 잠수함을 남중국해에 집중적으로 배치했는데, 2008년 초에는 하이난도에 새로운 잠수함 기지를 건설했다는 사실이 보도되었다.[45]

4. 공세적 전환[46]

2008년에 발생한 세계금융위기 이후 중국의 동아시아 정책에 변화가 발생했다. 협력을 통해 관계를 강화하는 데 중점을 두었던 지역정책은 이익을 확장시키고 적극적으로 표출하는 동시에 증대된 힘을 활용하여 구현하는 방향으로 전환했다. 또 중국은 이로 인해 관련 국가와 갈등이 발생하는 것도 불사했다. 이처럼 대외적으로 자신의 권리나 주장을 분명하게 주장하고 추구하기 시작했다는 점에서 중국의 외교정책이 공세적으로 전환했다고 할 수 있다.[47] 물론 중국이 2007년경부터 남중국해의 주권 문제에 더 강경한 입장을 보이기 시작하는 등 일부 변화가 세계금융위기 이전부터 이미 시작된 것이 사실이지만, 세계금융위기 이후 더욱 분명해진 것만은 부인하기 어렵다.

1) 변화의 배경

중국 외교정책의 공세적 전환은 세계금융위기를 계기로 중국 내에서 발생한 몇 가지 변화에 힘입었다.

우선 세계금융위기를 계기로 중국의 국제적 자신감이 증대되었다. 2008년 베이징 올림픽의 성공적 개최와 뒤이은 세계금융위기의 발발은 중국 내에서 중국이 강대국으로 등장하고 있고 따라서 그렇게 대우를 받아야 한다는 믿음을 강화시켰다.[48] 2009년에 이루어진 오바마 대통령의 중국 방문은 중국의 도움을 필요로 하는 미국의 취약성을 보여준 상징적 사건으로 인식되었다. 이러한 인식과 함께 중국에서는 자국의 이익을 적극적으로 개진하고, 나아가 국제적 지도력을 추구하는 방향으로 외교전략을 전환시켜야 한다는 강경한 주장이 증대되었다. 가령 푸단대학의 선딩리(沈丁立)는 국제적 이익을 보호하고 증진시키기 위해 해외에 군사기지를 건설하고 군대를 주둔시킬 필요성을 제기했다.[49] 다른 전문가들 또한 중국 영해 밖에서 작전할 수 있는 대양해군을 건설할 필요성을 주장했다.[50] 모두가 힘의 투사능력을 강화할 필요성을 강조한 것으로, 외부와의 갈등을 피하고 협력을 추구하는 데 초점을 두었던 기존의 전략과 분명한 차이를 보였다.

민족주의 세력 또한 이러한 강경론에 힘을 보탰다. 대표적으로 '중국민족주의의 대부'로 불리는 왕샤오둥(王小东)은 중국과 서방의 국력에 근본적인 변화가 발생했기 때문에 중국의 대외전략도 근본적으로 변화해야 한다는 주장을 제기했다. 그는 중국이 계속해서 서구의 이해와 수용을 추구해야 하는 것은 사실이지만 더 이상 일방적으로 서구의 환심을 사려고만 해서는 안 된다고 규정했다.[51]

동아시아와 관련해서도 좀 더 적극적인 지역정책이 필요하다는 주장이 제기되었다. 대표적으로 중국의 보수언론인 ≪환추시보(环球时报)≫가 운영하는 인터넷 사이트 환추망(环球网)의 편집자인 레이모(雷墨)는 중국의 온건한 지역정책을 실패로 규정하고 전환을 촉구했다. 그는 온건한 지역정책이 중국위협론을 완화시키는 데 기여한 것은 사실이지만 동시에 중국의 전략적 위협능력을 약화시킴으로써 중국에 도발하려는 지역국가의 의지를 증대시키는 부정적 결과를 초래했다고 규정했다. 따라서 중국은 경제적 능력을 전략적 우세로 전환시켜 지역의 주도권을 추구해야 하는 것으로 제시되었다. 구체적으로 주변 지역에 일련의 제도를 건립하고 지역 국가를 이에 포함시켜야 한다는 주장이었다. 이를 통해 지역에 발생하는 문제를 해결함으로써 중국위협론을 근본적으로 해소하고 중국의 전략적 선회 여지를 증대시키며 역외 국가가 지역의 문제를 이용해 중국을 견제하는 것도 어렵게 만드는 효과를 기대할 수 있다는 주장이었다. 그는 중국이 이러한 실력을 이미 갖췄고 주변 지역도 이러한 제도를 필요로 한다고 규정했다.[52] 물론 이러한 주장이 중국 내에서 주류로 등장하거나 지도부가 이러한 주장을 공식적으로 채택한 것은 아니었다. 여전히 온건한 정책을 유지해야 한다는 주장이 더 강했다. 그럼에도 불구하고 적극적 대외전략이 필요하다는 주장이 중국의 동아시아 정책을 공세적으로 전환시키는 데 기여한 것 또한 부인할 수 없는 사실이다.

아울러 이 시기 중국에서 외교적 행위자가 다원화되고 이 가운데 일부가 강경론을 주장함으로써 중국 지도부의 외교정책 결정에 영향을 끼쳤다. 대표적으로 중국의 군부세력이 공세적 정책을 주장했다. 주청후(朱成虎), 뤄위안(罗援), 양이(杨毅), 쉬광위(徐光裕) 등 전직 군부 인사들이 언론을 통해 강경론을 제기했다. 가령 이들은 2010년 대만에 무기를 판매하는 행위를 제재하기 위해 미국의 채권을 처분할 것을 요구하고, 서해상에서의 한·미연합훈련을 둘러싸고 미국 장성과 공개적으로 논쟁을 전개했으며, 댜오위도를 둘러싸고 일본 관리들과의 갈등을 불사했다. 중국 국방대학의 교수인 장자오중(张召忠) 또한 해상에서 법 집행을 강화해야 하고 이 과정에서 발생하는 작은 충돌은 피할 수 없으며 중국은 이를 관리할 수 있는 능력이 있다는 주장을 제기했다. 레닌주의 체제인 중국에서 군부는 당의 엄격한 통제를 받으며 외교정책과 관련하여 독자적 목소리를 내는 것이 허용되지 않지만, 전직 군인들을 중심으로 영토와 이익을 방어하는 것은 중국군의 신성한 의무이며 따라서 이러한 문제에 대해 먼저 발언하는 것은 당연한 것이라는 주장이 이어졌다. 연구기관이나 대학의 전문가들도 이러한 강경론에 합류했다. 런민(人民)대학의 진찬룽(金灿荣)은 군부가 외교의 전문가이며 따라서 목소리를 내는 것이 당연하다고 옹호했다. 상하이 사회과학원의 류밍(刘鸣)은 군 장성들의 의견은 개인적인 것이지만 대중의 정서를 반영한다고 옹호했다. 즉, 미국의 회귀라는 외적 요인으로 초래된 안보상의 도전이 군부가 강경한 목소리를 내도록 작용했다는 주장인 것이다.[53] 이에 반해 2010년 7월 하노이 아세안지역안보포럼에서 미국과 아세안 국가들이 연합하여 중국을 직접적으로 비판한 이후 중국 외교부의 지위는 타격을 입었다.

강경론자들의 주장은 언론을 통해 보도됨으로써 대중의 적극적 호응을 촉발시켰다. 그 대표적 사례로 네티즌 민족주의의 역할을 들 수 있다. 네티즌들은 강경론자의 주장을 확산시켰을 뿐 아니라 대중시위를 조직함으로써 민족주의 감정을 강화시켰다. 가령 2010년 9월 댜오위도 해상에서 중국 어선이 일본의 순시선과 충돌한 후 인터넷상에서 반일시위를 촉구하는 목소리가 정부의 진화 노력에도 불구하고 사라지지 않았고 그 결과 주중 일본 대사관뿐 아니라 중국 외교부 앞에서도 시위가 진행되었다. 아울러 여론은 남중국해 문제와 관련해서도 강경한 정책을 옹호했다. 대표적으로 2011년 6월 ≪환추시보≫가 실시한 한 조사에 참여한 2만 3000명 가운데

82.9%가 군사적 행동을 지지했다.[54]

반면에 최고지도자들은 중국의 국력이나 정책과 관련해 좀 더 현실적인 시각을 지녔다. 이들은 미국과의 국력 격차가 여전하다고 인식했기에 대결을 회피하려 들었다. 그럼에도 불구하고 권력 승계를 앞두고 있던 지도부는 외교정책을 결정함에 있어서 여론의 흐름에 더 큰 관심을 기울일 수밖에 없었다. 이는 중국 지도부가 외교나 안보 이슈에 대한 통제력과 관련하여 점증하는 도전에 직면했음을 의미한다. 즉, 군부와 네티즌을 비롯한 민족주의자들이 외교적 현안에 대한 감정적이고 정서적 입장을 표명했고, 이에 따라 지도부는 외교정책을 결정함에 있어서 전례 없는 제약에 직면할 수밖에 없었으며 외교적 수단을 통해 분쟁을 해결할 여지는 축소되었다.[55] 교체를 앞두고 있던 지도부의 외교와 안보 이슈에 대한 통제력이 약화됨에 따라 강경한 세력이 동아시아 정책에 영향을 끼칠 수 있는 공간이 창출되었던 것이다.

2) 이익의 확장과 갈등의 불사

중국의 외교정책이 공세적으로 변화했다는 사실은 무엇보다도 중국이 자국의 이익을 더 확장시켰으며 이로 인해 갈등이 초래되는 것을 불사했다는 데서 확인된다. 세계금융위기를 계기로 중국은 '핵심이익'을 더 분명하게 밝히기 시작했고 또 영토와 주권의 방어에 집중되었던 핵심이익의 범위도 확대되기 시작했다. 다이빙궈(戴秉国) 국무위원은 2009년 7월에 열린 제1차 미중 전략·경제대화(U.S.-China Strategic and Economic Dialogue)에서 중국의 핵심이익을 ① 정치체제와 국가안전의 수호[维护基本制度和国家安全], ② 주권과 영토보전[国家主权和领土完整], ③ 경제와 사회의 지속적이고 안정적인 발전[经济社会的持续稳定发展]을 포함하는 것으로 규정했다. 중국의 외교정책을 관장하는 최고위 관리가 미국과의 대화에서 자국의 핵심이익을 공식적으로 제기했다는 사실은 미국과의 관계 안정에 주력해온 외교정책 기조에 변화가 발생했음을 잘 보여주었다.

2010년에 들어서 핵심이익의 범위는 더욱 확대되었다. 중국은 2010년 3월 중국을 방문한 미국의 관리들에게 남중국해를 핵심이익이라고 밝혔고,[56] 이후에도 재차 이러한 입장을 표명한 것으로 알려졌다.[57] 물론 중국이 이전에도 남중국해에 대한 영유권을 주장해왔음을 고려할 때 이 주장이 완전히 새로운 것은 아니다. 그러나 동시에 이러한 중국의 주장은 대만과 티베트 등에 한정되었던 중국의 핵심이익이 해상으로 확대됨을 의미한다. 주권에 대한 중국의 집착과 함께 급속하게 확장되는 경제적 이익 또한 이런 움직임에 기여했다고 볼 수 있다. 구체적으로 교역로를 확보할 필요성으로 인해 중국이 이익을 확장시켰을 가능성을 추론할 수 있다. 여기에 더해 점증하는 에너지 수요 또한 중국으로 하여금 막대한 양의 원유가 매장되어 있을 것으로 추정되는 남중국해와 동중국해에 대한 영유권 주장을 강화하도록 작용했다.[58]

중국은 남중국해 문제와 관련하여 자신의 이익을 분명하게 밝히고 추구함으로써 분쟁을 확대시키고 심화시켰다. 2009년 5월 중국은 유엔에 제출한 문건에서 9개의 점선(九段線, 이하 9점선)을 사용하여 남중국해의 80% 정도를 영해로 규정했다. 이에 앞서서는 광저우(广州) 군구 소속 공군이 남중국해 남단에서 대규모 훈련을 거행한 바 있고, 또 3월과 5월에는 남중국해에 어업행정(渔政)선을 파견했다. 2010년에 들어 중국은 어민들의 조업보호를 명분으로 어업행정선의 남중국해 순항을 일상화했다. 이러한 활동을 통해 중국은 인도네시아 해군 군함을 밀어내고 또 다수의 베트남 어선을 나포했다. 중국은 2009년에 147척의 외국(주로 베트남) 어선을 추방한 데 이어 2010년에도 1분기에만 30여 차례에 걸쳐 200명 이상의 베트남 어민을 나포했다.[59] 한편 2011년 들어 해상순찰의 초점이 어선 단속에서 자원탐사에 대한 대응으로 이동함에 따라 어선의 억류건수는 줄어들었지만 대신에 자원탐사를 둘러싼 분쟁이 격화되었다. 구체적으로 3월에 해군 함정이 필리핀 탐사선에 위협을 가했고,[60] 5월에는 중국 어선이 해양감시(海监)선의 호위 아래 베트남 석유탐사선의 케이블을 절단했다.[61] 이처럼 중국이 남중국해에서 법 집행을 위한 활동을 더욱 강화하면서 베트남과 필리핀을 비롯한 일부 아세안 국가와의 충돌이 야기되었다.

물론 중국의 행위가 전적으로 공세적 의도의 산물만은 아니었다. 예를 들어 남중국해에서의 공세적 행동은 관할권을 강화하려는 일부 아세안 국가의 시도에 대한 대응으로서의 성격을 띠었다. 2009년 2월 필리핀 의회가 필리핀의 영해기선법(2009 Baselines Law)을 통과시켰는데, 이러한 필리핀의 행동은 중국으로 하여금 해양순찰을 시행하는 목적의 하나가 주권을 시현하는 데 있다고 선언하도록 작용했다. 또한 해양분쟁을 국제화하려는 베트남의 노력 또한 중국으로 하여금 군사훈련으로 대응하도록 작용했다.[62] 아울러 중국이 9점선 주장을 제출한 것도 2009년 5월 말레이시아와 베트남이 유엔에 대륙붕과 관련하여 확장된 영유권 주장을 제기한 데 대한 대응이었다.

이 시기 중국이 자국의 이익을 추구하기 위해 갈등을 불사하려 했다는 사실은 중국의 한반도정책에서도 확인된다.[63] 대표적으로 중국은 2010년 발생한 천안함 사건에 대한 대응에서 자신의 선호를 강하게 고집했다. 한국은 5월 20일 천안함 사건이 북한의 소행이라는 국제조사단의 조사 결과를 발표하고 중국에 대해 북한의 책임을 인정하라는 요구를 제기했다. 그러나 중국은 수용하지 않았다. 중국 외교부는 조사 결과에 대해 "평가·분석을 진행 중"이라고 밝히고 한국 정부의 발표를 지지하느냐는 질문에 대해서도 즉답을 피했다.[64] 이후에도 중국은 국제조사단의 조사 결과에 대해 공식적인 입장을 표명하지는 않았지만 실질적으로 한국이 주도한 천안함 사건의 원인에 관한 조사 결과를 인정하지 않으려는 태도를 드러냈다.

이러한 사실은 중국이 주한 유엔군사령부, 중국, 북한이 참여하는 공동조사를 실시할 것을 제안한 데서 확인된다. 중국은 5월 24~25일 베이징에서 열린 제2차 전략·경제대화에서 미국과 공동조사를 논의한 뒤 26일에 한국 정부에 통보하고, 또 5월 말에는 뉴욕의 유엔 대표부를 통해 미국에도 제안했다.[65] 이는 실질적으로 한국이 주도한 조사 결과를 인정하지 않는다는 의도를 드러낸 것으로 해석할 수 있다. 중국이 조사 결과에 의구심을 가졌다는 사실은 이후 중국의 전문가들에 의해서도 밝혀졌다. 중국의 한 전문가는 조사단이 조사 결과를 발표한 후 한국 내에서 적지 않은 의문이 제기되었고 또 조사단 스스로가 조사 결과 발표 당시 제시했던 북한 어뢰의 도면에 잘못이 있었음을 자인하는 일도 벌어졌다는 사실 등을 들어 신뢰성에 의문을 제기했다.[66]

이 과정에서 중국은 한국과의 갈등이 초래되는 것을 불사했다. 중국은 한 달 가까이 천안함 사건 희생자에 대한 애도를 표시하지 않았다. 아울러 북한의 도발에 대한 규탄을 이끌어내려는 한국의 노력에 대해 중국은 접촉 자체를 회피하려 한 것으로 전해졌다. 나아가 중국은 "한 번의 불행이 또 한 번의 불행을 부를 수 있다" 등의 언급을 통해 한국에 온건한 대응의 필요성을 강력하게 권고한 것으로 알려졌다.[67] 결국 중국은 천안함 사건이 유엔 안보리에 회부된 후 35일 만인 7월 9일에 천안함 공격을 규탄하는 의장성명을 채택하는 데 동의했지만 성명이 북한을 공격 주체로 명시하거나 규탄하는 표현을 담는 것에는 끝내 반대했다.

중국의 공세적 대응은 일본과의 관계에서도 노정되었다. 이러한 사실은 2010년 9월 댜오위도 부근에서 중국 어선이 일본 해상보안청 순시선과 충돌한 사건의 처리 과정에서 단적으로 확인된다. 포획한 수산물을 바다에 버리고 어선과 선원을 추방했던 관례와 달리 일본은 어선을 나포하고 선장과 선원을 구금했다. 중국은 이러한 조치를 현상을 변경하려는 일본의 시도로 간주하고 강경하게 대응했다. 중국은 무려 네 차례에 걸쳐 주중 일본대사를 소환하여 항의를 제기하고 선장, 선원, 그리고 선박을 즉각 석방하라고 요구했다. 특히 다이빙궈 국무위원은 새벽시간에 니와 우이치로(丹羽宇一郎) 주중 일본 대사를 소환했는데, 이는 외교적으로 매우 이례적인 조치로서 지위가 증강된 중국이 외교적으로 오만해졌다는 국제사회의 인식을 촉발시켰다.

압력에 직면한 일본이 9월 13일 선장만을 억류한 채 어선과 선원을 풀어주었지만, 중국의 강력한 대응은 계속되었다. 중국은 각료급 교류 중지, 항공노선 증편 교섭 중지, 석탄 관련 회의 연기, 일본으로 가는 중국인 관광객 규모 축소 등의 결정을 취했다. 또 중국은 후지타 건설 사원 4명을 허가 없이 군사관리구역을 촬영했다는 이유로 구속하는 등 강경한 조치를 이어갔다. 여기에 더해 일본에 대한 희토류 수출도 통제했다. 이러한 조치는 그 이전의 대응에 비해 매우 강경한 것이었다. 가령 2005년 고이즈미 준이치로(小泉純一郎) 총리의 야스쿠니 신사 방문을 계기로 발생한 중국의 반일시위는 2006년 9월 그의 사임 때까지 지속되었다. 그러나 당시 중국의 대응은 매우 신중했다. 중국 정부는 일본 정부의 행동을 비판하면서도 외교적 소통을 지속하고 민간 차원의 접촉과 경제관계도 지속시켰었다.[68] 2010년 중국의 대응은 이러한 전례와 분명하게 다른 것이었다.

3) 무력시위

이익의 확장과 함께 중국은 자국의 대외적 이익을 구현하기 위해 힘에 의존하려는 경향도 드러냈다. 이러한 사실은 중국이 황해, 동중국해, 남중국해 등에서 일련의 군사훈련을 실시하는 등 군사력을 동원한 데서 확인된다. 이는 무력시위를 외교적 목적에 활용하려는 시도로 중국판 함포(艦砲) 외교라는 인식을 창출할 소지를 지녔다. 이러한 무력시위는 외교정책 결정에서 군부의 역할 증강과 지도부의 통제력 약화를 잘 보여준다.

중국은 앞에서 지적한 것처럼 2009년 2월 필리핀 의회가 필리핀의 영해기선을 규정한 법을 통과시킨 데 대응하여 해양순찰을 강화했다. 아울러 해양분쟁을 국제화시키려는 베트남의 시도에도 군사훈련으로 대응했다.[69] 여기에 더해 3월에도 중국은 자국의 배타적 경제수역에서 정보를 수집하던 미국 해군 정찰선 임페커블(USNS Impeccable)호와 대치를 전개하기도 했다. 중국의 무력시위는 2010년에 더욱 분명해졌다. 2010년 4월 7일 소브레메니급 미사일 구축함과 킬로급 잠수함을 포함한 10척의 해군 함정이 동중국해에서 군사훈련을 실시했다. 같은 달 10일에는 중국의 함정들이 오키나와와 미야코섬 사이의 국제수역을 통과하여 일본이 영유권을 주장하는 오키노도리(沖ノ鳥) 서쪽 공해로 진출하여 훈련을 실시했다. 한편 같은 해 7월 힐러리 클린턴(Hillary R. Clinton) 국무장관이 하노이 아세안지역안보포럼에서 통행의 자유를 언급한 1주일 후 중국군은 남중국해에서 연합훈련을 실시했다. 중국군 총참모장과 해군사령관이 지휘한 이 훈련에는 해군 3개 함대가 모두 참여했고 사상 최대의 화력이 투입되었다. 중국군 기관지는 이 훈련을 전례 없는 것으로 규정했다.[70]

이 무렵 중국은 서해에서도 한국과 미국이 합동훈련을 실시하는 데 대한 맞대응으로 군사훈련을 거행했다. 천안함 사태를 둘러싸고 갈등이 전개되던 2010년 6월 초 한국이 미국과의 연합훈련계획을 발표하자 중국은 국방부 대변인까지 나서 여러 차례에 걸쳐 군사훈련에 대해 공식적으로 항의했고 또 매번 그 수위를 제고시켰다. 구체적으로 6월 22일 외교부 대변인이 냉정과 절제를 강조하며 사태발전을 예의 주시한다는 입장을 밝혔다. 그러나 중국군이 동중국해에서 실탄 훈련을 실시하던 기간인 7월 1일 마샤오톈(马晓天) 부총참모장이 언론과의 인터뷰에서 서해가 중국의 영해에 매우 가깝기 때문에 한국과 미국이 군사훈련을 거행하는 데 결연하게 반대한다고 밝히면서 상황이 급변했다.[71] 그의 인터뷰는 중국의 관영언론에서 비중 있게 다루어졌고, 이후 외교부의 입장에도 반영되었다. 7월 6일 외교부 대변인은 한·미연합훈련과 관련하여 당사국에 엄중한 우려를 표명했으며 사태의 발전을 주시할 것이라고 밝혔다. 이틀 후인 7월 8일에는 다시 외국 군함과 항공기가 중국 근해에서 중국의 안보에 영향을 끼치는 활동을 하는 것에 결연하게 반대한다고 표명함으로써 입장이 더욱 강경해졌다. 이후에도 중국은 7월 13일과 15일 외교부 대변인을 통해 결연하게 반대한다는 입장을 거듭 확인했고, 7월 30일에는 국방부 대변인이 직접 나서서 강경한 반대 입장을 표명하기에 이르렀다.[72]

여기에 더해 중국은 2010년 6월부터 9월 사이 자체적으로 일련의 군사훈련을 실시함으로써 한·미연합훈련에 대응했다. 먼저 6월 29일부터 동중국해에서 실탄사격훈련을 실시했다. 훈련은 한·미연합훈련이 시작되던 6월 24일에 발표되었는데 중국은 일상적 훈련이라고 주장했지만 한·미연합훈련에 대한 중국의 대응으로 해석되었다. 또 이 훈련과 관련하여 중국의 한 군사전문가가 중국군이 거대한 항모전단의 존재를 훈련의 목표로 설정할 수 있다고 밝히는 등 갈등이 미국과의 관계로까지 번지는 것도 불사했다.[73] 이후에도 중국의 군사훈련은 계속되었는데, 그 초점은 미국에 대응하는 데 집중되었다. 가령 8월 3일부터 8일까지 산둥(山东)성과 허난(河南)성에서 지난(济南)군구의 주도하에 미국의 베이징 공습에 대비한 방어훈련을 실시했고, 또 10일부터는 랴오둥(辽东)반도와 산둥반도에서 북해함대의 주도하에 중국 전투기의 야간전투 훈련을 실시함으로써 미국의 야간공격에 대처할 능력이 있음을 과시하려 들었다.[74]

이와 같은 일련의 행동은 중국이 한반도 문제에 대한 미국의 주도권을 묵인해온 그동안의 행태에서 벗어나 자신의 이익을 더 적극적으로 표출하고 또 이를 실천하는 데 군사력을 동원하는 것을 불사하며, 이로 인해 한국이나 미국과 갈등이 초래되는 것을 감수하려는 의지가 강화되었음을 보여주었다.

4) 경제적 압력

중국의 지역정책이 공세적으로 변화했다는 사실은 그동안 다른 국가에게 호의를 제공하고 또 이를 통해 관계를 강화하는 데 활용했던 경제적 수단을 상대국가의 정책을 변경하도록 하기 위한 압력의 수단으로 사용하기 시작했다는 데서도 확인된다. 이러한 사실은 2010년 일본과의 분쟁에서 그 단초를 드러냈다. 중국은 앞에서 지적한 것처럼, 일본의 중국인 선장 억류에 대해 다양한 수단을 동원하여 강경하게 대응했다. 여기에는 통관 업무를 지체시키는 방식을 통해 하이테크 제품 생산에 필수적인 희토류의 대일 수출을 제한한 것도 포함된다. 중국 세관은 관련 기업들에게 일본으로의 희토류 수출이 불가하다고 통보한 것으로 알려졌다. 이는 이 시기 홍콩이나 싱가포르 등에 희토류 수출이 허용되는 상황에서 이루어진 것이었다. 이러한 중국의 조치는 일본을 놀라게 해 선장을 석방하도록 작용했다.[75] 이는 국제 분쟁에서 자국의 이익을 실현하기 위해 수출 통제라는 수단을 활용하려는 중국의 의도를 보여준 것이었다.

경제적 카드를 활용하여 다른 국가에 압력을 가하는 시도는 2012년에도 다시 등장한다. 2012년 초 중국은 황옌도를 둘러싸고 대치를 벌인 필리핀에 경제적 제재를 가했다. 중국의 방역당국은 검역을 이유로 필리핀 바나나의 통관을 불허했다. 이러한 중국의 조치는 전체 바나나 수출의 30% 이상을 중국으로 보내는 필리핀 관련 업계에 커다란 타격을 가했다. 이후 중국은 파파야, 망고, 파인애플 등에 대한 검역도 지연시켰다. 여기에 더해 중국의 여행사들은 안전을 이유로 필리핀에 대한 여행객 송출도 중단시켰다. 필리핀에 관광객을 보내는 순위에서 일본을 제치고 3위에 오른 상황에서 취해진 이러한 조치 또한 압력을 가하려는 중국의 노력을 반영했다.[76]

5) 지속되는 온건론

이처럼 중국은 지역정책을 공세적으로 전환시켰지만 다른 한편으로는 경제적 수단을 활용하여 관계를 강화하려는 노력도 계속했다. 그 대표적 증거로 세계금융위기가 발생한 이후인 2009년 100억 달러에 이르는 아세안 인프라 투자펀드를 조성하고 또 그 후 3~5년 동안 아세안 국가에게 150억 달러의 차관을 제공하겠다는 계획을 밝힌 사실을 들 수 있다.[77] 아울러 중국은 FTA 출범과 관련하여 무역 적자가 대폭적으로 증대할 것이라는 인도네시아의 우려를 완화시키기 위해 인도네시아에 수출금융을 제공하는 외에 인프라 건설에 필요한 90억 달러의 연성 및 상업차관도 제공했다.[78]

중국의 투자와 지원은 인프라 건설, 자원개발, 에너지 개발 등에 집중적으로 투입되었다. 2010년 중국수출입은행이 조성한 100억 달러의 아세안 인프라 펀드는 메콩 강 지역의 항구, 철도, 고속도로 건설에 투자된 외에 베트남, 라오스, 캄보디아, 태국, 말레이시아를 연결하는 중국 난닝(南宁)-싱가포르 경제회랑 건설에도 투입되었다. 여기에 더해 중국은 철도시설 복구를 위해 필리핀에 5억 달러를 투자했고, 인도네시아와 발전소 및 도로 건설에 18억 달러를 투자하는 데도 합의했다.[79] 모두가 중국과 동남아시아 국가 사이의 연계를 강화시키려는 시도였다. 이러한 사실은 이 시기 중국이 추구한 공세적 정책이 외교정책의 근본적인 전환을 의미하는가라는 물음을 제기한다.

5. 온건론으로의 회귀?

공세적 외교정책은 중국의 취약성을 드러내 보였다. 국력 증대로 자신감이 제고된 중국은 미국의 공세에 대응할 능력이 있다고 생각했다. 중국은 미국 대외정책의 우선순위에서 동아시아가 차지하는 지위가 낮으며 미국이 이 지역에 투입할 수 있는 자원에도 제약이 있을 것이라고 판단했다.[80] 나아가 중국은 미국과의 아시아 쟁탈전에서 우위도 보유했다고 생각했다. 중국의 대표적 보수언론인 ≪환추시보≫는 2010년 중반 중국이 ① 아시아 국가들과의 사이에 존재하는 상호이익, ② 주변국가에게 혜택을 제공할 수 있는 능력, ③ 정치적 소통의 용이성 등 세 가지 면에서 미국에 비해 우위가 있다는 주장을 제기했다.[81] 이러한 판단이 중국의 강경론자들로 하여금 미국과 경쟁할 것을 주창하도록 작용했던 것이다.

그러나 현실은 이러한 판단이 지나치게 섣부른 것이었음을 보여주었다. 우선, 중국이 미국의 의지를 잘못 판단했음이 드러났다. 미국은, 제5장에서 논의하듯, 아시아에서 주도권을 유지하기 위해 가능한 모든 자원을 동원하려는 의지를 분명하게 했다. 아울러 중국은 미국의 회귀에 대응하는 데도 어려움을 겪었다. 미국과 동아시아 국가들 사이에 관계를 강화하려는 시도가 전개되었지만 중국이 취할 수 있는 대응책은 별로 없었다. 중국의 역량은 미국에 비해 여전히 상대적으로 취약했고, 특히 군사적으로 힘을 투사할 수 있는 역량이 제한되었다. 중국이 공을 들여 조성한 아시아 국가와의 밀접한 경제적 연계는 중국에 위협을 느끼게 된 지역 국가의 선택에 영향을 끼치기에 역부족이었다.

이처럼 공세적 외교정책이 중국의 취약성을 드러냄에 따라 중국에서 비판이 제기되었다. 2010년 후반부터 외교부를 위시한 온건론자들이 반격에 나섰다. 이들은 중국이 외교적으로 너무 일찍 공세를 전개함으로써 피동적인 상태가 초래되었다는 주장을 제기했다. 한 전문가는 민족주의의 강화가 중국 외교정책의 유연성을 제약했다고 규정했다.[82] 이와 함께 지역 국가의 의구심과 공포를 제대로 파악하지 못함에 따라 미국이라는 '이리'를 다시 불러들였다는 비판도 제기되었다. 다시 말해 아세안 국가들에 대해 양자적 차원에서 문제를 해결할 것을 고집한 것이 결국 미국의 개입을 불러들이고 지역의 국제관계를 강대국 정치화시켰다는 주장이었다.[83] 종합하면 지나치게 빨리 강대국으로 부상하고 인정받으려 한 '강대국 조급증(焦虑症)'이 주변 국가의 우려를 촉발시켰다는 지적이었다.[84]

이러한 비판은 다시 온건론을 촉구하는 목소리로 이어졌다. 한 전문가는 국가의 외교정책이 국력에 의해 영향을 받는 것이 사실이지만 강한 국가가 반드시 공세적 외교정책을 추구해야 하는 것은 아니라고 지적했다. 그는 국제적인 영향력을 갖게 된 상황에서 공세적인 정책을 추구하는 것은 중국에 대한 의구심을 촉발시킬 수밖에 없으며 따라서 공세적 행위에 대한 외부의 우려를 이해해야 한다고 지적했다. 특히 그는 갈등을 처리하는 방식이 중국에 대한 다른 국가의 인식에 영향을 끼친다고 강조했다.[85]

이와 함께 중국에 대한 우려를 잠재우려는 노력도 제기되었다. 중국의 대표적 강경세력인 군부를 중심으로 남중국해가 중국의 핵심이익이라는 주장은 중국의 공식적 입장이 아니라는 지적이 제기되었다. 군부의 한 인사는 남중국해를 중국의 핵심이익이라고 규정하는 것은 학자의 개인적 견해에 불과하며 중국의 지도자가 정식으로 언급하거나 중국의 전략 보고서나 공식적 문건에 포함된 적이 없다고 지적했다.[86] 다른 군 인사 또한 중국이 미국에 남중국해를 핵심이익이라고 밝혔다는 주장과 관련해 학술적 모임에서 이루어진 것으로 중국의 공식 입장이 아니라고 밝혔다.[87] 한편 제3의 군 인사는 미국의 모든 조치를 중국을 겨냥한 것이라고 의심해서는 안 된다고 지적함으로써 미국과의 관계를 안정시키려는 노력에 힘을 보탰다.[88] 그동안 군부의 강경론을 주도했던 마샤오톈 중국군 부총참모장 또한 후진타오 주석의 방미를 하루 앞둔 2011년 1월 17일 중국이 여전히 중대한 전략적 기회의 시기에 처해 있다는 후진타오 총서기의 지적을 거론함으로써 온건정책으로 회귀하려는 노력에 힘을 보탰다.[89]

이러한 비판과 함께 중국의 외교정책은 다시 온건한 방향으로 변화했다. 2010년 12월 중국 외교정책을 담당하는 최고 관리인 다이빙궈 국무위원이 나서서 평화와 발전을 강조하는 대외정책을 다시 천명했고,[90] 다음 해 9월에 출판된『중국평화발전백서』또한 영해 분쟁과 관련하여 분쟁을 유예하고 공동발전을 추구한다고 선언하는 등 평화발전노선을 다시 강조했다. 이에 따라 2010년 최고조에 달했던 공세적 정책은 최소한 공식적으로는 제어되었다.

아울러 중국의 대외적 행태에도 점차 온건한 방향으로의 변화가 나타나기 시작했다. 가령 2010년 10월 중국은 로버트 게이츠(Robert Gates) 국방장관의 중국 방문에 합의했다. 또한 중국은 연평도 포격 이후 한국이 실시한 군사훈련에 차분하게 대응하라고 북한에 압력을 행사했다. 아세안과의 관계에서도 중국은 2011년부터 다른 국가 어선의 어업활동 단속과 관련하여 중국 선박에 적용하는 것과 동일한 절차를 적용하기 시작했다. 구체적으로 난하이구 어업행정국(南海区渔政局)은 베트남 선박과 선원을 억류하고 어획물을 몰수할 때 중국 선박에 적용하는 것과 동일한 절차를 준수하기 시작했다. 이러한 변화는 어업행정 활동을 “중국외교의 필요성과 일치시키라”는 정부의 입장을 반영한 것이었다.[91] 또한 7월에는 아세안과의 고위외교관회의(Senior Official’s Meeting)에서 남중국해행동선언의 실천을 위한 가이

드라인 초안에 합의함으로써 오랫동안 미루어져 온 남중국해 행동규약을 마련하기 위한 토대를 마련했다. 책임 있는 강대국이라는 국제적 이미지를 창출하려는 의도가 중국으로 하여금 합의하도록 작용했을 가능성에 대한 아세안 사무총장의 암시는 상황을 수습하려는 중국의 의도를 잘 보여주었다.[92] 여기에 더해 12월에는 시진핑 국가부주석이 베트남을 방문함으로써 10월 베트남 공산당 응우옌푸쫑(Nguyễn Phú Trọng) 서기장의 중국 방문 시 합의한 관계 개선을 실천하려는 노력을 보여주었다. 경제적 수단을 통해 관계를 강화하려는 노력도 계속되었다. 가령 중국은 2011년에 미국의 10배가 넘는 액수의 투자를 캄보디아에 약속했고, 2012년에도 아세안 의장국이 된 캄보디아에 100억 달러 이상의 경제 원조를 제공했다.[93]

그렇다면 이는 중국의 동아시아 정책이 온건한 방향으로 회귀함을 의미하는가? 상황은 복잡하다. 중국 정부가 온건론을 다시 강조하기 시작했지만 강경론에 대한 옹호 또한 사라지지 않았다. 가령 한 전문가는 온건론의 유용성을 강하게 비판했다. 그는 중국이 경제외교에 치중함으로써 동아시아 지역의 정치 문제와 관련하여 아세안에 주도권을 내어주고 지역 강대국으로서의 지도적 역할을 발휘하지 못했을 뿐 아니라 주변 국가의 이해를 도모하지 못하고 오히려 각종 의구심을 초래했다고 규정했다.[94] 다른 전문가들 또한 중국이 아세안의 최대 교역 대상국이 되었음에도 미국의 회귀로 인해 촉발된 상황변화에 대응하지 못하고 있다고 비판했다. 즉, 경제관계의 증대를 통해 동아시아 국가에 대한 영향력을 증대시키려는 기대에 근본적 한계가 존재한다는 비판이었다.[95]

이러한 강경론은, 제6장에서 논의하는 것처럼, 시진핑 정권이 출범한 후 중국의 정책에 다시 반영된다. 2012년 말 취임한 시진핑 총서기는 중국이 그동안 강조해온 평화발전의 길에 더해 핵심이익의 옹호를 강조했다.[96] 그는 2013년 1월 말 열린 3차 중앙정치국 집단학습에서 행한 연설을 통해 평화발전의 길을 걷되 동시에 정당한 권익을 포기하거나 국가의 핵심이익을 결코 희생할 수 없다는 입장을 표명했다. 다시 말해 시진핑 총서기는 전임자인 후진타오 시기에 제시된 평화발전이라는 온건노선을 재확인하면서도 동시에 중국의 정당한 권익을 방기하거나 국가의 핵심이익을 희생할 수 없다는 2개의 절대불가(两个决不)를 강조함으로써 기존의 온건론에 강경한 입장을 부가시켰다.[97]

시진핑의 동아시아 정책은 이러한 외교정책의 기조를 잘 반영했다. 대표적 사례로 시진핑 체제가 출범한 후인 2013년 10월에 열린 주변외교업무좌담회를 들 수 있다. 정치국 상무위원 전원과 베이징에 주재하는 정치국원까지 모두 참석한 동 회의에서 시진핑 총서기는 친선[亲], 성의[诚], 혜택[惠], 포용[容]을 지역정책의 기조로 제시함으로써 우호적 주변 환경을 구축하려는 의도를 노정시켰다.[98] 이와 함께 시진핑 체제는 핵심이익을 수호하려는 의도도 동시에 드러냈다. 이러한 사실은 시진핑 체제가 분쟁의 평화적 해결을 강조하면서도 그것을 실현하기 위한 실질적 조치를 언급하지 않았다는 점에서 확인된다. 가령 시진핑 주석은 인도네시아 방문에서 남중국해 문제와 관련하여 평화적 의도를 강조했지만 분쟁을 해결하기 위한 실질적 조치를 언급하지는 않았다.[99] 리커창(李克强) 총리 또한 브루나이 방문에서 9점선 이내 지역에 대한 불가양의 권리를 강조하고 호주와 일본 등 직접적 관련이 없는 국가에 개입하지 말 것을 경고함으로써 강경한 입장을 견지했다.[100] 여기에 더해 중국과의 영토 분쟁에서 가장 강경한 입장을 취하고 있는 필리핀에 대해서는 최고 지도자 교류를 거부하는 등 강경한 정책을 유지했다. 마지막으로 시진핑 체제는 일본과 영유권을 둘러싸고 분쟁이 진행 중인 댜오위도에 대한 순시를 강화하는 외에 방공식별구역도 선포했다.

6. 세력권 형성?

그렇다면 중국은 과연 동아시아를 자국의 세력권으로 편입시키려는 의도를 보였는가? 미국이 동아시아 질서를 주도해왔다는 현실을 고려할 때, 이는 '중국이 미국에 맞서거나 미국을 동아시아로부터 구축하려 들었는가?'라는 물음과 다름이 없다. 동아시아 국가가 동아시아만의 질서를 추구했던 사례는 제국시대의 일본에서 찾을 수 있다. 당시 일본은 '동아시아를 서구의 독재로부터 해방시킨다'는 명분 아래 기존 질서에 대해 분명한 도전을 선택했다. 대표적 증거로 일본 외무상 마츠오카 요오스케(松岡洋右)가 1940년 8월 주창한 '대동아공영권'을 들 수 있다.[101] 그렇다면 중국 또한, 제국시대의 일본처럼, 미국을 배제한 동아시아만의 질서를 추구했는가?

중국의 동아시아 정책이 미국에 집중된다는 것은 쉽게 확인할 수 있다. 미국이 동아시아를 지배한다고 보는 중국은, 앞에서 제시된 것처럼, 동아시아에서 미국이 독점적 영향력을 구축하고 있는 상황을 완화시키려 든다. 중국이 1990년대 말 입장을 변경하여 아세안과 남중국해 행동선언에 관한 협상을 시작한 것은 지역 국가가 미국과의 군사관계를 강화하는 것을 방지하기 위한 의도에서 기인했다.[102] 이후에도 중국은 계속해서 지역 국가와 미국 사이의 간극을 창출하거나 활용하려 들었다. 가령 2004년 필리핀이 이라크로부터 조기에 철군함으로써 미국과의 갈등을 초래한 후 중국은 필리핀에 고위급 방문공세를 전개했고 군사원조도 제의했다. 또 2006년에 미국이 반탁신 쿠데타를 이유로 태국에 군사원조를 중단하자 중국은 태국에 군사원조를 제공함으로써 미국의 빈자리를 채우려 했다.[103]

동아시아에서 미국의 지위를 약화시키려는 중국의 시도는 2005년에 출범한 동아시아정상회의와 관련한 정책에서 가장 분명하게 확인된다고 할 수 있을 것이다.[104] 동아시아정상회의의 설립은 2001년 11월 아세안+3 정상회의에서 채택된 동아시아비전그룹 보고서에서 처음 제기되었다. 보고서는 동아시아공동체 건설을 위한 수단으로 아세안+3를 동아시아정상회의로 발전시킬 것을 추천했다.[105] 그러나 다음 해 관련 국가의 고위공무원들로 구성된 동아시아연구그룹이 채택한 보고서는 동아시아정상회의의 설립을 장기적 과제로 넘겼다.[106] 이러한 결정에도 불구하고 말레이시아를 위시한 일부 국가가 동아시아정상회의의 조기 설립을 적극적으로 추진했다. 압둘라 아마드 바다위(Abdullah Ahmad Badawi) 말레이시아 수상은 2004년 5월 베이징과 도쿄 방문에서 북미자유협정(NAFTA)과 같은 지역화 움직임에 대응하기 위해 동아시아 국가들만의 조직을 건립할 필요성을 역설했다.

중국은 이러한 말레이시아의 주장을 지지함으로써 동아시아정상회의의 조기 출범을 촉진시켰다. 바다위의 주장에 앞서서 중국은 이미 2003년 실무 차원의 업무협의를 진행하는 과정에서 아세안+3를 동아시아정상회의로 전환시킬 필요성과 중국이 창립회의를 개최하겠다는 의사를 표명한 바 있었다.[107] 따라서 중국이 말레이시아의 제안을 지지하고 아세안 국가의 지원을 확보하기 위해 노력한 것은 어쩌면 당연한 일이었다. 중국은 바다위 말레이시아 수상의 중국 방문이 있었던 다음 달인 2004년 6월 칭다오(青島)에서 개최된 중·아세안 외교장관회의에서 적절한 시기에 동아시아정상회의를 개최한다는 아세안의 지지를 확보하는 데 주도적 역할을 했다. 이는 중국과 아세안이 동아시아정상회의의 개최를 공식적으로 지지한 첫 사례였다. 나아가 리자오싱(李肇星) 당시 중국 외교부장은 7월에 열린 아세안+3 외교장관회의에서 동아시아 지역협력을 촉진시키기 위해 동아시아정상회의를 개최하자는 제안을 지지한다고 밝힘으로써 조기 개최에 대한 지지를 더욱 분명히 했다.[108]

중국이 동아시아정상회의의 조기 출범을 지지한 이유는 여러 가지였다.

우선 중국은 동아시아정상회의의 출범이 지역협력에 대한 자국의 영향력을 강화시키는 데 기여할 것으로 기대했다. 아세안+3가 아세안 국가들에 의해 개최지와 의제 선정이 독점되는 데 반해 동아시아정상회의는 모든 구성 국가에 동등한 권한을 부여할 것으로 기대되었다.[109] 애초의 구상은 동아시아정상회의가 아세안에 의해 주도되기보다 13개 구성국이 독자적으로 또 평등하게 참여하는 것을 상정했다. 이러한 상황 전개가 중국으로 하여금 동아시아정상회의 출범이 의장직을 모든 국가에 허용함으로써 지역협력에 대한 중국의 영향력을 증대시키는 데 기여할 것이라는 기대를 갖도록 작용했다.

또한 중국은 동아시아 지역협력을 둘러싼 일본과의 경쟁에서 앞서나가려 했다. 이 시기 고이즈미 총리는 2003년 초 아세안 국가 방문에서 동아시아공동체 구상을 제기한 바 있었다. 동아시아공동체 구상에 대한 일본의 의지는 같은 해 12월 도쿄에서 개최된 아세안·일본정상회의에서 채택된 도쿄선언에 이 구상을 포함시킨 데서도 드러났다. 특히 일본 외무성은 이를 아세안이 일본이 추구하던 동아시아공동체 구상을 지지한 증거로 간주하고 중국과의 경쟁에서 한 발 앞섰다고 자평했다.[110] 이러한 일본의 움직임을 목격하면서 중국에서는 지역협력과 관련하여 과감한 조치를 취할 필요성이 제기되었다. 2004년에 발표된 중국의 한 논문은 경제협력의 심화가 동아시아공동체 건설을 불가피하게 만들 것이기에 이와 관련하여 전략적으로 생각하고 선제적 행동을 취할 필요성을 제기했다. 그 구체적인 해결책으로 제시된 것이 동아시아정상회의를 추진하는 것이었다.[111] 이는 지역협력을 둘러싼 중국과 일본 사이의 주도권 경쟁 또한 중국이 동아시아정상회의의 조기 출범을 지지하는 데 일조했음을 제시한다.

마지막으로 중국은 동아시아정상회의의 조기 출범이 동아시아에서 미국의 지배력을 완화시키는 데 기여할 것으로 판단했다. 미국이 배제된 다자적 포럼을 출범시키는 것은 이 지역에서 미국이 누려온 영향력을 완화시키려는 중국의 의도에 부합된다. 중국은 동아시아의 지역 통합을 추진하는 것이 중국을 봉쇄하려는 미국의 시도에 대응하는 전략적 완충지대를 마련하는 데 기여할 것으로 보았다.[112] 실제로 동아시아협력과 관련하여 중국 내의 대표적 전문가로 간주되는 장윈링(张蕴岭)은 중국이 지역에서 영향력을 증진시키는 것이 미국의 영향력을 견제하는 데 기여할 것이라는 주장을 제기했다.[113] 다시 말해 중국은, 앞에서 지적한 것처럼, 지역협력을 통해 강대국 관계에 영향을 끼칠 수 있다고 믿었다. 이러한 사실이 일부 외부 전문가로 하여금 중국이 동아시아 다자협력을 추진하는 것을 아시아에서 미국을 구축하고 지역의 패권을 확립하려는 시도로 간주하도록 작용했다.[114]

2004년 11월 아세안+3 정상회의에서 마침내 동아시아정상회의를 출범시키기 위한 결정이 이루어졌다. 동아시아정상회의의 목적, 구성원, 형식, 의제 등이 여전히 불분명한 상태였지만, 중국은 아세안+3의 진전으로 간주하고 환영했다. 구체적으로 중국 외교부 부부장을 지낸 후 일본 대사로 파견되었던 왕이(王毅)는 이 결정이 동아시아에서 지역협력이 전면적 추진이라는 새로운 단계로 진전됨을 보여주며 동아시아의 정치경제적 구조에 영향을 끼칠 것이라고 평가했다.[115] 관련 전문가들 또한 이 결정을 동아시아 공동체 건설을 향한 진전을 보여주는 증거로 간주했다. 가령 한 연구소가 개최한 관련회의에서 참석자들은 모든 구성원이 동등한 지위에서 참여하는 것을 가능케 한다는 점에서 동아시아정상회의의 출범이 아세안+3의 심화에 해당한다는 데 의견을 같이했다.[116] 다른 전문가들 또한 동아시아정상회의의 출범이 중국을 지역통합의 '핵심이자 엔진'의 지위로 밀어올릴 것이고 이는 중국이 강대국으로서 의제 설정과 규범 건설에 참여하는 것을 가능케 함으로써 중국의 국가이익에 기여할 것이라고 평가했다.[117] 중국 밖에서도 동아시아정상회의의 조기 출범을 중국의 주도권과 연관시키는 평가가 제기되었다. 다시 말해 중국이 지역주의를 활용하여 동아시아를 지배하려 한다는 인식이었다. 대표적으로 미국의 한 보고서는 동아시아정상회의의 출범을 동아시아에서 중국의 지정학적 중요성이 증대됨을 보여주는 증거로 규정했다.[118]

그러나 이러한 중국의 기대나 외부의 평가와 달리 동아시아정상회의는 궁극적으로 중국의 선호를 반영하지 않았다. 제4장에서 자세하게 논의하겠지만 일본과 싱가포르 등이 동아시아정상회의가 중국에 의해 지배되는 것을 방지하기 위해 회원국을 확대하려 노력했고, 그 결과 동아시아정상회의의 구성원은 아세안+3 국가로만 구성하자는 중국의 선호와 달리 호주, 뉴질랜드, 인도를 포함하게 되었다. 아울러 형식적 측면에서도 동아시아정상회의는 지역 국가들이 동등한 입장에서 참여하는 대신에 아세안 국가가 의장직을 독점하고 또 아세안 의장국에서 회의를 개최하는 아세안 중심의 기구로 남았다.

물론 이 과정에서 중국은 자국의 선호를 실현하기 위해 아세안에 압력을 가하기도 했다. 가령 중국은 2005년 초 라오스에 인도의 참여를 지지하지 않도록 설득했다.[119] 아울러 중국은 동아시아정상회의의 형식과 관련하여 말레이시아와 태국을 통해 영향을 끼치려 들었다.[120] 이는 중국이 그동안 경제협력을 통해 증진시켜온 관계를 활용하여 자국의 선호를 구현하려 들었음을 제시한다. 그러나 이러한 노력에도 아세안 국가들은 회원국 확대와 아세안 의장국의 동아시아정상회의 개최라는 원칙을 고집함으로써 중국과의 차이를 선시했다.

결국 이러한 사태 진전에 실망한 중국은 동아시아정상회의가 아세안+3를 대체한다는 기존 입장을 철회하고 양자가 공존해야 한다는 입장으로 선회했다. 원자바오 총리는 2005년 동아시아정상회의 창립회의 직전에 개최된 아세안+3 정상회의에서 아세안+3를 심화시키고 강화하는 것이 동아시아 지역협력을 추진하는 데 매우 중요하다고 강조하는 등 아세안+3의 주도적 지위를 확보하는 데 노력을 경주했다.[121] 이러한 입장의 전환은 동아시아정상회의가 중국에 불리한 국가들을 포함하고 또 중국의 개최권도 확보되지 않음에 따라 주도적으로 영향력을 행사하기 어렵게 되었다는 판단을 반영한 결과였다.

이처럼 동아시아정상회의의 출범과 관련하여 중국이 동아시아 국가만의 지역협력을 선호했다는 점에서 미국을 배제하려는 의도를 드러냈다는 판단을 촉발시킬 수 있다. 그러나 동시에 동아시아정상회의 출범과 관련하여 중국이 보인 입장은 중국이 미국을 배제한 폐쇄적 지역주의를 추구하려는 결심을 하지 못했음을 보여주었다는 판단 또한 가능하게 한다. 이는 중국이 미국이나 미국의 영향력을 배제하려는 노력을 분명하게 추구하거나 끝까지 고집하지 않았다는 점 때문이다. 동아시아정상회의가 중국의 선호를 반영하는 데 실패했지만 중국은 자신의 의견을 관철시키려 들기보다 아세안의 결정을 지지하고 또 아세안의 주도권을 인정하는 방향으로 후퇴했다. 중국의 한 전문가는 이러한 결정을 아세안과의 관계와 지역협력의 과정을 지속시키기 위해 중국이 자신의 이익을 조정한 결과로 규정한다.[122]

아울러 이후에 보인 행태들 또한 중국이 과연 미국을 배제하고 동아시아를 자국의 세력권으로 재편하려는 의지가 있는지에 대한 의구심을 갖도록 작용한다. 그 하나의 사례로 한국 노무현 정부의 전략적 균형자론에 대한 중국의 반응을 들 수 있다. 2005년 초 노무현 대통령은 한국이 동북아시아 지역의 균형자 역할을 하겠다는 계획을 천명했다.[123] 이 계획의 핵심은 한국이 자주적 외교노선을 추구하기 위해 한·미동맹의 유연성을 추구하고 중국과의 전략적 관계를 확대하겠다는 의지를 밝힌 데 있었다. 만약 동아시아에서 미국을 구축하려는 의도를 지녔다면 중국은 미국이 추구하는 반중 진영에 참여하지 않겠다는 노무현 대통령의 선언을 환영했어야 한다. 그러나 중국의 반응은 적극적이지 않았다. 일각에서 동북아시아에서 강대국 사이의 충돌을 방지하고 지역협력을 증진시키는 데 기여할 것이라는 긍정적 평가가 제기되기도 했지만, 중국은 적극적으로 호응하지 않았다.

이와 유사한 중국의 반응은 탈미(脱美) 성향을 보인 하토야마 유키오(鳩山由纪夫) 일본 총리의 동아시아공동체 구상에 대한 반응에서도 관찰된다. 하토야마 총리는 2009년 9월 집권에 성공한 이후 동아시아 국가와의 관계를 강화하는 것을 취지로 하는 동아시아공동체 구상을 제기했다. 이러한 선언은 미국과의 동맹에 치중했던 일본 외교정책의 중요한 변화이자 일본과 중국 사이의 경쟁이 동아시아 지역협력의 진전을 방해했던 상황에 근본적 변화를 초래할 가능성을 내포한 것이었다. 그러나 이러한 제안에 대한 중국의 반응은 의외로 소극적이었다. 비록 이 시기 중국의 지도자들이 아시아 국가와의 관계를 강화하겠다는 하토야마의 제안을 환영했지만 동아시아공동체 구상에 대해서는 냉담한 반응을 견지했다. 원자바오 총리가 2009년 10월 10일 한·중·일정상회의에서, 시진핑 국가 부주석이 12월 일본 방문에서, 후진타오 총서기 또한 다음 해 4월에 각각 하토야마와 총리와 면담했지만 동아시아공동체 구상을 지지하지 않았음은 물론 직접적인 언급마저 자제했다.[124]

중국이 하토야마의 구상에 미온적 반응을 보인 이유에 대해 무엇보다도 구상의 진정성에 대해 신뢰를 갖지 않았을 가능성을 생각해볼 수 있다. 여기에 더해 일본과의 경쟁의식 또한 중국의 대응에 영향을 끼쳤다. 실제로 일본의 한 보도는 하토야마의 제안이 지역협력을 둘러싼 중국과 일본 사이의 주도권 경쟁을 촉발시켰다고 지적한다. 그 근거로 중국 사회과학원 산하 일본 연구소의 한 전문가가 하토야마의 제안을 중국과의 경쟁의식의 발로로 평가했다는 사실을 거론했다. 아울러 이 전문가는 일본의 시도가 중국에 도전을 제기할 가능성에 대한 경계도 표출한 것으로 보도되었다. 즉,

일본이 중국을 의식하여 동아시아 질서의 형성을 주도하려 한다는 인식이었다.[125] 중국의 다른 전문가 또한 하토야마 정부가 동아시아 공동체의 주도권을 중국과 공유할 수 있을 것으로 상정한 데 반해, 중국은 쇠퇴하는 일본과 주도권을 공유하는 것을 경계했다고 지적한다.[126]

이러한 일련의 반응은 중국이 동아시아에서 미국을 배제한 질서를 구축하려는 의도를 갖고 있었는지에 관해 신중한 입장을 유지하도록 작용한다. 중국이 진정으로 미국을 배제하고 지역 국가들만의 협력체를 구성하려는 의도를 갖고 있다면 한국의 균형자 구상이나 하토야마의 구상을 환영했어야 할 것이다. 설령 일본과 주도권을 공유하더라도 지역 국가들로만 구성된 지역협력체를 출범시키는 것은 미국의 주도권을 약화시키는 데 기여할 것이기 때문이다.

현실적으로 동아시아에서 중국의 관심이 미국의 영향력을 약화시키는 데 집중되어 있는 것이 사실이지만, 중국이 이러한 목표를 넘어 본격적으로 미국을 배제하려는 결심이나 전략이 있으며 또 이를 실천에 옮기기 위해 미국과의 갈등을 감수할 의지가 있다고 단언하기는 어렵다. 이는 무엇보다도 중국이 미국과의 분명한 경쟁을 감수할 수 있는 역량을 구비하지 못했기 때문이었다. 미국과의 경쟁은 막대한 역량을 지닌 상대와의 본격적인 군비경쟁을 의미하는데, 이는 엄청난 자원을 필요로 하는 것으로 중국이 경제발전에 투입할 자원을 고갈시킬 위험을 지녔다. 아울러 중국이 군사적 동맹이라는 외적 균형을 추구할 수 있는 가능성 또한 크지 않았다.

이러한 현실로 인해 중국이 동아시아 협력을 적극적으로 추구함으로써 지역에서 강대국으로 부상해야 한다고 주장하는 전문가 또한 이러한 전략이 미국을 배제하고 동아시아를 중국의 세력권으로 편입하려는 노력이 아님을 강조한다. 오히려 그는 미국이 한국, 일본, 호주 등과의 양자동맹, 동남아시아 국가와의 준군사동맹 등을 통해 이 지역의 안보질서를 주도할 뿐 아니라 미국 해군이 태평양을 지배하고 있는 상황에서 중국은, 먼로주의를 통해 유럽세력을 축출하려 시도했던 미국과 달리, 서구를 배척하는 아시아주의를 주장할 수도 또 실현할 수도 없다고 규정했다.[127] 중국에게 동아시아 국가와의 관계 강화는 미국의 견제에 대응하려는 수단으로서의 성격을 지니지만 이것이 곧 미국을 배제하고 자신이 주도하는 세력권을 구축하려는 시도를 의미하지는 않는다.

나아가 이상의 논의는 설령 중국이 미국을 배제하는 정책을 추구한다하더라도 이를 실현할 수 있을 것인지가 의심스러움을 제시한다. 경제적 부상과 함께 중국의 영향력이 증대되었지만 여전히 한계가 존재했다. 지역 국가들은 중국의 부상을 환영하면서도 동시에 중국의 전략적 의도에 대한 의구심을 버리지 않았다. 이러한 상황에서 중국이 미국과의 경쟁을 추구할 경우 지역 국가의 의구심을 촉발시킬 것이고 이러한 의구심은 다시 지역 국가로 하여금 미국과의 관계를 강화하도록 작용할 개연성을 지녔다. 이제 중국의 부상에 대한 지역 국가의 반응을 살펴보자.

제4장 지역 국가의 대응

관여와 위험 회피의 이중주

동아시아 지역의 국가들은 중국의 부상을 어떻게 평가하고 또 어떻게 대응하는가? 좀 더 구체적으로 지역 국가들은 중국의 부상을 기회로 보고 중국에 편승하는가, 아니면 위협으로 간주하여 견제하는가? 또 이와 관련하여 중국의 외교정책에 나타난 공세적 전환이 끼친 영향은 무엇인가? 이러한 질문에 답하는 것은 중국의 부상이 지역질서에 끼치는 영향과 한계를 이해하는 데 기여한다. 구체적으로 지역 국가들이 중국과 협력함으로써 질서의 변화를 촉진시키는지 아니면 부상하는 중국을 견제함으로써 질서를 둘러싼 갈등을 제고시키는지를 이해하는 데 기여한다.

중국의 부상에 대한 동아시아 국가의 대응을 이해하기 위해서는 중국의 부상이 갖는 의미를 이해할 필요가 있다. 지역 국가에게 중국의 부상은 다양한 의미로 다가온다. 중국의 부상은 무엇보다도 경제적 측면에서 그 영향이 가장 분명하고 또 직접적으로 인식된다. 중국의 경제적 부상은 지역 국가에게 한편으로 경제적 이익을 취할 기회를 제공하면서도 다른 한편으로는 경쟁의 강화를 의미한다. 이처럼 경제적 측면에서 중국의 부상이 기회와 위험의 측면을 동시에 지니는 데 반해, 안보적 측면에서 중국의 부상은 불안정을 초래할 요인으로 더 크게 인식되는 것이 사실이다. 중국의 군사력 증강과 투명성 결핍이 지역 국가로 하여금 중국의 전략적 의도에 대한 의구심을 떨치기 어렵게 만든다. 이러한 복합성이 지역 국가의 대응에 영향을 끼친다.

지역 국가들이 중국의 부상과 같은 복합적 현상에 대해 취할 수 있는 대안은 다양하다. 구조적 현실주의자들에 따르면 가장 대표적인 선택지는 편승과 견제이다.[1] 편승이란 긴밀한 연대를 형성함으로써 부상하는 국가로부터 이득을 취하려는 시도이다. 반면에 견제란 부상하는 국가가 제기하는 위협에 대응하려는 시도로 군사력 증강과 같은 내적조치와 동맹과 같은 외적조치를 포함한다. 그러나 동아시아 국가들에게 편승이나 균형과 같은 극단적 대안은 현실적인 선택지가 되기 어렵다. 미국이라는 기존 지배국의 존재와 중국의 장기적 의도에 존재하는 불확실성이 편승을 어렵게 한다. 동시에 일본을 제외하면 대부분 작은 규모인 지역 국가들에게 견제 또한 현실적으로 감당하기 어려운 선택지다. 본격적인 견제정책을 추구할 경우 부상하는 중국이 제공하는 경제적 혜택을 포기해야할 뿐 아니라 미국에 대한 의존도 증대될 수밖에 없다. 대부분의 지역 국가에게 부상하는 중국이 제기하는 위협은 견제라는 값비싼 선택을 합리화할 만큼 분명하게 다가오지 않는다. 여기에 더해 미국의 전략에 존재하는 불명확성 또한 견제라는 값비싼 선택을 어렵게 만든다.

동아시아 국가들은 편승이나 견제와 같은 극단적 선택 대신에 그 사이에 존재하는 다양한 대안에 주의를 기울이고 또 이러한 대안들을 조합함으로써 선회의 여지를 확대하려 든다. 구체적으로 중국의 부상에 대한 지역 국가의 대응은 관여(engagement)와 위험 회피(hedging)의 이중주로 규정될 수 있다. 먼저 지역 국가들은 관여를 통해 부상하는 중국을 포용하려 든다. 동아시아 국가들의 관여정책은 중국과 연계를 형성함으로써 부상하는 중국으로부터 경제적 혜택을 취하려는 시도이다. 동시에 중국을 사회화함으로써 기존 질서를 수용하도록 하려는 노력이기도 하다.[2] 이처럼 경제적 혜택을 취하면서도 중국의 행위를 변화시키려 든다는 점에서 관여정책은 편승과 차이를 보인다.[3]

동시에 동아시아 국가들은 중국의 부상이 제기하는 도전에도 대비하는 복합적 전략을 취한다. 중국의 부상이 제기하는 도전은 현재적이고 분명하기보다 잠재적이고 불분명하다. 이러한 잠재적 도전으로 인해 초래될 위험을 회피하기 위한 전략은 통상적으로 정치적 지지(alignment)의 형성이나 외교적 공조를 추구하는 연성견제(soft balancing), 또는 저강도 견제(low-intensity balancing)의 형태를 띤다.[4] 이러한 위험회피 전략은 공식적 군사동맹이나 본격적 군사력 증강을 추구하는 데까지 이르지 않는다는 점에서 강성견제(hard balancing)와 차이를 보인다.[5] 통상 상대국의 전략적 위협이 분명하게 드러나지 않고 잠재되어 있는 경우에 취해지는 위험회피 전략은 관여라는 포용전략을 통해 경제적 연계가 제공하는 혜택을 활용하는 동시에 만약의 경우에 대비하기 위해 다른 국가나 국제기구와의 경제·외교·비공식 군사관계 등을 발전시키는 시도로 규정할 수 있다.

물론 이는 중국의 부상에 대한 대응이 동아시아 국가들(한국, 일본, 아세안 10개국 등 모두 12개 국가)에서 항상 동일한 양태로 나타났음을 제시하는 것이 아니다. 관여와 위험회피의 이중주는 동북아시아와 동남아시아 등 소지역별로 서로 다른 모습을 띠었을 뿐 아니라 소지역 내에서도 다시 국가별로 차이를 보였다. 구체적으로 지역의 주도권을 놓고 경쟁의식을 강하게 느낀 일본에서 위험회피의 비중이 가장 강하고 심지어 견제의 요소까지 드러냈지만, 싱가포르와 같은 아세안의 작은 국가도 연성견제를 추구했다. 반면에 캄보디아와 미얀마 같은 대륙부 동남아시아 국가의 경우는 상대적으로 관여의 요소가 강했다. 여기에 더해 같은 국가의 경우에도 관여에 비중을 둘 것인지 아니면 위험회피에 비중을 둘 것인지를 놓고 시기적으로 변화를 보였다. 한국이 대표적인 사례이고, 일본이나 필리핀과 같이 중국과 영토 분쟁에 개입되어 있는 국가들 또한 중국이 외교정책을 공세적으로 전환하자 견제정책으로 이행하려는 의도를 좀 더 분명하게 했다. 이러한 지역 국가의 대응에 존재하는 복합성은 동아시아 질서의 복합성을 더욱 가중시킨다.

다음에서는 우선 중국의 부상이 지역 국가에 제기한 기회와 도전을 검토함으로써 중국의 부상을 바라보는 지역 국가의 시각을 살펴보게 될 것이다. 이어서 중국에 대한 지역 국가의 대응을 시기별로 고찰하게 될 것이다. 앞부분에서는 중국과 관여하려는 지역 국가의 노력을 중점적으로 살펴보고, 뒷부분에서는 중국의 공세적 정책에 의해 촉발된 경계심이 지역 국가의 대응에 초래한 변화를 검토하게 될 것이다. 마지막 부분에서는 지역 국가의 대중정책에 나타난 변화가 동아시아에서 중국에 대한 견제연대가 출현함을 의미하는가라는 문제를 논의하게 될 것이다.

1. 기회와 도전

중국의 부상은 동아시아 지역 국가에게 이중적 의미로 다가왔다. 중국의 부상이 기회인지 아니면 도전인지에 관한 지속되는 논쟁이 제시하듯, 중국의 부상은 지역 국가에게 기회와 함께 도전도 제기했다. 기회는 경제적 측면에서 상대적으로 더 분명하게 나타났다. 중국의 경제적 성장과 함께 지역 국가의 대중수출이 증대되고 이러한 수출 증대가 다시 지역 국가의 경제적 성장으로 이어지는 등 중국의 부상은 동아시아 국가에 경제를 발전시킬 기회를 제공했다. 특히 지역 국가들은 1990년대 말 외환위기와 2008년의 세계금융위기 등 두 차례에 걸친 경제위기를 극복하는 과정에서 중국의 경제적 비중을 분명하게 목격했다. 두 번의 위기에서 중국이 취한 조치는 동아시아 국가들이 상대적으로 빠른 시일 내에 경제위기를 극복하는 데 기여했다. 이러한 경험은 신흥 강대국의 부상이 지역의 불안정이나 위기를 초래했던 일본이나 독일의 경우와 다른 것이었다. 이 점에서 중국의 부상은 최소한 경제적으로는 동아시아 지역에 발전의 기회를 제공하는 것으로 인식되었다.

그러나 중국의 부상이 지역 국가에 기회만을 제공한 것은 아니었다. 중국의 부상은 도전도 제기했다. 우선 중국의 부상은 동아시아에서 경제적 경쟁의 가능성을 제고시켰다. 단적으로 중국의 부상은 해외투자와 시장을 놓고 지역 국가들 사이의 경쟁이 가열될 가능성을 제기했다. 제2장에서 지적한 것처럼 부상하는 중국이 해외투자를 대거 유치함에 따라 동남아시아 국가로 향하는 해외투자가 감소할 가능성에 대한 우려가 제기되었다. 물론 부상하는 중국이 동남아시아로 가야 할 외국 자본을 빼앗아갔는지의 여부는 여전히 논쟁거리라 해도, 중국의 성장은 지역 국가의 교역 조건에도 도전을 제기했다. 특히 의류, 섬유, 신발과 같은 노동집약적 분야에서 중국의 부상은 지역의 저발전 국가에게 타격을 가할 가능성을 내포했다. 이 분야에서 중국의 경쟁력은 동남아시아 국가의 해외경쟁력을 약화시킬 뿐 아니라 해당 국가의 임금 상승을 억제하고 또 산업 공동화에 대한 우려를 촉발시키기에 충분했다. 물론 중국이 제기하는 경제적 위협은 동아시아 내에서도 지역별로 다른 모습을 띠었다. 상대적으로 중국경제는 한국과 일본 등 발전된 동북아시아 국가의 경제와 보완적인 반면에 발전이 뒤처진 동남아시아 국가와는 경쟁적이었다.

중국의 부상이 제기하는 도전은 안보 측면에서 더 크게 부각되었다. 중국의 계속되는 군사 현대화와 동·남중국해에 대한 영유권 주장은 지역 국가의 우려를 촉발시키는 요인으로 작용했다. 부상하는 중국이 강경한 외교정책을 추구할 것이고 이에 따라 동아시아에서 더 많은 국제적 갈등과 충돌이 발생할 것이라는 우려였다.[6] 여기에 더해 역사적 경험 또한 지역 국가로 하여금 중국을 위협으로 인식하도록 작용했다. 중국이 강대국으로서의 역사를 기억하고 있고 또 그 지위를 회복하려는 욕구를 지니고 있다는 사실이 부상하는 중국이 자국 중심의 질서를 추구하지 않겠냐는 의구심을 촉발시켰다. 통상 '한 세기에 걸친 민족적 수모'를 만회하려는 중국의 민족주의적 경향은 지역 국가에 의해 '지배와 복종의 중화질서'를 회복하려는 욕구로 인식됨으로써 중국에 대한 의구심을 야기했다.[7]

중국의 부상에 대한 우려는 동아시아 국가 가운데서도 일본에 의해 가장 분명하게 표출되었다. 일본은 중국의 부상을 정치적·경제적·안보적 측면에서 자국에 도전을 제기하는 것으로 인식했다. 이는 동아시아의 주도권을 둘러싼 중국과 일본 간의 경쟁의식에서 연원한다. 실제로 중국의 부상은 동아시아 경제발전의 원동력이자 지역협력의 주도국으로서의 일본의 지위에 도전을 제기했다. 중국의 부상으로 인해 일본은 절대적 우위를 누려온 동아시아에서 힘겨운 경쟁에 직면했다. 아세안에 대한 중국의 매력공세나 한·중관계의 급속한 개선 등을 목격하면서 일본은 중국의 부상을 현실적 위협으로 인식했다. 다시 말해 중국의 부상이 지역에서의 중국의 주도권을 강화시킴으로써 일본의 이익을 위협할 것이라는 인식이었다. 여기에 더해 군사적으로 계속되는 현대화 노력, 불투명성, 힘의 투사 능력을 제고시키려는 시도 또한 일본으로 하여금 중국의 부상을 위협으로 인식하도록 작용했다.

중국의 부상이 기회의 요소와 도전의 요소 모두를 포괄했다는 사실은 지역 국가의 대응에 영향을 끼쳤다. 지역 국가는 중국의 부상이 제공하는 기회를 활용하는 반면에 중국의 부상이 제기하는 도전을 관리하려 들었다. 한편으로 지역 국가들은 중국의 부상을 거부할 수 없는 추세로 간주하고 적응할 수밖에 없다고 판단했다. 중국의 경제적 비중이 지역 국가로 하여금 중국과의 관계를 강화하도록 작용했다. 심지어 일부 지역 국가들은 중국의 부상이 동아시아에서 평화와 협력의 공간을 창출하는 데 기여할 것으로 기대했다.

이처럼 지역 국가들은 중국의 부상에 적응하여 중국과의 관계를 개선하려 시도하면서도 동시에 중국의 부상이 제기할 도전에 대응하기 위한 수단도 확보하려 들었다. 이러한 도전에는 경제적 경쟁 가능성도 포함되었지만 그 주안점은 외교적·군사적 위협에 주어졌다. 특히 지역 국가들은 부상하는 중국이 대외적으로 공세적 정책을 취하고 나아가 지역에서 패권을 추구할 가능성을 우려하고 대응하려 들었다. 이는 지역 국가들이 중국에 대한 관여를 추구하는 동시에 미국과의 관계도 유지하려 들었음을 의미한다. 특히 항공모함의 취역이나 대함 미사일 기술 등 중국의 군사력에 발생한 급속한 진전은 지역 국가로 하여금 미국을 군사적 균형자로 간주하도록 작용했다.

2. 중국에 대한 관여와 인식의 개선

1) 관여정책

동아시아 국가들은 관여정책을 통해 중국과 연계를 형성하고 또 중국을 포용하려 들었다. 관여정책은 관계를 증진시킴으로써 중국의 부상으로부터 혜택을 얻으려는 지역 국가의 시도였다. 중국과 관계를 강화하는 것이 자국의 경제발전에 기여할 것이라는 기대에서 지역 국가들은 중국과의 경제관계를 확대하고 또 교류도 증대시키려 들었다. 이러한 노력에 힘입어 중국과 지역 국가 사이에 경제적·외교적 연계가 강화되었다.

대표적으로 아세안은 중국이 2000년에 제안한 FTA 구상을 수용했다. 중국에 대한 뿌리 깊은 우려와 중국과의 경제적 경쟁 가능성에도 불구하고 아세안은 중국을 경제성장의 엔진으로 간주하고 제안에 호응했다. 여기에 더해 증강된 아세안의 내적 연계성 또한 동남아시아 국가들로 하여금 중국과의 교류에 대해 더 큰 자신감을 갖도록 작용했다.[8] 동북아시아의 한국 또한 북·중동맹이 한·중관계에 제약으로 작용할 것이라는 우려에도 불구하고 중국과의 관계를 확대했다. 중국이라는 거대시장을 확보하려는 한국의 의도가 양국 간 경제관계를 급속하게 증대시켰고, 이러한 급속한 경제관계의 증대는 다시 한·중관계를 전반적으로 강화시키는 결과로 이어졌다.

일본에서도 과도한 의존 가능성에 대한 우려에도 불구하고 생산기지와 시장으로서 중국의 중요성을 인식한 대기업을 중심으로 경제관계를 강화하려는 시도가 이어졌다. 중국의 부상이 경제적 측면에서 일본의 경쟁심을 자극했고 군사력 증강 또한 중국에 대한 위협의식을 촉발시킨 것이 사실이었다. 그러나 이러한 경쟁심과 우려에도 불구하고 중국에 대한 일본의 태도는 상당 기간 불분명한 채로 남았고, 일본의 경제적 행위자들을 중심으로 중국과의 교역과 투자를 강화하는 노력이 전개되었다.[9]

이러한 관여정책은 우려를 해소하려는 중국의 노력에 지역 국가가 호응했다는 것을 의미한다. 동아시아 국가들이 부상하는 중국이 지역의 평화, 안정, 번영에 기여할 것이라는 판단과 기대를 갖게 되었다는 사실은 자국에 대한 우려를 해소하려는 중국의 정책이 효과를 발휘했음을 보여준다. 대표적으로 아세안 국가에게 중국과의 FTA는 경제적 기회를 제공할 뿐 아니라 부상하는 국가로부터 평화와 안보를 확보하는 데 기여하는 것으로 인식되었다. 그러나 이러한 관여정책을 중국의 부상을 무조건적으로 수용했다는 의미로 해석하기는 어렵다. 지역 국가의 관여정책에는 예방적 조치로서의 의미도 존재했다. 즉, 관여정책은 급속하게 부상하는 중국을 끌어안음으로써 중국이 지역의 도전세력으로 부상하는 것을 방지하려는 시도로서의 성격도 지녔다.

관여정책을 통해 중국을 변화시키려는 시도는 아세안에서 분명하게 관찰된다. 아세안은 외교적 대화라는 공식적 과정을 통해 관계를 제도화함으로써 중국이 무력의 불사용이나 분쟁의 평화적 해결과 같은 지역의 행동규범을 수용하도록 유도하려 했다. 다시 말해 지역 국가들은 일련의 합의에 관여시킴으로써 중국으로 하여금 평화적이고 협력적 행동을 취하도록 도모했다. 이 점에서 관여정책은 중국을 지역의 책임 있는 이해당사자로 변환시킴으로써 지역의 질서에 도전하지 않도록 유도하려는 시도였다. 이러한 아세안의 의도는 1994년 리콴유(Lee Kuan Yew) 싱가포르 수상이 세계의 안정과 안보를 위해 중국을 국제적 틀에 통합시켜야 한다고 지적한 데서 단적으로 드러났다.[10] 즉, 아세안은 중국을 다자적 틀에 참여시킴으로써 지역의 규범을 수용하고 나아가 지역의 안정을 추구하도록 사회화하려 들었다.[11] 이것이 아세안이 아세안지역안보포럼뿐 아니라 아세안+3와 같은 다자적 틀에 중국을 포용한 배경이었다.

중국을 참여시킨 것은 중국에게 지도력을 제공하거나 보장하려는 것이 아니었다. 오히려 아세안은 중국이 주도권을 장악하는 것을 방지하려 노력했다. 약자로서의 지위가 아세안으로 하여금 다자주의를 통해 자신의 목소리를 내고 중국의 선호에 영향을 끼치도록 작용했다. 실제로 아세안은 내부에서 합의를 도출한 후 한국, 중국, 일본 등과 협상하는 방식을 통해 지역협력에서 중심적 지위를 확보했다. 이러한 사실은 2005년 출범한 동아시아 정상회의에서 확인된 바 있다.[12]

2) 중국에 대한 인식 개선

중국과의 관계가 확대됨에 따라 동아시아에서 중국에 대한 인식이 개선되고 이는 다시 중국의 영향력 증대로 이어졌다. 인식의 개선은 동남아시아에서 좀 더 분명하게 나타났다. 1997년 외환위기 이후 동남아시아에서는 중국의 위협에 대한 우려가 제기되는 대신에 지역 국가의 우려를 해소하려는 중국의 구체적 조치들이 평가되기 시작했다. 다시 말해 부상하는 중국이 동아시아 경제성장의 원동력으로 작용한다는 인식이 확대되기 시작했다. 가령 싱가포르의 일간지 ≪더 스트레이트 타임스(The Straits Times)≫는 2001년 11월 한 해 전만 해도 중국의 위협을 우려하던 사람들이 중국에 대한 경제적 기대를 표명하고 있다고 규정했다. 이 신문은 아세안에 FTA를 제안한 것이 중국에 대한 인식을 개선하는 데 기여한 것으로 평가했다.[13]

이후 동아시아에서 중국에 대한 인식이 엘리트와 대중 사이에서 모두 개선되기 시작했다. 우선, 일부 국가의 지도자들이 중국에 대한 호의적 인식을 표출하기 시작했다. 가령 말레이시아의 마하티르 모하마드(Mahathir Mohamad) 수상은 2003년 말 중국이 동남아시아 국가를 점령할 가능성을 우려하지 않는다고 발언함으로써 중국에 대한 우려가 크게 감소했음을 보여주었다.[14] 마하티르의 뒤를 이어 수상에 취임한 바다위 또한 2004년에 중국은 지역의 부를 창출하고 있다고 지적함으로써 중국의 역할을 긍정적으로 평가했다.[15] 인도네시아에서도 1998년 경제위기 이후 중국에 대한 엘리트의 불신이 줄어들면서 중국을 경제적 동반자로 인식하는 경향이 출현했다.[16]

이처럼 동아시아, 특히 동남아시아에서 중국에 대한 인식이 변화한 것은 중국이 아세안의 규범을 수용하고 또 지역협력에 대한 아세안의 주도권을 수용하는 등 지역 국가에 선의를 표출한 데 힘입은 것이었다. 중국은 분쟁의 평화적 해결이나 핵의 비확산과 같은 아세안의 규범을 수용했다. 대표적으로 중국은 제3장에서 지적한 것처럼 2002년 남중국해행동선언에 합의한 데 이어 다음 해에는 역외 강대국으로서는 가장 먼저 우호협력조약에 조인했다. 이러한 적극성이 남중국해 영토 분쟁과 관련하여 자제하겠다는 의지를 표명한 것으로 평가되면서 중국에 대한 인식이 개선되었다. 인식의 개선은 아세안이 중국이 지역에서 더 큰 역할을 하는 것을 수용하도록 작용함으로써 중국의 전략적 지위를 강화하는 데 기여했다.

엘리트 수준에서 진행된 중국에 대한 인식 개선은 다시 사회 전체적으로 확산되었다. 이러한 사실은 이 시기 실시된 일련의 조사에서 확인된다. 싱가포르, 인도네시아, 태국, 필리핀, 베트남, 캄보디아 등 동남아시아 6개국과 한국, 일본 등에서 실시된 중국에 대한 한 인식 조사(Asian Barometer Survey 2005~2006)는 이 지역에서 중국에 대한 인식이 제고되었음을 보여준다. 동 조사는 중국뿐 아니라 일본과 미국 등에 대한 인상을 1(아주 나쁨)부터 10(아주 좋음) 사이에서 표시하도록 했는데, 동남아시아 6개국 모두에서 평균점수 5.5 이상을 기록함으로써 중국에 대한 이미지가 긍정적임을 보여주었다. 이러한 수치는 일본에 대한 평가보다는 낮았지만 (필리핀과 싱가포르의 경우를 제외하면) 미국보다는 높은 것이었다.[17] 2007년의 퓨 리서치(Pew research)의 조사 결과도 아시아 국가에서 중국에 대한 인식이 긍정적임을 보여주었다. 중국에 대한 긍정적 평가는 말레이시아 83%, 인도네시아 65% 등으로 일부 동남아시아 국가에서 상대적으로 높았고 한국에서는 52%였으며 일본에서 가장 낮은 29%였다.[18]

동남아시아 국가와의 관계 개선은 이 시기 중국이 동아시아에서 거둔 가장 현저한 외교적 성과였다. 이러한 사실에 고무된 중국의 원자바오 총리는 2006년 난닝에서 개최된 중·아세안정상회의에서 중국과 아세안 사이의 관계가 역사상 최고조에 달했다고 선언함으로써 관계 개선에 대한 만족감을 표시했다.[19] 한편 당시 부시 대통령의 일방주의 외교로 국제적 평판이 급격하게 악화된 미국에서도 중국이 거둔 성과에 대한 경계심이 제기되었다. 2005년 당시 미국 국무부 차관보였던 크리스토퍼 힐(Christopher Hill)은 중국이 동남아시아에서 과거 수년간 외교적·정치적·경제적 측면에서 긍정적인 성과를 거두었다고 평가했다.[20]

이처럼 인식이 개선되었다는 사실은 동아시아에서 영향력이 증대됨을 의미한다. 이는 중국에 대한 인식이 개선되면 지역 국가의 정치인들 또한 중국에 대한 적대적 정책을 추구하기 어렵기 때문이다. 실제로 동아시아에서 중국과의 관계 개선을 지지하는 수준도 제고되었다. 가령 2007년 아세안 국가에서 중국과의 밀접한 관계를 환영하는 비율이 50%에 육박했다.[21] 이러한 상황을 반영하듯 인도네시아는 2005년 후진타오 주석이 방문했을 때 중국과 전략적 관계를 수립하는 데 합의했다.[22] 아울러 2000년대 들어 아세안 국가들은 아세안 회의에서 합의를 도출할 때 '중국이 어떻게 반응할 것인가'라는 문제를 고려하기 시작했을 뿐 아니라 심지어 어떤 국가가 중국을 지지하고 또 어떤 국가가 중국에 반대하는가라는 정보까지 중국으로 흘러들어갔다.[23]

나아가 동아시아 국가들 사이에서는 중국과 실질적으로 정책을 조율하려는 시도가 나타났다. 대표적으로 말레이시아는 동아시아정상회의 출범을 앞두고 중국과 밀접하게 조율했다. 이러한 조율은 제3장에서 지적한 것처럼 동아시아정상회의가 조기에 출범하는 것을 가능하게 하는 요인으로 작용했다. 필리핀 또한 2004년 중국과 남중국해 분쟁 해역에서 원유와 가스 매장량 측정을 위한 사전조사(pre-exploration)에 합의했다. 애초 이 합의에 반대했던 베트남이 후일 참여함에 따라 2005년 3월 3개국의 국유 에너지 회사 사이에 같은 해 7월 1일부터 3년 동안 탐사작업을 공동으로 진행한다는 합의가 체결되었다.[24]

한국과 중국 사이에도 대북정책을 둘러싸고 실질적인 정책 조율이 이루어졌다. 중국은 2000년의 남북정상회담을 공개적으로 지지하는 등 한국의 김대중 정부가 추진한 햇볕정책을 적극적으로 지원했다. 이후 한국과 중국은 한동안 북한 핵 문제 해결을 위한 노력과 관련해 실질적인 공조체제를 유지했다. 2002년 북한 핵 문제가 다시 표면화된 이후 양국은 평화적 해결을 강조함으로써 미국의 대북 군사행동을 제어하는 데 협력했다. 아울러 대화를 통한 북한 핵 문제의 평화적 해결을 강조함으로써 대북정책에서의 실질적 공조를 이어갔다. 이처럼 한국과 중국이 대북정책을 둘러싸고 공조한 반면에 한국과 미국은 대북정책을 둘러싸고 이견을 드러냈다. 이에 따라 한·중관계의 급속한 발전이 한·미동맹에 영향을 끼친다는 의구심마저 초래되었다. 대표적으로 2007년 발표된 2차 아미티지-나이(Armitage-Nye) 보고서는 한국의 참여정부가 북한의 핵위협보다 한반도 불안정을 더 큰 위협으로 간주하며 이러한 한국의 위협인식은 미국이나 일본보다 중국과 더 유사하다고 평가했다.[25]

이러한 변화는 동아시아에서 중국의 영향력이 증대되기 시작했음을 의미한다. 아울러 이는 이 지역에서 오랫동안 유지되어온 미국 중심 동맹체제의 적실성이 약화됨을 의미한다. 북한 핵 문제를 둘러싼 한국과 중국 사이의 정책 공조가 그 하나의 증거이다. 미국의 오랜 동맹국인 태국 외교부 관리가 미국과의 관계에 중국과의 관계보다 더 특별한 것은 없다고 지적한 것 또한 유사한 변화를 보여준다.[26] 이처럼 중국과의 관계가 증대됨에 따라 동아시아 국가들은 중국을 견제하려는 미국의 노력을 지지하기보다 오히려 중국과의 경제적 연계를 제약할 가능성을 우려했다. 다시 말해 지역 국가들은 중국의 부상이 제공하는 기회를 놓치고 싶어 하지 않았고 이에 따라 중국을 견제하려는 미국의 시도와 거리를 유지하려 들었다. 이러한 의지는 미국과 동맹관계에 있지 않은 국가에서 더욱 현저했다. 대표적으로 인도네시아와 말레이시아는 중국과 미국 사이에서 균형을 유지하려 시도했다. 양국은 테러와의 전쟁과 미국의 일방주의에 대한 우려로 인해 미국과의 관계를 재고하기 시작했고 미국의 영향력이 중국에 의해 균형을 이루어야 한다는 판단에 이르게 되었다.[27] 다시 말해 지역 국가들은 미국과의 안보관계를 유지하길 원했지만 동시에 중국과의 관계도 강화하려 들었다. 이는 경제적 혜택을 강조하는 중국의 외교정책이 어느 정도 효과를 거두었음을 의미한다.

3. 잔존하는 경계

2000년대 초반 동아시아 국가에서 중국에 대한 인식이 개선되고 중국이 중요한 파트너로 간주되기 시작했다. 그러나 이는 지역 국가들이 중국의 부상을 무조건적으로 수용하고 또 중국의 주도권을 용인했음을 의미하지 않는다. 지역 국가들은 부상하는 중국과 적극적인 관계를 추구하면서도 여전히 경계를 늦추지 않았고, 필요한 경우 중국의 부상이 제기하는 위험에도 대비하려 들었다.

중국에 대한 우려는 다양한 방면으로부터 왔다. 중국의 부상은 지역 국가에게 경제적으로 치열한 경쟁을 의미했고 장기적 전망에 대한 우려도 제기했다. 더 큰 우려는 전략적 측면에서 제기되었다. 동아시아 국가들은 중국이 강성해진 후 협력을 강조하는 정책을 버리고 공세적이거나 수정주의적 정책으로 전환할 가능성에 대한 우려를 버리지 않았다. 중국이 지속적으로 추진한 군사력 증강이나 남중국해 문제에 대한 다자적 논의의 거부 등이 이러한 우려를 강화시키는 요인으로 작용했다.

중국에 대한 우려가 상존했다는 사실은 중국에 대한 인식이 변화한 데서 확인이 가능하다. 대표적으로 앞에서 언급된 2007년 퓨 리서치의 조사 결과는 일부 아시아 국가에서 중국에 대한 긍정적 평가가 하락하기 시작했음을 보여주었다. 가령 한국에서 중국에 대한 긍정적 평가는 2002년 66%에 달했던 데서 52%로 하락했고, 일본에서는 같은 기간 55%에서 29%로 더욱 급속하게 하락했다. 이러한 변화는 상당 부분 중국의 군사력 증강 시도에서 연원한 것이었다. 가령 중국에 대한 긍정적 평가가 65%에 달한 인도네시아에서 43%의 응답자가 군사력 증강에 대해서는 부정적 입장을 피력했고, 긍정적 평가가 52%에 달한 한국에서도 89%의 응답자가 군사력 증강에 우려를 표명했다. 한편 부정적 평가가 67%에 달함으로써 긍정적 평가를 훨씬 앞섰던 일본에서는 응답자의 80%가 중국의 군사력 팽창을 부정적으로 보았다.[28] 이는 중국이 증대된 경제적 관계를 정치적·외교적 영향력으로 전환하는 데 여전히 어려움을 겪었음을 의미한다.

1) 중국의 주도권에 대한 경계: 동아시아정상회의의 사례[29]

동아시아 국가들이 중국의 주도권 장악을 경계했다는 사실은 단적으로 동아시아정상회의의 출범 과정에서 확인된다. 제3장에서 지적했듯이 말레이시아가 주도하고 중국이 적극적으로 도운 동아시아정상회의의 조기 출범은 지역협력이 궁극적으로 중국에 의해 주도될 가능성을 제기했다. 중국의 급속한 부상을 고려할 때 동아시아정상회의가 아세안 10개국과 한·중·일로만 구성될 경우 궁극적으로 중국에 의해 장악될 것으로 전망되었다.

지역 국가들은 이러한 가능성에 적극적으로 대처함으로써 중국이 지역협력의 주도권을 장악하는 것을 방지하려 들었다. 중국과 경쟁의식을 느꼈던 일본은 구성원의 확대를 통해 대응했다. 중국이 동아시아 국가들로만 정상회의를 출범시킬 것을 주장한 데 반해 일본은 회원국 확대를 추구했다. 우선, 일본은 미국의 참여를 추진했다. 이러한 시도가 미국의 주저와 일부 동아시아 국가의 부정적 태도로 인해 좌절된 후 일본은 다시 호주와 뉴질랜드를 포함시킬 것을 주장했다. 회원국을 확대하는 것이 동아시아공동체 건설에 기여한다는 명분 아래 추진된 이러한 노력은 역외 국가를 끌어들여 중국이 주도권을 장악하는 것을 방지하려는 시도였다.

일부 아세안 국가 또한 이러한 일본의 노력에 동조했다. 말레이시아와 태국이 회원국 확대에 반대함으로써 중국과 입장을 같이했지만 인도네시아를 위시한 다른 아세안 국가들은 동아시아정상회의가 아세안과 한·중·일만으로 구성될 경우 아세안의 주도권이 약화될 것이라는 우려에서 회원국을 확대하는 데 동의했다. 중국의 매력공세에 힘입어 중국에 대한 인식이 개선되었지만 인도네시아는 중국의 주도권을 용인하려 들지 않았다. 중국에 대한 경계심이 강한 싱가포르 또한 개방적 지역주의를 추구한다는 명분 아래 인도를 포함시킬 것을 주장했다. 이에 따라 동아시아정상회의는 애초의 구상과 같이 아세안+3의 13개국으로만 구성되는 대신에 호주, 뉴질랜드, 인도를 추가한 16개국으로 출범했다.

이 과정에서 아세안은 중국의 선호를 수용하지 않았다. 중국은 새롭게 추가된 3개국 모두가 미국과 가까운 국가로 자국의 영향력을 제약할 것으로 보고 아세안+3 국가로 구성되는 핵심그룹과 나머지 3개국으로 구성되는 부차적 그룹으로 구분하려 시도했지만 지역 국가는 거부했다. 심지어 일부 아세안 국가들은 동아시아정상회의 출범과 관련하여 중국이 일본과 공개적으로 경쟁하고 또 아세안 국가들에게 자국의 선호를 수용하도록 압력을 가한 것에 불만을 표시하기도 했다.[30]

나아가 아세안은 지역협력을 둘러싼 주도권을 유지하기 위해 동아시아정상회의의 형식과 관련해서도 중국의 선호를 수용하지 않았다. 애초에 동아시아정상회의는 아세안이 개최권을 독점하여 동북아시아 3개국을 초청하는 아세안+3의 방식 대신에 구성 국가 모두가 동등한 자격으로 참여하는 형식을 채택하는 것으로 상정되었다. 이는 한국, 중국, 일본 등 동북아시아 국가 또한 아세안 10개국과 동등한 자격으로 동아시아정상회의의 개최권을 갖게 됨을 의미했다. 그러나 아세안은 이러한 구상이 궁극적으로 지역협력에 대한 자신의 주도권을 약화시킬 것으로 보고 거부했다. 아세안이 동아시아정상회의의 개최권을 계속해서 독점함에 따라 제2회 동아시아정상회의를 유치함으로써 지역협력에 대한 영향력을 강화하려던 중국의 의도는 좌절되었다. 이 과정에서 아세안은 중국과 일본 사이의 경쟁을 활용하여 자신의 의지를 관철시켰다.

중국은 제3장에서 지적한 것처럼 2005년 동아시아정상회의가 정식으로 출범한 후 동아시아정상회의가 아세안+3를 대체한다는 애초의 구상에 반대하고 지역협력 추진의 보조적 기제로 그 지위를 격하시키려 들었다. 그러나 일본과 일부 아세안 국가는 동아시아정상회의를 강화하는 노력을 전개했고 그 결과 동아시아정상회의는 격하되기보다 동아시아 지역협력의 주요 기제라는 지위를 놓고 아세안+3와 경쟁하게 된다. 특히 일본은 중국이 아세안+3를 통해 지역협력의 주도권을 장악하는 것을 방지하기 위해 동아시아정상회의의 강화를 추구했다. 대표적으로 일본은 2006년 아세안경제장관회의에서 동아시아정상회의 16개 구성 국가가 참여하는 포괄적경제동반자협정(Comprehensive Economic Partnership Agreement in East Asia)을 제의했다. 여기에 더해 동아시아정상회의에서 민주주의와 인권 같은 보편적 가치를 강조함으로써 중국을 압박했다. 이는 지역에서 증대되는 중국의 영향력에 대응하려는 의도를 반영했다.

아세안 국가들 또한 지역협력에 대한 자국의 영향력을 유지하기 위해 동아시아정상회의의 회원국 확대를 지속적으로 추구했다. 대표적으로 싱가포르는 미국을 끌어들이려 노력했다. 미국 대통령이 APEC 회의에 참여하기 위해 아시아를 방문한 직후 얼마 지나지 않은 시점에서 다시 동아시아를 방문하기 어렵다는 부시 정부의 거부에 직면한 싱가포르는 한 때 APEC 정상회의의 기회를 활용하여 아세안과 미국 간의 정상회의를 개최하는 방안을 검토하기도 했다. 오바마 정부가 출범한 후 미국이 참여를 결정함에 따라 동아시아정상회의는 2011년 미국과 러시아를 새로운 회원국으로 맞이하게 된다. 미국의 참여로 동아시아정상회의는 동아시아에 존재하는 다양한 다자적 협력기제들 사이의 경쟁에서 커다란 원군을 얻은 반면에 중국이 지지해온 아세안+3는 더 큰 도전에 직면하게 되었다. 이는 중국이 애초 지역협력의 주도권을 추구하기 위해 조기 출범을 지지했던 동아시아정상회의를 장악하는 데 실패했을 뿐 아니라 오히려 동아시아정상회의가 중국에게 부메랑이 되어 돌아옴을 의미하는 것으로 중국의 영향력 한계를 잘 보여준다.

2) 강대국과의 연계

지역 국가들은 여러 역외 강대국과의 연계를 형성함으로써 중국의 부상이 촉발시킬 수 있는 위험에 대비하려 들었다. 구체적으로 미국이 계속해서 동아시아에 머물도록 하는 외에 인도와 호주도 끌어들이려 시도했다. 이는 여러 강대국을 불러들여 특정 강대국이 지역을 지배하는 상황을 방지하려는 강대국 균형외교로, 지역 국가들이 한편으로 중국과의 관계를 증진시키면서도 다른 한편으로는 미국과의 관계를 완화시키길 거부함을 보여준다.

동아시아 국가들은 우선 중국과 양자적·다자적 차원에서 연계를 추구하는 동시에 미국과의 안보관계를 유지하는 위험회피전략을 추구했다. 미국은 강하면서도 지리적으로 멀리 떨어져 있다는 점에서 중국의 부상에 대응하기 위한 이상적 파트너였다. 이러한 사실이 지역 국가들로 하여금 미국이 이 지역에 계속해서 남도록 유도하는 데 노력을 기울이도록 작용했다. 가령 아세안은 1994년 아세안지역안보포럼의 창설을 통해 미국이 탈냉전기에도 아시아의 안보 문제에 계속해서 관여하도록 시도했다.[31] 또한 이후에도 미국과의 방위협력을 통해 미국의 군사적 주둔을 유지하려 들었다. 태국은 테러와의 전쟁과 관련하여 부시 행정부에 대한 지지를 선언하고 또 미국과의 정보 교류도 강화했다. 필리핀 또한 20세기 말 미국과의 안보관계를 회복했다. 특히 중국이 1995년 미스치프를 점령한 후 필리핀은 항구와 공항에 대한 군사적 접근을 미국에 허용했고 이라크의 전후 복구에도 소규모 군대를 파병했다. 이들 전통적 동맹국가 외에 싱가포르도 2005년 미국과 전략적 틀에 관한 협정(strategic framework agreement)을 체결했다. 이는 중국이 2004년 리셴룽 부총리의 대만 방문을 공개적으로 비판한 직후의 일로 중국과의 경제관계를 강화하면서도 동시에 미국과도 광범위한 협력을 구축하려는 시도를 반영했다. 여기에 더해 말레이시아는 미국과 정보협력을 강화했으며, 인도네시아 또한 중국과 전략적 관계 수립에 합의한 2005년에 미국과도 국방협력을 정상화시키고 무기 구매를 진행했다.[32]

한편 한국과 일본 등 동북아시아 국가도 중국과의 관계를 유지하는 동시에 미국과의 관계도 강화하려 했다. 2008년에 출범한 한국의 이명박 정부는 한·미동맹을 복원하는 데 외교정책의 초점을 집중시켰다. 출범 이전 10년 동안 지속되었던 진보정권이 한·미동맹을 "밀착된 군사동맹으로부터 우호적 군사 협력국"으로 낮추려 시도했고 이에 따라 미국 또한 한국을 "일반적 우호국"으로 간주하게 되었다고 인식한 이명박 정부는 이러한 문제를 수정하려 들었다.[33] 강력한 한·미동맹은 한국이 직면한 안보 문제에 대한 해결책으로 제시되었다. 구체적으로 한·미동맹은 북한의 도발뿐 아니라 중국의 군사력 증강에 대한 대응책으로도 간주되었다. 다시 말해 한·미동맹의 강화는 한국이 중국에 영향력을 행사하고 또 중국이 한국을 진지하게 대하도록 만드는 데 기여할 것으로 제시되었다. 이는 이명박 정부가 중국의 영향력이 증대되었다는 사실은 인지했지만 중국을 신뢰하지는 않았으며 또 위협의식을 지녔음을 의미한다. 중국의 전략적 의도와 오만함에 대한 증대되는 불만과 경제적 위협에 대한 인식이 중국에 대한 평가를 악화시켰다. 여기에 더해 2009년 북한의 2차 핵실험에 대한 중국의 대응과 2010년에 발생한 천안함 사건 및 연평도 포격과 관련한 중국의 북한 지지는 중국에 대한 부정적 평가를 더욱 심화시켰다.

일본 또한 중국에 대한 관여정책을 시행하면서도 동시에 미국과의 관계를 강화하려 들었다. 일본의 대중정책은 2000년대 중반까지 모호성을 유지했다. 앞에서 지적한 것처럼 중국에 경계심을 느끼면서도 동시에 경제계를 중심으로 중국과의 관계 강화를 주장하는 목소리가 제기되었다. 여기에 더해 중국과의 갈등이 지역에서의 일본의 지위에 부정적 영향을 끼칠 가능성에 대한 고려와 좀 더 온건한 정책을 통해 일본과의 관계를 도모하려는 중국의 노력 등이 결합된 결과 일본은 중국에 대한 견제보다는 위험회피 정책을 추구했다. 그러나 점차 중국의 부상에 대응할 자원이 고갈됨을 느꼈고 이와 함께 일본 내에서 견제정책을 옹호하는 목소리가 증대되기 시작했다. 즉, 시간이 가면서 일본 내에서 중국을 경쟁자로 또 위협으로 간주하는 경향이 증대되었다. 이에 따라 일본은 한편으로 군사력 사용에 대한 제약을 완화하면서 동시에 미국과의 안보관계도 강화하려 했다.

1995~1996년 미국과의 방위협력지침 개정을 통해 미군에 대한 후방군수 지원을 명문화했던 일본은 2000년대 들어 미국과의 관계를 더욱 강화했다. 2004~2006년에 일본은 방위정책재검토구상(Defense Policy Review Initiative)을 통해 미국과 군사적 통합수준을 제고시키는 데 합의했다. 특히 MD 구상에 협력하기로 합의함으로써 자국 내의 미군 기지에 대한 중국의

위협능력 증강에 대응하려는 의도를 분명하게 드러냈다.[34] 여기에 더해 일본은 2005년 미국과의 방위협의회에서 발표한 공동성명에서 사상 최초로 대만을 공동의 전략적 목표로 규정했다. 비록 일본 외무성이 대만 문제와 관련한 일본의 입장 변화를 나타내지 않는다고 해명했지만 일본이 증대되는 중국의 군사력에 위협을 느끼고 있음을 보여준 증거로 인식되었다.[35]

이처럼 미국과의 관계를 계속해서 유지하고 강화하는 외에 지역 국가들은 다른 강대국들도 끌어들이려 했다. 즉, 강대국을 끌어들임으로써 증대되는 중국의 영향력을 상쇄시키려 들었다. 이러한 시도는 앞에서 논의한 것처럼 동아시아정상회의에 호주와 인도 등을 포함시킨 데서 이미 그 단초가 드러났다. 이후에도 역외 국가를 끌어들임으로써 중국의 영향력 증대에 대응하려는 노력은 지속되었는데, 그 대표적 사례로 일본을 들 수 있다. 일본은 호주와 인도를 끌어들임으로써 부상하는 중국에 대응하려는 의도를 분명하게 했다. 일본은 2005년부터 호주와 전략방위대화를 개최했고, 이를 통해 2007년 3월에 일본·호주 안보협력공동선언을 도출했다. 또한 일본은 인도와의 관계도 강화하려 했다. 양국은 2006년과 2007년 정상의 상호교환방문을 통해 일본·인도 글로벌전략동반자(Japan·India Strategic and Global Partnership)관계에 합의했다. 이처럼 양자관계를 강화하는 것에 더해 일본은, 아베 신조(安倍晋三) 1기 정부와 아소 다로(麻生太郎) 정부 시절, 미국·일본·호주·인도 4개국으로 민주주의 협의체를 구성함으로써 중국에 대응하려 시도했다.[36]

4. 중국의 공세와 지역 국가의 경계

세계금융위기 이후 본격화된 중국 외교정책의 공세적 전환은 중국과 지역 국가 사이의 갈등을 증대시켰고 이와 함께 잠복되어 있던 중국에 대한 지역 국가의 경계심도 다시 표출된다.

1) 증대되는 갈등

세계금융위기를 전후하여 발생한 중국과 지역 국가 사이의 갈등이 전적으로 중국 외교정책의 공세적 전환에 의해서만 촉발된 것은 아니다. 특히 남중국해에서의 갈등은 중국뿐 아니라 다른 갈등 당사국의 강경한 행동에 의해서도 심화되었다. 필리핀과 베트남 등은 현상을 동결하자는 남중국해 선언에도 불구하고 분쟁 지역에 대한 권리를 확대하려는 노력을 전개했고 이러한 행위가 중국으로 하여금 대응책을 모색하도록 작용했다. 아울러 일본 또한 센카쿠 문제에 대해 현상을 변경시키려 듦으로써 강경한 대응을 촉발시켰다. 그러나 군사력 증강이나 영토 분쟁에 대한 중국의 강경한 대응이 지역 국가로 하여금 행동을 미루기보다 앞당기도록 작용한 측면 역시 부인하기 어렵다. 즉, 군사력 증강과 이를 활용하려는 중국의 노력을 목격하면서 지역 국가들은 중국이 군사적으로 더 강성해지기 전에 자국의 이익을 구현하려 들었다.

갈등은 남중국해에서 가장 먼저 촉발되었는데, 이러한 갈등은 중국과 베트남·필리핀 사이의 영유권을 둘러싼 분쟁으로 표출되었다. 우선, 베트남은 2007년 4월 난사군도에 선거구를 신설하고 또 영국 석유기업 BP와의 공동개발 계획을 발표하는 등 영유권을 강화하기 위한 조치에 나섰다. 이는 공동개발에 관한 중국 및 필리핀과의 2005년 합의를 파기한 것이었다. 이에 맞서 중국 정부는 제3장에서 지적한 것처럼 남중국해를 관리하기 위해 하이난성 산하에 산사시를 설치하고 또 남중국해에서의 석유탐사에 나선 국제 석유회사에 중국 사업이 영향을 받을 수 있음을 경고했다. 이는 중국이 증대된 국력을 활용하여 국제적 행위자의 행동에 영향을 끼치려 들었음을 의미한다.

2009년에 들어 유엔이 대륙붕 획정과 관련한 공식입장을 제출할 것을 요구한 것을 계기로 베트남과 중국 모두 이전보다 더 강경해진 입장을 취함으로써 양국 간 갈등은 더욱 격화되었다. 중국은 2009년 5월 유엔에 제출한 문건에서 9점선을 사용하여 남중국해의 80% 정도에 해당하는 지역을 영해로 규정했다. 아울러 남중국해에서의 어업활동에 대한 감시도 강화했다. 난하이구 어업행정국이 주도하는 남중국해 어업활동에 대한 감시는 항구 관리, 해상에서의 어민 보호, 어로금지나 쿼터설정과 같은 법 집행활동뿐 아니라 남중국해 순항활동도 포함했다. 중국은 남중국해에서 조업하는 외국 어선을 추방했는데 이 과정에서 사망자도 발생한 것으로 알려졌다.[37] 여기에 더해 중국은 2010년에 들어 남중국해를 핵심이익에 포함시킴으로써 증대된 힘을 활용하여 이익을 확장하고 추구하려는 경향을 노정시켰다. 이는 타협을 통한 관계 강화를 추구했던 기존 경향으로부터의 변화였다.

이에 대해 베트남은 탄성파 탐사(seismic survey)와 같은 활동으로 대응했다. 베트남은 2011년 3월부터 자국이 주장하는 배타적 경제수역 내에서의 탐사활동을 강화했다. 이에 대해 중국은 2011년 5월과 6월에 어선이나 해양감시선을 동원하여 베트남 석유탐사선의 케이블을 절단함으로써 활동을 방해했다. 이와 관련하여 중국 외교부 대변인은 베트남의 불법적 활동에 대한 정당한 법 집행이라는 입장을 표명했다.[38] 이는 중국이 자국의 이익을 침해하는 활동에 단호하게 대응하겠다는 메시지를 전달한 것이다. 한편 베트남은 6월에 실탄사격훈련을 실시함으로써 대응했다.[39] 이처럼 양국 모두가 남중국해에서 존재를 과시하기 위해 경쟁했고 그 결과 양국 간 갈등이 촉발되었다.

중국과 필리핀 사이에도 갈등이 촉발되었다. 2009년 2월 필리핀 의회가 황옌도와 난사군도의 일부 섬과 암초를 필리핀 영토로 규정한 영해기선법을 통과시켰고 다음 달 글로리아 아로요(Gloria M. Arroyo) 필리핀 대통령이 이 법안에 서명했다. 이에 대해 중국에서는 양국관계가 황금기에 진입했다고 선언했던 아로요 대통령이 중국, 필리핀, 베트남 3국 국유석유회사 사이에 체결된 2005년 협약을 파기한 데 이어 영해기선법에 서명함으로써 양국관계를 해쳤다는 비판이 제기되었다.[40] 이러한 분위기를 반영하듯 중국은 이후 4600t급의 대형 어업행정선 311호를 파견하여 난사군도와 황옌도 주변을 순찰하도록 했고, 또 아로요 필리핀 대통령과 리젠궈(李建国) 중국 전인대 비서장의 회담도 취소했다.[41] 아울러 중국은 어업행정선이 해양순찰을 시행하는 목적 가운데 하나가 주권을 시현하기 위한 것이라고 선언함으로써 타협하지 않겠다는 의도를 분명하게 드러냈다.[42]

중국과 지역 국가 간의 갈등은 동북아시아에서도 나타났다. 2010년 천안함 사건을 계기로 한국과 중국의 관계가 급속하게 악화되었다.[43] 양국은 제3장에서 지적한 것처럼 천안함 사태의 처리를 둘러싸고 첨예한 갈등을 보였을 뿐 아니라 이후 연평도 포격 사건에 대해서도 현저한 시각차를 보였다. 한국이 미국과의 군사훈련을 통해 북한의 도발에 대응하려 한 데 반해 중국은 북한의 입장을 지지함으로써 한국과의 갈등이 초래되는 것도 불사했다. 나아가 한·중 양국은 한반도의 평화와 안정을 회복하기 위한 '출구전략'에 대해서도 북한의 성의 있는 조치를 전제조건으로 설정할 것인지의 여부를 둘러싸고 이견을 보였다. 이처럼 양국이 갈등을 지속함에 따라 수교 이후 급속하게 발전해왔던 양국관계에 경고등이 켜졌다. 이 과정에서 중국을 향한 한국의 우려가 증대되었는데, 일련의 공세가 중국의 오만함을 보여주었고 또 중국위협론의 실체를 드러냈다는 한 한국 외교관의 지적에서 단적으로 확인된다.[44]

2) 인식 악화

중국과 지역 국가 사이에 갈등이 증대됨에 따라 동아시아에서 중국에 대한 인식도 악화되었다. 특히 지역의 현안을 둘러싸고 중국이 보여준 공세적 행태가 잠복되어 있던 중국에 대한 위협의식을 다시 불러일으켰다. 지역 국가들 사이에서는 2008년의 세계금융위기로 인해 그 힘이 더욱 증대된 중국이 마침내 대외정책을 공세적으로 전환시켰다는 우려가 촉발되고 확산되었다. 즉, 공세적 외교정책이 지역 국가로 하여금 중국의 부상이 가져올 부정적 결과를 우려하도록 작용한 것이다.

이러한 우려는 경제 면에서 중국에게 추월당한 일본에서 특히 현저했다. 경제력 역전과 함께 아시아의 유일한 강대국이라는 우월의식이 종식되고 중국이 강대국이라는 인식이 그 자리를 채웠다. 이와 함께 중국에 대한 관대함은 사라지고,[45] 중국이 국력이 증대된 후에도 협력적 정책을 유지할 것인가에 대해 비관적 목소리가 증대되었다. 이러한 일본의 우려는 이 시기 중국의 일련의 행동에 의해 더욱 심화되었다. 가령 2010년 4월 10척의 중국 군함이 오키나와 남쪽을 통과하여 태평양으로 항해한 사건이 일본 언론의 주목을 받았다. 이러한 상황에서 9월에 발생한 댜오위도 충돌 사건과 관련하여 중국이 보여준 행태는 일본의 의구심을 더욱 강화시켰다. 공식적 교류의 중단뿐 아니라 희토류 수출 중단이라는 경제적 압박카드까지 구사한 공세적 행동은 중국과의 국력 역전으로 불안감이 증대되던 일본에서 국력의 상대적 하강이 일본을 취약하게 만들고 있다는 우려를 강화시켰다. 또한 중국에 적극적으로 대응할 필요성이 있다는 주장에 힘을 실어줌으로써 후일 아베 정권이 중국에 대한 강경정책을 추진하는 토양을 제공했다.[46]

아세안에서도 의구심이 촉발되었다. 중국이 남중국해에서 보인 행태가 평화적 발전을 추구한다는 중국의 선언에 대한 의구심을 촉발시켰다. 중국이 남중국해 문제를 평화적으로 해결하겠다고 약속해놓고 지키지 않았다는 인식이 제기되었고, 이러한 인식은 다시 '중국이 과연 국제법을 지키고 국제적 책임을 다할 것인가'라는 의구심으로 이어졌다.[47] 이와 함께 아세안에서는 경제적 측면의 우려도 제기되었다. 경제적 우려는 2010년 초 중국·아세안 FTA의 발효를 계기로 드러났다. 중국과의 FTA가 발효됨에 따라 그동안 상대적으로 높은 관세장벽을 통해 산업을 보호해온 인도네시아, 필리핀, 베트남 등에서 중국의 값싼 상품이 밀려오면 실업사태가 초래될 것이라는 우려와 함께 취약산업에 대해 관세를 유지하라는 요구가 제기되었다.

이러한 움직임은 인도네시아에서 가장 현저했다. 중국과의 FTA에 대한 인도네시아의 우려는 양국 간 교역추세에 대한 검토를 통해 이해할 수 있다. 2011년 양국 간 교역액은 492억 달러에 달했는데 이는 2006년 대비 2배가 증가한 것이었다. 급속한 교역의 확대에 힘입어 중국은 인도네시아의 최대 교역 대상국으로 등장했다. 그러나 이 과정에서 발생한 인도네시아의 교역 적자가 중국과의 경제관계를 추가적으로 확대하는 것에 대한 경계를 촉발시켰다. 인도네시아는 2006년 대중교역에서 11억 달러 흑자를 기록했지만 2011년에는 32억 달러 적자를 기록했다. 여기에 더해 2011년 대중 교역액에서 석탄, 팜유, 가스, 원유, 고무 등 5개 원자재가 차지하는 비중이 60%에 달함으로써 중국의 원자재 조달기지로 전락하고 있다는 우려도 제기되었다.[48] 이러한 추세가 인도네시아에서 중국과의 FTA를 다시 협상하거나 또는 수백 개 제품에 대한 예정된 관세철폐 계획을 연기하라는 요구를 제기시킨 배경으로 작용했다.

동아시아에서 중국에 대한 인식이 부정적으로 변화했다는 사실은 이 시기 여론조사에서 단적으로 드러난다. 2010년 BBC 여론조사에 따르면 동아시아 5개국(한국, 일본, 필리핀, 태국, 인도네시아) 가운데 필리핀에서만 중국을 긍정적으로 평가하는 응답이 55%로 부정적 응답을 앞섰고 나머지 4개국 모두에서 부정적 인식이 우세했다. 특히 한국과 일본 등 동북아시아 국가에서 긍정적 인식은 각각 34%와 18%에 불과한 반면에 부정적 인식이 각각 61%와 38%에 달했다.[49] 이는 일본을 제외한 대부분의 국가에서 긍정적 인식이 지배했던 2007년의 조사 결과와 분명하게 대비되는 것으로 수년 전부터 악화되기 시작한 중국에 대한 인식이 더욱 나빠졌음을 의미한다.

중국은 오랜 기간 평화적 부상이나 선린우호정책과 같은 온건한 외교정책을 통해 쌓아온 우호적 평판을 공세적 정책으로 상실했다. 2014년 샹그릴라 대화에 참석한 한 인도네시아 대표는 중국이 2008년 이전에는 아세안 국가와 우호관계를 추구하려 노력했으나 이후에는 자신의 힘을 강조했다고 지적함으로써 중국에 대한 인식이 부정적으로 변화했음을 보여주었다.[50] 중국에 대한 인식 악화가 경제관계가 더욱 긴밀해진 상황에서 발생했다는 사실은 경제협력을 통해 영향력을 제고시키려는 노력을 추구해온 중국에게는 당혹스러운 결과였다.

3) 중국에 대한 위험회피 전략의 강화

인식의 악화와 함께 지역 국가들은 중국에 대한 정책에서 위험회피의 측면을 강화하게 되었다. 즉, 의구심이 증대됨에 따라 위험에 대비하는 데로 정책의 초점이 옮아갔다.

중국의 부상이 초래할 위험에 대비하려는 지역 국가의 노력은 크게 미국과의 관계 강화와 군사력 강화라는 2개의 축으로 구성되었다.

우선, 중국 대외정책의 공세적 전환으로 촉발된 우려는 지역 국가로 하여금 미국과의 관계 강화를 추구하도록 작용했다. 아세안 국가들은 미국을 끌어들이는 것이 중국의 공세에 대응하는 데 도움을 줄 것이라고 판단했다. 이러한 판단에서 아세안 국가들은 미국을 동아시아정상회의에 참여시키려 시도했다. 대표적으로 수실로 밤방 유도요노(Susilo Bambang Yudhoyono) 인도네시아 대통령은 2010년 6월 토론토 G-20 회의에서 열린 오바마 대통령과의 조찬 회동에서 동아시아정상회의 가입을 권유했다. 그는 미국의 참여가 동아시아정상회의의 진화에 기여할 것이라는 명분을 제시했다.[51] 미국과의 관계를 강화하려는 노력은 오랫동안 중국에 의존해온 미얀마에서도 관찰되었다. 미얀마의 테인 세인(Thein Sein) 대통령은 2011년 9월 중국이 건설을 주도하던 수력 발전댐 공사를 중지시키고 나아가 중국에 대한 과도한 의존도를 줄이기 위해 서방에 대해 개방정책을 추구하기 시작했다. 이러한 노력에 호응하듯 클린턴 미국 국무장관이 같은 해 미얀마를 방문하기에 이른다.[52]

미국과의 관계를 강화하려는 노력은 중국과 갈등관계에 있는 국가에서 특히 현저했다. 동남아시아에서는 영해 문제를 둘러싸고 중국과 직접적 갈등을 전개했던 필리핀과 베트남이 미국과의 관계를 개선하는 데 적극적이었다. 2000년대 초반 한 때 중국에 대한 접근을 추구했던 필리핀은 중국과의 분쟁 가능성이 제고되면서 미국과의 관계를 강화하는 방향으로 정책을 선회했다. 2000년대 첫 10년 가까운 기간에 필리핀은 미국과 중국 사이에서 등거리 외교(equi-balancing)를 추구한 것으로 평가된다. 특히 2001년에 출범한 아로요 정권은 미국과 중국 사이에서 등거리 정책을 취함으로써 필리핀의 안보를 확보하려 들었다. 이는 양국을 경쟁시킴으로써 자국의 지렛대를 극대화하려는 노력이었다. 아로요 정권은 출범 초기 미국과의 관계 강화를 통해 미국으로부터 지원을 확보하는 동시에 중국으로부터도 경제적 지원을 추구했다. 아로요 정부는 2004년 이라크에 파병한 지원 인력의 철수 문제를 둘러싸고 미국과 갈등이 촉발된 후 중국과의 관계 강화를 본격적으로 추구했다. 2005년 4월 후진타오 중국 국가주석이 필리핀을 방문했고 그다음 달에는 슝광카이(熊光楷) 부총참모장이 방문하여 양국 간 국방

및 안보대화를 개최하는 등 양국관계는 급속하게 발전했다. 이러한 관계 개선을 반영하듯 중국은 2006년 사상 최초로 필리핀에 100만 달러 이상의 군사원조를 약속했다. 한편 앞에서 지적한 것처럼 2005년 8월에는 필리핀 석유회사가 중국 및 베트남의 국유석유회사와 함께 남중국해에서 공동으로 지질조사를 진행하는 데 합의했다. 그러나 필리핀의 등거리 외교정책은 2008년에 발생한 종싱[中兴通讯] 스캔들을 계기로 필리핀 야당이 아로요 정권의 일부 관리가 중국에 매수됨으로써 남중국해 주권 문제에 대한 정책에 영향을 끼쳤다는 공격을 개시하면서 종식되었다.[53] 한편 2010년 베니그노 아키노(Benigno N. Aquino) 정부가 출범한 후 필리핀의 대중정책은 더욱 강경해졌다. 비록 아키노 대통령이 2011년 9월 중국을 방문하여 13억 달러의 신규 투자, 38억 달러의 투자협의, 79억 달러의 투자의향서 채택 등을 포함하는 대규모 경제협력에 합의했지만,[54] 남중국해가 영토와 경제적 안보에 불가결하다는 아키노 대통령의 인식에 따라 필리핀은 미국과의 관계 강화를 통해 중국과의 분쟁에 대비하는 정책으로 이행했다.

미국과 전쟁을 치렀던 베트남 또한 미국과의 관계 강화에 나섰다. 이는 분쟁의 국제화를 통해 중국과의 갈등에 대비하려는 베트남의 의도를 반영했다. 베트남은 2010년 하노이에서 개최된 아세안지역안보포럼에서 미국과의 협력을 통해 중국의 공세적 행동에 대응했다. 베트남은 이를 통해 공동의 이익에 대해 미국과 함께 행동할 것임을 보여주려 들었다. 실제로 클린턴 국무장관은 이 회의에서 남중국해에서의 통행의 자유를 보전하고 분쟁을 국제법에 따라서 평화적으로 해결하는 것이 미국의 국익이라고 규정했다. 여기에 더해 26개 참가국 가운데 11개 국가의 외교장관들이 유사한 발언을 함으로써 많은 아세안 국가들이 중국의 위협에 굴복하지 않겠다는 의지를 보여주었다.[55] 미국과의 관계 강화는 외교적 공조뿐 아니라 군사적 협력도 포함했다.[56] 베트남이 미국과의 군사협력을 통해 중국의 공세에 대응하려 들었다는 사실은 양국이 2010년 8월 미국 항공모함 조지 워싱턴호를 위시한 미국 해군이 참여한 가운데 연합해상훈련을 실시한 데서 확인된다. 이 훈련은 천안함 사건에 대한 대응으로 미국이 한국과 동해에서 연합훈련을 실시한 직후에 이루어진 것으로 동아시아 국가들이 중국의 부상에 대한 우려와 불확실성에 대응하기 위해 미국과의 군사관계를 강화하려 들었음을 보여주었다.

일본에서도 대중정책과 관련하여 강경론자의 목소리가 증대되었다. 강경론자들은 중국을 견제할 것을 주장했다. 그 중요한 축이 미·일동맹을 강화하는 것이었다. 이들은 미·일동맹이 견고하고 중국에 대해 힘의 우위를 유지하는 한 동아시아는 안정적일 것이고 중국의 대일정책 또한 악화되지 않을 것이라고 주장했다. 이에 따라 이들은 미국과의 방위협력을 증강시키고 이를 위해 집단적 자위권을 허용하도록 헌법을 개정할 것을 주장했다.[57]

이와 함께 일본은 미국과의 갈등을 극복하고 관계를 회복한다. 일본과 미국의 관계는 2009년 일본에서 민주당 정권이 출범하면서 갈등을 경험했다. 하토야마 총리는 2006년 양국 사이에 이루어진 오키나와의 후텐마(普天間) 기지에 관한 합의를 다시 검토하길 원했지만 미국이 이를 거부하면서 갈등이 발생했다. 여기에 더해 중국과의 관계를 개선하려는 하토야마 정부의 노력 또한 미국의 의구심을 촉발시켰다. 그러나 양국관계는 민주당이 집권했던 2010년 9월에 발생한 중·일 간 센카쿠분쟁을 계기로 회복되기 시작했다. GDP 규모에서 중국과 일본 사이의 역전이 분명해질 무렵에 발생한 동중국해에서의 양국 간 분쟁은 일본 내 친미파에게 미국과의 관계를 개선할 기회를 제공했다. 일본 내 보수파들은 분쟁을 활용하여 미국과의 전략적 관계를 다시 강화하려 시도했다. 이는 이 시기 일본의 보수파를 중심으로 중국에 대한 위협의식이 급격하게 증대된 데 따른 것이었다.[58]

일본 순시선과 중국 어선 사이의 충돌사건과 관련하여 민주당의 간 나오토(菅直人) 정부는 법규를 위반한 어선을 추방했던 기존 관례와 달리 국내법에 따라 대응하겠다고 선언했다. 오바마 정권 초기 미국의 동아시아 정책을 수립하는 데 개입했던 제프리 베이더(Jeffrey Bader) 미국 국가안전보장회의(NSC) 아시아 담당 선임 보좌관의 지적처럼, 이는 일본이 충돌을 외교적 사건이 아니라 사법적 관할구역 내에서의 법 집행 문제로 인식했음을 의미한다.[59] 중국으로 하여금 일본이 현상을 변경시키려 한다는 판단을 하도록 작용한 이 조치는 마에하라 세이지(前原誠司) 외무상을 위시한 보수파의 친미반중적 성향에 영향을 받았다. 마에하라 외무상은 어선 충돌과 관련한 중국의 반응을 히스테릭하다고 표현했고, 퇴임 후인 2011년 후반 한 연설에서 중국의 부상이 동아시아 지역의 힘의 균형을 변화시키고 있다는 우려를 표명하는 등 중국에 대해 강한 부정적 성향을 지녔다.[60] 그는 어선 충돌 사건을 활용하여 하토야마의 동아시아 공동체 구상으로 손상된 미·일 관계를 회복하고 또 강화시키려 시도했다.[61]

여기에 더해 중국의 국방력 증대에 대한 우려 또한 일본으로 하여금 미국과의 관계를 강화하도록 작용했다. 2011년 일본의 방위연구소는 당시의 추세가 지속될 경우 2020년 중국의 국방비가 일본의 다섯 배를 넘어설 것이고 또 2030년에는 미국도 추월할 것이라는 전망을 제기했다.[62] 이러한 비관적 전망 때문에 일본은 미국과 중국 사이에서 적절한 균형을 찾으려는 짧은 시도에서 벗어나 미국과의 관계를 강화하는 방향으로 정책을 전환했다. 미국 또한 국무부가 일본의 관할하에 있는 센카쿠가 미·일동맹의 대상이라고 확인하는 방식을 통해 일본의 노력에 호응했다.[63] 이와 반대로 당시 막 개선되기 시작했던 중·일관계는 급속하게 냉각되었다.

이처럼 지역 국가들은 미국과의 관계를 강화하는 동시에 군사력 증강에도 나섰다. 군사력 증강은 일본에서 가장 두드러졌다. 일본은 동아시아 지역에서 중국을 제어할 수 있는 군사력을 지닌 유일한 국가라 할 수 있다. 특히 해군력 면에서 일본은 중국의 주요 경쟁국이다. 이러한 사실은 세계 6위의 국방비, 두 척의 대형 헬리콥터 탑재 구축함, 스텔스형 디젤 잠수함, 그리고 최신 이지스 전투시스템 등을 보유한 해군전력에서 단적으로 확인된다.[64] 이러한 전력을 가진 일본이었지만 추가적인 전력 증강을 추구했다. 이는 미국의 확장억제 전략에 대한 일본의 의구심에서 촉발되었다. 다시 말해 유사시 미국이 과연 중국으로부터 일본을 보호하려 들 것인가에 대한 의구심에서 일본은 자위역량의 현대화와 확장을 추구하게 되었다.

일본 방위당국은 2010년 중국의 군사력 증강을 명분으로 새로운 방위태세를 선언했다. 12월에 발표된 일본의 '신방위계획대강'은 2015년까지 일본 중장기 안보전략의 기본지침으로 '동적 방위력'을 강조했다. 이는 동중국해, 남서제도, 그리고 한반도 등에서 충돌이 발생할 경우 전력을 기동적으로 전개할 수 있게 하겠다는 의미였다.[65] 이를 위해 일본은 잠수함 전력 증대, 새로운 전투기 도입, 그리고 헬리콥터 항모의 설계 등 해상 군사력을 증강시키려는 노력을 전개할 것을 천명했는데, 이는 중국의 A2/AD 능력에 대응하려는 시도였다. 아울러 일본은 군사력, 특히 잠수함 전력을 북부의 홋카이도에서 중국과의 분쟁 가능성이 큰 남서제도와 동중국해 부근으로 이동시켰다.[66]

동남아시아 국가들도 군사력을 증강하려는 노력을 전개했다. 싱가포르는 미국으로부터 전투기 F-15를 도입한 데 이어 글로벌 호크 도입을 추진하고 F-35 합동프로그램에도 참여했다. 중국과 영토 분쟁에 직면한 베트남은 러시아로부터 킬로급 잠수함과 12대의 Su-30MKK 전투기 도입을 추진했다. 말레이시아 또한 프랑스·스페인 컨소시엄으로부터 잠수함 도입을 추진했으며 인도네시아도 해군력 증강을 추구했다. 여기에 더해 영토 분쟁에 직면한 국가들은 국방 예산도 증대시켰다. 필리핀은 2011년 국방 예산을 81% 증대시키는 계획을 추진했고 베트남 또한 2011년 1월 남중국해에 배

치할 공군력과 해군력 증강을 위해 방위비를 70% 증대시키는 계획을 발표했다.[67]

5. 반중국 연대의 출현?

지금까지 살펴본 것처럼 중국 외교정책의 공세적 전환은 지역 국가들로 하여금 중국에 대한 경계를 강화하도록 작용했다. 중국이 온건한 정책을 추구할 때 관여적 측면을 강화했던 지역 국가들은 중국이 공세적 정책으로 전환하자 중국의 부상에 따른 위험에 대비하는 방향으로 정책의 초점을 이동시켰다. 이는 지역 국가의 대응이 중국이 취하는 정책의 향방에 영향 받음을 제시한다. 그렇다면 중국에 대한 경계의 측면을 강화했다는 것이 곧 지역 국가가 관여와 위험회피를 병행하는 대중전략으로부터 벗어나 중국을 견제하는 반중국 연대를 추구함을 의미하는가?

이에 대해 단정적으로 답하기는 쉽지 않다. 일부 국가가 중국을 견제하려는 의지를 강화한 것은 사실이다. 중국과의 경쟁의식이 강하며 직접적인 갈등에 직면한 일본이 대표적 사례이다. 또 중국과 직접적인 갈등에 봉착한 필리핀과 베트남도 정도의 차이는 있지만 중국과의 갈등을 감수하려 들었다. 그러나 이것이 동아시아에서 중국을 견제하기 위한 반중국 연대가 출현했음을 의미하지는 않는다. 대다수 동아시아 국가들은 중국에 대한 경계심에도 불구하고 여전히 관여와 위험회피를 결합하는 이중적 전략을 견지했다.

그 대표적 사례로 인도네시아를 들 수 있다. 인도네시아는 중국의 대외정책이 변화한 후에도 관계를 발전시키려는 노력을 계속했다. 중국과의 협력을 군사 분야로까지 확대시키려는 노력이 전개되었고, 그 결과 양국은 미사일 공동생산에 합의한 데 이어 2011년 6월에는 반둥에서 공동 군사훈련을 실시하기에 이르렀다.[68] 그러나 인도네시아는 중국과의 관계를 강화하면서도 경계 또한 게을리하지 않았다. 예를 들어 인도네시아는 2010년 7월 게이츠 미국 국방장관이 방문했을 때 미국과 군사협력을 확대하는 데 합의함으로써 균형을 유지하려 시도했다. 아울러 인도네시아 국방장관 뿌르노모 유지안토르(Purnomo Yusgiantoro)는 아세안 국가들과 함께 공동으로 해상을 순시하자는 량광례(梁光烈) 중국 국방부장의 제안에 호응하지 않았다. 중국의 의도에 대한 의구심이 작용했던 것이다.[69]

심지어 일본마저도 중국을 본격적으로 견제하는 것을 주저했다. 그 대표적 사례로 미국과의 관계를 다시 회복하려 한 민주당 정부가 2012년 11월 초 중국과의 분쟁 상황을 가정하여 미국과 함께 실시하려던 도서 탈환 훈련을 취소한 사실을 들 수 있다.[70] 일본 언론에 따르면 민주당 정부는 9월에 이루어진 센카쿠 국유화 문제로 감정이 격해진 중국을 고려해야 한다는 오카다 가쓰야(岡田克也) 부총리의 주장에 따라 훈련을 취소했다.[71] 그 대신 일본은 해상에서 육·해·공 자위대와 미군을 포함하여 5만 명 가까운 병력이 참가하는 대규모 연합훈련을 거행했다.[72] 이는 민주당 정부가 한편으로 중국을 경계하면서도 다른 한편으로는 여전히 중국을 자극하지 않으려 했음을 제시한다. 이러한 조치는 미국의 불만을 촉발시켰고 미국의 일부 관리들은 일본이 중국에게 잘못된 신호를 보냈다는 비판을 제기했다.[73]

종합하면, 중국의 공세적 외교정책이 지역 국가의 의구심을 증대시킨 것은 사실이지만 그럼에도 불구하고 지역 국가들은 중국에 대항한 견제연합을 형성하지 않았다. 이는 중국과의 갈등이 분출되기 시작했지만 본격적인 대치상태에까지 이르지는 않은 현실과 밀접하게 관련된다. 아울러 현실적으로 중국에 맞설 역량을 구비하지 못한 상황 또한 지역 국가의 대응을 제약했다. 가령 1990년 114억 달러와 118억 달러로 큰 차이가 없었던 아세안과 중국의 국방비는 2008년이 되면 308억 달러와 610억 달러로 커다란 격차를 보인다.[74] 이러한 현실로 인해 지역 국가는 반중국 연합을 추구하는 것을 주저했다.

이러한 사실에도 불구하고 중국의 공세적 전환은 지역 국가의 이중적 대중전략에 도전을 제기했다. 무엇보다도 중국의 위협이 증대됨에 따라 중국에 대한 관여정책을 계속할 수 있는가라는 의문이 제기되었다. 이처럼 중국의 공세적 정책이 새로운 도전을 제기함에 따라 지역 국가들은 미국에 눈을 돌리게 된다. 지역 국가들은 미국과의 관계 강화를 통해 중국의 부상에 대응하려는 의도에서 미국이 공약을 강화할 것을 희망하게 되었다. 이러한 지역 국가의 움직임이 미국의 회귀정책에 토대를 제공했다. 중국의 부상과 영향력 증대를 우려스럽게 지켜보던 미국은 중국에 대한 지역 국가의 경계심을 활용하여 이 지역에서의 주도권을 강화하려 시도한다. 다음 장에서는 재균형으로 표출된 미국의 동아시아 회귀를 살펴보도록 하자.

제5장 미국의 재균형

동아시아 질서를 논의할 때 미국은 단순한 역외 국가가 아니다. 이는 미국이 2차 세계대전 이후 이 지역의 질서를 주도해왔다는 사실 때문이다. 미국은 한국, 일본, 필리핀, 태국 등 지역 국가와 양자 차원의 안보조약을 통해 군대를 주둔시킴으로써 동아시아에서 자국을 중심으로 하는 질서를 구축하고 또 주도권을 장악했다. 군사적 우월성은 미국의 주도권을 지탱하는 축이었다. 전진 배치된 군사력을 통해 필요할 때 동아시아에 접근할 수 있는 미국의 능력은 동맹국들의 안전을 보증하고, 지역 국가들 사이의 갈등을 억제했을 뿐 아니라 궁극적으로 동아시아 지역이 경쟁 국가에 의해 지배되는 것도 방지했다. 여기에 더해 미국은 경제적으로 동맹국에게 경제원조와 수출시장을 제공했다. 그 결과 미국은 지리적으로 멀리 떨어져 있음에도 불구하고 동아시아에서 주도권을 장악할 수 있었다. 이처럼 미국이 2차 세계대전 이후 동아시아 질서를 주도해왔다는 사실로 인해 중국의 부상은 필연적으로 미국의 대응을 촉발시킬 수밖에 없다. 이는 중국의 부상이 미국이 주도해온 지역질서에 충격을 가하기 때문이다.

미국은 탈냉전기에 들어서도 동아시아에서 주도권을 유지하려는 의도를 분명하게 했으며, 이러한 의도에 따라 중국의 부상에 관심을 기울였다. 물론 미국이 중국의 영향력 확대에 본격적으로 대응하기까지는 많은 시간이 걸렸다. 중국과의 국력 격차에 대한 확신이나 테러와의 전쟁과 같은 요인이 미국으로 하여금 중국의 영향력 확대에 정책의 초점을 집중시키는 것을 지연시켰다. 부시 행정부 시기 미국 국무부 부장관을 지낸 아미티지가 퇴임 이후 비판한 것처럼, 미국은 테러와의 전쟁에 몰두하느라 아시아를 무시했고 이로 인해 초래된 영향력 공백을 중국이 메워갔지만 체계적으로 대응하지 못했다.[1]

상황은 2008년 발생한 세계금융위기로 미국과 중국 간의 국력격차가 급격하게 축소되고 중국의 대외정책 또한 공세적으로 전환되면서 변화하기 시작했다. 중국의 비중이 좀 더 분명하게 증대되고 이에 따라 이 지역에서 미국의 주도권이 더 이상 당연한 것으로 간주하기 힘들어지자 미국의 대응 필요성도 급박해졌다. 세계금융위기의 와중에 취임한 오바마 미국 대통령은, 미국 최초의 태평양 대통령이 되겠다는 선언이 웅변하듯, 동아시아에 대한 관심을 제고시켰고 특히 중국과의 관계에 정책의 초점을 집중시켰다. 오바마 행정부 초기 중국과 협력 체제를 구축하려는 노력이 실패로 돌아간 후 미국은 동아시아에서의 주도권을 유지하기 위한 본격적인 노력을 전개했다. 동아시아로의 회귀, 중심 이동(pivot), 재균형 등 다양한 용어로 표현된 미국의 조치는 이 지역에서 주도권을 유지하려는 노력을 반영했다.[2]

중국이 공세적 정책으로 전환하고 이에 대한 지역 국가의 우려가 증대되는 상황에서 추진된 재균형은 동아시아에서 주도권을 유지하려는 미국의 의도를 분명하게 보여주었다. 미국은 재균형을 통해 이 지역에서 중국의 영향력이 증대되는 것을 제어하고 주도권을 유지하겠다는 신호를 보내려 들었다. 이 점에서 재균형은 중국의 부상에 대응하려는 미국의 본격적인 노력이었다. 지역에서의 주도권을 유지하기 위해 미국은 동아시아에 대한 투입을 늘리는 동시에 이 지역에서 다시 촉발된 중국에 대한 의구심과 반감도 활용하려 했다.

이처럼 미국의 지도력을 수용하도록 하려는 시도라는 점에서 재균형은 중국의 부상에 대한 대응으로서의 성격을 띤다. 그렇다면 재균형은 기존 강대국인 미국이 신흥 강대국 중국에 대한 봉쇄를 추구한다는 의미인가? 구체적으로 미국은 관여와 위험회피를 결합한 이중적 정책 대신에 군사적 동원이라는 내적견제나 동아시아에서의 반중연합 구축이라는 외적견제를 통해 부상하는 중국을 본격적으로 봉쇄하려 드는가? 또 미국의 재균형이 동아시아 질서에 끼치는 영향은 무엇인가?

이 장에서는 중국의 부상에 대한 미국의 대응과 그 영향을 살펴보게 될 것이다. 초점은 2011년 말부터 본격화된 재균형에 집중된다. 구체적으로 미국이 아시아로의 재균형이라는 정책을 결정하게 된 배경, 내용, 영향 등을 검토하게 될 것이다. 이러한 논의는 미국이 중국의 부상에 어떻게 대응하는가라는 질문과 함께 지역질서가 변화를 경험할 것인가라는 질문에 답하는 데도 기여한다. 특히 이러한 검토는 동아시아 질서와 관련하여 중국이 그동안 범한 중대한 판단 착오를 보여준다. 중국은 동아시아 지역협력에 대한 무관심이나 테러와의 전쟁 등을 목격하면서 미국이 동아시아 지역에서의 사태 전개에 무관심하다고 판단했는데,[3] 미국의 재균형에 대한 검토는 이러한 판단이 잘못된 것임을 보여줄 것이다.

다음에서는 우선 미국의 동아시아 전략의 목표를 검토할 것이다. 이어서 중국의 부상이 가한 충격을 논의한 후 미국이 동아시아로의 재균형을 실현하기 위해 취한 조치를 군사, 외교, 그리고 경제적 분야로 나눠 살펴볼 것이다. 마지막으로 재균형이 끼칠 영향을 간략하게 검토하고 끝을 맺게 될 것이다.

1. 미국의 동아시아 전략

에런 프리드버그(Aaron Friedberg)가 지적하듯 미국은 20세기 초부터 지속적으로 동아시아 지역이 특정 국가, 특히 적대적인 국가에 의해 지배되는 것을 방지하려 노력해왔다. 이는 경제적·전략적·이념적 고려에서 연원했다. 먼저 경제적으로 동아시아가 비우호적 세력의 영향권에 들어갈 경우 미국은 이 지역의 시장과 핵심적 자원에 접근하지 못할 것을 우려했다. 또 전략적으로는 적대적 국가가 동아시아의 부와 군사력을 활용하여 미국을 공격할 가능성을 우려했다. 마지막으로 미국의 지도자들은 아시아를 상실할 경우 자유세계의 구현이라는 그들의 비전에 가해질 부정적 파급효과를 우려했다.[4]

이처럼 동아시아가 적대적인 세력의 영향권에 편입되는 것을 방지하려는 의도에서 미국은 동아시아에 적극적으로 개입해왔다. 이것이 1940년대 미국이 일본과 전쟁을 수행한 배경이었다. 미국은 일본이 동아시아를 장악하게 될 경우 앞에서 언급한 것과 같은 심각한 도전을 제기할 것으로 판단했다. 이러한 판단이 프랭클린 루스벨트(Franklin D. Roosevelt) 대통령으로 하여금 일본에 대해 선제적 조치를 취하도록 작용했다. 미국이 일본에 원유와 철강 등의 물자 판매를 제한했고, 일본은 진주만을 공격함으로써 대응했다.

동아시아가 적대 세력의 영향권 아래로 편입되는 것을 방지한다는 목표는 2차 세계대전 이후 미국의 아시아 전략 수립에도 핵심적인 요소로 작용했다. 냉전기 아시아 전략의 토대를 설정한 것으로 평가되는 「아시아에 대한 미국의 입장(The Position of the United States with Respect to Asia)」이라는 제목의 1949년 미국 국가안전보장회의의 보고서는 아시아 정책과 관련하여 19세기 문호개방정책 이후 견지해온 목표를 유지할 것을 규정했다. 그 목표는 바로 아시아가 특정 국가나 국가연합에 의해 지배되는 것을 방지하는 것이었다.[5] 미국이 2차 세계대전 이후에도 동아시아에서 자신과 경쟁할 수 있는 패권국가가 출현하는 것을 방지하는 데 주력했다는 사실은 한국전쟁과 베트남전쟁에 참가한 데서 단적으로 확인된다.

그러나 미국이 동아시아 지역의 주도권을 다른 국가가 장악하는 것을 방지하는 데 초점을 두었다는 것은 현실을 다소 완곡하게 표현한 것이다. 좀 더 직설적으로 말하면 미국은 2차 세계대전 이후 한국, 일본, 필리핀, 태국 등 지역 국가와의 양자동맹을 통해 동아시아의 주도권을 장악했다. 통상 바퀴축과 바퀴살(hub-and-spoke) 체제로 표현되는 동맹체제를 통해 미국은 지역의 동맹국들에게 안전을 보장하고 미국의 시장과 기술에 대한 접근을 허용했다. 이에 대한 대가로 미국은 지역의 주도권을 장악하는 데 필요한 외교적 및 물리적 지원을 제공받았다. 동맹국은 이 지역에 미군을 전진 배치시키는 데 필요한 기지를 제공했는데, 이렇게 배치된 군사력은 미국이 직접적인 개입을 통해 동아시아에서의 사태 전개에 영향력을 행사할 수 있는 토대로 작용했다. 이러한 미국 중심의 양자동맹은 동아시아 질서를 지탱하는 가장 중요한 축으로 지역의 안정을 유지하는 데 기여했다.[6]

구소련의 붕괴로 안보적 위협이 종식된 이후에도 미국의 역대 정부는 동아시아의 주도권을 장악하려는 정책을 지속했다. 이러한 미국의 의도는 빌 클린턴(Bill Clinton) 행정부 시기인 1994년 7월에 발표된 「관여와 확산의 국가안보전략(A National Security Strategy of Engagement and Enlargement)」과 다음 해 2월에 발표된 「미국의 동아시아 태평양 지역 안보전략(U.S. Security Strategy for the East Asia-Pacific Region)」에서 잘 드러난다. 미국은 전 세계적 차원과 함께 아시아 태평양 지역에서도 적극적으로 개입하고 또 주도적 역할을 할 것을 천명함으로써 탈냉전기 미국의 역할에 대한 국제적 관심과 우려를 잠재웠다. 이러한 전략을 실천에 옮기기 위해 미국은 1996년 4월 일본과 '미·일 안보공동선언'과 '미·일 방위협력지침'을 채택했다. 아울러 미국은 한국을 비롯한 다른 동아시아 동맹국과의 양자관계도 계속해서 강조했다. 이러한 일련의 움직임은 미국이 이 지역에서 양자동맹을 축으로 주도권을 유지하는 전략을 견지하겠다는 의도를 보여주었다. 특히 미·일 안보선언과 방위협력지침은 미·일동맹이 동아시아에서 중국의 부상에 대응하고 주도권을 유지하는 토대임을 분명히 선언했다.[7] 비록 미국이 1991년 다자안보대화가 양자동맹 구조를 보완할 수 있다는 사실을 인정하기도 했지만,[8] 다자적 안보기제가 동아시아에서 자국의 주도권을 약화시킬 것이라는 우려를 버리지 않았다.

양자동맹을 통해 동아시아의 주도권을 유지하려는 미국의 의도는 2000년대에 들어서도 변화하지 않았다. 부시 행정부 콘돌리자 라이스(Condoleezza Rice) 미국 국무장관은 2005년 3월 아시아의 전략적 상황이 미국에 일본, 한국, 인도와 더 강한 연계를 형성하도록 요구한다고 규정했다.[9] 부시 행정부 시기 미국 동아시아 전략의 토대를 제시한 것으로 평가되는 2차 아미티지-나이 보고서 또한 미·일동맹이 아시아에서 미국의 지위를 결정하는 핵심적 요소로 작용한다고 규정했다.[10] 이 보고서는 동아시아에서 아세안, 아세안+3, 동아시아정상회의, 치앙마이 이니셔티브(Chiang Mai Initiative), 아시아협력대화(Asian Cooperation Dialogue) 등과 같은 다자적 기제가 증대되는 상황이 미국의 이익과 부합되는 지역의 건축을 어떻게 규정할 것인가라는 중요한 도전을 제기했다고 지적하고, 이러한 도전에 대응하기 위한 대안으로 미·일동맹의 강화를 제시했다. 미국이 필리핀으로부터 철군한 데 이어 한국의 참여정부와 대북정책을 둘러싸고 불협화음이 발생했던 당시의 상황 또한 미·일동맹의 중요성을 더욱 부각시켰다.

반면에 미국은 탈냉전기 동아시아에서 급속하게 확산된 다자적 지역협력을 경계했다. 일찍이 미국은 말레이시아 마하티르 총리가 1990년에 주창한 동아시아 국가들만의 FTA 격인 동아시아경제협의체(East Asia Economic Caucus) 구상에 반대한 바 있다. 또 미국은 1990년대 후반 동아시아 외환위기 극복을 위해 일본이 제안한 아시아통화기금(AMF) 구상에도 비판적이었다. 비록 동아시아 외환위기의 와중에 출현한 아세안+3에 대해 무시정책을 취함으로써 동아시아 국가들로만 구성된 지역협력체의 출현을 용인하기도 했지만, 2000년대 초반 부시 대통령이 동아시아정상회의 참여를 거부하는 등 동아시아의 다자적 지역협력에 소극적이었다.

오바마 행정부 들어서도 미국은 동아시아 국가들만의 다자협력에 거부반응을 보였다. 대표적으로 미국은 2009년 하토야마 일본 수상이 제기한 동아시아공동체 구상을 견제했다. 미국은 '균형적'인 외교정책을 추구하겠다는 하토야마의 언급을 미국에 대한 의존을 줄이고 중국으로 더 기울겠다는 의도로 해석했다. 중국과의 협력을 강조했던 베이더 선임 보좌관마저도 미국과 중국 사이에서 균형을 추구하겠다는 일본의 정책을 수용하기 어려웠던 것으로 회고한다. 특히 그는 2009년 12월 민주당 오자와 이치로(小沢一郎) 간사장이 150명으로 구성된 대규모 의원단을 이끌고 중국을 방문한 사건을 일본 외교정책의 방향을 제시한 것으로 간주하고, 동맹국 일본이 미국을 배제한 지역의 공동체 건설을 추구한 데에 놀라움을 표시했다.[11]

미국은 다자적 틀이 필요할 경우에도 임시적인 것을 선호했다. 그 대표적 사례로 6자회담을 들 수 있다. 북한 핵 문제를 해결하기 위해 다자적 틀을 고집했고 이에 따라 6자회담에 참여했지만 미국은 이를 임시적 틀로 간주하고 제도화시키려 들지 않았다. 이는 6자회담을 지역의 안보기제로 발전시키려 했던 참여정부 시기의 한국이나 중국의 의도와 차이를 보이는 것이었다. 아울러 이러한 미국의 입장은 유럽에서 동맹국과의 관계를 강화하기 위해 다자적 틀에 투자했던 것과도 차이를 보이는 것으로, 미국이 동아시아 지역의 다자적 기제에 반대함을 분명하게 보여주었다.

표면적으로 미국은 동아시아에서 전개되는 다자적 기제의 효과에 대한 의구심을 이유로 소극적으로 임했다.[12] 동아시아의 지역협력은 대체로 아세안에 의해 주도되는데, 아세안이 추구한 다자주의는 '협의를 통한 합의'를 추구한다는 점에서 제도화를 강조하는 미국의 다자주의와 차이를 보인다. 이러한 아세안의 특성이 미국으로 하여금 동아시아의 다양한 다자기제를 '대화를 위한 대화의 장(talk shop)'으로 간주하도록 작용했다. 아울러 미국은 동아시아에 존재하는 다양한 기제에서 어떤 조직이 가장 중요한지를 판단하기 어렵다는 사실도 소극적일 수밖에 없는 이유로 거론했다.[13] 물론 이러한 논리에 근거가 없는 것은 아니다. 그러나 미국이 동아시아에서의 다자협력이 자국이 주도하는 기존 질서에 충격을 가할 가능성을 우려하여 경계한 것 또한 부인하기 어려운 사실이다. 이러한 사실은 미국이 동아시아에서 자국을 배제할 가능성이 있는 다자적 틀이 출범하는 것을 경계한 반면에 아시아만의 다자기구가 아닌 아시아 태평양 조직을 선호했다는 점에서 확인된다. 클린턴 정부가 APEC을 적극적으로 추진했고 부시 행정부 또한 APEC의 역할을 안보 측면으로까지 확대시키려 노력하는 등 미국은 APEC이 아시아 태평양 지역협력의 주요 통로가 되어야 한다는 입장을 견지했다.

2. 중국의 부상과 미국의 주도권 약화

동아시아에서 주도권을 유지하려는 미국의 시도는 현실적으로 점증하는 도전에 직면하게 된다. 우선 동아시아에서의 지역주의 강화가 도전을 제기했다. 동아시아 국가들이 경제적으로 발전하고 또 지역 국가 사이의 상호의존이 증대됨에 따라 이 지역에서 다자포럼, 안보대화, 각료회의 등과 같은 다양한 지역 차원의 다자적 기제가 등장하고 강화되었다. 동아시아 지역에서의 다자주의 강화는 역내 교역의 증대뿐 아니라 지역의식의 증대도 반영했다. 그 시초는 1997년 발생한 외환위기에 대처하려는 노력에서 찾을 수 있다. 특히 아세안은 외환위기에 대응하기 위해 아세안+3를 출범시켰는데, 이는 지역의 문제를 지역 국가의 힘으로 해결하려는 시도를 반영했다.

동아시아 국가들은 미국과 미국이 주도하는 IMF가 적절하게 대응하지 못함으로써 위기를 확산시켰다고 인식했다. 널리 알려진 것처럼, 미국은 동아시아의 외환위기를 주도적으로 해결하려 들기보다 IMF를 통한 대응을 강조함으로써 지역의 주도국으로서의 역할과 거리를 유지했다. 이러한 미국의 대처는, 특히 그 이전에 발생했던 남미 국가의 신용위기에 대한 적극적인 대응과 대비되면서, 동아시아에서 미국의 지도력에 대한 신뢰의 문제를 제기했다. 이러한 인식은 다시 자체적인 노력을 통해 위기에 대응하려는 지역 국가의 움직임을 촉발시켰다. 1997~1998년의 외환위기 이후 이 지역에서 경제적·정치적 연계가 강화되었다는 사실은 임시적 협의체로 출범한 아세안+3가 제도화된 데서 확인된다.[14] 이러한 사실을 고려할 때 동아시아 지역협력의 진전은 미국의 지도력을 약화시킬 가능성을 제기했다.

미국은 앞에서 지적한 것처럼 이러한 지역협력의 흐름을 애써 무시했다. 특히 부시 행정부 시기 전략적 초점이 아프가니스탄과 이라크에서의 반테러 전쟁에 집중됨에 따라 미국은 동아시아에 대해 선의의 무시(benign neglect) 정책을 유지했고 그 결과 동아시아 지역협력을 주도한 동남아시아 국가들을 소외시켰다. 라이스 미국 국무장관이 2005년과 2007년 두 차례에 걸쳐 아세안지역안보포럼에 불참하는 등 이 시기 미국의 지도자와 고위 관료가 아세안이 주도하는 회의에 불참하는 일이 벌어졌고, 이러한 행태는 미국이 이 지역에 관심이 없음을 보여주는 증거로 인식되었다.[15] 또한 이러한 무관심은 미국이 이 지역에서 발을 빼려 함을 보여주는 증거로도 해석되었다. 부시 행정부가 한국에 주둔한 미군을 축소시킨 것 또한 미국의 공약에 대한 지역의 의구심을 촉발시켰다.

이러한 인식은, 미국 경제력의 상대적 하락으로 인한 수출시장으로서의 비중 축소와 함께, 이 지역에서 미국의 영향력을 약화시키는 결과로 이어졌다. 부시 행정부가 APEC을 안보 문제까지 다루는 지역협력의 틀로 만들려 했지만, 동아시아 국가들은 아세안+3를 동아시아정상회의로 확대시키는 등 미국이 없는 지역협력을 계속해서 추진했고 미국이 주도해온 APEC은 어려움에 직면했다. 미국이 없는 지역 국가들로만 구성된 지역협력의 확산은 양자동맹을 통해 주도권을 유지하려는 미국의 노력에 도전을 제기했다. 이러한 변화는 중국이 당시 동아시아에서의 다자적 지역협력에 적극적으로 참여함으로써 영향력을 급격하게 확장시킨 것과 분명하게 대비되었다. 중국이 지역협력 기제를 활용하여 지역 국가와의 양자관계를 강화하고 또 중국에 대한 경제적 의존이 증대된 미국의 동맹국들이 중국의 이익에 민감해지자, 동아시아에 대한 미국의 무관심이 중국의 지배 가능성을 제고시키는 결과를 초래했다는 평가와 우려가 제기되었다.

중국의 부상은 동아시아에서 미국의 지위에 충격을 가한 또 하나의 원인이자 보다 근본적인 요인이다. 제2장에서 제시한 것처럼 중국의 급속한 부상은 동아시아에서의 힘의 분포에 변화를 초래했다. 특히 경제적 측면에서 중국은 이 지역에서 중심적 행위자로 등장함으로써 동아시아 국가의 주요 수출시장이었던 미국의 지위에 충격을 가했다. 여기에 더해 중국은 경제협력과 혜택 제공을 통해 지역 국가와의 관계를 강화했다. 또한 이 지역에서 추진된 지역협력에도 적극적으로 참여했다. 아세안+3를 위시한 동아시아 국가들만의 지역협력은 이 지역의 잠재적 최대 행위자인 중국의 영향력을 증대시킬 가능성을 제기했다.

중국의 영향력이 증대되고 미국의 영향력이 약화되는 현상은 2008년에 발생한 세계금융위기로 인해 더욱 가속화되었다. 미국이 경제적 어려움에 직면한 데 반해 중국경제는 상대적으로 이른 시일 안에 회복됨으로써 경제성장 동력으로서의 지위를 더욱 강화했다. 중국의 경제력이 경제위기를 극복하기 위한 도움을 제공함에 따라 동아시아에서는 지역경제의 장기적 운명이 중국에 연계되어 있다는 인식이 증대되었다. 이처럼 미국의 동맹국을 포함한 동아시아 국가들이 중국과의 관계를 중시하고 또 중국의 선호를 고려함에 따라 이 지역에서 미국의 비중은 더욱 위축되었다.

동아시아에서 미국의 영향력이 상대적으로 쇠퇴하고 대신에 중국이 영향력을 확장해감에 따라 이 지역에서 영향력 균형이 중국 쪽으로 이동하기 시작했다는 평가가 나왔다.[16] 이러한 변화와 함께 미국 내에서도 우려와 경고의 목소리가 계속해서 제기되었다. 가령 한 전문가는 미국이 테러와의 전쟁에 몰두해 있는 상황에서 중국이 협력을 강조하는 대외정책을 통해 동아시아 지역에서 영향력을 급속하게 확대시키고 있다고 지적했다.[17] 2차 아미티지-나이 보고서도 미국이 테러와의 전쟁에 매몰된 결과 아시아에서 미국의 공약에 대한 의구심이 초래되었으며, 미국이 충분한 주의를 기울이지 않을 경우 아시아의 권력 서열에 변화가 발생할 가능성을 경고했다. 또한 설령 이러한 극단적 변화가 발생하지는 않는다 해도 중국이 계속해서 영향력을 확대하고 또 지역 국가가 미국이 이 지역에 계속해서 남을 것인가에 대해 의심하게 될 경우 미국의 영향력은 약화될 것이라고 지적했다.[18] 다른 전문가 또한 증대되는 중국의 힘에 더 효과적으로 대응하지 못할 경우 미국은 동아시아에서 점차 비우호적인 세력균형에 직면할 것이라고 규정했다.[19] 동아시아에서 미국의 주도권은 중국의 부상으로 인해 이제 더 이상 당연한 것으로 간주하기 어려워졌다.

3. 협력에서 재균형으로

중국이 동아시아에서 미국이 오랫동안 누려온 주도적 지위에 충격을 가하기 시작했지만, 이에 대한 미국의 대응은 더뎠다. 중국의 부상에 대한 미국의 정책은 오랫동안 관여와 위험회피를 병행했다.

미국은 한편으로 관여정책을 통해 중국을 변화시키려 들었다. 즉, 미국은 중국을 포용하는 것이 기존 질서를 수용하도록 하는 결과로 이어질 것이라는 기대에서 관여정책을 추구했다. 1995년 미국 국방부 보고서가 중국이 미국의 이익과 조화되는 방식으로 자국의 이익을 규정하도록 격려하겠다고 밝혔고,[20] 페리 당시 미국 국방장관은 중국에 '책임 있는 강대국'이 될 것을 촉구함으로써 관여를 통해 중국을 변화시키려는 의도를 드러냈다.[21] 2000년대 들어 중국을 포용하려는 경향은 더욱 강화되었다. 테러와의 전쟁에 중국의 도움을 동원할 필요성과 함께 중국이 북한 문제와 같은 국제적 이슈와 관련하여 미국에 협력했다는 사실 또한 이러한 경향을 지속시키는 데 기여했다. 2005년 졸릭 미국 국무부 부장관은 중국에 국가이익을 증진하는 데서 한 걸음 더 나아가 국제체제를 유지하기 위해 노력하는 이해관계자가 될 것을 촉구했다. 구체적으로 그는 중국에 테러나 대량살상무기(WMD) 확산과 같은 국제적 문제를 해결하는 데 노력할 것을 촉구하면서, 그 대가로 미국 또한 동아시아에서 중국의 이익을 존중하겠다는 의사를 표명했다.[22] 중국에게 국제체제 구성원으로서의 책임을 요구하는 동시에 투입 권한도 부여했다는 점에서 이해당사자 구상은 내용과 외연 모두에서 책임 있는 강대국 구상보다 발전되고 심화된 것이었다.

이처럼 관여를 통해 중국의 변화를 유도하는 데 정책의 초점을 두면서도 동시에 미국은 중국에 대한 기대가 좌절될 경우에도 대비하려 했다. 다시 말해 미국은 중국이 기존 질서에 도전하는 위험에도 대비하려 들었다.[23] 이러한 노력의 초점은 군사적 우위를 유지하는 데 집중되었다. 대표적으로 2000년대 초 부시 대통령은 중국을 전략적 경쟁자(strategic competitor)로 규정하고 전역미사일방어시스템(The Theater Missile Defense program)을 구축하는 등 군사적 우위를 추구한 바 있다. 이러한 노력이 진행되는 과정에서 2001년에 EP-3 정찰기 충돌사건이 발생하기도 했다. 여기에 더해 한국 및 일본 등 동맹국과의 양자관계를 강화하는 것 또한 위험회피 전략의 중요한 구성요소였다. 특히 부시 행정부는 아미티지-나이 보고서가 제안한 것처럼 일본을 동아시아의 핵심적 파트너로 규정하고 일본이 군사적으로 더 큰 역할을 하도록 장려했다.[24] 이처럼 미국은 위험에 대비하려 노력하면서도 이러한 시도가 곧 중국에 대한 본격적인 봉쇄전략을 의미하지는 않는다는 사실도 분명히 했다. 대표적으로 나이가 지적하듯 클린턴 행정부는 중국에 대한 봉쇄전략을 거부했다. 이는 중국을 적으로 대하면 궁극적으로 적이 될 것이라는 판단을 반영한 것이었다.[25] 미국이 중국을 봉쇄하는 전략을 추구하지 않았다는 사실은 중국을 전략적 경쟁자로 규정하고 출범한 부시정부가 궁극적으로 중국과의 관계를 강화하는 방향으로 정책을 선회한 데서도 확인된다.

오바마 행정부가 출범한 직후 미국은 대중정책과 관련하여 관여의 측면을 더욱 강화했다. 세계금융위기의 와중에 이루어진 오바마 정부의 출범을 전후하여 미국의 정책 서클에서는 중국과의 협력을 강조하는 G-2 구상이 활발하게 제기되었다.[26] 이 구상은 중국을 국제체제의 책임 있는 한 축이 되도록 유도하려는 미국의 의도를 반영했다. 대표적으로 프레드 버그스텐(Fred Bergsten)은 미국이 중국과 진정한 동반자 관계를 창설하여 국제경제체제에 공동의 지도력을 제공할 것을 주장했다. 그는 다른 국가의 우려를 고려할 때 G-2라는 용어를 사용하는 것이 현명하지 못할 수도 있다는 사실을 인정하면서도 미국이 유럽 대신 중국에게 세계경제 관리의 주요 파트너라는 지위를 부여해야 한다고 주장했다. 즉, 미국은 중국과 밀접한 업무관계(an intimate working relationship)를 형성하고 건설적 공조(collaboration) 체제를 건립해야 한다는 주장이었다.[27]

이러한 상황에서 출범한 오바마 정부는 외교적 수단을 통해 중국의 대외적 선택을 형성(shaping)하려 들었다.[28] 경제회복을 위시하여 이란과 북한의 비핵화, 기후변화에 대한 대응, 아프가니스탄과 파키스탄에서의 반테러 전쟁까지 오바마 행정부의 주요 의제들과 관련하여 도움을 필요로 한다는 판단이 중국과의 협력을 강조하도록 작용했다. 이에 따라 오바마 행정부는 정권 출범 초기 강경한 정책을 추구함으로써 중국과의 관계가 악화되고 그 결과 중요한 현안에 대해 협력을 얻기 어려웠던 이전 행정부의 전철을 밟지 않으려 했다.

오바마 행정부가 출범 초기 중국과 협력을 강화하려 했다는 사실은 여러 가지 측면에서 확인된다. 우선 오바마 대통령은 중국과의 협력을 위해 외교안보 진영에 베이더, 스타인버그 국무부 부장관, 존 헌츠먼(John Huntsman) 주중 대사 등 중국전문가를 다수 배치했다. 아울러 오바마 정부는 2009년 3월에 발생한 임페커블호 사건을 확산시키는 것도 자제했다. 나아가 국무장관에 취임한 클린턴 또한 대중정책의 변화를 추구했다. 그는 대통령 부인 시절인 1995년 중국에서 개최된 세계여성대회에서 중국의 인권 문제를 비판한 바 있었고 또 민주당 대통령 후보 경선 기간에도 중국의 인권 문제를 비판하면서 부시 대통령에게 베이징 올림픽을 보이콧할 것을 주문하는 등 중국에 대해 강경노선을 견지해왔었다. 그러나 국무장관에 취임한 후, 1961년 딘 러스크(Dean Rusk) 국무장관 이후 처음으로, 아시아를 첫 순방지로 택했고 중국도 방문하여 협력의 필요성을 강조했다. 계속해서 중국과의 '전략·경제대화' 창설도 주도했는데 이 대화는, 미국과 다른 국가와의 사이에 유사한 형태의 대화가 존재하지 않는다는 점에서, 오바마 정부가 중국과의 관계에 부여한 중요성을 상징적으로 보여주었다.[29] 여기에 더해 오바마 대통령 또한 중국과의 관계를 가장 중요한 양자관계의 하나로 규정하고 2009년 11월 중국을 방문했다.

오바마 정부는 중국이 미국의 이익을 존중하고, 더 큰 책임을 수행하며, 군사적 투명도도 제고시킬 것이라는 기대에서 관계를 강화시키려 들었지만, 중국과의 협력에 분명한 한계가 존재한다는 사실이 곧 드러났다. 중국은 오바마 정부가 집권 초기에 미국의 어떤 정부보다도 중국을 중시한다는 사실을 인식했지만, 미국의 협력 제안과 관련해서는 미국과 다른 인식을 보였다. 중국의 한 전문가가 지적하듯[30] 중국은 미국의 스마트 외교를 충분히 이해하지 못하고 음모론의 관점으로 보았다. 다시 말해 미국의 정책 변화에 대해 중국은 미국이 관계 개선을 통해 책임을 전가시키려 한다고 인식했다.[31] 그 결과 중국의 협력을 유도하려는 미국의 노력은 벽에 부딪혔다. 대표적으로 오바마 대통령은 2009년 중국 방문에서 빈손으로 돌아와야 했고 이는 미국 정부가 대중정책을 재고하는 전환점이 되었다.

오바마 정부가 중국의 협조를 구하는 데 어려움을 겪고 있을 무렵 미국에서는 중국에 너무 유약하게 대했고 그 결과로 국제무대에서의 주도권만 약화되었다는 비판이 제기되기 시작했다. 미국 국무부 내에서 중국에 대한 강경론이 등장했고 또 동맹국에게도 중국의 증대되는 능력에 대응하기 위해 서로 단결할 필요성을 촉구해야 한다는 주장이 제기되었으며, 국방부 일각에서도 이러한 주장에 호응했다.[32] 이에 따라 중국 정책을 둘러싸고 2개의 상반된 선호가 경쟁하기 시작했고, 미국의 정책은 중국의 협력을 유도하는 데 초점을 집중시키던 것에서 중국을 압박하는 경향을 증강시키는 방향으로 점차 이행했다. 이러한 흐름을 반영하듯 2010년 미국은 중국의 협력을 동원하기 위해 유보했던 대만에 대한 무기판매를 실천에 옮겼다. 이러한 미국의 변화에 대해 대외적 자신감이 증대된 중국은 '금융위기라는 강을 건너고 나자 중·미협력이라는 배를 파괴하려는 행위'라며 강력하게 대응했다. 단적으로 중국에서는 대만으로의 무기 수출에 참여한 미국 회사를 제재해야 한다는 강경한 주장이 제기되었는데, 그동안 경제제재가 미국이 전가의 보도처럼 활용해온 수단이었다는 점에서 보다 대등한 관계를 수립하려는 중국의 의도를 보여주었다. 중국의 강경한 대응은 다시 미국 강경파의 입장을 강화시키는 악순환을 초래했다.[33]

미국의 대중정책이 변화했다는 사실은 이후 미국이 중국에 전방위적 압박을 가한 사실에서 확인된다. 대만에 대한 무기판매에 이어 오바마 대통령은 유보시켰던 달라이 라마(Dalai Lama)와의 면담을 진행하고 위안화 환율 문제도 제기했다. 나아가 미국은 중국과 동아시아 국가 간의 갈등도 활용하려 들었다. 우선, 2010년 3월에 발생한 천안함 사건과 관련해서 중국에 압박을 가했다. 오바마 대통령은 6월 토론토 G-20정상회의에서 중국에게 북한이 선을 넘었음을 인정할 것을 촉구했다. 중국이 이러한 요구를 거부하자 미국은 그다음 달 한국과 연합훈련을 거행했다. 훈련의 배경으로 스타인버그 부장관은 중국이 북한을 지지하고 북한의 도발을 비판하지 않은 사실을 거론했다.[34] 나아가 중국의 반대로 유엔 안보리가 천안함 관련 결의안을 채택하지 못하고 의장성명을 발표하는 데 그친 후, 미국은 북한에 독자적 제재를 가했다. 이는 북한뿐 아니라 중국을 겨냥한 것이기도 했다. 즉, 중국이 천안함 사태에 대한 북한의 책임을 인정하지 않은 사실을 부각시킴으로써 아시아에서 중국의 영향력을 제어하려는 시도였다.[35]

한편 2010년 7월에는 클린턴 미국 국무장관이 하노이 아세안지역안보포럼에서 남중국해 문제가 국제적 이슈이고 미국은 이 문제의 평화적 해결을 국가이익으로 간주한다고 표명하는 동시에 다른 국가의 대표단에게도 남중국해에서의 국제적 권리에 대해 발언하도록 촉구했다. 이는 남중국해에 대한 중국의 주권 주장을 부인하고 다른 국가를 지지한다는 의사를 표명한 것과 다름이 없다. 이러한 미국의 행동은 그 두 달 전인 5월 다이빙궈 중국 외교담당 국무위원이 클린턴 미국 국무장관에게 남중국해가 중국의 핵심 이익이라고 밝힌 데 대한 반응이었다. 즉, 다이빙궈 국무위원의 발언이 클린턴 국무장관으로 하여금 중국이 증대된 힘을 활용하려 한다고 판단하고 포럼에서 중국을 압박하도록 작용했다.[36] 이와 함께 게이츠 국방장관 또한 같은 달 인도네시아를 방문하여 군사협력 확대에 합의함으로써 동아시아에서 중국의 영향력을 제어하려는 시도를 이어갔다.

동아시아에서 중국을 견제하고 동맹국과의 관계를 강화하려는 미국의 시도는 9월에 발생한 중·일 사이의 선박 충돌과 관련하여 클린턴 국무장관이 센카쿠 주변에서의 사태가 미·일동맹의 범위에 포함된다고 천명한 데서도 확인된다. 미국은 이러한 공약을 통해 일본이 선장을 석방하도록 유도한 후 일본과 사상 최대 규모의 해상훈련을 실시했다. 10월에도 클린턴 국무장관은 하노이 방문에서 베트남과의 방위협력 확대와 지속적인 군사훈련에 대한 의지를 표명하고 나아가 베트남과 전략적 관계를 구축하려는 의지도 표명했다.

베이더는 2010년 11월을 오바마 정부의 대중정책의 전환점으로 규정한다. 중국의 협력을 얻지 못한 데 좌절한 오바마 미국 대통령은 서울에서 열린 후진타오 주석과의 회담에서 중국이 북한의 호전적 행동을 제어하기 위해 더 노력하지 않는다면 북한의 핵위협을 방지하기 위한 조치를 취할 것이라고 경고했다. 베이더는 희망과 수용의 의지를 가지고 출발했지만 중국의 잇따른 공세적 정책에 실망한 오바마 대통령이 강경한 방향으로 대중정책을 변화시켰다고 규정한다.[37]

2011년 봄, 온건론을 주도했던 스타인버그와 베이더가 사직한 후 미국의 대중정책은 더욱 강경해졌다.[38] 이들의 퇴진으로 커트 캠벨(Kurt Campbell) 차관보와 대니얼 러셀(Daniel R. Russel) 백악관 국가안전보장회의 아시아 담당 선임 보좌관 등의 영향력이 증대되었는데, 양자는 모두가 일본 전문가로서 동맹을 강조했다. 중국 전문가의 퇴진과 함께 지역 국가에게 중국을 견제하도록 권장하는 방향으로 정책이 전환되기 시작했다.[39] 그해 말 오바마 정부는 마침내 아시아 태평양 지역으로의 재균형을 천명한다. 같은 해 11월 동아시아 방문에 나선 오바마 대통령은 호주 의회에서 행한 연설을 통해 아시아 태평양 지역과 그 미래를 형성하는 데에 있어서 미국이 더 크고 장기적인 역할을 수행하겠다는 의지를 표명했다.[40] 이어서 오바마 대통령의 지시로 작성되어 2012년 1월에 발표된 미국 국방부의 전략지침 보고서 또한 "미국의 경제적 이익과 전략적 이익이 서태평양으로부터 동아시아를 거쳐 인도양과 남아시아로 이어지는 지역의 사태발전과 밀접하게 연계되어 있다"고 지적함으로써 미군이 아시아 태평양 지역에 초점을 집중할 것임을 분명하게 했다.[41]

미국이 동아시아로의 회귀를 선언한 데는 여러 가지 요인이 작용했다. 아시아 지역의 경제적 중요성이 그 한 요인이었다. 미국은 클린턴 국무장관이 2011년 10월 14일 연설에서 지적했듯 전 세계의 경제적 중심이 동아시아로 이동하고 있다고 판단했다.[42] 2010년 미국이 한·중·일·아세안 등 동아시아 국가와 기록한 교역액은 9654억 달러로 EU와의 교역액 5021억 달러의 2배 가까이에 달했다. 또한 아시아 국가가 보유한 미국 채권은 유럽 국가가 보유한 액수보다 3.6배나 많았다.[43] 이처럼 동아시아의 경제적 중요성이 증대됨에 따라 이 지역의 경제적 활력을 활용할 필요성이 제기되었다. 다시 말해 경제적으로 비중이 증대된 아시아 시장에 대한 접근권을 확보하는 것이 경제회복과 일자리 창출에 기여한다는 판단에서 미국은 동아시아에 더 큰 주의를 기울이려 들었다.

다음으로 동아시아에서 지역협력의 움직임이 강화된 것 또한 미국의 선택에 영향을 끼쳤다. 미국이 참여하고 있지 않은 상황에서 지역협력이 강화되는 것은 이 지역에서 미국의 이익과 영향력을 제약할 가능성을 제기했다. 한국이나 일본 같은 동맹국들이 지역협력에 참여했다는 사실은 미국이 주도하는 동맹관계가 약화될 가능성마저 불러일으켰다. 여기에 더해 공약에 대한 지역 국가의 의구심이 증대되었다는 사실 또한 미국이 회귀정책을 추구하도록 작용했다. 동아시아의 미국 동맹국들은 '대공황 이후 최악의 경제적 어려움에 처한 미국이 과연 계속해서 이 지역에 주둔할 것인가'라는 의구심을 갖게 되었다.[44] 이러한 우려를 해소할 필요성이 미국으로 하여금 동아시아에서 힘의 우위를 유지할 수 있음을 보여주도록 작용했다.[45] 클린턴 미국 국무장관은 아시아 공약에 대한 지역의 의구심을 인정하고 지도력을 더 강화하고 갱신하려는 미국의 의지를 강조했다.[46]

아마도 가장 핵심적인 이유는 중국의 부상과 그로 인해 초래된 파급효과일 것이다. 미국은 자국이 중동에서 테러와의 전쟁을 수행하고 있는 동안 중국이 동아시아에서 전략적 지위를 강화해왔음을 깨닫게 되었다. 중국의 부상이 동아시아에서 미국의 주도권을 위협할 가능성에 대한 우려였다. 실제로 클린턴 국무장관은 2011년 3월 동아시아에서 미국이 중국과 영향력을 둘러싼 경쟁을 전개하고 있다고 지적했다.[47] 미국은 영향력 경쟁에서 중국에 추월당할 경우 장기적으로 동아시아에서 주도적 지위를 유지하고 군사력의 전진 배치를 유지할 능력이 약화될 것을 우려했다. 미국에게 서태평양을 중국에 내주는 것은 '다른 강대국이 동아시아를 지배하는 것을 허용하지 않는다'는 한 세기 동안 지켜온 방침을 뒤집는 것으로 수용하기 어려운 것이었다. 따라서 미국은 증대되는 중국의 영향력에 대응할 필요가 있다고 결론지었다. 이 점에서 재균형은 미국이 아시아 태평양 지역에서 중국의 영향력을 제어하고 주도적 역할을 하겠다는 의도를 표명한 것이었다.[48] 실제로 클린턴 국무장관은 외교, 경제, 전략 등에서 정책의 초점을 아시아 태평양 지역에 집중시킴으로써 금세기에도 계속해서 지도적 지위를

유지하겠다는 미국의 의지를 천명했다.[49]

다시 말해 미국은 동아시아에서의 존재를 강화함으로써 중국의 부상으로 약화된 주도권을 다시 회복하려 시도했다. 이를 위해 재균형을 통해 중국과 지역 국가에게 현상과 안정을 파괴하려는 중국의 시도를 제지할 능력과 의지가 있음을 알리려 들었다. 즉, 아시아 태평양 지역에 대한 투입을 약화시키거나, 중국과의 양강체제를 추구하지 않을 것이라는 메시지를 전달함으로써 중국의 선택에 영향을 끼치는 동시에 동아시아 국가들에도 확신을 심어주려 했다. 이 점에서 미국의 재균형은 부상하는 중국이 지역질서를 변화시키는 것을 제어하려는 시도였다.

미국은 동아시아로 회귀함에 있어서 중국의 공세적 정책이 초래한 지역 국가의 불안도 활용하려 들었다. 중국의 공세적 정책은 제4장에서 지적한 것처럼 지역 국가의 불안을 자극했다. 가령 오랫동안 미국과의 관계가 단절되었던 미얀마마저 중국에 대한 의존을 줄이려는 의도를 드러냈다. 이러한 변화를 목격하면서 미국은 중국의 증대되는 힘에 우려를 느끼게 된 지역 국가들이 미국의 존재와 전진 배치를 환영할 것으로 판단했다.[50] 중국의 공세적 외교정책과 급속한 군사 현대화가 촉발시킨 지역 국가의 우려가 미국에게 아시아에서의 존재를 다시 강화함으로써 지도력을 유지할 기회를 제공했다고 할 수 있다.

4. 재균형의 측면들

2011년 말 그 모습을 드러낸 미국의 재균형은 군사적 측면에서 가장 현저하다. 미국은 동아시아에 대한 군사적 투입을 강화하고 동맹국과의 군사협력을 강화함으로써 주도권을 유지하려는 의지를 표명했다. 그러나 미국의 재균형이 단순히 군사적 측면의 투입을 증강시키는 데 그친 것은 아니었다. 미국은 외교적 노력과 경제적 조치를 통해서도 주도권을 지속할 능력과 의지가 있음을 과시하려 들었다.

1) 군사적 투입

미국은 동아시아에서 군사적 존재를 강화하는 동시에 광범위한 배치를 추구했다. 동아시아에 대한 군사적 투입을 강화하려는 미국의 의도는 동아시아에 대한 재균형을 공식적으로 선언한 2011년 11월에 분명하게 드러났다. 오바마 대통령은 사상 최초로 동아시아정상회의에 참석하기 위해 인도네시아를 방문하는 길에 호주 다윈에 들러 미국 해병대 주둔 계획을 밝혔다. 실제로 미국은 다음 해 4월에 200명의 해병을 다윈에 주둔시켰으며, 향후 병력의 규모를 계속 증대시켜 2016년경에 2500명까지 증원시킬 계획으로 알려졌다. 다윈에 배치된 병력은 상시적 주둔이 아닌 일정 기간 주둔한 후 다른 지역으로 순환하는 방식을 취할 것으로 알려졌는데, 2012년 처음 배치된 병력은 태국과 말레이시아에서 개최된 훈련에 참가한 바 있다.[51] 이에 앞서 미국은 2011년 6월에 싱가포르와 네 척의 연안전투함을 배치하는 데 합의한 바 있다.[52]

동아시아에 대한 군사적 투입을 강화하려는 미국의 계획은 리언 패네타(Leon Panetta) 국방장관이 2012년 6월 샹그릴라 대화에서 행한 연설에서 2020년까지 미국 해군 전함의 60%를 아시아 태평양 지역에 주둔시키겠다고 밝힌 데서 가장 분명하게 드러났다.[53] 계속해서 다음 해 샹그릴라 대화에서는 척 헤이글(Chuck Hagel) 국방장관이 2020년까지 공군력의 60%를 아시아 태평양 지역에 배치하겠다는 계획을 밝혔다. 이는 미군의 주력부대가 동아시아에 주둔하게 됨을 의미한다. 이와 함께 미국 국방부는 일본 남부에 X-Band 조기경보레이더를 배치할 계획을 밝혔다. 미국은 2006년에 이미 동종의 레이더를 일본 북부에 배치한 바 있으며, 세 번째 배치를 위한 장소를 동남아시아에서 물색하고 있는 것으로 알려졌다.[54] 여기에 더해 미국은 2014년 괌에 고고도미사일방어체계(THAAD: Terminal High Altitude Area Defense System)를 배치하는 계획을 밝혔다. 이 조치는 북한 핵위협을 명분으로 제시했지만 실질적으로 중국을 목표로 한 것으로 평가된다.[55] 이러한 일련의 노력을 통해 미국은 동아시아에서 군사적 우위를 굳건하게 유지하고 또 이를 통해 주도권을 유지하려 들었다.

미국이 군사적 초점을 아시아와 태평양 지역으로 이동시킨 것은 이라크와 아프가니스탄 철군으로 인해 이 지역에 집결시킬 수 있는 군사적 자원이 증대된 것과 밀접한 관련이 있다. 이란과 이라크로부터 자유로워진 전력을 아시아로 이동시킴으로써 이 지역에서 영향력을 유지하려는 시도로 이해할 수 있다. 이러한 사실은 미국 국가안보보좌관 도닐런이 아시아로의 회귀를 군사적 균형을 회복하려는 노력으로 규정하고 있는 데서 확인된다. 미국의 군사태세가 미국의 이익과 일치하도록 하려는 시도라는 것이다.[56]

그러나 동아시아에서 군사적 존재를 강화하는 것이 중국에 메시지를 전달하는 동시에 지역 국가에 대해 신뢰성을 제고시키려는 시도라는 사실 또한 부인하기 어렵다. 미국은 중국이 군사력을 증강시킴에 따라 동아시아에 자유롭게 접근하지 못하게 될 가능성을 우려했다.[57] 특히 미국은 A2/AD 능력의 증대와 같은 중국의 군사력 강화를 위협요인으로 인식하기 시작했다. 이에 따라 동아시아에서의 군사적 존재를 강화함으로써 이러한 가능성을 차단하려 들었다. 군사적 초점을 아시아로 이동시키는 시도가 중국을 염두에 둔 조치라는 사실은 미국 국방부가 2012년 1월에 발표한 보고서에서 잘 드러난다. 아시아태평양과 동아시아 지역을 21세기 미국의 지도력을 유지하는 데 가장 중요한 지역으로 규정한 이 보고서는 장기적으로 중국의 부상이 미국 경제와 안보에 영향을 끼칠 것이라는 전제 아래 이 지역에 대한 접근과 자유롭게 작전할 수 있는 능력을 유지하기 위해 필요한 투자를 계속하겠다는 의지를 표명했다.[58] 이 점에서 군사적 재균형은 중국의 A2/AD 능력 증강에 대응하려는 시도로서의 성격을 띤다.

군사적 존재를 강화하는 동시에 미국은 동맹국 및 새로운 파트너 국가와의 군사관계도 강화하려 들었다. 지역 국가와의 군사적 관계를 강화하는 것은 방위비 삭감으로 가용 자원이 제약된 상황에서 이루어진 불가피한 선택이었다. 미국의 한 전문가는 군사력을 증강시키려는 노력에도 불구하고 궁극적으로 중국과의 군비 경쟁에서 승리할 수 없을 것으로 진단하고, 따라서 지속가능한 전략적 우위를 찾아야 한다고 규정한다. 그는 이러한 대안의 하나로 동맹네트워크의 강화를 제시한다. 그는 동맹국을 활용하여 동아시아에서 미군이 더 광범위하게 배치될수록 중국은 더 많은 국가를 공격해야 할 것이고, 또 중국이 이렇게 할 경우 더 많은 지역 국가가 미국을 지지하게 될 것이기에 중국이 전쟁을 촉발하는 것을 제어하는 데 기여할 것으로 규정한다.[59] 이런 판단이 미국으로 하여금 동맹국이나 파트너 국가와의 관계를 강화하도록 작용한다.

미국이 지역 국가와의 협력을 중시한다는 사실은 2012년 초 국방부가 아시아 동맹국 및 파트너국과의 관계가 이 지역의 안정과 성장에 결정적으로 중요하다고 규정한 데서 단적으로 드러난다.[60] 미국이 재균형과 관련하여 지역 동맹국들의 도움을 원한다는 사실은 도닐런 국가안보보좌관이 "지역의 동맹국이 지역과 세계의 안보를 위해 더 많은 책임을 분담하길 희망"한다고 지적한 데서도 확인된다.[61] 국방 예산 감축으로 초래된 현실적 제약이 미국으로 하여금 아시아 태평양 지역의 동맹국들로부터 군사적 협력을 구하도록 작용했다.

관계 강화의 초점은 일본에 집중되었다. 미국은 일본이 일본의 방어뿐 아니라 지역의 안보와 관련해서도 더 큰 역할을 하기를 원했다. 이러한 미국의 의도는 2012년 5월 발표된 3차 아미티지-나이 보고서에서 확인된다. 보고서는 일본이 군사비를 증강하지 않고, 중국의 부상을 제어하려는 의식이 없는 것이 미·일동맹을 표류하게 만들었다고 규정했다. 아울러 집단적 자위권 행사를 금지하는 평화헌법 9조를 '시대착오적인 제약(anachronistic restraints)'으로 규정하고 이를 완화함으로써 자위대가 더욱 큰 역할을 할 것을 촉구했다.[62] 이러한 인식을 반영하듯 미국은 재균형을 표명한 2011년부터 일본과 광범위한 군사협력 논의를 전개했다. 가령 미국은 일본과의 연합훈련을 통해 상호 운용성(interoperability)과 조정 능력을 증강시킴으로써 동맹을 강화하고 또 현대화하려 들었다. 아울러 2012년 4월 일본 오키나와에 주둔하고 있는 미국 해병 9000명을 괌과 호주, 필리핀 등으로 재배치하는 데 합의했다.[63]

미국은 한국과의 협력도 강화했다. 오바마 행정부는 천안함 사건을 계기로 한반도에서 한국전쟁 이래 가장 큰 규모의 연합훈련을 실시하는 등 한국과의 동맹관계를 강화했다.[64] 이는 한반도 주둔 전력의 40%를 철수시키고 한국과의 군사훈련 규모와 빈도를 축소했던 부시 대통령 시기로부터의 분명한 변화였다. 미국은 필리핀의 해상 방어능력도 제고시키려 했다. 클린턴 장관은 2011년 11월 마닐라를 방문하여 미국 해군함 피츠제럴드(USS Fitzgerald)호에서 미국의 군사 지원이 계속될 것임을 선언했다. 아울러 2012년에도 필리핀과 연례적인 연합훈련을 진행하고 연안 순시선과 레이더 등을 포함한 군사적 장비를 지원했으며 정보 공유도 강화했다.[65]

전통적인 동맹관계를 강화하는 외에도 미국은 베트남, 인도네시아, 말레이시아, 싱가포르 등과 새롭게 안보 파트너십을 형성하고 강화하기 위해 노력했다. 특히 미국과 베트남 간의 관계 발전이 현저했다. 2010년 클린턴 국무장관이 2010년 베트남과 전략적 동반자 관계를 구축하려는 의사를 표명한 데 이어, 미국은 조지 워싱턴호와 존 매케인(USS John S. McCain)호가 참가하는 연합군사훈련을 실시하는 등 군사적 관계도 강화하기 시작했다.[66] 2011년에는 미국 군함이 양국 간 연합훈련을 위해 38년 만에 처음으로 캄란 만의 해군기지를 방문했으며, 2012년 6월에는 패네타 미국 국방장관이 샹그릴라 대화에서 미국 해군력의 60%를 동아시아 배치하겠다는 계획을 발표한 직후 캄란 만을 직접 방문했다.

2) 외교적 공세

미국의 재균형은 외교적 공세도 동반했다. 외교적 공세는 경제적 어려움으로 인해 적은 비용으로 주도권을 유지해야 하는 미국의 현실을 반영했다. 금융위기의 와중에 출범한 오바마 행정부는 스마트 파워를 강조함으로써 군사적 수단에 전적으로 의존하기보다 외교적 수단을 적극적으로 활용하려는 의도를 드러냈다. 이는 국방비 감축으로 인해 초래된 현실적 어려움을 외교적 노력을 통해 상쇄하려는 시도를 반영한 것이었다.

미국이 동아시아에서 외교적 주도권을 장악하려 한다는 사실은 활발해진 동아시아 순방과 동아시아 다자협력에 대한 적극성에서 확인된다. 오바마 대통령을 비롯한 고위 지도자와 관리의 활발한 동아시아 순방은 동아시아를 경시했던 부시 행정부 시기와 분명하게 대비되는 현상이다. 클린턴 국무장관은 취임 후 첫 순방 지역으로 아시아를 선택한 이후 활발한 순방을 이어갔다. 구체적으로 클린턴 국무장관은 임기를 시작한 후 18개월 만에 다섯 차례나 아시아 지역을 방문했는데, 이는 그의 전임자인 라이스 부시 행정부 2기 국무장관이 4년 동안 아시아를 방문한 횟수와 같은 것이었다.[67] 이후 동아시아의 주도권을 둘러싼 미국과 중국 사이의 경쟁이 가열됨에 따라 클린턴 국무장관의 행동반경은 더욱 확대된다. 클린턴 국무장관은

2011년 12월 미국 고위관리로서는 50년 만에 처음으로 미얀마를 방문하여 다음 해 이루어질 오바마 대통령의 방문을 위한 토대를 마련했다. 다음 해 9월에는 미국 국무장관으로서는 처음으로 쿡(Cook) 제도에서 열린 태평양 도서국가포럼(the Pacific Island Forum)에 참석하여 외교적·안보적·경제적 지원을 강조했다. 호주와 뉴질랜드를 제외하고는 거의 모든 구성원이 태평양 지역의 작은 도서국가로 구성된 이 포럼에 미국 국무장관이 참석했다는 사실은 아시아 태평양 지역에서 가열되는 미국과 중국 간의 경쟁을 상징적으로 보여주었다.[68]

지리적으로 미국의 관심은 아세안에 집중되었다. 이러한 관심은 미국 외교정책의 중요한 변화를 반영한다. 전통적으로 동아시아에 대한 미국의 관심은 북한과 대만 문제 등 현안이 집중된 동북아시아에 치우쳤고 동남아시아에 대해서는 명확한 정책이 없었다고 해도 과언이 아니었다. 그러나 동남아시아에 대한 중국의 영향력이 증대되고 또 동아시아 지역에서 아세안이 차지하는 경제적·전략적 중요성이 증대되면서 오바마 정부는 동남아시아에 대한 관심을 증대시키게 된다.[69] 이러한 사실은 2012년 11월 오바마 대통령이 재선에 성공한 후 첫 해외 순방 대상으로 태국, 미얀마, 캄보디아 등 아세안 국가를 선택하고 또 캄보디아에서 개최된 동아시아정상회의에 참가했다는 사실에서 단적으로 드러났다. 오바마 대통령이 재선에서 승리한 직후 곧바로 동아시아를 방문한 것은, 도닐런 국가안보보좌관이 밝혔듯, 미국이 아세안을 중시한다는 사실을 잘 보여주었다.[70] 아울러 오바마 대통령이 2년 연속 동아시아정상회의에 참가한 것은 1년에 동아시아를 두 차례 방문할 수 없다는 입장을 견지했었던 부시 행정부 시기로부터의 분명한 변화였다.

이처럼 활발한 순방을 통해 미국은 이 지역에서 증대되는 중국의 영향력에 대처하려 들었다. 이러한 사실은 오바마 대통령이 사상 최초로 미얀마를 방문함으로써 1990년 군사 쿠데타 발생 후 중단되었던 미얀마와의 관계를 재개한 데서 확인된다. 미국은 관계 개선의 의지를 보임으로써 중국에 대한 경제적·군사적 의존을 감축하려는 신호를 보낸 미얀마의 노력에 호응했다.[71] 이에 앞서 미국은 인도차이나 반도에서 중국의 영향력이 강화되는 추세를 변화시키려는 시도를 전개한 바 있다. 예를 들어 클린턴 국무장관은 2010년에 캄보디아와 협력을 강화하려 시도하면서 중국에 지나치게 의존하지 말 것을 촉구했다.[72] 또한 앞에서 지적한 것처럼 미국은 중국과 영해 문제로 갈등을 벌인 베트남과의 관계도 강화하려 시도했다.

이러한 관계 개선을 통해 미국은 동남아시아 국가와 중국 사이의 간극을 창출하려 들었다. 가령 클린턴 국무장관은 남중국해 분쟁이 여전히 진행 중이던 2011년 11월 마닐라 만에 정박해 있던 미국 해군함에 올라 필리핀과 함께 싸울 것이라고 선언함으로써 서필리핀 해(남중국해의 필리핀식 명칭)의 주권을 주장하는 필리핀에 대한 지지를 표명했다.[73] 아울러 클린턴 국무장관은 2012년 9월에도 아시아 6개국 순방에서 남중국해 분쟁과 관련하여 중국에 대해 연합전선을 취할 것을 촉구했다. 그는 베이징을 방문하기 전 자카르타에서 행한 기자회견에서 11월로 예정된 동아시아정상회의 이전까지 남중국해 행동규약과 관련한 가시적 성과를 도출할 필요성을 강조했다.[74] 이는 아세안에게 중국과 협상하기에 앞서 내부적 합의를 마련한 후 다시 중국과 협상할 것을 촉구한 것으로서 중국의 입장과는 상반된 것이었다.

이처럼 미국은 지역 국가와 양자차원에서 활발하게 교류했을 뿐 아니라 다자협력에도 적극적으로 임했다. 앞에서 제시한 것처럼 미국은 동아시아에서 오랫동안 양자동맹을 중시하고 다자주의를 경시했다. 그러나 오바마 행정부는 다자협력에도 관심을 기울였다. 다자협력에 참여하는 것이 지역에서의 주도권을 유지하고 또 영향력 균형을 미국에게 유리하게 만드는 데도 기여할 것이라는 현실주의적 판단에서였다.[75] 아울러 다자기구가 직접적으로 대결하지 않고도 중국의 영향력을 제어할 수 있는 토대를 제공한다는 인식도 작용했다.[76] 여기에 더해 다수의 미국 동맹국이 참여하고 있었다는 사실 또한 미국으로 하여금 다자적 틀에 적극적으로 임하도록 작용했다. 다시 말해 미국은 동아시아 다자협력에 적극으로 참여함으로써 미국의 공약에 대한 지역 국가의 신뢰를 강화하는 동시에 지역질서 형성에서도 주도권을 유지하려 들었다.

이러한 판단에 따라 오바마 행정부는 동아시아정상회의에 참여했다. 이는 아세안이 주도하는 다자협력에 대한 미국의 정책이 적극적으로 변화했음을 의미한다.[77] 사실 동아시아정상회의 참여를 둘러싸고 미국 내에서는 논쟁이 존재했다. 국무부가 참여를 강력히 지지한 반면에 경제 관련 부처들은 APEC을 약화시킬 것이라는 우려를 제기했다. 여기에 더해 백악관에서는 대통령의 일정 문제를 들어 이의를 제기했다.[78] 이러한 논쟁을 거쳐 오바마 대통령은 2011년 최초로 동아시아정상회의에 참가했는데, 이는 미국 내에서 전략적 고려가 승리했음을 의미한다. 다시 말해 참여를 통해 미국은 아시아 태평양 지역에 강력한 메시지를 보내고 미국의 공약에 대한 신뢰도 제고시키려 들었다.[79] 이는 동남아시아 국가에 대한 관여정책이자 동아시아에서 증대되는 중국의 영향력에 대응하려는 시도였다. 다시 말해 미국은 자국이 창립 과정에 관여하지 않은 동아시아정상회의에 참여하는 보기 드문 조치를 취함으로써 동남아시아에서 광범위하게 존재하는 선의의 무시라는 인식을 해소하려 시도했다. 미국이 지역에 존재하는 다양한 다자적 협력 틀 가운데 동아시아정상회의를 선택했다는 것은 정치적·안보적 이슈를 다루기에 가장 적절하다고 판단했음을 의미한다.

미국은 단순히 동아시아정상회의에 참여하는 데 그치지 않고 그 의제에도 영향을 끼치려 들었다. 대표적으로 미국은 2011년 발리 동아시아정상회의를 앞두고 비확산과 해상안전이라는 새로운 의제를 다룰 것을 제안했다. 특히 해상안전 이슈는 남중국해에 대한 중국의 정책을 비판하기 위한 것으로 지역 국가의 호응을 얻었다. 실제로 오바마 대통령은 다자적 틀에서 문제를 거론하는 것에 대한 중국의 반대에도 불구하고 회의에서 남중국해 문제를 거론함으로써 중국을 압박했다. 이러한 미국의 조치에 호응하듯, 18개의 참가국 가운데 캄보디아와 미얀마 정상을 제외한 대부분의 정상들이 해상안전 문제를 거론했다.[80] 그 대신 미국은 재정이나 무역과 같은 다른 이슈에 대해서는 선의의 무시 전략을 견지했다.[81] 다시 말해 미국은 경제협력이나 비전통 안보 이슈를 다뤄온 동아시아정상회의에서 남중국해 분쟁이나 북한 핵 문제와 같은 전통적 안보의제를 다루려 시도했다. 이는 의제 설정에 영향을 끼침으로써 동아시아정상회의를 지역의 외교와 안보 문제를 다루는 최고의 기구로 만들려는 미국의 의도를 보여준다.

3) TPP 추진

경제 측면은 미국의 재균형과 관련하여 가장 쉽게 간과되곤 한다. 이는 미국이 취한 재균형 조치가 초기에 주로 군사적 측면과 외교적 측면에 집중되었기 때문이다. 그러나 경제적 재균형 또한 주도권 회복을 위한 미국의 노력에서 중요한 비중을 차지한다. 이는 동아시아의 경제적 활력과 밀접한 관련을 갖는다. 오바마 행정부는 아시아 태평양 지역이 미국의 장기적 번영에 매우 중요하다고 판단했다. 구체적으로 아시아는 2017년까지 미국을 제외한 전 세계 성장의 50% 가까이 차지할 것으로 평가되었다.[82] 따라서 아시아로의 수출과 투자는 미국경제의 회복과 성장에서 핵심적 지위를 점하는 것으로 간주되었다.

이러한 사실이 경제회복이라는 목표를 강조하는 미국으로 하여금 아시아에 적극적인 관심을 기울이도록 작용했다. 특히 동아시아에서 경제적 입지를 강화하는 것은 2015년까지 수출을 2배로 늘리겠다는 오바마 대통령의 목표를 달성하는 데 기여할 것으로 인식되었다. 다시 말해 세계경제의 중심으로 부상하고 있는 아시아 태평양 지역과의 밀접한 경제적 연계를 확보하는 것은 미국의 장기적 번영을 담보한다. 여기에 더해 미국의 동아시아로의 재균형이 안보 측면에서의 자원 투입에만 그치고 이 지역의 경제적 상황에 영향을 끼치지 못할 경우 회귀정책 자체의 지속성에 장애가 초래될 수 있다는 사실 또한 미국으로 하여금 경제적 연계를 강화하도록 작용했다.

아시아에서 경제적 주도권을 회복하고 중국의 영향력을 상쇄하려는 미국의 시도는 환태평양경제동반자협정(TPP: Trans-Pacific Partnership) 추진에서 단적으로 확인된다. TPP는 2005년 싱가포르, 뉴질랜드, 칠레, 브루나이 등 4개 소국 사이의 무역자유화에 대한 합의로 출발했다. 오바마 대통령은 2011년 호주 다윈에서 미국 해병을 주둔시킬 계획을 발표하기 직전 하와이에서 열린 APEC 회의에 참석하여 TPP에 대한 지지를 표명했다. TPP 추진은 도닐런 국가안보보좌관이 2013년 3월 한 연설에서 지적했듯 경제적 재균형정책의 핵심이다.[83] 미국이 TPP를 추진하는 것은 단순히 새로운 FTA를 추구하는 데 그치지 않는다. 미국이 TPP 참여국가들 가운데 호주, 칠레, 페루 등과 이미 FTA를 체결했으며 또 나머지 참여국은 미국의 경제성장에 기여하기에는 너무 작다는 사실이 이를 보여준다. TPP를 추진하는 더 중요한 이유는 이 지역에서 경제적 주도권을 장악하는 데 있다.[84] 이러한 의도에서 미국은 한국과 일본 등 동맹국을 비롯하여 많은 국가들의 TPP 참여를 이끌어내기 위해 노력했다. TPP가 충분한 영향력을 행사하려면 일정한 규모에 달해야 하기 때문이다. 그 결과 캐나다와 멕시코가 참여했고, 2013년 3월에는 일본 또한 협상 참여를 공식적으로 선언했다.

TPP는 경제적 측면에서 미국의 회귀를 보여주는 핵심이다. 이는 이 지역에서의 경제협력이 중국이 주도하는 아세안+3 중심으로 진행되어왔다는 사실과 밀접하게 관련을 갖는다. 미국은 TPP를 추진함으로써 이 지역의 경제협력이 중국 중심으로 전개되는 상황을 제어하고 자국의 주도권을 회복하려 들었다.[85] 실제로 도닐런 국가안보보좌관은 후일 TPP의 가장 중요한 목표는 전략적인 데 있다는 주장을 제기했다. 그는 TPP가 아시아에서 미국의 지도력을 공고화시킬 것이고 TPP와 동시에 추진하고 있는 유럽과의 FTA격인 범대서양무역투자동반자협정(TTIP: Transatlantic Trade and Investment Partnership)가 체결될 경우 미국이 다음 세기 세계경제를 지배할 규칙을 제정할 수 있다고 주장했다.[86] 물론 미국은 공식적으로는 중국이 규칙과 표준을 수용하는 한 TPP에 참여할 수 있다는 입장을 견지한다. 그러나 미국은 TPP에 서비스 분야, 지적 재산권, 투자, 국영기업 문제, 노동의 권리 보호, 경상수지 통제조치의 사용 자제 등 중국이 수용하기 어려운 조건을 포함시킴으로써[87] 동아시아 경제 질서 형성과 관련하여 주도권을 확보하려는 의지를 드러냈다.[88]

5. 중국에 대한 봉쇄?

그렇다면 재균형은 과연 미국의 대중정책에 근본적 변화가 발생함을 의미하는가? 다시 말해 미국은 재균형을 통해 그동안 유지해온 관여와 위험회피라는 이중적 대중정책으로부터 본격적인 봉쇄정책으로 이행하려 드는가?

앞에서 살펴본 것처럼 재균형은 미국이 중국에 대한 관여정책에서 봉쇄정책으로 이행하려 한다는 판단을 촉발시킬 수 있는 요인들을 포함했다 이에 따라 재균형이 중국에 대한 봉쇄라는 주장이 제기되기도 했다. 가령 한 전문가는 오바마 행정부가 군사력 증강을 통해 절대적 우위를 추구하고 또 미군의 순환 배치, 연안전투함의 싱가포르 배치, TPP 등을 포함하는 포괄적 봉쇄 패키지를 추구한다는 점에서 재균형을 봉쇄정책으로 규정할 수 있다고 지적했다.[89] 오바마 대통령이 국방비가 감축되더라도 아시아에 대한 군사예산에는 영향을 끼치지 않을 것이라고 강조했고 도닐런 국가안보보좌관이 오바마 행정부 내내 재균형 정책을 이행할 것임을 강조했다는 사실 또한 재균형이 중국에 대한 봉쇄정책이라는 평가를 촉발시켰다.[90]

그러나 미국의 재균형이 중국에 대한 봉쇄를 의미한다고 규정하기 어렵게 만드는 측면이 존재하는 것 또한 사실이다. 먼저 오바마 정부 자체가 동아시아로의 재균형을 중국에 대한 봉쇄로 간주하는 시각을 경계했다. 대표적으로 오바마 대통령은 호주에서의 연설에서 미국이 중국을 배제하려 한다는 시각은 잘못된 것이라고 규정했다. 아울러 패네타 국방장관도 2012년 9월 시진핑 국가부주석과의 면담에서 아시아로의 재균형이 중국의 부상을 봉쇄하려는 시도가 아님을 설득하려 노력했다.[91] 이는 재균형과 관련한 미국의 의도에 불분명성이 존재함을 의미하는데, 이러한 사실은 미국 내에서 논쟁을 촉발시키기도 했다. 재균형과 관련하여 미국에서는 말에 비해 행동이 취약하다는 비판과 군사적 측면에만 너무 집중한다는 서로 다른 방향으로부터의 비판이 동시에 제기되었다. 아울러 중국을 제어하지 않고 너무 내버려 둔다는 비판과 중국을 지나치게 자극한다는 서로 상반된 비판도 동시에 제기되었다.

이러한 불분명성은 미국의 재균형이 중국에 대한 본격적인 봉쇄를 의미한다고 규정하는 것을 어렵게 만든다. 미국이 중국에 대한 봉쇄를 본격적으로 추구하지 못하는 이유는 몇 가지로 집약할 수 있다. 우선, 미국은 국제문제와 지역 문제를 해결하는 데 중국의 도움을 필요로 한다. 도닐런 국가안보보좌관이 지적하듯 북한과 이란 문제로부터 세계 경제의 재균형, 기후변화에 이르기까지 수많은 문제들이 중국의 협조 없이는 해결되기 어렵다.[92] 이러한 현실이 중국의 반발을 초래할 봉쇄정책을 제약하고 관여정책을 유지할 필요성을 제기했다. 즉, 미국은 중국과 솔직하게 대화하고 중국에게 국제법을 존중할 필요성을 설득해야 하지만, 중국의 협력을 유도하기 위해서는 재균형이 지나치게 공세적이어서는 안 되는 현실에 직면했다. 미국의 봉쇄정책은 안보에 대한 불안감을 자극함으로써 중국의 민족주의를 강화시킬 위험을 내포했다. 아울러 중국을 배제하려 한다는 인식이 창출될 경우 중국의 협력을 얻으려는 노력이 어려움에 처할 가능성도 존재했다. 즉, 재균형이 중국을 봉쇄하려는 시도라는 의구심을 촉발시킬 경우 중국과 좀 더 건설적 관계를 건립하려는 미국 행정부의 희망에 장애가 초래될 가능성이 미국의 선택을 제약했다. 실제로 미국에서는 아시아정책이 한국이나 일본과의 기존 동맹만을 강조해서는 안 되고 중국과의 협력을 제도화하려는 노력도 포함해야 한다는 주장이 사라지지 않았다.[93]

동아시아에서의 세력균형을 근본적으로 전환시킬 수 있을 것인가의 여부가 분명치 않다는 사실 또한 미국의 선택을 제약한다. 물론 이는 논쟁적인 이슈다. 한 전문가의 지적처럼 미국과 중국 사이의 군사력 격차가 여전히 큰 것을 부인하기 어렵지만,[94] 미국이 장기적으로 이러한 격차를 유지할 수 있을 것인가에 관한 의구심이 존재하는 것 또한 사실이다. 대표적으로 2020년까지 해군력의 60%를 아시아 태평양 지역에 배치하겠다는 미국의 계획과 관련하여, 한 전문가는 미국 해군정보국의 평가를 근거로 이러한 노력이 이 지역에서 미국의 군사적 우위를 유지하기에 충분치 않을 가능성을 제기한다.[95] 그는 현실적으로 미국 해군전력의 상당 부분이 이미 아시아 태평양 지역에 배치되어 있다고 지적한다. 구체적으로 항공모함, 순양함, 구축함, 잠수함 등 186척의 주요 재래식 전투함 가운데 54%인 101척이 태평양에 배치되어 있다. 이러한 사실을 고려할 때 해군의 전력 증강에는 한계가 있을 수밖에 없다는 평가이다. 미국은 2020년까지 181척의 함정을 구비할 계획인데 이 가운데 60%가 태평양에 배치될 경우 109척이 태평양 지역에 배치됨을 의미한다. 이는 실질적으로 이 지역에 8척의 함정이 더 배치되는 데 그친다는 의미이다. 반면에 그는 지금까지의 추세가 지속될 경우 중국의 해군전력이 상당히 증대될 것으로 평가한다. 구체적으로 중국은 2020년까지 106척의 주요 전함을 구비하게 될 것인데 이는 미국의 109척과 큰 차이가 없는 것이다. 여기에 더해 대륙국가인 중국은 남중국해나 동중국해에서 충돌이 발생할 경우 연안으로부터의 지원과 같은 구조적 우위를 누릴 수 있다. 가령 해양 공격에 투입될 수 있는 중국 전투기의 숫자는 2009년 135대에서 2020년 348대로 2배 이상 증대할 것으로 예상되는 데 반해 서태평양의 육상기지에서 발진하는 미국의 공군력은 소수의 기지에 한정되어 있고 또 이 기지 자체가 중국의 미사일 공격에 노출되어 있다. 이러한 사실을 근거로 이 전문가는 미국이 아시아 태평양 지역에서의 군비경쟁에서 승리할 것으로 기대해서는 안 된다고 주장한다.[96]

더욱이 이러한 평가는 미국의 국방비 감축을 고려하지 않은 것이다. 널리 알려진 것처럼 미국의 국방 예산은 2011년의 예산통제법(The Budget Control Act)에 따라 2012년부터 10년 동안 4870억 달러 감축될 예정이다. 여기에 더해 재정 적자 규모에 관한 합의를 도출하려는 노력이 실패한 결과 발동된 자동삭감(sequestration) 조치로 인해 국방 예산이 2013년부터 10년 동안 5000억 달러 정도가 추가로 감축될 가능성까지 고려하면 모두 1조 달러 가까운 감축이 예상된다.[97] 이러한 엄청난 규모의 예산 감축은 미국이 아시아 태평양 지역에서 군사적 대비태세를 유지하는 데 장애를 초래하고 따라서 효과적인 작전능력을 구비할 수 있을 것인가라는 의구심을 초래했다. 실제로 예산 제약으로 인해 헤이글 국방장관은 재균형을 구현할 국방정책에 대한 재검토를 지시했고 미국 군부에서는 예산 감축이 재균형을 실천에 옮길 능력을 약화시킬 위험이 있다는 주장을 제기했다.

경제적 측면에서의 회귀 역시 동아시아에서 힘의 균형을 근본적으로 전환시키기 어려울 것으로 평가된다. TPP가 미국이 지역 통합을 주도하는 도구가 될 것인가에 불확실성이 존재한다. 우선, 도하라운드보다 더 야심적인 TPP의 의제가 온전하게 실현될 수 있을 것인가와 관련한 의문이 제기된다. 가령 아베 정부가 강한 국내적 저항을 극복하고 TPP의 성공적 출범을 위해 필요한 양보를 할 수 있을 것인가? 또 베트남이나 말레이시아 같은 국가가 정부구매와 관련한 TPP의 높은 표준을 수용할 수 있을 것인가?[98] 실제로 TPP 협상은 미국이 설정했던 애초의 기한인 2011년 11월을 넘긴 데 이어 2013년 10월 인도네시아 APEC정상회의 이전까지 마무리한다는 2차 기한도 넘겼다. 여기에 더해 과연 TPP가 중국이 지역의 교역을 주도하는 상황을 근본적으로 변화시킬 수 있는가의 문제도 남는다. 중국이 거의 모든 지역 국가의 최대 교역 대상국이라는 현실을 고려할 때 중국이 빠진 TPP가 지역경제를 주도할 수 있을 것인가라는 의문이 제기될 수밖에 없다.

이에 따라 미국의 고위관리들은 동아시아 동맹국과의 관계 강화를 강조하면서도 중국에 대한 본격적인 봉쇄연합을 구축하려는 신호를 보내지 않았다. 재균형을 선언한 후 미국은 동아시아 동맹국에 대한 공약을 강화했다. 구체적으로 미국은 중국과 영토 분쟁 중인 필리핀에 대한 지원을 강화했다. 또 미국 정부는 센카쿠를 둘러싸고 중국과 갈등을 벌이는 일본에 대한 방위공약도 강화했다. 그러나 이처럼 동맹국에 대한 지원을 강화하면서도 동시에 미국은 이러한 지원이 지역 국가와 중국 간의 충돌로 이어지지 않도록 관리하려 들었다. 한 사례로 미국이 2012년 4월 28일 워싱턴에서 개최한 필리핀과의 2+2 회의를 들 수 있다. 필리핀 외교부 대변인에 따르면 필리핀은 이 자리에서 미국에게 당시 진행 중이던 황옌도 사건에 대해 정식으로 통보했다. 그러나 미국은 회의를 30분 만에 끝냈고 회의 후 기자회견에서 클린턴 국무장관은 미국이 남중국해 문제와 관련하여 어느 편도

들지 않을 것임을 표명하는 등 차분하게 처리하려는 의도를 내보였다. 필리핀 야당인사는 이러한 미국의 행태를 중국에 대한 미국의 관심이 필리핀에 대한 흥미보다 훨씬 큼을 보여준 것으로 평가했다.[99] 아울러 미국은 2012년부터 본격화된 센카쿠 분쟁과 관련하여 미·일동맹의 범위에 포함되는가의 문제와 관련하여 모호성을 유지하려는 입장도 노정시켰다. 이러한 미국의 태도는 2010년 한반도에서 긴장이 고조되는 것을 우려하여 미국이 한국에 지원할 수 있는 한계를 밝혔던 것과 맥을 같이한다.[100] 이처럼 미국은 동아시아로의 재균형에도 불구하고 이 지역에서 중국에 대한 본격적인 봉쇄를 위한 연대를 추구하지 않았다.

나아가 시간이 지나면서 미국의 고위관리들은 재균형의 군사적 측면에 대한 강조를 완화시킨 반면에 중국과의 긍정적 관계 건립을 강조했다. 이러한 사실은 2013년 오바마 2기 정부의 출범과 함께 분명해졌다. 클린턴 국무장관의 후임자인 존 케리(John Kerry) 국무장관 지명자는 인사청문회에서 재균형의 군사적 측면을 완화시키려는 의도를 드러냈다.[101] 도닐런 국가안보보좌관도 2012년 11월의 연설에서 군사력이나 인권 및 민주주의를 강조하는 대신에 중국과의 안정적이고 건설적 관계를 강조함으로써 클린턴 국무장관과 차이를 보인 데 이어, 2013년 6월의 오바마·시진핑 회동 결과를 설명하면서도 미·중 사이의 건설적 관계를 형성하기 위한 노력을 재균형의 핵심 부분으로 규정했다.[102] 도닐런의 후임인 수전 라이스(Susan E. Rice) 국가안보보좌관 또한 같은 해 11월에 행한 연설에서 일본과의 동맹이 아닌 중국과의 새로운 형태의 강대국 관계를 부각시켰다.[103] 이처럼 중국과의 관계 강화를 동맹국과의 관계 강화와 함께 재균형 전략의 핵심 요소로 규정함으로써 미국은 동맹국과의 관계와 중국과의 관계 모두를 유지하려는 의도를 드러냈다. 이러한 사실은 미국이 한편으로 중국에 대한 경계를 표명했지만 동시에 중국을 적대시하는 것도 자제했음을 제시한다.

이상의 논의는 동아시아로의 재균형에도 불구하고 미국의 대중정책에 여전히 양면성이 존재함을 보여준다. 미국은 동아시아에서의 존재를 강화함으로써 유리한 힘의 균형을 유지하고 또 중국의 행동을 규제하려 들었다. 이는 미국이 다양한 역량을 동원하여 중국의 향후 선택과 전략을 제한하고 형성하려 듦을 의미한다. 실제로 도닐런 국가안보보좌관은 미국의 회귀를 아시아 태평양 지역에서 규범과 규칙 형성을 촉진함으로써 미국의 이익을 제고시키려는 시도로 규정한 바 있다.[104] 아울러 미국은 국무부 동아시아 태평양 담당 차관보로 자리를 옮긴 러셀이 2014년 초 아시아 태평양 지역에 남겠다는 결심과 공약이 변화하지 않았음을 밝힌 데서 드러나듯, 재균형에 대한 공약을 계속해서 유지했다.[105] 이처럼 미국은 한편으로 중국의 선택에 영향을 끼치려 들면서도 동시에 이러한 시도가 본격적 경쟁으로 이어지지는 않도록 관리하려 들었다. 미국이 여전히 중국과 대화를 계속하고 또 협력을 유도하려 들었다는 점에서 재균형은 중국과 본격적 대결을 감수하는 전면적 봉쇄와 차이를 보인다. 이처럼 실질적인 변화가 없었음에도 불구하고 재균형의 견제적 측면이 과도하게 강조되면서 미국의 대중정책이 표류하는 것이 아니냐는 의구심이 촉발되기도 했다.

6. 재균형과 동아시아 질서

이상의 논의는 미국이 재균형을 통해 동아시아에서 주도권을 공고화하고 또 지역의 안정도 유지하려 듦을 제시한다. 그렇다면 재균형이 동아시아 질서에 끼칠 영향은 무엇인가? 과연 중국의 부상으로 인한 변화를 억제하고 지역질서를 안정시키려는 미국의 노력은 중국을 제어하고 동맹국을 안심시킬 수 있을 것인가?

재균형이 동아시아 질서에 끼칠 영향을 검토함에 있어서 미국의 전략이 2개의 상반된 목표를 동시에 추구함으로써 그 내부에 모순과 혼선의 씨앗을 내포하고 있다는 사실을 주목할 필요가 있다. 한편으로 미국은 재균형을 통해 동맹국을 포함한 지역 국가에 장기적 존재와 주도권에 대한 확신을 심어주려 시도했다. 다른 한편으로 미국은 중국과의 협력도 강조함으로써 재균형이 중국에 대한 봉쇄가 아니라는 사실을 강조했다. 그러나 이러한 2개의 목표 사이에 충돌 가능성이 존재한다.

미국의 재균형은 동아시아의 동맹국으로 하여금 중국에 강경책을 취하도록 자극할 가능성을 내포한다. 구체적으로 오바마 정부의 안보 공약 강화는 동맹국들로 하여금 미국의 재균형을 활용하여 중국과의 분쟁에 대응하도록 자극할 수 있다. 특히 초창기에 동맹국과의 군사관계를 강조하고 연합훈련을 강화하는 등 재균형의 초점이 군사적 측면에 주어졌다는 사실은 지역 국가로 하여금 재균형이 중국을 겨냥한 것이라고 인식하도록 작용할 수 있다. 일본과 필리핀 등 중국과 분쟁을 진행 중인 동맹국은 동아시아에 대한 미국의 안보 공약이 강화되는 것을 목격하면서 중국에 대한 견제를 추구하려 시도할 수 있다. 이러한 강공책은 다시 중국의 반격을 초래할 가능성이 크다. 아울러 미국의 재균형은 중국 내에서 미국이 중국을 봉쇄하려 한다는 주장에 정당성을 제공함으로써 군부를 위시한 강경파의 입지를 강화시키고 나아가 군사력을 강화하고 영토를 방위하려는 노력을 강화시킬 수 있다.[106] 이는 미국의 재균형이 동아시아에서 긴장과 대치를 촉발시킬 가능성을 제시한다. 이 경우 미국은 안정을 유지하기 위해 공약을 더욱 강화해야 하는 상황에 직면할 수 있다.

그러나 이것이 곧 미국의 재균형이 동아시아에서 새로운 냉전을 촉발시키거나 진영적 대결을 고착화시킬 것임을 제시하는 것은 아니다. 동아시아에서의 대결과 불안정은 미국이 원하는 것이 아니다. 오히려 미국은 지역에서 충돌이 발생하고 안정이 파괴되는 것을 방지하는 데 이익을 갖는다. 아울러 앞에서 언급한 것처럼 국제 문제의 해결이나 경제적 이유로 인해 중국과 협력관계를 유지할 동기도 지닌다. 따라서 재균형에도 불구하고 미국은 지역 국가와 중국 사이의 충돌을 방지하려 들 가능성이 크다. 다시 말해 미국은 지역 동맹국이 상황을 통제할 수 없는 방향으로 몰고 가는 것을 원하지 않는다. 여기서 미국과 중국이 갈등을 전개하면서도 충돌을 회피하기 위해 협력을 유지하려 노력할 가능성을 목격할 수 있다.

종합하면 미국의 재균형은 동아시아 질서의 복합성을 제고시킬 가능성을 제기한다. 이제 이러한 동아시아의 복합성을 갈등과 대치의 확산과 협력을 유지하기 위한 움직임이라는 2개의 서로 다른 측면으로 구분하여 살펴보자.

제6장 동아시아의 긴장과 대치

미국의 재균형은 동아시아 질서의 복합성을 제고시킬 가능성을 제기했다. 한편으로 재균형은 지역 국가와 중국을 자극함으로써 동아시아에서 긴장과 대치를 심화시킬 가능성을 제공했다. 다른 한편으로는 미국이 재균형에도 불구하고 중국과의 관계를 계속해서 강조함에 따라 이 지역에서 충돌을 피하고 협력을 구축하려는 움직임 또한 계속될 것으로 기대할 수 있다. 이 장과 다음 장에서는 미국의 재균형으로 촉발된 동아시아 지역의 상호작용을 검토하게 될 것이다. 충돌을 피하고 협력을 구축하려는 움직임에 대한 검토는 다음 장으로 미뤄두고 이 장에서는 재균형이 촉발시킨 긴장과 대치를 살펴보자.

재균형은 동아시아의 일부 국가로 하여금 중국에 강경하게 대응하도록 작용했다. 일본과 필리핀은 동맹 및 파트너 국가와의 관계를 강화하겠다는 미국의 선언을 영토 분쟁과 관련하여 도움을 주겠다는 신호로 이해하고 중국에 강경한 정책을 취했다. 이처럼 일부 지역 국가들이 미국의 재균형에 적극적으로 호응함에 따라 중국은 외교적으로 도전에 직면했다. 이는 미국이 테러와의 전쟁에 매몰되어 있는 기회를 활용하여 영향력을 증대시켰던 이전의 상황과 분명하게 대비된다. 재균형이 동아시아에서 영향력을 제고시킨다는 목표에 도전을 제기함에 따라 중국은 미국의 재균형을 의심의 눈으로 보았다. 그러면서도 중국은 재균형을 실천할 미국의 능력과 의지에 대해서는 의구심을 지녔다. 이러한 이중적 의구심에 따라 중국은 강경한 대응을 통해 미국의 재균형을 완화시키려 시도했다. 흥미로운 점은 중국이 재균형에 대한 대응의 초점을 미국이 아닌 지역 국가에 집중시켰다는 사실이다. 이는, 미국과의 직접적인 충돌은 피하면서, 지역 국가에는 미국이 도움이 되지 않는다는 사실을 또 미국에게는 재균형이 지역의 불안정을 촉발시킨다는 메시지를 전하려는 시도였다.

지역 국가와 중국의 의도가 상호작용한 결과 동아시아에서는 긴장이 제고되고 심지어 대치상황이 초래되었다. 이러한 사실은 영토를 둘러싼 분쟁이 심화된 데서 단적으로 확인된다. 분쟁에 개입된 지역 국가들이 미국을 활용하여 중국을 견제하려 들고, 중국 또한 이러한 시도에 강경하게 대응함에 따라 해상영토를 둘러싼 분쟁이 더욱 심화되었고 심지어 대치국면마저 출현했다. 영토 분쟁의 심화는 미국의 재균형에도 불구하고 또는 미국의 회귀로 인해 이 지역에서 안보 딜레마가 현재화되었음을 의미하는데, 이는 중국과 지역 국가가 갈등을 표출하는 것을 자제했던 이전의 상황과 분명하게 대비된다.

미국의 재균형, 지역 국가의 호응, 그리고 중국의 반발이 상호작용한 결과로 나타난 지역의 긴장과 대치를 검토하기 위해 다음에서는 우선 미국의 재균형에 대한 지역 국가의 적극적인 호응을 살펴볼 것이다. 구체적으로 일본, 필리핀, 베트남 등이 어떻게 미국의 정책에 호응하고 또 활용하려 들었는가를 검토할 것이다. 계속해서 이에 대한 중국의 대응을 고찰한 후, 동아시아에서 출현한 분쟁과 대치를 검토하게 될 것이다. 마지막으로 이러한 일련의 상호작용에 대한 미국의 대응과 그로 인해 촉발된 미·중갈등을 논의하고 끝을 맺을 것이다.

1. 재균형에 대한 지역 국가의 호응

지역 국가들은 전반적으로 미국의 재균형을 환영했다. 중국의 지속적인 군사력 증강과 공세적 행동이 위협의식을 제고시켰음을 고려할 때,[1] 지역 국가가 미국의 회귀를 환영한 것은 당연하다고 할 수 있다. 중국에 대한 경계심이 확산되면서 지역 국가들 사이에서는 미국의 회귀가 동아시아에서의 힘의 균형을 유지하는 데 기여할 것이라는 인식이 확산되었다.[2] 이러한 인식은 다시 정책 변화로 이어졌다. 동아시아 지역주의를 주창해온 말레이시아가 미국과 포괄적 동반자 관계를 확립했고, 캄보디아, 라오스, 미얀마, 태국 등 비교적 중국과 가깝다고 평가되는 국가들까지도 동아시아에 대한 관여를 증강시키려는 미국의 노력을 환영했다.

미국의 재균형에 대한 호응은 일본, 베트남, 필리핀 등 중국과 분쟁을 벌이고 있는 국가에서 특히 분명했다. 이 국가들은 관계를 강화하려는 미국의 시도를 영토 분쟁과 관련하여 도움을 주겠다는 신호로 이해하고 중국에 대해 강경한 정책을 추구했다. 이는 지역 국가들이 중국과의 분쟁을 국제화하려 들었음을 의미한다. 즉, 중국과 분쟁 중인 국가들은 영토 문제의 국제화를 통해 미국이 개입할 토대를 마련하려 했다. 이러한 사실은 중국에 대해 위험회피전략에서 견제전략으로 이동한 일본에서 가장 분명하며, 필리핀 또한 중국을 견제하려는 의도를 드러냈다. 한편 베트남은 견제의 측면을 강화하면서도 여전히 관여의 측면을 유지하려 들었다는 점에서 일본이나 필리핀과 차이를 보였다.

1) 일본: 대중견제로의 이동

일본은 미국에 의한 재균형 전략에서 중심적인 역할을 할 것으로 기대되었다. 이러한 기대에 부응하듯 일본은 재균형 전략에 가장 적극적으로 호응했다. 무엇보다도 중국의 부상에 대한 우려가 일본으로 하여금 미국의 회귀에 적극적으로 호응하도록 작용했다. 일본은 30년 넘게 고도성장을 지속해온 중국을 두려워하기 시작했고, 중국의 부상이 미국의 쇠퇴와 어우러지면서 일본의 역할이 위축될 가능성을 우려하게 되었다. 특히 상대적 쇠퇴를 경험하고 있는 미국이 중국과의 관계를 더욱 중시하는 방향으로 정책을 전환하게 될 경우 주변화될 가능성을 우려했다. 이러한 우려에서 일본은 미국과의 동맹을 강화함으로써 지역질서를 유지하려 했다. 여기에 더해 방위 능력도 강화시키려 들었다. 이는 미국과 중국이 경쟁하는 상황에서 안보상의 역할을 강화함으로써 영향력을 유지하려는 시도이자 동시에 미국의 공약이 약화되는 만일의 경우에 대비하려는 노력이기도 했다.

(1) 미·일동맹 강화

일본이 미국의 재균형에 본격적으로 호응하기 시작한 것은 2012년 말 자민당이 재집권에 성공한 이후이다. 자민당의 아베 총리는 부상하는 중국을 위협으로 규정했다. 대표적으로 아베 2차 정권 출범 후 최초로 발표된 2013년 방위백서는 중국을 안보상 중대한 위협으로 규정했다.[3] 이처럼 중국을 위협으로 보는 아베 정부는 재균형을 미국의 의지를 보여주는 것으로 간주하고, 미국과의 동맹을 강화함으로써 중국을 견제하려 들었다.[4] 이에 따라 정부는 미·일동맹이 전임 민주당 정부에 의해 손상되었다고 규정하고 이를 다시 강화하려 시도했다. 미국과의 동맹을 강화하려는 일본의 의도는 2013년 2월 취임 후 처음으로 이루어진 아베 총리의 미국 방문에서 분명하게 드러났다. 아베 총리는 방미를 앞두고 이루어진 인터뷰에서 미국의 존재가 동아시아에서 중국을 견제하는 데 매우 중요하다고 지적했다.[5] 계속해서 오바마 미국 대통령과의 정상회담에서도 동아시아 안보환경이 악화되고 있다고 지적하고 이러한 상황에서 미·일협력에 기반한 질서를 창출함으로써 해양의 자유를 확보하고 또 법에 근거한 거버넌스(governance)를 확립할 필요성을 역설했다.[6]

아울러 아베 정부는 미국의 기대에도 부응하려 들었다. 동아시아 지역의 동맹국들로 하여금 군사력을 증강하도록 장려하는 것은 제5장에서 살펴본 것처럼 미국 재균형 전략의 중요한 구성부분이다. 아베 정부는 미국의 기대에 적극적으로 호응함으로써 경제적 어려움이 미국으로 하여금 아시아에 대한 공약을 실행하는 데 장애로 작용하지 않도록 하려 했다. 일본의 호응은 아래에서 논의되는 것처럼 집단적 자위권 행사를 위한 헌법의 재해석, 방위비 증대, 군사적 적극성 등을 포함했다.

일본이 미국의 기대에 부응하려 노력하면서 일본과 미국의 관계는 급속하게 강화된다. 이러한 사실은 2013년 10월 도쿄에서 개최된 양국 간 2+2 회담에서 잘 드러났다. 이 회담에서 발표된 공동성명에서 미국은 아베 총리가 추진하는 집단적 자위권 도입과 군사비 증액 등을 환영한다고 밝혔다. 아울러 양국은 군사적 협력을 강화하는 데도 합의했다. 구체적으로 양국은 미국이 글로벌 호크 무인정찰기와 P-8 대잠초계기를 분쟁 지역인 센카쿠 해역에 배치하고 X-밴드 레이더를 교토에 추가 배치하는 데 합의했다. 또한 양국은 오키나와 주둔 미국 해병을 괌으로 재배치하는 데 필요한 경비 31억 달러를 일본이 출연하는 데도 합의했다. 여기에 더해 케리 미국 국무장관은 "센카쿠가 미·일 안보조약의 대상"이라고 선언했다.[7] 일본의 군사력 증강에 대한 미국의 지지는 케리 미국 국무장관이 같은 해 12월 발표된 일본의 방위계획과 관련하여 "일본의 군비 증강이 지역 안정에 기여할 것"이라고 환영 의사를 밝힌 데서도 확인된다.[8] 이러한 일련의 조치를 통해 미국은 일본에게 군사력 증강의 길을 열어주었다.

물론 이것이 곧 미국과 일본 사이에 이견이 없음을 의미하지는 않는다. 미국과 일본은 중국의 부상을 경계한다는 데 의견을 같이하면서도 대응방식에서는 차이를 보였다.[9] 일본은 미국과의 동맹이 미·중관계에 의해 압도당할 가능성에 대한 우려를 버리지 않았다. 비록 미국이 센카쿠 분쟁과 관련하여 일본에 대한 지지를 표명했지만 실제로 분쟁이 발생했을 경우 미국이 도울 것인가에 대한 의구심은 사라지지 않았다.[10] 이러한 우려는 아베 총리 취임 후 더 분명해졌다. 일본에서는 미국이 센카쿠 문제와 관련하여 일본과의 동맹과 중국과의 관계를 유지할 필요성 사이에서 딜레마에 처했다는 평가가 제기되었다. 즉, 미국과 중국 사이의 경제적 상호의존이 미국으로 하여금 일본과 중국 사이에서 균형을 추구하도록 작용한다는 인식이었다.[11] 심지어 미국이 핵심이익을 존중하라는 중국의 요구에 너무 수용적이며 이는 중국이 핵심이익을 더 확장시키도록 작용한다는 의구심도 제기되었다. 즉, 미국과 중국 간 새로운 형태의 강대국 관계가 일본의 이익을 해칠 것이라는 우려였다.[12] 특히 일본의 입장에서 볼 때, 중국과의 새로운 강대국 관계를 강조하고 미·일동맹을 언급하지 않은 라이스 국가안보보좌관의 2013년 11월 연설은 매우 당혹스러운 것이었다.[13] 이러한 의구심으로 인해 일본은 중국에 대해 강경한 정책을 취함으로써 미국과 중국 간의 갈등을 창출하고 강화하려 들었다.

반면에 미국은 일본과 중국 사이에 충돌이 발생하는 것을 방지하기 위해 일본의 강경론을 제어하려 들었다. 우선, 미국은 일본에게 센카쿠를 국유화하지 말 것을 권고한 것으로 알려진다. 재균형 전략의 주요 창안자인 캠벨 전 동아시아 차관보는 일본이 미국 국무부에 이 문제를 협의해왔을 때 중국과의 위기를 촉발시킬 것이라는 사실을 들어 반대의견을 강하게 피력한 것으로 알려졌다.[14] 일본을 제어하려는 노력은 2013년 2월 아베 총리의 방미와 관련해서도 관철되었다. 방미를 앞두고 미국은 미·일정상회담에서 집단적 자위권 행사를 공개적으로 지지해달라는 일본의 요구에 "중국을 자극할 우려가 있다"며 난색을 보인 것으로 보도되었다.[15] 그러나 이러한 미국의 행동이 일본의 집단적 자위권 행사 자체를 반대하는 것은 아니다. 미국은 제5장에서 지적한 것처럼 계속해서 일본에게 집단적 자위권 행사를 촉구해왔다. 그럼에도 불구하고 미국이 일본의 요청에 부정적 반응을 보인 것은 일본의 대중 강경론을 제어하고 중국과의 관계를 관리하기 위한 의도 때문이었다. 오바마 대통령은 아베 총리와의 정상회담에서 센카쿠나 중국 등에 대해 전혀 언급하지 않았다. 대신에 미국은 케리 국무장관이 기시다 후미오(岸田文雄) 일본 외무상과의 회담에서 도서 분쟁과 관련하여 일본이 보여준 절제노력을 평가했다. 이러한 미국의 행태는 센카쿠와 관련하여 미국의 공개적 지지를 확보하려던 아베에게 실망스러운 결과였다. 여기에 더해 미국은 2013년 12월 아베 총리의 야스쿠니 신사 참배도 비판했다. 아베의 야스쿠니 방문에 실망했다는 캐롤라인 케네디(Caroline Kennedy) 주일 미국 대사의 입장표명은 일본에게 충격으로 다가왔다.

(2) 군사태세 강화

미국과의 관계 강화 외에도 아베 정부는 군사적 역할을 확대하고 군사력도 증강시키려 들었다. 중국에 대해 악화된 일본 내의 인식이 이러한 노력에 힘을 보탰다. 단적으로 오노데라 이쓰노리(小野寺五典) 아베 내각 방위상은 중국에 대한 우려가 일본에서 군대를 수용하는 데 힘을 보탰다고 규정했다.[16] 아울러 아베 정부는 미국이 오랫동안 제기해온 요구에 부응하는 것을 군사적 역할을 강화하는 명분으로 활용했다. 그 대표적 사례가 집단적 자위권 행사이다. 아베 정부는 집단적 자위권을 행사하라는 미국의 오랜 요구를 수용하는 것을 명분으로 헌법을 재해석했다. 집권 후 꾸준한 노력을 거쳐 아베 정부는 마침내 자위대 창설 60주년인 2014년 7월 1일 임시각의를 통해 집단적 자위권 행사가 허용된다는 새로운 헌법해석을 채택했다.[17] 이는 일본 자위대의 해외 전투를 금지했던 제약을 해소하고 동맹국의 방어를 명분으로 자위대가 일본의 국경 밖에서 전개되는 전투에 참여하는 것을 허용하려는 시도라는 점에서 일본이 표방해온 '전수(專守) 방위'로부터의 근본적 전환을 의미한다.

아베 정부는 군사력 강화를 위한 노력도 전개했다. 이러한 노력은 2003년부터 2012년까지 10년 동안 3.6% 감축되었던 방위비를 2013년에 증액시킨 데서 단적으로 확인된다.[18] 아울러 오노데라 방위상은 2013년 7월 방위계획대강 중기보고서를 발표하는 기회에 북한과 중국의 증대된 위협에 대응할 필요성을 명분으로 공격용 무기와 무인 정찰기를 증강하고 지역 안보와 관련하여 역할을 확대하겠다는 의도를 천명했다.[19] 실제로 그의 의도는 12월에 발표된 방위예산과 군수품 조달계획 등을 담은 중기 방위력 정비계획에 반영되었다. 이 계획은 2014년부터 2018년까지 5년 동안 방위비를 매년 5%씩 증가시키겠다는 구상을 천명했다. 아울러 중국과 영유권 분쟁을 빚고 있는 센카쿠에 대한 작전능력 강화를 명분으로 공격용 부대인 해병대를 창설하는 외에 2400억 달러를 투입하여 수직 이착륙 수송기 오스프리(Osprey) 17대, 수륙 양용차량 52량, 무인정찰기 3대, 이지스함 2척을 포함한 구축함 5척, F-35기 28대, 그리고 조기경보기 4대 등을 구입하는 내용도 포함했다.[20]

군사력 증강의 초점은 궁극적으로 중국을 견제하는 데 주어졌다. 이러한 사실은 중국과의 분쟁 가능성이 큰 난사군도와 중국이 태평양으로 진출하는 주요 통로에 군사력 증강의 초점을 둔 데서 확인된다. 중국 측 자료에 따르면, 일본은 댜오위도 부근이자 중국의 태평양 진출로인 미야코 해협의

미야코 섬에서 이동식 레이더 기지를 확장했고 또 12식 지대함 미사일도 배치한 것으로 알려진다.[21] 이에 따라 일본은 기존 나하(那覇) 섬에 있는 미사일 부대와 함께 분쟁 지역인 댜오위도에 진입하는 중국군을 공격할 수 있는 체제를 갖추게 되었을 뿐 아니라, 유사시 미야코 해협을 봉쇄함으로써 중국 해군이 태평양으로 진출하는 것을 제어할 수 있는 능력도 구비하게 되었다. 여기에 더해 일본은 2014년에 들어 서남제도의 요나구니(与那国) 섬에 병력을 배치하고 레이더 기지 건설을 시작함으로써 오키나와를 미국으로부터 반환받은 후 40년 만에 처음으로 이 지역에서 군사력 확장을 개시했다. 이 레이더 기지 또한 중국 본토와 댜오위도 사이를 운행하는 선박이나 항공기에 대한 일본의 감시 능력을 강화하려는 시도로 해석된다.[22]

중국은 이러한 군사력 증강을 일본이 전후에 유지해왔던 평화주의로부터 이탈함을 알리는 신호이자 선제공격 능력을 확보하려는 시도로 간주한다.[23] 이와 관련하여 일본 오노데라 방위상은 선제공격 능력을 구비하려는 시도라는 해석은 부인하면서도 적기지에 대한 선제공격 능력과 순항미사일 능력을 구비할 필요성을 강조하는 자기 모순적 태도를 보였다.[24] 여기에 더해 2014년 7월 일본이 집단적 자위권 행사를 공식선언한 후 이루어진 미국 방문에서 오노데라 방위상은 기습 상륙작전 수행을 위한 강습양륙함(強襲揚陸艦)을 도입하겠다는 의지를 밝힘으로써 공격용 무기를 구비하려는 의도를 더욱 분명하게 드러냈다.[25]

이러한 군사력 증강 노력과 함께 일본은 미국과의 군사적 상호운용능력을 증대시키려는 노력도 전개했다. 구체적으로 일본은 미국과 설비(facilities) 공유, 훈련기지 공유, 재균형 전략의 허브인 괌 부근에서의 자위대 존재 강화 등을 추구했다.[26] 이러한 노력은 미국의 안보 부담을 공유하려는 의도를 반영했다. 여기에 더해 일본은 미국이 군사적 재균형에 따라 군사력을 동남아시아와 괌 등으로 이전시킴으로써 공백이 초래된 동중국해에서 더 큰 역할을 수행하려 들었다. 이는 군사적 역할을 증대시킴으로써 미국이 지역에 대한 공약을 이행하는 것을 장려하려는 일본의 의도를 반영한다. 이러한 일본의 의도는 미국이 제기한 공해전투(air-sea battle) 개념을 수용하려는 시도에서도 확인된다. 일본은 공해전투에 기여하는 것이 중국의 반개입 능력에 대한 대응 조치가 될 수 있을 것이라는 판단에서 역할을 증대시키려 들었다. 이는 중국의 반개입 능력이 미국으로 하여금 동중국해에서 일본을 지원하는 데 주저하도록 작용할 가능성에 대비하려는 시도를 반영했다.[27]

2) 필리핀의 대중 강경정책

필리핀 또한 미국의 재균형을 적극적으로 환영하고 미국과의 관계를 강화함으로써 중국에 대응하려 들었다. 중국과의 영토 분쟁이 필리핀의 대응을 규정한 것이다. 미국과의 관계를 강화하려는 필리핀의 의도는 2011년 11월 양국상호방위조약 체결 60주년 기념식에서 미국의 재균형에 대한 지지를 표명한 데서 드러났다.[28] 아울러 미국의 다원 주둔과 관련해서도 필리핀의 한 고위 관리는 미국이 깊이 관여하는 것이 지역의 안정에 기여할 것이라고 지적함으로써 공개적으로 환영했다.[29] 필리핀은 2012년 4월 미국과 외교장관 및 국방장관이 참여하는 2+2 회의를 출범시킴으로써 양국 간 동맹을 더욱 강화하려 시도했다. 이 회의에서 필리핀이 방위력 증강에 필요한 미국의 지원을 강주했다는 사실은 미국과의 관계를 강화함으로써 중국과의 분쟁에 대응하려는 필리핀의 의도를 잘 보여준다.[30]

이 회의에 앞서 필리핀은 미국과 연합훈련을 거행했다. 훈련은 4500명의 미군이 참여하는 등 양국 간 연합훈련 역사상 최대의 규모로 거행되었고, 한국 및 일본과 같은 미국의 동맹국과 인도네시아 및 말레이시아 같은 파트너 국가도 옵서버로 초청되었다.[31] 필리핀은 중국과 황옌도를 둘러싼 분쟁이 진행 중인 상황에서 미국과 함께 군사훈련을 실시함으로써 양국관계가 특별함을 과시하려 들었다. 여기에 더해 아키노 정부는 미국 해군에 전함의 수리를 위해 수빅 만의 옛 미군 기지를 사용하는 것도 허용했다.[32]

필리핀은 이처럼 미국과의 관계를 강화하는 동시에 군사력 증강에도 나섰다. 대표적으로 2012년 12월 아키노 대통령은 군 현대화법에 서명했다. 이 법에 서명하면서 아키노 대통령은 필리핀군의 초점이 국내 방어에서 대외 방어로 전환됨에 따라 필리핀군의 역량을 강화할 필요성이 있다고 지적했다.[33] 다시 말해 필리핀군을 민다나오와 같은 국내 분쟁에 초점을 둔 육군 중심에서 해상에서의 충돌에 초점을 두는 군으로 재편하겠다는 의도였다. 이는 실질적으로 중국과의 충돌을 염두에 둔 것이었다. 아키노 대통령은 다음 해 5월 해군에서 행한 연설에서도 2017년까지 2척의 구축함, 2척의 헬리콥터 탑재 대잠함, 3척의 쾌속 연안 순시선, 그리고 8대의 수륙양용 공격용 장갑차(amphibious assault vehicles) 등을 새롭게 구비하겠다는 계획을 밝혔다. 이러한 장비 증강은 낡은 정찰기와 미국 해군에서 퇴역한 연안 순시선에 의존하고 있는 필리핀의 해상전력을 개선하려는 시도였다.[34] 그러나 이러한 군사 현대화 계획이 중국의 위협에 대응하는 데 충분치 않기에 필리핀은 미국과의 협력에 중점을 두었다.

필리핀이 미국과의 관계 강화를 시도한 것은 중국과의 분쟁에 대응하려는 의도에서 기인했다. 이에 따라 미국과의 관계 강화는 필리핀으로 하여금 중국과의 분쟁에 강경하게 대응하도록 작용했다. 실제로 미국이 재균형을 선언한 후 중국과의 갈등을 감수하려는 필리핀의 의지가 증대되었는데 그 대표적 사례로 2012년 4월의 황옌도 사건을 들 수 있다. 필리핀과 중국 사이의 군사력 격차를 고려할 때 필리핀의 행동은 미국의 힘을 빌리겠다는 계산을 제외하고는 설명하기 어렵다. 다시 말해 필리핀은 미국의 재균형을 활용하여 자신의 목적을 달성하려 들었다. 여기에 더해 필리핀 서부군 사령관 또한 2012년 말 필리핀이 통제하고 있는 남중국해의 도서를 순시하면서 군사력을 증강하고 이민을 장려할 계획을 밝혔다.[35]

미국은 이러한 필리핀의 노력을 지원했다. 앞에서 지적한 것처럼 미국은 2012년 4월 황옌도를 둘러싸고 중국과 필리핀이 분쟁을 전개하고 있던 상황에서 필리핀과 연합군사훈련을 거행했다.[36] 아울러 오바마 대통령은 아키노 대통령과의 회담에서 동아시아의 영해 분쟁과 관련하여 강력한 국제적 규범과 규칙이 작동하도록 하겠다고 천명함으로써 필리핀을 지원했다.[37] 그러나 미국의 행동은 필리핀의 기대에 미치지 못했다. 다시 말해 미국은 중국과의 분쟁에 미국과의 관계를 활용하려는 필리핀의 시도를 전폭적으로 지원하지는 않았다. 그 대표적인 사례로 황옌도 분쟁이 진행 중이던 2012년 4월 워싱턴에서 개최된 미국-필리핀 2+2회의의 결과를 들 수 있다. 필리핀은 황옌도 분쟁과 관련하여 미국의 확고한 공약을 확보하려 들었다. 실제로 알베르트 델 로사리오(Albert F. del Rosario) 필리핀 외교장관은 황옌도와 관련하여 미국이 상호방위조약의 의무를 이행하겠다는 의견을 피력했다고 밝혔다.[38] 그러나 미국은 패네타 국방장관이 두 번째 함정을 지원하겠다는 약속을 한 것 외에 필리핀을 돕기 위한 새로운 조치를 발표하지 않았다. 그 대신 클린턴 미국 국무장관은 황옌도 분쟁과 관련하여 중립적 입장과 평화적 해결에 대한 선호를 밝혔다.[39] 이는 미국이 필리핀에 대한 공개적 지원이 중국과의 군사적 충돌로 이어질 가능성을 제어하려 들었음을 의미한다.[40]

영토 분쟁과 관련하여 어느 한 편을 지지하지 않겠다는 미국에 실망한 아키노 정부는 유엔 해양법원에 제소한다. 이는 미국이 아시아로의 재균형을 천명했음에도 불구하고 필리핀이 미국의 의지에 대해 확신을 갖지 못했음을 의미한다. 필리핀의 정책 결정자들은 미중관계의 중요성이나 중동에 대한 미국의 지속적인 관심 등의 요인으로 인해 미국에 일방적으로 의존하는 것은 비현실적이라는 인식을 갖게 되었다.

3) 베트남의 제한적 호응

베트남 역시 중국과의 분쟁에 활용하려는 의도에서 미국의 재균형을 환영했다. 사실 미국과의 관계 강화를 통해 중국에 대응하려는 베트남의 의도는 재균형이 공식적으로 선언되기 이전인 2010년에 이미 드러났다. 7월 하노이에서 열린 아세안지역안보포럼에서 베트남은 의장국 자격으로 남중국해 문제를 의제로 설정함으로써 미국이 개입할 수 있는 토대를 제공했다. 이후에도 베트남은 미국과의 관계를 강화하려는 노력을 이어갔다. 2011년 11월 하와이에서 거행된 APEC정상회의에 참석한 베트남의 쯔엉떤상(Truong Tan Sang) 국가주석이 클린턴 국무장관과의 면담에서 미국을 전략적 파트너로 규정하고 미국과 아시아 태평양 지역 사이의 협력을 강화할 필요성을 강조했다.[41] 또 베트남은 APEC 회의 직후 발표된 미군의 다윈 주둔 계획도 환영했다. 이후 베트남은 2012년 패네타 국방장관의 캄란 만 방문에 맞춰 남중국해에 대한 영유권을 주장하는 영해법을 통과시켰다. 물론 이 조치는 중국이 시사군도를 관장하는 산사 시를 현급에서 지구급으로 승격시킨 데 대한 대응조치로서의 성격을 띠었지만 영해법을 통과시킨 시기를 패네타의 방문과 연계시킴으로써 중국과의 분쟁에 미국을 끌어들이려는 의도를 숨기지 않았다. 2013년 베트남은 군사협력 강화를 포함한 포괄적 동반자 관계에 합의함으로써 미국과의 관계를 더욱 강화했다.[42]

미국의 지원을 얻어 중국과의 분쟁에 대응하려 들었다는 점에서 필리핀과 공동성을 보이면서도 베트남은 중국과의 관계 또한 매세하시 않았다는 점에서 필리핀에 비해 신중한 입장을 견지했다. 베트남의 균형외교는 몇 가지 사례에서 확인된다. 가령 미국의 재균형을 실질적으로 환영한 직후인 2011년 12월 베트남은 시진핑 국가부주석의 방문을 수용함으로써 미국과 중국 사이에서 균형을 유지하려는 의도를 보여주었다. 2012년 들어 미국과 중국 사이에서 균형을 유지하려는 베트남의 의도는 한층 더 분명해졌다. 6월 패네타 국방장관의 캄란 만 방문을 앞두고 베트남 국방장관은 중국을 '포괄적 전략동반자'로 규정하고 베트남이 모든 주요 강대국과 좋은 관계를 유지하길 희망한다고 밝혔다.[43] 국방부 차관 또한 중국과의 군사교류를 강화할 필요성을 지적하는 등 중국과 긴장이 초래되지 않도록 관리하려는 의도를 드러냈다.[44] 2013년에도 쯔엉떤상 베트남 국가주석이 오바마 대통령과의 회담에서 중국의 9점선 주장을 거부한다고 밝힌 후, 다시 중국을 방문하여 충돌을 방지하기 위한 핫라인 설치에 합의하는 등 양국 모두와의 관계를 유지하려는 노력을 이어갔다.[45]

이러한 행태는 베트남이 직면한 현실을 반영한다. 먼저 베트남 공산당 내에서 중국과의 관계를 중시하는 보수파가 미국과의 관계를 중시하는 개혁파에 비해 상대적으로 우위를 점한다.[46] 이러한 당내의 역학 구도가 중국과의 관계를 유지하도록 작용한다. 아울러 베트남과 미국 사이에 존재하는 현실적 한계 또한 양국 사이의 관계 개선을 제약한다. 미국은 동아시아에서 미국이 환영받고 있다는 메시지를 전하기 위해 연합훈련을 거행하는 등 베트남과의 관계를 개선하려 들었다. 그러나 베트남의 인권 문제가 양국관계 개선을 제약했다. 2012년 1월 미국 상원은 인권에 대한 우려를 명분으로 베트남이 장비 요청을 거부했고, 베트남은 이러한 미국의 무기금수조치에 대해 불만을 표명했다.[47] 이러한 현실이 베트남으로 하여금 미국과 전면적인 관계 개선을 추구하는 것을 주저하도록 작용했다.[48]

마지막으로 베트남 지도부는 중국과의 갈등이 경제발전에 끼칠 부정적 영향도 의식했다.[49] 한편으로 해상충돌이나 국경 분쟁과 같은 기억이 중국에 대한 위협의식을 촉발시켰지만, 동시에 베트남 지도부에게 중국은 경제 발전의 모델이기도 했다. 이에 따라 베트남 지도부는 중국의 위협을 의식하면서도 중국과의 관계도 개선하려 들었다. 특히 베트남의 보수적 지도자들은 중국과의 갈등이 확산될 경우 양국관계가 악화되고 국내적 비판세력을 강화시킬 것이라는 우려에서 막후 채널을 통한 외교적 해결을 선호하는 것으로 알려진다.[50]

베트남 관리들은 중국과의 회담에서 반중시위가 양국관계에 영향을 끼치지 않도록 하겠다는 의지를 표명하는 등 양국관계를 관리하는 데 주의를 기울였다.[51] 이러한 베트남의 온건정책은 베트남 내에서의 불만을 야기했다. 대표적으로 2011년 중국의 해양감시선이 베트남이 영유권을 주장하는 해역에서 지질탐사 중이던 베트남 선박의 케이블을 절단한 후 반중시위가 촉발되어 12주 동안 계속되었다. 아울러 2012년 6월 중국해양석유회사(China National Offshore Oil Company)가 베트남 연안에 인접한 지역에 대한 입찰을 실시하겠다는 계획을 발표한 후에도 반중시위가 촉발되었다.[52] 베트남에서의 반중시위는 2014년 중국이 분쟁수역에 시추선을 배치했을 때 극에 달했다.

2. 지역 국가 간 연대

일본, 필리핀, 베트남 등 중국과 갈등관계에 있는 지역 국가들은 미국과의 관계를 강화하는 외에 상호 간의 협력도 강화함으로써 중국에 대응하려 들었다. 이러한 노력을 주도한 것은 일본이었다. 지역 국가와의 관계를 강화하려는 일본의 노력은 미국의 재균형과 유사한 모습을 띠었다.

우선, 일본은 군사원조를 증대시킴으로써 지역 국가와의 방위협력을 강화하려 들었다. 일본은 입장을 같이하는 지역 국가의 역량을 강화하는 것이 중국의 위협에 맞설 능력을 증강하는 데 기여할 것이라는 판단에 따라 역량강화(capacity-building) 사업을 통해 동남아시아 국가와의 연계를 강화하려 들었다. 일본의 군사적 지원은 중국과의 분쟁 중인 국가에 집중되었다. 일본은 필리핀 해양경찰에 10척의 소형쾌속정을 포함한 1200만 달러의 원조를 제공하기로 합의했는데, 이는 일본이 제공한 역대 군사원조 가운데 가장 큰 규모였다.[53] 아울러 일본은 베트남의 해양경찰이 해군으로부터 분리될 경우 유사한 지원을 제공하는 것을 검토 중인 것으로 보도되었다.[54] 여기에 더해 일본은 베트남에 수상비행기(seaplanes)와 선진 소류(Soryu)급 잠수함 같은 군사장비의 판매도 검토하고 있는 것으로 알려졌다.[55] 이러한 지원은 중국과 분쟁 중에 있는 지역 국가에게 확신을 심어주려는 시도이자 동시에 중국에 메시지를 전달하려는 시도이기도 하다.[56]

동시에 일본은 지역 국가와의 외교관계도 강화하려 들었다. 이는 지역 국가와의 관계를 강화함으로써 증대되는 중국의 영향력을 제어하려는 시도였다. 이러한 노력은 아베 정권이 출범한 이후 특히 분명해졌다. 아베 정부는 취임 3주 만에 동남아시아와의 관계를 제고하려는 노력을 가동시켰다. 구체적으로 아소 재정상이 미얀마를 방문한 데 이어 기시다 외무상이 필리핀, 싱가포르, 브루나이, 호주를 방문했고, 아베 총리도 취임 1개월여 만인 2013년 1월 인도네시아, 태국, 베트남 등 동남아시아 3개국을 순방한 데 이어 5월에는 미얀마를 방문했다. 아베 총리는 취임 1주년이 되는 2013년 말까지 동남아시아 10개국 순방을 완료했고 방문한 거의 모든 아세안 국가에서 중국의 위협을 언급한 것으로 보도되었다.[57] 이러한 일본의 노력은, 중국 언론의 해석처럼, 중국을 견제하려는 시도였다. 다시 말해 아세안과 공조를 강화함으로써 아시아 태평양 안보질서 형성에서 유리한 지위를 차지하려는 시도였다.

마지막으로 일본은 경제관계를 강화하여 지역 국가의 대일의존을 증대시키려 들었다. 이러한 의도에서 일본 기업들은 중국에서 동남아시아로 투자를 이동시켰는데 2012년 일본의 동남아시아에 대한 투자액은 1조 5000억 엔에 달함으로써 중국에 대한 투자액을 상회했다.[58] 한편으로 이는 불가피한 선택이었다. 영토 분쟁으로 인해 중국과의 교역과 투자환경이 악화됨에 따라 일본 경제계는 동남아시아 국가와의 관계 강화를 추진했다.[59] 이 점에서 동남아시아 국가와의 경제관계를 강화하려는 시도는 경제적 고려에서 기인했다고 할 수 있다. 동시에 이러한 일본의 노력은 경제관계의 강화를 통해 아세안의 대일의존도를 증대시키려는 시도로서의 성격도 지녔다. 즉, 일본은 중국과 아세안 사이의 관계가 확대되는 추세를 제어함으로써 영향력을 유지하려 들었다.

일본의 노력에 가장 적극적으로 호응한 것은 필리핀이었다. 중국과 영토 분쟁을 겪고 있는 필리핀은 일본과의 협력을 강화하려는 의지를 표명하는 동시에 지원도 요청했다. 구체적으로 필리핀의 델 로사리오 외교장관은 2012년 12월 중국의 부상과 관련하여 지역에서 균형을 유지하기 위한 세력을 모색해왔다고 밝히고 일본이 중요한 균형자가 될 수 있다고 강조했다.[60] 아울러 필리핀은 일본의 재무장도 환영했다. 한 필리핀 전문가는 중국의 위협 때문에 필리핀은 이미 2차 세계대전의 악몽을 지워버렸다고 지적했고,[61] 필리핀의 외무장관은 한 걸음 더 나아가 일본이 평화헌법을 폐기하고 재무장하는 것을 환영한다고 밝혔다.[62]

베트남도 남중국해 문제를 국제화하려 들었지만, 상대적으로 온건한 입장을 견지했다. 이러한 사실은 베트남과 일본 간에 존재하는 미묘한 차이에서 잘 드러난다. 2013년 아베 총리의 베트남 방문 후 이루어진 일본의 공식 발표에 따르면 일본과 베트남은 남중국해에서의 현상변경에 반대한다는 입장을 강조하고 또 모든 분쟁과 문제는 국제법에 근거한 평화적인 협상을 통해 해결되어야 한다는 데 합의했다.[63] 그러나 양국 간 협력의 중요성을 강조한 일본과 베트남 측의 발표문은 중국을 직접적으로 언급하지 않았다. 또한 베트남 언론은 일본과의 협력이 경제적 측면에 초점이 주어지기를 희망한다고 밝힘으로써 양국 사이에 관심상의 차이가 존재함을 드러냈다.[64]

3. 중국의 강경대응

미국이 동아시아 지역의 주도권을 유지하기 위해 투입을 강화함에 따라 중국은 미국의 견제에 직면하게 되었다. 여기에 더해 앞에서 논의한 것처럼 일부 지역 국가 또한 미국과의 관계 강화를 통해 중국을 견제하려 듦에 따라 동아시아에서 우호적 환경을 조성한다는 중국의 목표는 도전에 직면했다. 이러한 사실이 중국으로 하여금 미국의 재균형을 우려의 눈으로 보도록 작용했다. 그렇다면 중국은 이러한 외부의 제약에 어떻게 대응하는가?

중국의 대응은 재균형을 실천하려는 미국의 의지와 능력에 대한 판단에 의해 영향받을 것으로 기대할 수 있다. 즉, 재균형에 대한 미국의 의지와 능력을 높게 평가할 경우 중국의 정책은 좀 더 온건한 방향으로 전환될 가능성이 크지만 그 반대의 경우에는 강경하게 대응할 가능성이 크다. 미국의 재균형에 대한 중국의 공식적인 반응은 찾기 어렵다. 중국 정부가 미국의 재균형을 의심의 눈으로 볼 것이라는 전반적인 관측에도 불구하고 중국의 지도자나 관리들은 좀처럼 입장을 공개적으로 드러내지 않는다. 따라서 재균형에 대한 중국의 인식과 대응은 전문가들의 논의를 검토하고 또 중국의 정책에 나타난 변화를 추적하는 방식을 통해 재구성할 수밖에 없다.

1) 재균형에 대한 중국의 인식

재균형에 대한 중국 내의 견해와 평가는 다양하다. 이러한 중국 내의 다양한 견해와 평가는 비관론과 신중론으로 구분할 수 있다. 비관론과 신중론은 여러 가지 점에서 차이를 보이지만 가장 중요한 차이는 재균형을 중국에 대한 봉쇄로 볼 것인가에 집중된다. 비관론자가 재균형을 중국에 대한 봉쇄정책으로 간주하여 미국과의 관계를 비관적으로 규정하는 데 반해 신중론자들은 재균형이 중국을 염두에 둔 것은 분명하지만 중국을 봉쇄하려는 시도는 아니라고 본다.

오바마 정부의 재균형은 미국이 중국의 부상을 제어하려 한다는 중국 내의 인식을 더욱 강화시켰다. 2011년 말 오바마 대통령이 아시아에 대한 재균형을 선언하고 동아시아를 순방한 이후 중국에서는 미국이 중국을 봉쇄하려 한다는 주장과 평가가 더욱 강화되었다. 심지어 그동안 미국이 중국을 봉쇄하려 한다는 주장을 수용하는 데 신중했던 전문가들마저도 재균형이 천명된 후 입장을 변화시켰다. 가령 2010년 미국의 움직임을 중국에 대한 C형 포위망을 구축하기 위한 시도가 아니라고 간주했었던 와이자오대학(外交学院)의 왕판(王帆)은 미국의 재균형을 지역에 대한 간섭이자 중국에 대한 봉쇄라고 규정하기에 이르렀다.[65] 미국의 경계조치를 과장할 필요가 없고 그것을 중국에 대한 봉쇄로 규정할 필요도 없다고 주장했었던 우신보 또한 재균형을 중국의 부상과 궁극적으로 중국에 유리해질 세력균형에 대한 직접적인 도전으로 규정했다.[66] 비관론자들은 미국이 아시아 태평양 지역에 대한 전략적 투입을 강화함에 따라 미국과 중국 사이에 전략적 경쟁이 촉발될 것이라고 전망했다.[67] 심지어 한 전문가는 양국 간에 신냉전이 불가피할 것이라는 주장까지 제기했다.[68]

신중론자들 또한 재균형이 미국의 아시아 전략의 변화를 의미한다는 데 의견을 같이한다. 주펑(朱鋒)은 미국의 전략적 초점이 아시아 태평양 지역으로 이동했으며 중국에 대한 인식과 판단에도 중대한 변화가 발생했다는 점에서 재균형을 냉전 이후 발생한 가장 중대한 변화로 간주했다.[69] 특히 그는 미국이 중국과의 협력이 아니라 지역에서의 전략적 존재와 주도권을 강화하고 동맹국 및 새로운 파트너와의 협력을 강화함으로써 지역의 안보질서를 안정시키겠다는 의도를 노정시켰다는 점에서 변화를 가볍게 볼 수 없다고 규정했다.[70] 그럼에도 불구하고 신중론자들은 미국의 재균형이 중국에 대한 봉쇄정책을 의미하는지의 여부를 분명하게 단정하기 어렵다는 입장을 견지했다. 이들은 중국이 미국의 전략변화에 있어서 중요한 요소임에 틀림없지만 여러 요소 가운데 하나일 뿐이며 따라서 미국의 재균형을 중국을 봉쇄하려는 시도로 간주하는 것은 잘못된 판단이라고 지적했다.[71] 가령 중국군사과학원 산하 국방정책연구센터의 한 전문가는 미국의 정책이 전면적 봉쇄의 방향으로 전환했다는 주장을 비판했다. 그는 미국이 재균형을 선언했음에도 불구하고 중국에 대한 전면적 봉쇄정책을 추구하기보다 여전히 관여와 위험회피를 병행하는 전략을 견지하고 있다고 평가했다. 한편으로 군사력 강화, 동맹 공고화, TPP 추진 등을 통해 중국의 부상에 대응하면서 다른 한편으로는 중국을 인도하고 중국의 정책에 영향을 끼침으로써 협력과 발전의 공간을 구축하려 한다는 지적이었다.[72]

중국의 전문가들은 미국의 재균형이 국제적 환경을 악화시켰다는 데 의견을 같이한다. 재균형이 중국과 분쟁 중인 지역 국가로 하여금 중국에 더 강경한 정책을 추구하도록 작용했고 그 결과 중국과 지역 국가 사이의 갈등이 증대되었다는 판단이다. 그 구체적 사례로 중·일갈등이 거론된다. 베이징대학의 왕지스(王緝思)는 중·일갈등의 궁극적 원인을 일본에 대한 미국의 지원에서 찾았다.[73] 주펑 또한 오바마 정부가 일본 카드를 활용하기 위해 일본에 대한 공약을 강화한 것이 일본으로 하여금 더 공격적인 태도를 취하도록 작용함으로써 중·일 간의 영토 분쟁을 악화시켰다고 평가했다.[74] 아울러 미국의 재균형은 영토 분쟁과 관련한 필리핀과 베트남의 태도도 강경하게 만든 것으로 규정되었다. 미국의 안보 공약이 강화됨에 따라 주변 국가들이 합종연횡을 통해 중국을 제어하려는 추세가 출현했고, 그 결과 중국과 베트남 및 필리핀 사이의 마찰이 계속해서 악화되었다는 것이다. 이처럼 미국의 재균형은 주변 국가가 중국의 영향력을 상쇄시키고 중국의 진로에 영향을 끼치는 중요한 수단으로 작용하는 것으로 평가되었다.[75]

주목할 것은 중국에서 미국의 재균형이 궁극적으로 효과를 거두기 어려울 것이라는 인식이 지배적이라는 사실이다. 미국의 회귀는 얼핏 보면 정치적·경제적·군사적 차원에서 일정한 효과를 거둔 것처럼 보이지만 장기적으로 그 목적을 달성하기 어려운 것으로 인식된다. 런민대학의 진찬룽은 남중국해 문제가 제기되면서 전통적으로 중국과 가까웠던 미얀마 같은 국가에서도 일정 정도 원심력이 발생했고 일본과 인도 등 다른 국가의 대결자세 또한 더욱 분명해지는 등 재균형 전략이 중국 주변 환경에 부정적 영향을 초래했다고 보았다.[76] 그러나 그는 미국이 이 지역에서의 장기적 지위를 강화한다는 목표를 달성할 수 있을 것인가는 지켜볼 필요가 있다고 평가했다. 나아가 그는 중국이 반격을 가할 경우 미국은 더 취약해질 것으로 규정했다.[77] 경제적 어려움과 같은 국내적 요인이 재균형을 실천에 옮길 능력을 제약할 뿐 아니라 중동을 위시한 다른 지역에 관심을 투입할 필요성 같은 외부적 요인 또한 미국으로 하여금 모든 역량을 아시아 태평양 지역에 투입하기 어렵게 만들 것으로 평가되었다.[78] 여기에 더해 동아시아 국가들 또한 미국의 역할을 보조적인 것에 한정시키고 주인공이 되길 원한다는 사실도 재균형을 실천하는 데 제약을 가할 것으로 간주되었다.[79] 심지어 미국과 일본 간의 갈등 가능성도 배제하기 어려운 것으로 거론되었다. 주펑은 아베를 위시한 일본의 보수파가 침략의 역사를 부정하고 강경한 정책을 추구함에

따라 미국과 일본 사이에 논쟁과 대립이 초래될 것이라고 지적했다.[80]

이와 함께 미국이 남중국해 문제 등과 같은 지역의 분쟁과 관련하여 중국과 충돌을 원치 않는다는 주장도 제기되었다.[81] 가령 2012년 황옌도 사태와 관련하여 중국이 암묵적 합의를 무시했을 때 미국이 보복하지 않은 것이나 2013년 방공식별 구역 선포와 관련하여 미국이 보인 입장 등은 지도력을 유지하기 위해 모든 노력을 다하겠다는 주장의 신뢰성을 약화시킨 것으로 평가되었다. 마지막으로 시리아와 우크라이나 사태와 같은 국제적 이슈에 대한 정책 또한 미국이 국제적으로 무기력해졌으며 미국외교가 개입주의에서 고립주의로 향하고 있다는 평가를 촉발시켰다.[82]

재균형에 대한 중국 정부의 인식은 비관론과 신중론 사이에 위치한다고 평가할 수 있다. 중국 정부는 재균형에 대한 우려와 의구심에도 이를 공식적으로 표출하는 것을 자제했다. 이러한 사실은 중국 내의 대표적 강경파인 군부의 행태에서 확인된다. 가령 국방부 대변인은 2012년 6월 미국의 군사훈련 증대와 동맹을 강화하려는 시도를 지역의 평화와 안정에 기여하지 않는다고 비판했다.[83] 그러나 국방부는 재균형을 공개적이고 전면적으로 비판하지는 않았다. 대표적으로 창완취안(常万全)은 2013년 미국 방문에서 특정 국가를 목표로 삼지 말고 여러 국가의 안보우려를 두루 고려할 것을 촉구함으로써 완곡한 입장을 표출했다.[84]

미국의 재균형에 대한 대응과 관련해서도 이견이 존재한다. 신중론자들은 온건한 대응을 강조한다. 오바마 정부가 재균형을 공식적으로 천명한 직후인 2011년 말 중국의 한 미국전문가는 냉정하게 관찰할 필요성을 강조했다. 그는 미국의 재균형이 어느 정도 진행될지, 또 어느 정도 지역의 지정학을 변화시킬 것인지를 지켜볼 필요성을 지적했다. 나아가 그는 미국과의 관계를 안정시킬 필요성도 강조했다.[85] 재균형이 효과를 발휘하기 어려울 것으로 평가하는 진찬룽 또한 냉정한 대응을 강조한다. 즉, 계속해서 경제

발전에 초점을 집중해야 한다는 지적이다.[86]

특히 신중론자들은 미국과의 협력이 필요하고 또 가능하다는 입장을 견지한다. 신중론자들은 한편으로 평화적 발전전략을 견지하면서 다른 한편으로 미국과 이치 있고 절제된 투쟁을 전개하는 이중적 정책을 견지할 필요성을 강조한다.[87] 미국과의 협력이 필요하고 또 가능하다는 주장은 2기 오바마 정부가 출범한 이후 더욱 분명해졌다. 오바마 정부의 고위 관료들이 중국과의 협력을 강조한 후 중국에서도 미국과의 협력을 구축할 필요성이 강조되었다. 미국과의 협력관계를 구축할 근거로는 중국이 경제회복이라는 오바마 정부의 목표를 달성하는 것을 도울 수 있다는 사실이 지적되었다. 여기에 더해 중국 또한 경제성장의 방식을 전환시켜야 하는 유사한 과제에 직면해 있기에 양국 사이의 경제적 상호보완성이 강한 것으로 간주되었다. 즉, 양국 모두가 경제발전에 주력할 평화적 국제환경을 조성하는 데 이익을 함께한다는 주장이었다.[88]

반면에 비관론자들은 중국의 대미정책이 매우 유약하다는 비판을 제기했다. 미국이 재균형을 공식적으로 천명하기 이전인 2011년 ≪런민(人民)일보≫의 한 선임기자는 중국이 미국과 대결하지 않고 협력하겠다는 성의를 보인다면 미국이 중국을 도전자로 간주하지 않을 것이라는 주장은 중국의 국력이 취약했던 과거에나 가능했던, 이제는 더 이상 통하지 않는 것이라 규정했다.[89] 2012년 초 ≪환추시보≫의 사설 또한 미국의 대중전략이 이미 고정되어 변화가 불가능하다는 주장을 제기했다. 이 사설은 미국과의 관계를 발전시키려는 노력이 중국의 부상에 대한 미국의 불안을 해소하기 어렵다고 규정하고 향후 미국의 대중정책을 우호적으로 만들기 위해서는 비위를 맞추거나[哄來] 부탁해서 될[求來] 것이 아니고 실력을 통해 압박[逼出來]할 수밖에 없다고 규정했다.[90]

비판론자들은 동아시아에서 미국의 주도권을 거부하거나 최소한 미국의 역할을 제약할 것을 주장한다. 관영언론인 ≪런민일보≫는 2012년 6월에 개최된 샹그릴라안보대화와 관련하여 미국을 남중국해 문제로부터 배제하기는 어렵지만 분명한 선을 그어 미국에게 무엇을 할 수 있고 무엇을 할 수 없는지 깨우쳐주어야 한다고 주장했다. 다시 말해 미국이 남중국해 분쟁에 개입하는 것을 허용해서 안 된다는 지적이었다. 아울러 이 신문은 아시아의 새로운 안보 틀 건립과 관련해 미국이 지도하는 기제가 아닌 새로운 협력모델을 추구해야 한다고 규정했다. 즉, 미국은 아시아에 참여하고 발언할 수 있지만 결정권이나 주도권을 행사하는 것은 아니며 미국은 이러한 변화에 적응하는 법을 익혀야 한다는 주장이었다.[91]

군사력 증강의 필요성도 강조되었다. 군사력 증강에 대한 목소리가 강경론자들에 의해 특히 집중적으로 제기되었지만 그들에게 한정된 것은 아니었다. 왕지스 또한 재균형에 대한 중국의 대응책과 관련하여 군사력 강화의 필요성을 인정한다. 그는 국력, 특히 군사력 강화가 중국에게 주어진 유일한 현실적 선택이라고 규정했다.[92] 군사력 증강과 관련하여 초점은 해군력 증강에 집중되었다. 한 군 인사는 강한 해군을 건설해야 한다는 주장을 제기했고,[93] 태평양 함대를 창설함으로써 명실상부한 대양해군의 역량을 갖추어야 한다는 주장도 제기되었다.[94] 나아가 국방대학의 한 교수는 해외기지 건설을 패권추구 행위로 볼 필요 없다는 주장을 제기했다.[95] 여기에 더해 보수신문인 ≪환추시보≫는 미국이 재균형을 선언한 직후 미국 본토를 위협할 수 있는 원거리 타격능력을 강화해야 한다는 주장을 제기했다.[96]

2) 안정유지[维稳]에서 권리추구[维权]로[97]

중국 정부는, 재균형에 대한 우려에도 불구하고, 미국에 대한 정책을 공식적으로 변화시키지는 않았다. 그러나 이는 중국이 미국의 재균형에 온건하게 대응했음을 뜻하는 것이 아니다. 중국의 관리와 외교관들은 강경한 대응이 미국의 정책을 완화시킬 것으로 기대했다.[98] 이는 미국이 동아시아의 영토 분쟁에 개입할 의지와 역량을 갖고 있지 않다는 인식에 따른 것이었다. 이에 따라 중국은 재균형에 강경하게 대응했는데 그 초점은 지역 국가에 집중되었다. 다시 말해 중국은 미국의 정면대응을 촉발시키지 않을 가능성이 큰 곳에 대응의 초점을 집중시켰다. 중국은 미국의 재균형을 활용하려는 지역 국가의 노력에 강력하게 대응하고 분쟁을 불사함으로써 미국에게 재균형이 지역의 불안정을 촉발시킨다는 메시지를 전하고 또 지역 국가에게는 미국을 신뢰할 수 없음을 주지시키려 들었다.

미국이 재균형을 선언한 이후 중국에서는 지역 국가들이 미국과 중국 사이에서 계산적으로 행동한다는 지적이 제기되었다. 즉, 중국의 부상에 대응하기 위해 외부 세력의 힘을 빌리려는 지역 국가의 의도가 강화되었다는 인식이었다.[99] 한 예비역 해군장성은 중국과 아시아 국가 간의 갈등이 미국의 이간질에 의해 촉발되었다고 보는 것은 주변 국가를 능동성이 없는 존재로 보는 것으로서 사실과 다르다고 비판했다. 그 대신 그는 일부 지역 국가가 매우 계산적으로 행동한다고 지적했다.[100] 그 대표적 사례로 그는 일본의 우익세력이 강경정책을 통해 중국과 미국 간의 대결을 유도하려 든다고 지적했다. 즉, 일본의 우익세력이 강경정책을 통해 중국의 반격을 유도하고, 이를 통해 다시 미국의 개입을 촉발시킴으로써 중국을 견제하려는 계산에서 강경한 정책을 취한다는 지적이었다. 이것이 일본이 댜오위도를 국유화한 근본적인 이유로 제시되었다. 다시 말해 일본은 댜오위도 문제를 통해 중국을 자극하고 과격한 행동을 취하도록 유도함으로써 미국의 전면적 개입을 도출하여, 중국 대 미·일의 대결국면을 조성하려 한다는 주장이 있다.[101]

이러한 지역 국가의 의도에 대한 평가는 안정을 중시하는 경제협력 중심의 주변외교정책에 대한 비판으로 이어졌다. 미국의 재균형과 그에 따른 지역 국가의 행동은 경제적 인센티브 제공에 치중해온 중국의 정책이 효과를 거두기 어렵다는 사실을 보여준 것으로 규정되었다. 이러한 강경론은 제3장에서 지적한 것처럼 2010년경부터 이미 제기되었지만 미국이 재균형을 선언한 후 더욱 분명해졌다. 대표적으로 중국 외교부 산하 국제문제연구소의 한 전문가는 아키노 필리핀 대통령이 2011년 8월 중국을 방문하여 100억 달러 이상의 경제협력에 합의했음에도 불구하고 미국이 재균형을 선언하자 중국을 비난한 사례를 들어 경제적 지원정책이 효과를 거두기 어렵다고 규정했다.[102] 나아가 이 전문가는 주변 국가와의 조화를 강조하는 외교정책은 외부의 환경을 안정시켰지만 동시에 주변 소국들의 발호를 허용함으로써 중국에 딜레마를 촉발시켰다고 지적했다.[103] 경제외교는 저위정치(low politics)의 이슈를 다루는 데는 유효하지만 고위정치(high politics) 이슈와 관련해서는 효과를 거두기 어렵다는 평가였다.

이러한 비판과 함께 안정을 중시하는 정책 대신에 보다 적극적인 정책이 필요하다는 주장이 제기되었다. 민족주의 감정의 증대와 군사적 역량 증대가 이러한 강경론에 힘을 보탰다. 핵심은 주변 지역에 대한 정책의 초점을 그동안 강조해온 안정유지에서 권리추구로 이동시켜야 한다는 것이었다. 다시 말해 군사력이나 경제력을 활용하여 다른 국가로 하여금 중국의 요구를 수용하도록 해야 한다는 주장이었다. 특히 지역 국가의 도발을 용납해서는 안 된다는 점이 강조되었다. 우신보는 중국이 평화적 부상을 추구하는 것은 사실이지만 이것이 곧 도발을 용납한다는 의미는 아니라고 규정했다. 아울러 그는 경제적으로는 중국으로부터 혜택을 취하면서 안보적으로는 미국에 의존하려는 경향을 비판하고 다른 국가에게 중국의 이익을 도발할 경우 경제적으로 대가를 치른다는 사실을 보여줌으로써 대가가 무서워서라도 도발하지 않도록 할 필요성을 강조했다.[104] 이와 함께 권선징악을 실천하여 중국과 지역 국가 사이에 새로운 규칙을 설정해야 한다는 주장도 제기되었다.[105] 외교적으로 평정심을 유지하는 동시에 행동을 통해 주변 국가들이 분명하게 알 수 있도록 결연하게 대응하는 것은 미국이 중국을 봉쇄하려 하는 상황에서 불가피한 것으로 제시되었다.[106]

이와 관련하여 경제적 카드를 적극적으로 행사할 필요성이 강조되었다. 즉, 경제가 외교에 봉사하도록 해야 한다는 주장이었다. 구체적으로 이익을 중심으로 국가 간의 친소를 결정할 때 비로소 주변 국가의 도발을 억제할 수 있는 것으로 제시되었다. 즉, 우호적 국가나 비적대 국가에 경제적 혜택을 우선적으로 제공하고,[107] 주권 문제와 관련하여 갈등관계에 있는 국가에 대해서는 무역과 투자를 축소하고 나아가 경제적 제재를 가하며 중국의 레드 라인을 침범할 경우 군사훈련이나 무력시위를 전개하는 것과 같은 강경한 입장을 취해야 한다는 주장이었다.[108]

이처럼 권리를 추구하는 과정에서 발생할 수 있는 외로움은 감수해야 하는 것으로 제시되었다. 강경정책을 추구하는 지역 국가에 맞서 중국이 이익을 수호하려 듦에 따라 동아시아에서 긴장과 갈등이 계속될 것으로 간주되었다. 이와 관련하여 중국은 이익을 수호하기 위해 일정 정도의 긴장을 감수해야 하는 것으로 규정되었다. 2012년 6월 중국 보수언론 ≪환추시보≫에 게재된 사설은 부상하고 또 강성해지면서 그 대가로 아시아에서 동정심을 잃게 되겠지만 그렇다고 중국이 아시아에서 주변화되지는 않을 것이라고 지적함으로써 강경한 정책을 지속할 것을 주장했다.[109] 아울러 이 신문은 이러한 상황을 비관적으로 평가하는 것을 경계했다. 중국과 주변 국가 사이의 마찰이 증대됨에 따라 중국·주변관계가 더 악화된 것이 아니냐는 의문이 제기되고 있지만 지역의 갈등은 대부분 오래된 것이고 중국과 주변 국가 간의 경제적 연계는 오히려 역사상 최고인 것으로 규정되었다.[110]

이러한 인식을 반영하듯, 중국의 지역 정책은 2012년 황옌도 사태를 계기로 주권과 권리를 강조하는 방향으로 이행했다. 중국은 더 이상 상대국과의 타협을 통해 안정을 유지하려 들기보다 해양감시선이나 어업행정선의 순시를 통해 주권을 구현하려 들었고, 정부의 보호 아래 난사군도 해역에서의 조업을 시행했으며, 행정기관의 승급을 추진하는 등 정책의 초점을 안정 추구에서 권리 확보로 이행시켰다. 특히 중국은 황옌도 사태에 대한 대응을 통해 미국의 힘에 기대어 분쟁을 해결하려는 지역 국가의 움직임에 강력하게 대처할 것임을 보여주려 들었다.[111] 주권과 권리에 대한 강조는 시진핑 체제가 출범한 후 더욱 분명해진다. 시진핑 총서기는 제3장에서 언급한 것처럼 취임 직후인 2013년 1월 30일 3차 정치국 집단학습에서 중국이 주권, 안보, 발전 등 핵심이익과 관련하여 거래를 할 것이라고 희망해서는 안 된다고 규정했다.[112] 이후 중국은 주권과 해양권리를 수호하기 위한 행동에 나선다. 이러한 변화와 관련하여 칭화대학의 옌쉐퉁은 주변 국가에 대한 중국의 외교정책이 '우리는 강하고 당신은 약하다'는 것을 보여주는 방향으로 변화했으며, 이는 방향성과 관련된 근본적인 변화라고 규정했다.[113]

4. 영토를 둘러싼 긴장과 대치

1) 동중국해 분쟁

동중국해 분쟁은 일본이 관할권을 행사하고 있는 센카쿠를 둘러싸고 전개된다. 일본은 원래 무주지였던 센카쿠를 청일전쟁 이후 오키나와 현에 편입시켰다는 입장이다.[114] 반면에 중국은 자국이 관할하던 댜오위도가 1895년 청일전쟁의 결과로 승전국인 일본에 귀속되었고, 2차 세계대전 이후 또 다른 승전국인 미국의 관할 아래로 편입되었다가 1972년 일본에 불법적으로 이양되었다는 입장이다. 중국은 1943년 카이로 선언이 댜오위도를 중국에 반환한다고 규정한 바 있고 1945년의 포츠담 선언이 이를 재확인했다는 사실 등을 근거로 도서에 대한 영유권을 주장한다. 다만 중국은 1978년 일본과 우호조약을 체결할 당시 덩샤오핑(鄧小平)이 소노다 스나오(園田直) 외무상과 댜오위도의 영유권 문제를 후세에 맡기기로 합의했음을 인정한다.[115]

이러한 중국의 입장에서 볼 때 2010년 9월 7일에 발생한 중국 어선과 일본 순시선 사이에 발생한 충돌에 대한 일본의 대처는 현상을 변경하려는 시도와 다름없었다. 나포한 어선과 선장을 국내법에 의해 처리하겠다는 일본의 입장을 현상을 변경하려는 시도로 인식한 중국은 분명하고 단호하게 대응했다. 중국은 9월 9일 어업 행정선을 댜오위도 해역에 파견했고[116] 9월 30일에 다시 영해 안으로 진입시킴으로써 댜오위도에 대한 일본의 지배권에 도전을 제기하고 분쟁 지역으로 만들겠다는 의도를 분명하게 했다.[117] 이와 함께 중국에서는 순항을 제도화시키고 일상화시킴으로써 전쟁도 두려워하지 않는다는 메시지를 분명하게 전달해야 한다는 강경론이 힘을 얻었다.[118] 주목할 점은 이 시기 양국 사이에 해양 문제에 관한 협의가 진행되는 등 합의를 도출하려는 노력도 동시에 진행되었다는 사실이다.

그러나 2012년 9월 일본이 센카쿠에 대한 국유화 조치를 취함으로써 상황은 돌이킬 수 없게 된다. 일본의 민주당 정부는 이 조치가 이시하라 신타로(石原慎太郎) 도쿄도지사가 센카쿠를 매입함으로써 상황이 악화되는 것을 방지하기 위한 시도라고 주장했다. 그러나 일본은 후진타오 총서기가 노다 요시히코(野田佳彦) 총리와의 대화에서 국유화 조치에 강하게 반대한다는 입장을 표명한 바로 다음 날 각료회의를 통해 국유화를 결정함으로써 중국을 자극했다.[119] 물론 이러한 조치가 앞에서 지적한 것처럼 미국의 반대에도 불구하고 추진되었지만, 미국이 재균형을 선언한 이후 일본이 2010년보다 더 과감한 조치를 취했다는 점에서 재균형이 일본을 더 강경하게 만들었을 가능성을 목격할 수 있다. 다시 말해 일본이 미국의 재균형을 중국과의 분쟁에 활용한 것이다.

이에 대응하여 중국은 댜오위도를 분쟁 지역으로 만들려는 노력을 더욱 강화한다. 일본의 강경론에 대해 강경한 대응을 선택한 것이다. 중국은 일본 정부가 국유화를 선언한 직후인 9월 10일에 댜오위도에 대한 영해기선을 설정함으로써 주권을 주장했다. 아울러 중국은 댜오위도 해역에 대한 상시순찰도 개시했다. 아베 정부가 출범한 후 댜오위도를 둘러싼 양국 사이의 갈등은 더욱 증대된다. 일본은 2013년 10월 헬리콥터를 탑재한 대형 순시선 오키나와호를 댜오위도 해역에 배치했다. 이와 관련해 중국의 군사 전문가들은 순시선이 선박끼리의 충격에 대비할 수 있도록 설계되었다는 점을 근거로 중국과의 고강도 대치에 대비한 조치라는 해석을 제기했다.[120]

일본은 미국으로부터 미·일동맹이 센카쿠 분쟁을 포함한다는 분명한 공약을 확보하려 시도했다. 예를 들어 일본의 주미대사 사사에 겐이치로(佐佐江賢一郎)는 2014년 초 미국이 일본과의 동맹을 강화하는 동시에 중국과 새로운 형태의 강대국 관계를 건설하려는 것은 모순이라고 지적하고 "미국이 적과 친구를 분명하게 구분하는 것을 보고 싶다"고 미국을 압박했다.[121] 그러나 중국의 전문가들은 댜오위도 분쟁과 관련하여 일본이 미국에 전적으로 의존하고 있거나 또는 일본의 공세가 댜오위도 문제에만 한정된 것은 아니라고 평가한다. 중국의 한 해군전문가는 자위대가 2013년 11월 1~18일 도서탈환 훈련을 전개한 것을 들어, 미국이 방기할 가능성에 대비하여 일본이 도서 분쟁을 독자적으로 해결할 수 있는 능력을 기르려 한다고 규정했다. 나아가 그는 일본의 의도가 단순히 댜오위도 문제에 한정되기보다, 제1열도선으로부터 해상방향으로 여러 겹에 걸쳐 중국에 대한 차단선을 설치한 데서 드러나듯, 중국의 부상 자체를 제어하는 데까지 미치는 것으로

평가했다.[122]

이러한 인식에 따라 중국 또한 대응의 수위를 더욱 제고시켰다. 그 대표적 사례로 중국이 2013년 11월 23일 동중국해에 방공식별구역을 선포한 것을 들 수 있다. 이는 중국이 분쟁 도서인 댜오위도에 대해 불규칙적인 비행을 시행하던 데서 한 걸음 더 나아간 조치였다. 중국의 전문가들은 이 조치를 댜오위도와 관련한 협상에 임하도록 일본에 압력을 가하는 시도로 규정한다. 즉, 방공식별구역을 선포하여 충돌의 가능성을 높임으로써 일본에 협상을 강요하려는 시도라는 것이다. 아울러 중국은 협상의 전제조건으로 일본이 댜오위도를 분쟁 지역으로 인정할 것을 제시했다. 실제로 일본 언론에 따르면 중국의 전임 외교담당 국무위원 탕자쉬안(唐家璇)이 11월 27일 일본 정치인과의 면담에서 위기관리기제를 마련하기 위한 협상을 제안했고 오노데라 방위상은 이틀 후 이를 거부했다.[123] 결국 방공식별구역 선포는 일본이 댜오위도 문제를 촉발시킨 것을 활용하여 동 도서가 분쟁대상임을 명확하게 하려는 시도라는 점에서 동중국해에서 현상을 새롭게 규정하려는 중국의 시도로 해석할 수 있다.

방공식별구역의 선포는 잘 계산된 조치로 볼 수 있다.[124] 중국은 방공식별구역 선포를 통해 미국의 의도를 측정하고 또 미국과 일본 사이의 간극을 창출하려 시도했다. 중국 언론은 미국의 지원에 대한 확신이 없을 경우 일본이 댜오위도 문제와 관련하여 중국과 더 공정하게 협상하게 될 것으로 평가했다.[125] 이에 따라 중국은 방공식별구역 선포와 관련하여 일본에 대해서는 강력하게 경고하면서도 미국에 대해서는 통행의 자유에 도전하려는 시도가 아니라고 밝힘으로써 안심시키는 전략을 취했다.[126] 미국이 B-52 폭격기를 출격시켰을 때도 중국은 국방부 대변인이 이를 포착하고 감시할 능력이 있음을 확인하는 데 그치는 등 충돌이 발생하는 것을 회피하려 들었다.[127]

방공식별구역 선포에 대한 미국의 태도는 댜오위도라는 작은 이슈 때문에 자국의 이익을 희생하지 않을 것이라는 중국의 판단과 크게 다르지 않았다. 미국은 장거리 폭격기 B-52 2대를 중국이 선언한 방공식별구역 내로 진입시키는 등 방공식별구역을 인정하지 않으려는 의지를 보여줬지만, 상업용 항공기에 대해서는 중국의 요구를 준수할 것을 권고함으로써 중국과의 충돌을 회피하려는 의도도 드러냈다. 아울러 중국이 방공식별구역을 선포한 직후 일본과 중국 등을 순방한 조 바이든(Joe Biden) 부통령 또한 중국의 조치에 대해 우려를 표명하면서도 중국에게 철회를 요구하는 대신에 일본과의 위기관리기제와 효과적 소통채널을 마련할 것을 촉구함으로써 상황을 관리하는 데 더 큰 비중을 두었다.[128]

이후 중국은 방공식별구역을 강요하려는 의도를 점차 강화했다. 예를 들어, 2013년 11월 28일 미국과 일본의 항공기들이 방공식별구역으로 진입하자 중국은 군용기를 발진시켜 대응했다. 중국 공군의 대변인에 따르면 Su-30과 Qian-11 등 항공기가 출격하여 2대의 미국 항공기와 10대의 일본 항공기를 식별했다고 밝혔다.[129] 이처럼 중국이 방공식별구역을 수호하려는 의지를 강화함에 따라 중국과 일본 사이에 공중 충돌의 위기가 발생하기도 했다. 일본의 주장에 따르면 2014년 5월 24일 중국의 SU-27 전투기가 일본 OP-3C 정찰기에 50m 이내로, 그리고 YS-11EB 전자정보기에 30m 이내로 접근하는 상황이 발생했다. 이와 관련하여 중국은 일본의 자위대 항공기가 비행 금지 조치를 무시하고 중국 방공식별구역에 진입하여 중·러 연합훈련을 정찰함으로써 문제를 야기했다고 반박했다.[130] 이어서 6월에도 또다시 충돌의 위기가 발생했다. 6월 11일 일본 방위성은 중국의 J-11기 2대가 일본 자위대의 항공기에 접근했다고 주장했다. 이에 대해 중국은 다음 날 일본 전투기가 근접 비행하는 사진을 공개함으로써 일본의 주장을 반박했다. 중국 국방부에 따르면 2대의 일본 F-15기가 2대의 중국 Tu-154 제트기에 접근했고 또 계속해서 중국이 설정한 방공식별구역에까지 진입하자 2대의 J-11 전투기를 출격시켰지만 150m의 거리를 유지했다.[131] 이러한 일화들은 이 지역에서 위험한 조우가 증가하고 이에 따라 우발적 충돌 가능성 또한 증대되었음을 제시한다.

2) 남중국해 분쟁

남중국해 분쟁은 동중국해 분쟁에 비해 관련된 도서와 지형지물의 숫자가 많고 개입된 당사국도 많다. 난사군도를 구성하는 지형지물은 150~180개에 이르는 데 이 가운데 48개만이 만조시 수면 위로 드러난다.[132] 이러한 지형지물을 둘러싸고, 〈그림 6-1〉에서 드러나듯 중국을 비롯하여 베트남, 필리핀, 말레이시아, 브루나이 등 모두 5개 국가가 영유권을 주장한다. 남중국해에 매장된 것으로 추정되는 자원이 분쟁을 촉발시키는 요인으로 작용한다. 남중국해에 매장된 자원에 대한 추정치는 다양한데, 중국의 국토자원부는 이 지역의 원유매장량이 4000억 배럴로 중동을 넘어서는 것으로 추정한다. 한편 미국 에너지정보국의 한 보고서는 이 지역의 매장량을 280억 배럴에서 2130억 배럴 사이인 것으로 평가한다.[133] 반면에 미국 지질조사국의 2010년 평가는 원유매장량이 11억 배럴에 불과하며 그 가운데 상당부분은 경제성조차 없는 것으로 규정했다.[134] 한편 해로로서 남중국해가 갖는 중요성은 역외 국가로 하여금 남중국해에 주의를 기울이도록 작용한다. 특히 남중국해를 통과하는 연 5조 달러를 넘어서는 교역량 가운데 20%가 미국과 관련된다는 사실은, 이 지역이 갖는 전략적 중요성과 함께, 미국으로 하여금 남중국해에서 통행의 자유를 확보하는 데 관심을 갖도록 작용한다.

중국은 남중국해 대부분을 자국의 영토라고 주장한다. 2009년 5월 유엔

〈그림 6-1〉 남중국해에 대한 각국의 영유권 주장

자료: http://en.wikipedia.org/wiki/South_China_Sea를 바탕으로 작성.

이 대륙붕에 대한 각국의 입장을 제출할 것을 요구했을 때 중국은 남중국해의 80% 정도를 9점선으로 표기하여 자국의 영토로 규정했다.[135] 그러나 중국의 주장에는 여전히 불분명한 부분이 남아 있는데, 대표적으로 중국이 9점선 내의 모든 도서와 해양을 자국의 영토와 영해로 규정하는 것인지가 분명하지 않다. 여기에 더해 9점선 주장이 유엔해양법과 충돌한다는 사실 또한 중국을 피동적으로 만든다.[136] 유엔해양법에 따르면 9점선 내의 대부분의 지형지물은 섬으로서의 요건을 구비하고 있지 못하며 따라서 섬에만

주어지는 영해와 배타적 경제수역을 설정하기 어렵다.[137]

이에 대해 중국은 남중국해 문제와 관련하여 유엔해양법만 따질 수는 없으며 역사를 중시해야 한다는 입장이다. 즉, 당나라 때부터 남중국해의 도서를 지도에 편입시켰고, 1947년에 남중국해 11점선을 선포했으며 이를 1958년에 9점선으로 변경했기에 9점선이 1994년에 발효된 유엔해양법에 우선한다는 입장이다. 아울러 중국은 1970년대에 이르기까지 다른 국가들이 9점선에 대해 이의를 제기하지 않았다는 사실 또한 관련 도서와 해역에 대한 중국의 주권을 입증해준다고 본다.[138] 중국은 영토 문제와 관련하여 양보하지 않으려 한다. 이러한 의도는 앞에서 지적한 것처럼 시진핑 체제가 출범한 후 더욱 강화되었다. 남중국해에 대한 주권을 구현하는 것이 체제의 정당성을 강화하는 데 기여한다는 사실이 중국 지도부로 하여금 강경한 입장을 취하도록 작용한다. 중국은 주권에 대한 주장을 강화하기 위해 다양한 조치를 취했다. 여기에는 남중국해에 대한 해상순찰의 강화, 난사와 시사를 관할하는 행정체계의 구축, 조업 금지 조치의 시행 등이 포함된다.

이처럼 중국이 힘에 의존하는 반면에 상대적으로 열세에 있는 동남아시아의 분쟁 당사국은 남중국해 분쟁의 다자화와 국제화를 추구한다. 필리핀과 베트남 등 동남아시아의 분쟁 당사국은 분쟁에 대한 아세안의 입장을 통일시키려 노력한다. 대표적으로 필리핀은 2012년 황옌도 분쟁과 관련하여 아세안에 도움을 요청했다. 아세안은 남중국해 분쟁과 관련하여 국제법 준수, 분쟁의 평화적 해결과 무력사용 금지, 신뢰확립 조치 등을 강조한다.[139] 그러나 이러한 원칙적 입장을 넘어서면 아세안은 중국과의 분쟁에서 통일성을 유지하는 데 어려움을 겪는다. 여기에 더해 중국과의 분쟁에서 외부세력, 특히 미국의 힘을 빌리려는 필리핀과 베트남의 시도와 관련해서도 아세안 내에 이견이 존재한다.

반면에 중국은 남중국해 분쟁의 다자화와 국제화를 차단하려 노력한다.

중국은 남중국해 분쟁과 관련하여 아세안 내부에서 합의를 도출하려는 시도를 제어하려 든다.[140] 남중국해 분쟁이 중국과 일부 아세안 국가 사이의 분쟁이기에 양자 간 협상을 통해 해결하는 것이 유리하며 다자화할 경우 문제는 더욱 복잡해질 것이라는 입장이다.[141] 여기에 더해 중국은 지역 국가에게 분쟁과 관련하여 미국이 보호해줄 수 없다는 사실도 깨우치려 시도한다. 가령 중국은 2012년 황옌도 사건은 미국이 필리핀을 끝까지 도와줄 의사가 없음을 보여주었다고 주장한다.[142] 아울러 남중국해 문제를 국제화하려는 아세안의 노력에도 강경하게 대응한다. 아세안지역안보포럼에서 다른 국가가 중국을 비판한 직후인 2009년 9월 중국은 시사군도 부근에서 베트남 어선과 선원을 나포했다. 이러한 중국의 강경한 대응은 남중국해 문제를 국제화하려 시도한 데 대한 불만을 표출한 것으로 볼 수 있다. 이 무렵 추이톈카이(崔天凱) 외교부 부부장은 아세안 국가들에게 남중국해 분쟁에 미국을 끌어들이려는 '불장난'을 하지 말라고 경고했다.[143]

남중국해에서의 분쟁은 중국과 필리핀·베트남 사이에서 가장 분명한데 이러한 사실은 황옌도 분쟁과 중국의 원유시추선 배치 사례에서 확인된다.

(1) 황옌도 분쟁

필리핀은 남중국해 영토 분쟁과 관련하여 가장 결연한 것으로 인식된다.[144] 이러한 사실은 필리핀이 황옌도 분쟁을 촉발시킨 데서 단적으로 드러난다. 2012년 4월 필리핀 군함이 8척의 중국 어선을 나포하려 시도함으로써 이후 두 달간 지속된 대치상태를 촉발시켰다. 중국은 이러한 필리핀의 움직임을 아키노 정권이 집권 공고화를 위해 반중정책을 활용하려 한 것으로 간주했다. 필리핀의 민족주의 세력이 중국에 대한 도발을 주도했다는 인식이었다. 이러한 인식에 따라 중국에서는 보수 세력을 중심으로 결연한 조치를 통해 반중정책이 집권에 도움 되지 않음을 보여주어야 한다는

주장이 제기되었다.[145]

실제로 중국의 대응은 강경했다. 중국은 어업 행정선을 파견하여 중국 어선을 나포하려는 필리핀의 시도를 제지했을 뿐 아니라 황옌도 해역에 대한 일상적 순찰이라는 형식을 통해 해양감시선이나 어업 행정선을 실질적으로 상주시킴으로써 통제권을 확보했다. 이는 양국의 선박 모두를 철수한다는 미국이 주선한 합의를 어긴 것이었다. 여기에 더해 중국은 필리핀에 대해 바나나 수입 금지와 관광객 송출 금지라는 경제카드를 통해 압박을 가했다. 즉, 압박을 통해 필리핀의 후퇴를 강요한 것이었다. 이러한 중국의 압박에도 불구하고, 필리핀 내의 강력한 민족주의적 경향이 재정적·외교적 손실을 감수하고서라도 중국에 맞서도록 작용했다. 필리핀의 전략은 중국과의 분쟁을 국제화시키는 것이었다. 우선 필리핀은 2013년 남중국해 문제를 유엔에 제소했다. 1월 22일 필리핀은 중국 대사관에 남중국해 분쟁을 유엔 산하 국제해양법 재판소에 제소하겠다는 입장을 통보했다.[146] 필리핀은 국제해양법정에 제소하는 것을 통해 9점선을 무력화시키려 들었다. 즉, 9점선이 유엔해양법과 상충됨을 보여줌으로써 그 정당성에 대해 도전을 제기하려 들었다.[147]

아울러 필리핀은 2014년 4월 28일 오바마 대통령의 필리핀 방문을 앞두고 미국과 10년 기한의 방위협력증진협정(The Enhanced Defense Cooperation Agreement)을 체결했다. 이 협정은 군사기지 접근과 이용을 보장함으로써 미군이 클라크 공군기지를 무상으로 사용할 수 있는 길을 열었다.[148] 이는 미국에 상설기지를 허용하지 않으면서도 미군의 주둔을 확대하려는 필리핀의 의도를 반영했다. 이러한 필리핀의 협력은 오바마 대통령으로 하여금 영토 분쟁의 국제적 해결을 지지한다는 입장을 표명하도록 작용했다.[149] 계속해서 필리핀은 오바마 대통령이 방문을 마친 직후인 5월 5일부터 미국과 연례 연합훈련을 거행했는데, 델 로사리오 외교장관은 이 훈련이 영유권 분쟁에 대한 필리핀의 대응능력을 강화시킬 것이라는 기대를 표출했다.[150] 아울러 필리핀은 연합훈련이 거행되던 5월 6일 난사군도 부근 해역에서 작업 중이던 중국 어선과 선원을 억류함으로써 결연한 의지를 드러냈다. 또 같은 날 필리핀의 한 군 고위 인사는 순시선과 정찰기 배치를 증강시킴으로써 해상순찰능력을 제고시키는 것을 중심으로 하는 남중국해 방어계획을 공포했다. 중국의 한 전문가는 이러한 필리핀의 강경정책을 미국의 공약에 힘입은 것으로 평가했다.[151] 계속해서 필리핀은 6월에도 미국과 황옌도에서 100해리 떨어진 해상에서 연합훈련을 거행했다.[152]

이러한 조치는 다시 중국의 강경한 대응을 촉발시켰다. 리커창 중국 총리는 2014년 4월 10일 보아오 포럼에서 남중국해에서의 도발행위에 과감하게 대응할 것을 천명함으로써 필리핀을 압박했다. 분쟁과 관련한 중국의 결연한 입장은 남중국해 여러 도서에서 토지 매립을 통해 접안시설과 활주로를 건설하려 한다는 사실에서도 확인된다. 필리핀 정부의 보고서에 따르면 중국은 2014년 초 츠과초(赤瓜礁, the Johnson South Reef)를 위시한 5개의 암초에서 매립과 건설 공사를 진행했다.[153] 분쟁 해역에서의 개발을 중단하고 현상을 동결하자는 미국과 필리핀의 호소는 거부되었다.[154]

(2) 중국-베트남 분쟁

중국과 베트남은 분쟁 도서의 숫자에 관한한 남중국해의 가장 현저한 분쟁 당사국이다. 그럼에도 불구하고 양국은 2011년 해양 문제 해결을 위한 기본원칙 및 핫라인 설치 합의와 같은 성과를 거두었고,[155] 2013년 10월 리커창 총리가 베트남을 방문했을 때 워킹그룹을 구성하여 대화를 통해 문제를 해결한다는 데 합의한 바 있다. 이러한 사실을 고려할 때, 중국이 2014년 5월 2일 베트남과 분쟁 중인 남중국해에 원유시추선 HD(HYSY)-981을 배치한 것은 이해하기 어려운 조치였다. 중국은 왕이 외교부장이 나서서 10년

전부터 시작된 탐사작업의 일환으로 정상적인 시추활동임을 강조했지만 베트남은 원유시추선의 소재지가 자국의 배타적 경제수역 내이기에 중국의 행위는 불법이라고 규정하고 철회를 요구했다.[156] 베트남의 항의에도 불구하고 중국이 작업을 강행하자 베트남이 선박을 출동시켰고 양국 선박 사이의 충돌로 인해 베트남 어선이 침몰하는 상황이 발생했다.[157] 이로 인해 베트남에서 대규모 반중국 시위가 발생했고, 양국관계는 1991년 수교 이후 가장 커다란 시련에 직면했다.

중국의 시추선 배치는 다른 국가의 도발이 없는 상태에서 이루어졌다는 점에서 중국이 개입된 여타의 영토 분쟁과 차이를 보인다. 아울러 시추선 배치는 베트남에 대한 정책을 둘러싼 중국 내의 논쟁에서 강경파가 승리했음을 의미한다. 베트남과의 관계가 회복되던 2013년 말 중국에서는 베트남에 대한 정책을 둘러싸고 서로 다른 견해가 제기되었다. 한편에서는 베트남과의 관계 개선을 강조했다. 아세안이 강대국 사이의 균형을 추구하고 미국을 위시한 강대국이 동남아시아를 둘러싸고 경쟁하는 상황에서 중국 또한 아세안에 대한 적극적인 외교적 노력을 전개할 필요성이 강조되었다. 이와 관련하여 한 전문가는 아세안에 대한 정책의 초점을 베트남에 집중시킬 필요성을 제기했다. 베트남과의 기존 합의를 진지하게 이행함으로써 관계를 발전시키고 이를 통해 아세안에 대한 영향력을 확대하자는 주장이었다.[158] 이에 대해 다른 전문가는 베트남 내에 반중정서가 강해 심도 있는 협력이 어려울 뿐 아니라 베트남과의 협력이 중국의 아세안 전략을 지탱하기도 어렵다는 반론을 제기했다. 그는 아세안에 내적 응집력이 결핍되어 있기에 특정 국가에 대한 외교만으로는 충분하지 않으며 또 베트남이 아세안의 단결을 지지하기에 베트남을 통해 아세안에 영향력을 행사하기도 어렵다고 규정했다.[159] 심지어 일부에서는 핵심이익을 침해하는 베트남의 행위에 대해 필리핀에 행한 것과 같은 강경한 대응을 취해야 한다는 강경론도

제기했다. 즉, 경제외교를 통한 회유책이 통하지 않기에 교훈을 줘야 한다는 주장이었다.[160]

원유시추선 배치는 중국이 영토 분쟁과 관련하여 외부에서 촉발시킨 기회를 활용하여 현상을 재규정하는 '황옌도 모델'에서 한 걸음 더 나아감을 의미한다. 이러한 중국의 강경한 조치와 관련하여 여러 가지 해석이 제기된다. 미국의 한 전문가는 이 조치를 관료정치의 결과로 간주한다. 강경한 정책을 주장하는 일부 관료조직과 민족주의적 여론이 상호작용하여 주권에 대한 주장을 강화시킨 결과 강경한 외교정책이 힘을 얻었다는 주장이다.[161] 이러한 주장을 반영하듯, 시추선 배치를 전후하여 중국에서는 필리핀과 베트남 등 다른 국가들이 1970년대 이후 1380차례에 걸쳐 시추작업을 진행한 반면 중국은 한 차례도 진행하지 못했다는 비판이 제기되었다.[162] 아울러 좀 더 적극적으로 시추작업을 진행해야 한다는 목소리도 제기되었다. 대표적으로 중국석유기업협회의 한 관계자는 남중국해의 원유가스를 둘러싼 경쟁이 가열되고 있는 상황에서 중국에 주권이 있는 시사군도 해역에서 결연한 자세로 시추작업에 나서야 한다고 주장했다.[163] 다른 전문가 또한 대규모적이고 실질적인 독자적 개발은 관련 국가에 공동개발이라는 압력을 가하고, 중국의 선택지를 확대시키며, 자원의 대규모 유실을 방지하는 외에 원유가스 개발의 국제경쟁력을 제고시키는 데 기여할 것이라고 주장했다.[164] 따라서 이러한 세력이 원유시추선 배치를 주도했을 가능성을 생각해볼 수 있다.

그러나 그 규모나 파급효과를 고려할 때 이러한 설명만으로는 충분하지 않다. 80척 정도의 해군 함정과 해경경비선이 시추선과 동행한 것을 보면 중국의 조치는 사전에 충분히 계획되고 또 고위수준에서 정치적으로 결정된 것으로 볼 수 있다.[165] 특히 중국이 파견한 함정 가운데 중국 해군이 보유한 최대 규모의 수륙양용함인 징강산(井冈山)호와 쿤룬산(昆仑山)호가 포함되었다는 사실은 베트남 언론의 보도처럼 영토 수호에 대한 중국의 의지를 보여준다.[166] 이러한 맥락에서 볼 때, 중국의 원유시추선 배치는 중국이 영토주권을 공고화하는 데 대한 국제적 반응, 특히 아세안과 미국의 반응이나 의지를 측정하기 위한 것으로 해석할 수 있다.[167] 실제로 미국의 일부 분석가들은 중국의 조치가 오바마 미국 대통령이 동아시아 순방을 통해 재균형에 대한 공약을 표명한 직후에 발생했다는 사실을 들어 중국이 미국의 안보 공약을 시험하려 한 것으로 해석한다.[168] 즉, 중국이 오바마 정부가 추진하는 재균형이 실효성이 없음을 보여주려 했다는 평가이다.[169]

이러한 해석은 중국이 주권을 수호하기 위해 일정 정도의 긴장을 감수할 의지가 있음을 제시한다.[170] 오바마 대통령이 2014년 4월 동아시아를 순방하여 공약을 강화하려 시도한 이후 중국에서는 남중국해 문제를 둘러싸고 미국과의 게임을 감내할 수 있다는 자신감이 증대되었다. 중국의 보수언론은 오바마 순방이 중국과의 관계를 파열로 이끌지 않으려 함을 보여주었다고 규정했다.[171] 가령 오바마 대통령은 댜오위도에 관한 공약을 강화하면서도 남중국해 분쟁에 관한 공약은 불분명하게 남겨둔 것으로 간주되었다. 이와 관련해 오바마 대통령이 재균형은 중국의 부상을 겨냥한 것이 아니라고 지적함으로써 필리핀과 거리를 유지했다는 사실이 특히 주목을 받았다.[172]

중국이 애초에 베트남의 대응을 충분히 예상했었는지는 분명하지 않다. 중국이 베트남의 반응과 관련하여 구두항의에 그치고 행동은 자제할 것으로 기대했었다면 중국은 베트남의 대응을 과소평가한 것이었다. 베트남은 선단을 파견하고 또 선박끼리의 충격을 불사하는 등 강경하게 대응함으로써 만만치 않은 상대임을 보여주었다.[173] 중국의 주장에 따르면 베트남은 5월 3~7일 사이에만 해군함정을 포함하여 36척의 선박을 파견했고 중국 선박에 대해 170차례 이상 충격을 가했다.[174] 여기에 대해 베트남 총리 응우옌떤중(Nguyen Tan Dung)은 마닐라를 방문하여 중국의 영토침범에 대한 우려를 필리핀과 함께 표명하고 나아가 국제사회에 중국을 비판하고 위법의 종식을 요구할 것을 촉구했다.[175]

5. 미·중 갈등

중국과 지역 국가 사이의 긴장과 대치는 다시 미국과 중국 간의 갈등으로 이어졌다. 일본과 필리핀 등 미국의 동맹국들이 중국을 견제하려 들자 중국은 영해기선과 방공식별구역을 선포하는 등 현상을 유리하게 변경시키려는 시도로 맞대응했다. 이는 지역 국가의 공세에 대응하기 위한 조치이자 미국의 재균형이 도움이 되지 않을 것임을 보여주려는 중국의 노력을 반영했다. 이러한 중국의 강경한 대응은 다시 미국으로 하여금 대응의 강도를 제고시키도록 작용했다. 미국 내의 강경파들이 주장하듯 중국의 강경한 행태를 방관하는 것은 동아시아에서 미국에 대한 신뢰를 약화시키는 엄청난 비용을 초래할 가능성을 제기했다.[176] 구체적으로 미국의 온건한 대응은 동아시아의 동맹국 사이에서 미국을 신뢰할 수 있겠느냐는 의구심을 촉발시키고 또 중국으로 하여금 미국의 공약을 평가절하하도록 작용할 가능성을 촉발시켰다.[177] 이러한 의구심은 동아시아에서 미국의 동맹체제를 와해시킴으로써 미국 중심의 지역질서를 약화시킬 위험을 내포했다.

이에 따라 미국은 동아시아에 대한 공약을 더욱 강화했다. 이러한 현상은 2014년에 분명해졌다. 우선 오키나와 주둔 미국 최고사령관이 중국군이 센카쿠를 무력으로 점령할 경우 미국 해병대가 탈환할 능력이 있다는 입장을 표명했다. 이는 미국의 고위 군관리가 센카쿠에서 군사적 충돌이 발생할 경우 미국이 군사행동을 취할 것임을 처음으로 표명한 것이었다.[178] 이어서 4월 초에는 헤이글 미국 국방장관이 미·일방어조약이 센카쿠를 포함한다고 밝히고, 중국에 대해 영토 분쟁과 관련한 주변 국가의 우려를 고려할 것을 촉구했다.[179] 이러한 그의 언급은 크림반도 사태의 후유증을 극복하고 동맹국을 안심시키려는 시도였다. 다시 말해 헤이글 국방장관은 중국에 대한 강경론을 통해 오바마 정부가 중국에 유약하다는 인식을 불식시키려 들었다.[180]

이후에도 미국은 중국에 대한 압박을 계속해서 이어갔다. 오바마 대통령은 4월 일본 방문에서 현직 대통령으로서는 처음으로 센카쿠 열도가 미·일 방어조약의 대상이라고 공개적으로 언급했다.[181] 이는 일본에 대한 지지를 분명하게 함으로써 동아시아에서 안정을 회복하려는 시도였다. 오바마 대통령의 순방 이후인 5월 12일 케리 국무장관은 왕이 중국 외교부장과의 전화통화에서 남중국해에 대한 원유시추선 배치를 도발로 규정하고 비판했다.[182] 헤이글 국방장관 또한 5월 31일 샹그릴라 대화에서 중국의 강경정책을 비판했다.

그러나 이러한 미국의 압박은 의도한 것처럼 지역의 안정으로 이어지지 않았다. 동맹국에 대한 공약 강화는 자신감이 증대된 중국의 반격을 촉발시킴으로써 오히려 갈등을 더욱 심화시켰다. 중국은 강경한 대응을 통해 미국과 대등한 국가로서의 지위를 형성하고 또 미국이 핵심이익을 존중하지 않을 경우 목소리를 높이겠다는 결의를 보여주려 했다.[183] 창완취안 국방부장은 헤이글 미국 국방장관이 일본에서 방위공약을 천명한 것과 관련하여, 중국의 발전은 봉쇄될 수 없다고 반박하고 오히려 미국에 일본을 경계할 것을 촉구했다. 왕이 중국 외교부장 또한 원유시추선 배치를 도발로 규정한 케리 국무장관에게 베트남과 필리핀의 입장을 지지함으로써 도발을 촉발시키는 것을 중단하라고 반박했다.[184] 이후에도 양국 간 논쟁은 계속되었다. 5월 중순 미국을 방문한 팡펑후이(房峰輝) 총참모장은 중국이 무력을 통해 현상을 변화시키려 시도한다는 마틴 뎀프시(Martin Dempsey) 미국 합참의장의 비판에 대해 분쟁을 야기한 것은 중국이 아니라 미국의 재균형과 이를 이용한 일부 지역 국가라고 반박함으로써 언쟁을 벌였다.[185]

이 과정에서 중국은 미국이 주도하는 안보질서를 비판하고 미국이 배제된 지역 안보질서를 구축할 필요성까지도 거론했다. 대표적으로 시진핑 주석은 2014년 5월 상하이에서 개최된 아시아 교류 및 신뢰구축 회의(CICA 亚洲相互协作与信任措施会议)에서 아시아의 비중과 역할이 더 중요해지고 있다고 전제하고, 아시아 국가들에게 이러한 시대의 흐름에 맞춰 자신의 운명을 주도하고 주재할 것을 촉구했다. 그는 "어떤 국가도 지역의 안보를 농단하거나 다른 국가의 정당한 권리를 침해해서는 안 되며 제3국을 겨냥한 군사동맹을 강화하는 것은 지역의 공동안보에 불리하다"고 지적함으로써 미국이 주도하는 동맹체제를 겨냥했다. 나아가 그는 "아시아인의 일은 결국 아시아인이 처리하고, 아시아의 문제는 아시아인이 해결하고, 아시아 안보는 결국 아시아인이 수호하는 것"이라고 지적하고 "아시아인은 협력의 강화를 통해 지역의 평화와 안정을 달성할 능력과 지혜를 갖고 있다"고 규정함으로써 아시아 국가만으로 지역안보의 틀을 형성할 필요성을 촉구했다.[186] 이는 중국 지도부가 미국에 대한 비판을 더욱 강화하고 나아가 미국을 배제하려는 의도마저 드러낸 것으로 해석될 소지를 제공했다. 미국을 비판하려는 중국의 의지는 6월 샹그릴라안보대화에서 왕관중(王冠中) 부총참모장이 헤이글 미국 국방장관의 연설을 패권과 위협으로 가득하다고 비판한 데서도 드러났다.[187]

이처럼 갈등이 심화되면서 미국과 중국 사이에 군사적 조우와 충돌의 위기가 발생했다. 먼저 2013년 12월 5일 남중국해에서 미국 미사일 순양함 카우펜(USS Cowpens)호와 중국 수륙양용함 사이의 충돌 위기가 발생했다. 알려진 바에 따르면 중국 수륙양용함이 중국 항모 랴오닝호를 정찰하던 카우펜호로 돌진했는데 이를 카우펜호가 피함으로써 충돌을 모면했다. 중국은 카우펜호가 중국 항모편대의 '방어 지역 내'로 진입하자 경고를 발동하고 정지할 것을 요구했지만 이를 거부했기 때문에 충돌을 시도했다고 주장했다.[188] 이 사건과 관련하여 진찬룽은 중국이 남중국해에서 활동을 증강시킴에 따라 유사한 상황이 더 자주 발생할 것이라고 지적했다.[189]

이러한 지적을 반영하듯 2014년에는 미국과 중국의 항공기가 공중에서 조우하는 사태가 발생했다. 보도에 따르면 2014년 8월 19일 하이난섬 동쪽 220km 부근 국제 영공에서 중국의 항공기가 미국 해군의 P-8 포세이돈 정찰기에 10m 이내까지 접근하는 사태가 발생했다.[190] 이와 관련하여 중국은 해군의 J-11기가 관례적인 식별 및 확인 활동을 진행한 것이라고 주장했다.[191] 나아가 중국은 계속되는 미국의 근접 정찰이 문제의 근원이라는 주장을 제기했다. 중국 국방부 대변인은 미국에 국제법과 관례에 따라 중국에 대한 근접 정찰을 축소시키고 또 중지하라고 촉구했다.[192]

이러한 일련의 사건은 중국의 배타적 경제수역 내에서 이루어지는 미국의 정찰활동을 둘러싼 양국 사이의 첨예한 이견을 반영한다. 유엔해양법은 200해리에 이르는 배타적 경제수역에서 타국이 해상정찰을 수행하는 것을 합법적인 것으로 규정한다. 그러나 중국은 미국이 지나친 빈도로 정찰을 수행함으로써 위협을 제기한다고 주장한다.[193] 더욱이 유엔해양법은 배타적 경제수역의 상공인 국제영공과 관련해서는 어떤 규정도 제공하고 있지 않고 다른 공인된 규약 또한 존재하지 않는다. 이러한 상황에서 중국은 미국의 근접 정찰을 용인하지 않으려는 입장을 견지했고 이에 따라 미군과의 직접적 대치도 이어져왔다. 2001년에 발생한 미국의 EP-3 정찰기와 중국의 J-8 전투기 사이의 충돌이 그 한 사례였고, 2009년 하이난도 부근에서 발생한 임페커블호 사건도 중국이 근접 정찰을 제어하려 시도하는 과정에서 발생했다. 흥미롭게도 중국은 미국이 자신의 배타적 경제수역에서 정찰활동을 진행하는 데는 반대하면서도 최근 미국에게 미국의 배타적 경제 수역에서 정찰활동을 수행하기 시작했다는 사실을 밝힌 바 있다. 모두가 미국과의 관계에서 좀 더 대등한 지위를 확보하려는 중국의 의도를 반영한다.

이상의 논의는 미국이 재균형을 통해 중국을 제어하고 동아시아의 안정을 회복하려 했지만 중국 또한 강경하게 맞대응함에 따라 지역의 안정이 회복되기보다 오히려 갈등이 제고되었음을 제시한다. 중국은 미국의 재균형에 순응하여 온건한 정책으로 회귀하기보다 강경한 대응을 통해 미국으로 하여금 중국의 이익을 존중하도록 하려 들었다. 비록 중국이 대응의 초점을 미국이 아닌 지역 국가에 맞춤으로써 미국과의 직접적인 충돌을 회피하려 들었지만 갈등은 궁극적으로 미국과 중국과의 관계로까지 확산되었다.

제7장 충돌의 회피와 균형정책

동아시아에서 갈등이 제고되고 대치 국면마저 출현했다는 것이 곧 이 지역에서 중국에 대항하는 반중국 연합이 형성됨으로써 전략적 대결구도가 정착되거나 충돌이 불가피해졌음을 의미하지는 않는다. 긴장이 제고되고 대치국면이 조성되기도 했지만 본격적이고 전면적인 충돌이 가시권에 들어온 것은 아니다. 동아시아의 긴장은 해상 분쟁이 핵심이며, 이러한 분쟁은 전함이나 전투기가 아니라 비무장 상태이거나 경무장한 선박을 중심으로 전개된다.[1]

더욱이 미국과 중국 모두가 지역의 안정에 이익을 같이하며 충돌을 회피하기 위한 노력을 전개한다. 양국은 우발적 충돌을 방지하기 위한 행동규약 제정에 합의하는 등 군사 분야에서까지 협력하고 있다. 또한 대부분의 지역 국가들도 미국이 동아시아로 회귀하는 것을 환영하지만 중국을 견제하는 데 참여하려 들지는 않는다. 오히려 지역 국가들은 미국과 중국이 경쟁함으로써 어느 한편을 선택해야 하는 상황이 출현하는 것을 경계한다. 이에 따라 동아시아에는 한편으로 경쟁이 제고되면서도 다른 한편으로는 이러한 경쟁이 본격적인 대결로 이어지는 것을 제어하고 협력을 추진하려는 노력이 동시에 전개되는 복합적 국면이 형성되었다. 이러한 복합성은 우리에게 익숙하지 않은 현상이다.

이 장은 충돌을 회피하려는 미국과 중국의 노력, 그리고 양국 사이에서 균형을 유지하려는 지역 국가의 시도를 검토함으로써 동아시아에 출현한 복합성의 다른 측면을 제시하게 될 것이다. 미국은 중국에 대한 견제를 강화함으로써 갈등이 초래되는 것을 불사하면서도 동시에 협력을 계속하려는 의지도 드러낸다. 단적으로 오바마 대통령은 2014년 4월 동아시아 순방에서 동맹국에 대한 안보 공약을 강화함과 동시에 중국과의 협력도 강조했다. 이는 미국의 재균형이 중국에 대한 봉쇄로까지 이어지지는 않음을 제시한다. 중국 또한 미국과의 대결을 회피하고 관계를 안정시키려 드는데 이러한 사실은 시진핑 체제의 출범과 함께 본격적으로 제기된 새로운 형태의 강대국 관계 구상에서 단적으로 확인된다. 마지막으로 대다수 지역 국가들 또한 경제적으로는 중국에, 안보상으로는 미국에 의존하고 있는 현실로 인해 미국과 중국 사이에서 선택해야 하는 상황이 발생하는 것을 방지하려 든다.

다음에서는 우선 충돌을 회피하고 협력을 유지하려는 미국과 중국의 온건론을 차례로 검토하고 그 결과로 나타난 양국 간 협력의 진전을 군사 분야를 중심으로 살펴보게 될 것이다. 이어서 지역 국가에 대한 계속되는 중국의 매력공세와 이에 힘입은 지역 국가의 균형전략을 고찰한 후, 동아시아 지역 국가들 사이의 분열을 동남아시아와 동북아시아로 구분하여 검토하게 될 것이다.

1. 미국의 온건론

미국은 재균형이 중국을 봉쇄하려는 시도가 아님을 강조한다. 이러한 미국의 노력은 제5장에서 지적한 것처럼 오바마 정부 2기가 시작된 후 특히 분명해졌는데, 이 시기 재균형과 관련하여 군사적 비중이 축소되고 중국과의 관계가 강화되는 조정이 이루어진다. 우선, 클린턴 국무장관의 후임자인 케리 국무장관은 인사청문회에서 중국과의 관계 강화를 옹호한 반면에 아시아 태평양 지역에서의 군사력 증강에 대해서는 유보적 입장을 드러냈다. 그는 중국이 미국의 재균형을 봉쇄로 인식할 경우 반작용이 있을 수밖에 없다는 사실을 유념할 필요성을 강조했다. 또한 그는 아시아를 첫 순방지로 택하라는 백악관의 제안에도 불구하고 유럽과 중동을 먼저 방문함으로써 외교정책의 지역적 초점을 조정하려는 의도를 보여주었다.[2]

재균형에 대한 조정, 또는 재균형을 둘러싼 미국의 혼선을 제시하는 증거는 계속해서 이어진다. 도닐런에 이어 국가안보보좌관에 취임한 라이스도 중국과의 관계를 강조했다. 2013년 11월 취임 후 최초로 행한 미국의 아시아 정책에 관한 연설에서 그는 일본과의 동맹에 대한 언급 없이 중국과 새로운 강대국 관계를 형성할 필요성을 지적했다. 구체적으로 그는 중국과의 불가피한 경쟁을 관리하면서 군사협력, 고위급에서의 소통 강화, 한반도 비핵화, 이란 핵 문제, 아프가니스탄의 안정화, 수단의 내전 종식 등 이해관계가 일치하는 영역에서 협력할 필요성을 강조했다.[3] 국제 문제와 관련하여 중국의 협력을 동원할 필요성이 미국의 대중정책을 제약하는 현실을 잘 보여준 사례였다.

그다음 달에 이루어진 동아시아 순방에서 바이든 부통령 또한 동맹국들을 안심시키는 동시에 중국과의 관계도 유지하려는 노력을 전개했다. 12월 2일 그는 일본의 아베 총리와 회담한 후 중국의 방공식별구역 선포가 지역의 긴장을 제고시키고 오판의 가능성을 강화시켰다고 비판했다. 그럼에도 불구하고 그는 일본의 희망처럼 중국에 대해 조치를 철회할 것을 요구하는 대신에 중국과 일본 양국 모두에 대해 위기에 대응할 수 있는 소통기제를 건립할 것을 촉구했다.[4] 댜오위도 문제로 중·일 간에 충돌이 발생하고 이로 인해 미국이 연루되는 상황을 방지하려는 의도를 잘 보여주었다. 아울러 이틀 후에 이루어진 시진핑 중국 국가주석과의 회담에서도 그는 갈등을 회피하려 들었다. 바이든 부통령은 방공식별구역을 인정하지 않으며 선언을 실천에 옮기려 듦으로써 위기를 초래하지 않기를 바란다고 지적하면서도 동시에 일본이나 다른 이웃 국가와의 대화채널을 마련해 긴장을 완화시킬 것을 촉구했다.[5] 여기에 더해 중국의 발표에 따르면 바이든 부통령은 시진핑 주석과 새로운 형태의 강대국 관계 건설을 추진하기 위해 노력한다는 데도 합의했다.[6]

지역 국가에 대한 공약을 한층 강화한 것으로 평가되는 2014년 4월 오바마 대통령의 아시아 순방 또한 중국을 포함하지 않았음에도 불구하고 중국을 무시하지 않았다. 오바마 대통령은 순방 내내 동맹국과 중국을 동시에 염두에 두고 매우 계산된 메시지를 전달하려 노력했다. 우선 그는 일본에서 미국의 현직 대통령으로서는 최초로 센카쿠 방어를 공약하면서도 동시에 이러한 공약이 중국과의 충돌로 이어지는 것을 제어하려 들었다. 오바마 대통령은 미·일동맹은 그가 태어나기 이전부터 있었다고 지적함으로써 센카쿠에 관한 그의 공약이 새로운 것이 아니며 또 중국에 대해 새롭게 레드라인을 설정한 것도 아니라는 메시지를 전하려 들었다.[7] 나아가 그는 문제의 외교적 해결을 강조한 반면에 군사력을 사용할 것이냐는 질문에는 답하지 않았다. 한편 서울에서는 북한의 도발을 제어하겠다고 공약하면서 중국의 도움을 강조했다. 왜 그가 일본에서 중국을 자극하는 것을 피하려 노력했는지 잘 보여주는 대목이다. 계속해서 그는 필리핀에서도 미국의 목표가 중국을 봉쇄하는 데 있지 않다는 점을 강조했다.[8] 모두가 미국이 중국의 공세적 행위를 제어하려 하면서도 동시에 중국과의 대결국면이 출현하는 것은 회피하려 들었음을 보여주는 증거들이다.

중국과의 충돌을 피하고 협력을 유지하려는 의도는 이후에도 미국의 고위 관료들에 의해 계속해서 표출되었다. 뎀프시 미국 합참의장은 2014년 5월 중순 미국을 방문한 팡펑후이 중국군 총참모장에게 재균형을 지속하겠다는 의지를 표명하면서도 양국 간 군사관계 개선을 통해 충돌을 방지할 필요성도 함께 강조했다.[9] 케리 국무장관 또한 7월 중국 방문에서 협력을 강조했다. 그는 "중국을 밀어붙이거나 중국과 충돌하려는 미국의 전략은 없다"고 밝힘으로써 오바마 대통령이 앞서 필리핀에서 밝혔던 입장을 반복했다.[10] 계속해서 그는 8월에도, 취임 후 18개월 만에 이루어진 여섯 번째 아시아 방문을 마무리하면서, 하와이에서 행한 미국의 아시아 태평양정책에 관한 연설에서 미·일동맹에 대한 언급 없이 중국과의 전략적 대결을 회피하려는 의지를 강조했다. 그는 중국과 건설적 관계를 수립하는 것이 지역의 평화와 안정을 유지하는 데 기여할 것이라고 전제하고 오바마 대통령과 자신이 중국과의 협력과 공동이익을 확대하고 차이를 건설적으로 관리하는 관계를 형성하려 노력해왔다고 강조했다.[11]

여기에 더해 미국은 지역의 동맹국이 중국과의 대결을 촉발시키는 것도 경계하고 제어하려 들었다. 동아시아의 동맹국과 관계를 강화함으로써 재균형을 실현시키려는 미국의 노력은 동맹국에 의해 이용당할 수 있는 연루의 위험성을 제기했다. 대표적으로 동중국해에서의 중·일 분쟁은 미국에게 바위섬 몇 개 때문에 중국과 전쟁을 하게 될 현실적 위험성을 제기했다. 실제로 중국이 동중국해에 방공식별구역을 선포한 후 미국에서는 일본과의 동맹을 강화하려는 노력이 지역의 휘발성을 강화시켰다는 우려가 제기되었다. 즉, 아베 정권이 중국과의 역사와 주도권 경쟁에서 물러서지 않으려하며 이로 인해 미국이 지역의 분쟁에 개입될 가능성이 높아졌다는 우려였다.[12] 이러한 인식과 우려를 반영하듯 미국은 일본을 자제시키려 들었다. 앞에서도 언급했듯이 오바마 대통령은 센카쿠가 미·일방위조약의 대상이라고 공식적으로 언급하면서도 주권 문제와 관련해서는 일본을 지지하지 않았다. 나아가 그는 아베 총리에게 긴장을 확산시키지 말고 대화와 신뢰 확립을 통해 완화시킬 것을 촉구했다.[13]

미국이 재균형에도 불구하고 중국과의 관계를 유지하려 드는 것은 직면한 현실적 제약 때문이다. 앞에서 지적한 것처럼, 미국은 국제적 문제의 해결을 위해 중국의 도움을 필요로 한다. 단적으로 북한의 핵 문제나 시리아 문제와 같은 국제적 이슈와 관련하여 동아시아 동맹국들이 중국의 자리를 메우기는 어렵다. 따라서 미국은 중국과의 긴장이 제고된 후에도 계속해서 협력의 필요성을 강조한다. 가령 라이스 국가안보보좌관은 2014년 9월 중국 방문에서 이라크와 시리아에서의 IS에 대응하는 데 대한 중국의 협력을 요청했다.[14] 여기에 더해 미국이 재균형을 추진하는 데도 여러 차례 지적한 것처럼 현실적 제약 요인이 존재한다. 먼저 아시아로의 투입을 증대하겠다는 재균형은 다른 지역으로의 개입을 축소하는 것을 전제로 하는데, 다른 지역에서의 사태 악화는 동아시아에 대한 미국의 투입 능력을 제약할 수밖에 없다. 또한 경제적 어려움으로 인해 방위비를 감축할 수밖에 없다는 사실 또한 미국이 재균형을 추진하는 데 제약으로 작용한다. 국방 예산의 감축은 이미 미국의 군사적 대비태세와 역량에 제약을 가하기 시작했고, 이와 함께 미국의 고위 군지도자들이 이에 대한 우려를 제기하기 시작했다. 대표적으로 라클리어 태평양 사령관은 국방 예산의 불확실성이 미군의 대응력과 준비태세의 약화를 가져올 뿐 아니라 결국 아시아 태평양 지역에서의 군사적 지배력을 약화시킬 것이라고 지적했다.[15] 마지막으로, 2013년 말 미국 정부의 셧다운 사태가 보여주었듯 국내정치적 분열도 미국이 공약을 집행하는 데 제약을 가한다. 이러한 현실적 제약으로 미국은 중국과의 본격적 대결을 추구하기보다 견제와 협력을 병행하는 전략을 유지하려 한다.

2. 협력을 향한 중국의 추구

중국 또한 미국과의 대결을 회피하고 협력을 유지하려 노력한다. 다시 말해 중국은 미국의 재균형에 강경하게 대응하면서도 그 수준을 충돌을 야기하지는 않는 정도로 제어하려 든다. 여기에는 무엇보다도 여전히 현저한 미국과의 국력 격차에 대한 인식이 중요하게 작용한다. 국력에 대한 자신감이 증대되고 있지만 중국 내의 지배적 인식은 여전히 미국의 우위를 인정한다. 즉, 미국의 상대적 쇠퇴는 불가피하지만 장기적 과정이 될 것이고, 최소한 향후 10~20년 사이에는 중국이 경제 규모에서 미국을 추월하더라도 종합적 국력에서 미국이 분명한 우위에 있을 것이라는 인식이다.[16] 이러한 인식은 미국의 한 전문가가 지적하듯 고위 인사들 사이에서 더욱 분명하다.[17]

이러한 상황을 반영하듯 중국에서는, 특히 온건론자들을 중심으로 미국과의 협력이 강조된다. 오바마 정부가 재균형을 공식적으로 천명한 직후인 2011년 말 중국의 한 미국전문가는 제6장에서 언급한 것처럼 미국과의 관계를 안정시킬 필요성을 강조했다. 중국 수출품의 1/3 정도가 궁극적으로 미국시장으로 가고 또 1800억 달러의 무역 흑자 가운데 95%가 미국과의 교역에서 얻어진다는 현실을 고려할 때, 미국에 대해 환상을 품지도 말아야 하지만, 미국이 최대의 협력 대상국이라는 사실을 잊어서는 안 된다는 지적이다.[18] 즉, 경제성장을 위해 미국과의 관계를 안정시킬 필요가 있다는 주장이다.

온건론자들은 미국과의 협력을 구현하기 위해 아시아 태평양 지역에서 미국의 역할을 인정할 것을 주장한다. 미국의 불참을 전제로 한 동아시아 전략을 미국과의 양호한 관계를 조성함으로써 지역협력을 추진하는 방향으로 전환해야 한다는 주장은 미국이 재균형을 공식화하기 이전부터 출현했다. 2011년 초 중국에서는 동아시아 일체화가 중·미 경쟁의 한 부분으로 등장했으며 따라서 중국이 미국의 실력과 의도를 잘못 파악하는 것을 경계하고 미국의 현실적 이익을 직시할 필요가 있다는 지적이 제기되었다. 동아시아에서 동맹관계의 우세, 전략적 대응능력, 그리고 지역정세 조성 능력 등 미국이 누리는 절대적 우위를 충분히 인식해야 하고 또 이러한 미국의 우세로 인해 가능한 장래에 동아시아 통합은 진전을 이루기 어려울 것이라는 주장이었다.[19] 유사한 맥락에서 미국의 동아시아정상회의 참여를 환영해야 한다는 지적도 제기되었다. 이러한 논리의 핵심에는 미국의 힘과 이익으로 인해 미국을 동아시아에서 배제하는 것은 비현실적이며 미국을 동아시아정상회의에 가입시켜 동아시아의 기구와 규칙에 귀속되도록 하는 것이 중국과 미국의 공존에 유리하다는 판단이 자리 잡고 있었다.[20]

미국이 재균형을 선언한 후에도 온건론자들은 동아시아 질서 형성과 관련하여 중·미협력이 중요하다는 주장을 이어갔다. 이들은 미국과의 갈등이 지역 국가에게 이득을 취할 기회를 제공하는 데 반해 미국과의 협력은 중·미 간의 분열을 활용하려는 지역 국가의 시도를 차단하고 심지어 미국을 통해 지역 국가에 영향력을 행사하는 데도 기여할 것이라고 규정했다.[21] 반면에 미국의 재균형에 대한 강경한 대응은 지역 국가로 하여금 미국과의 관계를 더욱 강화하도록 작용할 것으로 제시되었다.[22] 심지어 미국과의 경쟁이 불가피하다고 보는 강경론자들마저도 미국과의 대결은 회피하려 들었다. 가령 ≪환추시보≫의 한 사설은 중국 대 미·일의 구도가 출현하는 것을 방지할 필요성을 강조했다.[23]

실제로 미국과의 갈등이 고조될 때마다 중국에서는 갈등이 충돌로 이어지는 것을 제어하려는 노력이 전개되었다. 이러한 사실은 미국과의 갈등이 고조된 2014년 중반에 대결을 회피하려는 노력이 등장한 데서 확인된다. 미국과 중국 사이의 갈등이 제고되는 상황에서 중국의 한 군사전문가는 양국 간 충돌 가능성에 대한 추측이 증대되고 있지만 대치는 표상에 불과하고 평화가 대세라고 규정했다. 그는 중앙군사위원회가 동중국해연합작전지휘센터를 건립했다는 보도를 사실상 인정하면서도 이러한 군사적 준비는 일본이 경솔하게 군사적 행동에 나서지 못하도록 하려는 시도라고 주장했다. 센터의 관리하에 300대가량의 첨단 3세대 항공기를 10개에 가까운 전투비행단으로 편성하여 제1선에 배치한 것은 오키나와에 배치된 일본의 전력을 압도함으로써 도발을 방지하기 위한 시도라는 주장이었다. 나아가 그는 랴오닝호 배치 등 해상에서의 군사력 증강이 아시아에서 미국의 해상 주도권에 도전을 제기할 가능성을 인정하면서도 군사적 준비를 하는 것이 반드시 미국과 대결을 선택했다는 의미는 아니라고 규정했다. 중국과 미국은 자주 마찰을 일으키지만 양국관계의 전략적 성격이 오히려 충돌을 방지하는 데 기여하며 향후 중·미관계는 평화를 중심으로 전개될 것이라는 지적이었다.[24] 이는 중국에서 미국과의 대결 국면이 출현하는 것을 방지할 필요성이 광범위하게 인식되었음을 의미한다.

이와 함께 미·중 사이의 구조적 갈등이 과대평가되고 있다는 주장도 제기된다. 중국사회과학원의 한 전문가는 양국 간 구조적 갈등은 지역적 차원에 한정되어 있다고 규정한다. 현실적으로 아시아 태평양 지역 차원에서 양국 사이에 구조적 갈등이 존재하지만 전지구적 차원에서는 중국과 미국 사이에 넓은 협력공간이 존재한다는 지적이다. 나아가 그는 지구적 문제를 해결하는 과정에서 양국 사이의 공동이익이 증대되고 협력기제가 구비된다면, 이것이 다시 동아시아에서의 양국 간 갈등을 완화시키는 데 기여할 수 있다고 규정한다.[25] 중국 사회과학원의 다른 전문가 또한 미국의 위협이 과장되었다고 주장한다. 그는 미국에서 중국위협론이 창출되는 것처럼 중국에서도 미국위협론이 창출된다고 지적한다. 중국이 새로운 형태의 강대국 관계를 강조할 때 일부 매체를 중심으로 중국에게 불리한 모든 것의 배후에 미국이 있다는 비판이 제기된 것을 예로 들며, 그는 '과연 미국이 현실적으로 이러한 역량을 구비하고 있는가?'라고 반문한다. 그는 중국 주변의 모든 문제가 미국에 의해 조성된 것이라고 보기는 어려우며 일부 문제의 경우 근원이 중국에 있다고 보는 것이 더 현실적이라고 지적한다.[26]

미국과의 협력이 필요하고 또 가능하다는 주장은 미국이 중국의 협력을 필요로 한다는 사실을 부각시킨다. 오바마 정부 2기 출범을 전후하여 미국에서 중국전문가들을 중심으로 경제적 측면에 비중을 둠으로써 중국과 협력을 강화해야 한다는 건의가 제기되었다는 사실이 양국관계에 기회의 창을 제공한 것으로 제시되었다.[27] 온건론자들은 이러한 사실을 근거로 호혜적 동반자 관계 구축을 대미정책의 중심으로 설정할 것을 주장했다.[28] 다시 말해 온건론자들은 한편으로 미국과 이치 있고 절제되게 투쟁을 전개하면서 다른 한편으로는 평화적 발전전략을 견지하는 이중정책을 추구할 필요성을 강조했다.[29] 아울러 중국 정부는 북한의 도발을 제어하는 것과 같은 조치를 통해 미국의 재균형을 완화시키려는 노력도 전개했다.[30]

여기에 더해 중국은 미국에게 일본의 위험성을 경고하며 중국과 협력할 것을 촉구했다. 중국의 한 전문가는 일본의 궁극적 목표는 미국의 대일 관할권과 지휘권에 도전하는 것이고 이는 곧 전승국으로서의 미국의 지위와 권위에 대한 도전이라고 지적했다. 따라서 그는 미국에게 진정한 위협은 중국이 아니라 일본이라고 강조했다. 나아가 그는 미국에게 2차 세계대전 승전국인 중국과 함께 승전의 성과를 유지하는 방법을 고민할 것을 촉구했다.[31] 다른 전문가 또한 미국과 일본 사이의 갈등 가능성을 거론하며 중국과 협력할 것을 촉구했다. 그는 아베 총리의 야스쿠니 신사 방문은 일본이 통제할 수 없는 국가임을 보여줬다고 규정하고 미국과 중국이 양국관계가 미·일동맹만큼 중요하다는 메시지를 전달하는 방식을 통해 협력할 것을 촉구했다.[32]

중국이 미국과의 관계를 증진시키려 노력하는 데는 미국과의 관계 안정이 지역 국가에 영향력을 행사하는 데 기여할 것이라는 판단이 작용한다. 이는 다시 지역 국가의 강경한 행동의 배후에 미국이 있다는 중국의 판단을 반영한다. 즉, 미국의 재균형이 지역 국가로 하여금 강경한 행동을 취하도록 작용하기에 지역 국가의 강경한 행동을 제어하기 위해서는 미국과의 관계를 안정시킬 필요가 있다는 인식이다. 일본이 센카쿠를 국유화한 2012년 9월 중국의 관영언론 ≪런민일보≫의 논설위원은 중국을 필요로 하는 정도가 증대된 사실을 활용하여 미국에 압박을 가함으로써 미·중·일관계를 변화시킬 필요성을 제기했다.[33] 미국의 힘을 빌리려는 중국의 의도는 2012년 동아시아정상회의를 앞두고 중국 외교부 부장조리 러위청(乐玉成)이 미국에게 양국이 힘을 합쳐 일본 우익의 도발을 억제할 것을 촉구한 데서도 확인된다.[34] 아울러 중국은 오바마 대통령이 이 회의에서 동맹국들에게 분쟁을 확대하지 말도록 촉구한 것도 환영했다.[35]

이러한 사례들은 중국이 미국을 배제하는 아시아판 먼로주의를 추구하기보다 미국으로 하여금 중국의 이익을 존중하도록 촉구하는 데 정책의 초점을 집중시킴을 제시한다.[36] 즉, 중국은 미국이 중국의 핵심이익을 고려하는 상황에서 협력하는 것을 선호한다. 이에 따라 중국은 미국이 중국의 권리를 존중할 경우 미국과 함께 포용적이고 개방적인 동아시아를 건설할 의지가 있음을 천명한다.

3. '새로운 형태의 강대국 관계' 구상[37]

미국과의 협력을 추구하려는 중국의 의도는 2013년 들어 본격적으로 추진된 새로운 형태의 강대국 관계 구상에서 가장 분명하게 드러났다. 2012년 2월 미국을 방문한 시진핑 당시 중국 국가부주석에 의해 처음 제기된 이 구상은 11월에 개최된 중국공산당 18차 대회에서 공식적인 정책으로 채택되었고, 이후 최고 지도자로 등장한 시 주석의 적극적인 추진에 힘입어 미·중 관계에 관한 중국의 공식적인 구상으로 자리 잡는다. 중국은 이 구상을 미국과의 구조적 갈등과 충돌 가능성을 해소하고 협력관계를 구축하기 위한 시도로 규정한다. 다시 말해 불가피한 것으로 제시되는 신흥 강대국과 기존 패권국 간의 충돌을 회피하고 협력관계를 구축하려는 시도라는 것이다.

중국이 도전하지 않겠다는 의지를 표명했다는 점에서 새로운 형태의 강대국 관계 구상은 2000년대 초반 평화적 부상에서 밝힌 미국에 대한 선의와 기대를 계속해서 견지하고 있다고 할 수 있다. 동시에 중국은 충돌을 회피하기 위해서는 핵심이익의 상호 존중이 필요하다는 사실을 강조한다. 실질적으로 이는 미국에 중국의 핵심이익을 존중할 것을 요구한 것과 다름이 없다. 세계금융위기 이후 중국은 미국으로부터 핵심이익을 인정받으려는 노력을 계속해왔다. 그러나 이러한 노력은 미국과의 갈등을 촉발시켰다. 대표적으로 2010년 핵심이익에 대한 중국의 강조는 미국의 강경한 대응을 촉발시켜 양국 간 갈등을 일으켰다. 아울러 미국은 후진타오 주석이 2011년 1월 미국을 방문했을 때 채택한 공동성명에서 2009년 공동성명에 포함되었던 핵심이익의 상호 존중이라는 어구를 제외시킴으로써 중국의 의도를 수용하지 않겠다는 의지를 보여주었다. 이러한 상황에서 중국은 새로운 형태의 강대국 관계 구상을 통해 다시 미국에게 중국의 핵심이익을 존중하도록 촉구하려 들었다. 중국의 지도자들은 핵심이익을 존중하는 것이 새로운 형태의 강대국 관계를 구축하는 데에 중요하다는 사실을 강조한다. 단적으로 시진핑 주석은 양국관계의 역사는 상대방의 핵심이익과 중대한 우려를 잘 처리했을 때 관계가 좋았음을 보여준다고 지적함으로써 핵심이익과 중대 우려에 대한 상호 존중을 촉구했다.[38]

중국이 핵심이익을 계속해서 강조한다는 사실은 미국이 핵심이익을 침해한다고 인식함을 보여준다. 실제로 추이톈카이 주미 중국대사는 외교부 부부장 시절에 발표한 글에서 중국이 핵심이익을 침해한 적이 없는 데도 불구하고 미국은 동아시아 해양 분쟁에 개입하는 등 중국의 핵심이익을 계속해서 침해한다고 지적했다.[39] 여기서 새로운 형태의 강대국 관계가 중국의 핵심이익을 잘 이해하고 차이를 더욱 잘 관리하기 위해 노력할 것을 미국에 촉구하려는 시도임이 드러난다.[40] 중국은 미국이 핵심이익을 존중할 경우 북한과 이란 문제, 경제적 이슈 등 국제적이고 지역적인 문제에서 미국에 협력할 수 있다는 입장이다. 아울러 중국은 아시아 태평양 지역에서의 미국의 건설적 역할도 환영한다는 입장이다. 이 점에서 동 구상의 제기는 미국과의 관계에서 증대된 중국의 자신감을 보여준다. 즉, 평화적 부상론을 통해 미국에 상응한 조치를 요구하지 않고 평화적 의도를 일방적으로 선언했던 것과 달리 새로운 형태의 강대국 관계 구상을 통해서는 미국에 상응하는 행동을 요구하고 있는 셈이다.

핵심이익의 상호 존중은 중국이 강조하는 또 다른 목표인 진정으로 평등한 미·중관계를 구축하는 토대로 제시된다. 대표적으로 후진타오 국가주석은 2012년 5월의 연설에서 미중 간의 새로운 강대국 관계를 발전시키기 위해서는 평등과 상호 이해[互谅]가 필요하다고 지적했다.[41] 이는 미국과 평등한 관계를 구축하려는 중국의 열망을 반영한다. 중국의 전문가들은 미국이 항상 중국에게 문제점을 지적하며 변화를 강요하는 반면 중국이 요구하는 내용에는 충분한 주의를 기울이지 않는다고 불평한다. 새로운 형태의 강대국 관계는 이러한 비대칭성을 시정함으로써 패권과 추종의 수직적 관계가 아닌 상호존중의 수평적 관계를 구축하려는 시도로 제시된다.[42] 이 점에서 새로운 형태의 강대국 관계 구상은 중국이 그동안 미국에 대해 가졌던 기대를 공식화시킨 것이라 할 수 있다.

새로운 형태의 강대국 관계에 대한 중국의 의지는 2013년 6월 오바마·시진핑 회동을 앞두고 미국에 대한 중국의 입장이 온건해진 데서 확인된다. 중국은 회동에 커다란 의미를 부여하고 성공적 결과를 도출하기 위해 많은 노력을 기울였다. 이러한 노력을 반영하듯, 중국에서는 미국과 중국 사이에 근본적이고 구조적인 차이가 없다는 사실이 강조되기 시작했다. 특히 전통적으로 미국에 대해 강경한 입장을 유지해왔던 중국의 군 인사들마저도 미국이 군사적 재균형에 대한 비중을 완화하고 있다는 입장을 표출했다. 회동을 앞두고 열린 샹그릴라 대화에 참여한 중국 대표단의 치젠궈(戚建国) 인민해방군 부총참모장이 2020년까지 공군력의 60%를 아시아 태평양 지역에 배치하겠다는 헤이글 미국 국방장관의 선언에 보인 반응은 중국 군부의 변화를 단적으로 보여주었다. 치젠궈 부총참모장은 헤이글 장관의 선언에 온건하게 반응했는데,[43] 이러한 반응은 2012년 패네타 국방장관의 발언에 대해 중국 군부가 보였던 격렬한 반응과 현저하게 다른 것이었다. 해군력의 60%를 태평양에 배치하겠다는 패네타 국방장관의 발언에 중국 대표단은 최악의 시나리오를 고려하고 있으며 중국의 이익이 침해당할 경우 보복 조치는 엄청날 것이라고 주장하는 등 강한 반발을 보인 바 있다.[44]

오바마·시진핑 정상 회동 이후에도 중국은 미국과 새로운 형태의 강대국 관계를 실천에 옮기기 위한 노력을 이어간다. 대표적으로 2013년 9월 왕이 외교부장은 미국을 방문하여 행한 연설에서 "중국은 미국에 도전하거나 대체하려는 생각을 한 적이 없고 …… 미국을 아시아 태평양 지역에서 구축하려는 생각을 해본 적이 없다"고 선언했다.[45] 이는 "미국이 아시아 태평양 지역에서 평화, 안정, 번영을 위해 건실적인 역할을 하는 것을 환영한다"는 2012년 2월 방미 기간에 이루어진 시진핑의 발언과 맥을 같이하는 것으로 중국이 미국과의 대결을 회피하고 협력을 구축함으로써 재균형의 예봉을 완화하고 나아가 지역 국가를 제어하려 듦을 보여준다.

새로운 형태의 강대국 관계를 구축하려는 중국의 노력은 미국의 미온적 반응에 직면했다. 이는 어쩌면 불가피한 결과인지도 모른다. 중국은 새로운 형태의 강대국 관계에 대한 시험은 동아시아 영토 문제에서 이루어진다고 규정했다. 실제로 중국의 언론들은 남중국해와 동중국해 등 동아시아에서의 영토 분쟁이 미국과 중국 간 충돌의 시발점이 될 것이라는 우려를 제기함으로써 영토 분쟁에 대한 대응을 새로운 미·중관계의 핵심으로 규정하려 들었다.[46] 이는 미국에 대해 영토 분쟁에 개입하지 말고 또 동맹국의 행동을 제어하도록 촉구하려는 중국의 시도였다. 아울러 이는 미국이 중국의 협력을 필요로 하는 현실을 활용해 재균형을 완화시키려는 시도이기도 했다. 그러나 동아시아의 주도권을 유지하려는 미국이 이러한 중국의 요구를 수용하기란 쉽지 않다. 실제로 미국은 중국의 핵심이익을 수용하는 것이 중국의 공세적 행태와 오산을 초래할 것을 우려했다. 여기에 더해 미국의 동맹국들도 미국이 중국과의 새로운 관계를 형성함으로써 동아시아에 대한 공약을 약화시키지 않을까 하는 우려를 제기했다. 여기에 더해 중국은 다른 아시아 국가들에게 미국이 중국과의 관계를 중시하니 더 이상 미국에 기대서는 안 된다고 강조함으로써 이러한 우려를 더욱 심화시켰다.[47] 이에 따라 미국은 새로운 형태의 강대국 관계를 수용하는 대신에 제6장에서 살펴본 것처럼 오바마 대통령의 순방을 통해 안보 공약을 강화했다.

이러한 사태 전개에도 불구하고 중국은 새로운 형태의 강대국 관계를 실천하려는 의지를 굽히지 않고 있다. 이러한 노력은 크게 2개의 서로 다른 요소를 포함한다. 한편으로 중국은 제6장에서 지적한 것처럼 승리할 수 있는 소규모의 변화를 추진함으로써 미국의 영향력을 제약하려 시도한다. 그 대표적 사례로 동중국해 방공식별구역 선포나 시사군도의 원유시추선 배치를 들 수 있다. 이는 미국이 대응할 의지가 없는 변화를 추진함으로써 미국과 지역 국가에게 재균형이 효과가 없을 것임을 보여주려는 노력이다.[48] 동시에 중국은 계속해서 미국과 협력할 필요성과 가능성을 강조한다. 오바마 대통령이 2014년 4월 동아시아를 방문하여 안보 공약을 강화함에 따라 중국과 미국 사이에 긴장이 제고되는 상황에서도 중국은 미국과의 협력을 계속해서 강조했다. 이러한 현상은 11월 오바마 대통령의 중국 방문을 앞두고 더욱 분명해졌다. 베이징에서 열리는 APEC정상회의에 참석한 후 시진핑 국가주석과 회동하기 위해 오바마 대통령이 베이징을 방문하는 것을 계기로 중국에서는, 비록 그 열기가 2013년 회동 때보다 약화되었지만, 미국과의 협력이 강조되었다. 가령 시진핑은 9월 8일 오바마 대통령의 방문을 조율하기 위해 중국을 방문한 라이스 국가안보보좌관에게 양국 사이의 전략적 신뢰를 증강시킬 필요성을 지적했다.[49] 아울러 ≪환추시보≫ 또한 라이스의 방중과 관련한 사설에서 미국과 중국 모두가 직접적 군사충돌이나 냉전과 같은 최악의 상황을 피하는 데 이익을 함께한다고 규정했다.[50]

이처럼 중국은 미국과의 협력 가능성을 배제하지 않는다. 이는 미국이 처한 상황에 대한 중국의 판단과 밀접한 관련을 갖는다. 중국에서는 미국이 국제적 문제나 동아시아 문제와 관련하여 다른 국가의 도움 없이는 생각하는 바를 실현하기 어렵다는 판단이 지배적이다. 특히 동아시아에서 미국의 지위가 약화되었는데, 이러한 사실은 미국이 동아시아정상회의와 같은 동아시아의 기존 기제에 참여한 데서 단적으로 드러나는 것으로 제시된다. 아울러 군사적으로도 미국의 초점은 이미 제2열도선으로 이동하는 중이며 이 과정에서 중국과 제1열도선 사이에 권력의 공백이 발생한 것으로 간주된다. 따라서 미국의 정책은 이중적일 수밖에 없는 것으로 규정된다.

즉, 한편으로 미국은 중국을 제어하려 들지만 동시에 중국의 힘을 빌리고 중국과 관여하려는 의지 또한 지속될 수밖에 없다는 인식이다.[51]

4. 미·중 간 군사협력의 진전

미국과 중국 모두가 충돌을 회피하고 협력을 유지하려 노력함에 따라 미·중관계는 한편으로 갈등을 경험하면서도 다른 한편으로는 점진적이고 제한적이나마 진전도 기록한다. 흥미롭게도 양국관계의 진전은 가장 갈등이 첨예할 것으로 예상되는 군사 분야에서까지 확인된다. 최근 수년간 미국과 중국 사이에 군사협력이 지속적으로 증대되었는데, 이러한 진전은 갈등과 협력이 병존하는 양국관계의 복합성을 잘 보여준다.

2010년 미국이 대만에 무기를 판매한 데 대한 항의로 중국이 군사교류를 중단하면서 중지되었던 양국 간 군사관계는 2011년 후진타오 주석의 방미를 계기로 복원되었고 이후 양국 간 갈등이 증대되는 상황에서도 계속해서 진전을 기록한다. 이러한 진전은 미국의 제안에 중국이 호응함으로써 가능해졌다. 한때 중국은 미국에 불만을 표출하기 위해 국방교류의 중단을 압력의 수단으로 사용했었지만 점차 군사교류에 진지하게 임하게 되었다.[52] 중국의 입장에서 미국과의 군사협력은 아시아의 핵심적 국가로서의 지위를 과시하고 또 미국에게 지역 동맹국을 제어하도록 설득하는 기반으로도 작용한다.[53]

양국 간 군사협력의 진전은 무엇보다도 양국 군 지도자 사이의 정기적이고 빈번한 교류에서 확인된다. 2011년 후진타오 주석의 미국 방문을 앞두고 게이츠 미국 국방장관이 중국을 방문한 데 이어 중국의 천빙더(陳炳德) 총참모장이 미국을 방문했다. 다음 해인 2012년에는 중국의 량광례 국방부장이 미국을 방문했으며 미국 쪽에서는 라클리어 미국 태평양 사령관과 패네타 국방장관이 중국을 방문했다. 2013년에는 창완취안 중국 국방부장이 미국을, 뎀프시 미국 합참의장이 중국을 각각 방문했고 2014년 초에는 헤이글 미국 국방장관이 중국을 방문한 데 이어 팡펑후이 중국군 총참모장이 미국을 방문하는 등 양국 간 고위급 군사교류가 지속되었다.

이처럼 교류의 빈도가 증대되면서 교류의 깊이도 심화되고 있다. 2014년 4월 방중한 헤이글 국방장관이 중국의 항공모함 랴오닝호를 방문했고, 그 다음 달에는 미국을 방문한 팡펑후이 중국군 총참모장이 미국의 핵추진 항공모함인 레이건(USS Ronald Reagan)호를 방문했다.[54] 한편 7월 중순에는 중국을 방문한 미국 해군참모총장 조너선 그리너트(Jonathan Greenert)가 우성리(吴胜利) 중국 해군사령관과 함께 중국의 항공모함을 방문하고 또 중국의 군사훈련도 참관했다. 중국군이 림팩(RIMPAC: Rim of the Pacific)에 참가한 시기에 진행된 이러한 교류는 투명성을 증대시키기 위한 양국 군부의 노력을 반영했다.[55] 아울러 양국은 협력뿐 아니라 이견에 대해서도 솔직하게 논의하기 시작했다. 예를 들어 헤이글 국방장관은 2014년 중국 방문에서 양국의 함정이 42m까지 접근했던 카우펜호 사건의 예를 들면서 재균형과 중국의 군사 현대화로 증대된 양국 간 충돌의 위험성을 해소하기 위해 협력과 대화가 필요하다고 지적했다.[56] 이에 대해 창완취안 중국 국방부장은 일본이 도발하고 있다고 비판하고 중국이 먼저 문제를 일으키지는 않겠지만 영토를 방어하기 위해 필요한 경우 군사력을 사용하겠다는 의지를 표명함으로써 일본을 제어할 것을 촉구했다. 이는 미국이 아시아 지역 국가와의 동맹을 재균형 전략의 토대로 간주하는 데 반해 중국은 부상에 대한 제약으로 인식한다는 사실을 보여준다. 이러한 이견에도 불구하고 두 국방장관은 새로운 형태의 군사관계 구축에 합의했다. 양국 간 군사관계에 신랄한 비판과 점증하는 협력이 공존함을 잘 보여주는 사례였다.[57]

군사교류의 확대는 미국과 중국이 2014년 7월 9~10일 베이징에서 진행한 6차 미중 전략·경제대화의 주요 성과이기도 했다. 이 대화에서 양국은 아시아 태평양 지역에 관한 협의를 강화하는 동시에 군사 활동에 관한 상호 통보를 강화하며 중국 해경과 미국 해양경비대 사이에 행동규약을 논의하기 위한 워킹그룹을 구성하는 데 합의했다.[58] 이러한 합의의 의의와 관련하여 ≪런민일보≫는 양국 군대가 협력의 습관을 계속해서 배양하고 대결적 사고를 억제하며 상호 신뢰와 전략적 안정을 강화하는 것이 중요하다고 평가했다.[59] 아울러 미·중 간 군사적 교류의 확대와 진전은 긴장과 갈등이 제고되는 미·중관계에서 한 줄기 밝은 빛으로 규정되었다.[60]

양국 간 군사협력이 심화되었다는 사실은 중국이 2014년 중반 사상 최초로 미국이 주도하는 림팩훈련에 참가한 데서도 확인된다. 23개국에서 49척의 수면함이 참가한 이 군사훈련에 중국은 해군 1100명과 함께 미사일 구축함 하이커우(海口), 미사일 호위함 위에양(岳阳), 보급함 첸다오후(千岛湖), 병원선 허핑팡저우(和平方舟) 등 미국에 이어 두 번째로 큰 규모의 병력을 참가시켰다. 중국 언론의 보도에 따르면 중국 해군은 미국, 프랑스, 멕시코, 브루나이와 특별 혼성 함대를 구성하여 인도주의적 구조와 해상안전 위협에 대한 대응 등 비전통 안보와 관련된 훈련을 거행했고 또 허핑팡저우호가 미국의 병원선 머시(Mercy)호와 교류활동도 진행했다.[61]

중국의 참가와 관련하여 미국 태평양 사령관 라클리어는 미국이 지휘하는 군사훈련에 중국이 참가한 것은 거대한 진전이라고 평가했다.[62] 중국 또한 훈련의 의미를 긍정적으로 평가했다. 중국의 한 군사전문가는 미국 다음인 두 번째 규모로 참가한 것을 중국이 미국의 선의에 선의로 호응한 결과라고 규정했다. 즉, 미국이 중국의 참여를 요청한 것은 림팩훈련이 중국을 겨냥한 것이라는 우려를 해소하는 데 기여할 것이며, 중국의 참가는 미국과의 관계 개선에 대한 희망과 의지를 표명한 것이라는 평가다. 아울러 이 전문가는 중국의 참여가 다른 국가들이 미·중 갈등을 이용하여 어부지리를 취하는 것을 방지하는 데도 기여할 것으로 평가했다.[63] ≪환추시보≫도 동아시아에서의 영토 분쟁을 둘러싼 미·중 간 갈등에도 불구하고 중국이 이 훈련에 참가한 것은 현재 동아시아 국제관계의 게임규칙이 한편으로 갈등하면서 다른 한편으로 협력하는 것임을 보여준 것으로 평가했다.[64]

중국의 림팩훈련 참가는 양국 간 군사교류를 더욱 강화시키는 계기로 작용했다. 중국 해군사령관 우성리가 림팩훈련이 열리는 시기 중국을 방문한 그리너트 해군참모총장에게 중국 장교들이 미국 항모에서 교육을 받을 수 있도록 허용해줄 것을 요청했고,[65] 8월 6일 미국 7함대 지휘함 블루 리지(USS Blue Ridge)호가 칭다오(青岛)를 방문했을 때도 하얼빈(哈尔滨)호의 한 장교가 유사한 요청을 다시 제기했다. 중국 해군이 미국에 군사교육을 요청했다는 사실은 중국군 또한 미국과의 적극적인 교류를 통해 미국군에 대한 정보를 획득함과 동시에 미국과의 관계를 증진시키려 함을 보여준다. 이러한 요청에 미국 7함대의 한 장성이 긍정적으로 응답함에 따라 양국은 군사교류의 범위를 더욱 확대하게 되었다.[66] 이러한 분위기를 반영하듯 중국의 한 군사전문가는 군사교류가 국가관계를 측정하는 중요한 기준의 하나이며 향후 미·중 사이의 군사교류가 더욱 증대될 것이라고 규정했다.[67]

양국 항공모함의 상호 방문 또한 가시화되고 있다. 중국 언론의 보도에 따르면 미국 해군장관 레이 메이버스(Ray Mabus)는 2014년 7월 30일 싱가포르에서 열린 싱가포르 국방장관과의 회담에서 중국과의 연합훈련 증대와 항모의 상호 방문에 대한 희망을 피력했다. 아울러 비슷한 시기 미국 해군작전부장이 중국을 방문했을 때 양국이 미국 항모 조지 워싱턴호의 중국 방문을 논의한 것으로 알려진다. 이와 관련하여 중국의 군사전문가들은 항모의 상호 방문이 실현될 경우 군사교류의 진전에 기여할 것이라고 평가했다. 즉, 양국 간 투명성과 상호 이해를 제고시킴으로써 위험을 완화하는 데

이바지할 것이라는 평가였다.[68]

마지막으로 미국과 중국은 양국 군 사이의 행동규약에 관한 회담도 거행했다. 양국은 2014년 8월 26~27일 워싱턴에서 실무회의를 개최하여 양국 해양경찰이 준수하게 될 행동규약을 논의했다. 이는 7월 전략·경제대화에서 이루어진 합의에 따른 것이었다. 이후 양국은 규약이 포함하는 범위를 확대시켰다. 9월 라이스 보좌관이 중국을 방문했을 때 양국은 8월 하이난도 부근에서 발생했던 것과 유사한 항공에서의 조우가 다시 발생하는 것을 방지한다는 데 합의함으로써 해양경찰 사이의 행동규약 채택에 한정되었던 애초의 합의의 범위를 더욱 확대시켰다.[69] 나아가 양국은 11월에 이루어진 오바마·시진핑 회담에서 중대한 군사행동을 상호 통보하는 신뢰기제의 건립과 해상과 공중에서의 조우시 안전을 확보하기 위한 행동규약 도출에 관한 양해각서에 서명했다.[70] 이러한 일련의 합의는 신뢰를 확립하고 또 우발적 충돌을 방지하려는 양국의 노력을 반영했다. 한 중국 군사전문가의 지적처럼[71] 이러한 기제가 확립될 경우 양국 군 사이의 오해와 오판을 방지하고 공동의 인식과 협력을 확대함으로써 군사관계 발전에 기여할 것으로 기대된다.

물론 이러한 군사교류와 협력의 진전에도 불구하고 한계 또한 분명하다. 가령 미·중 양국 군대 간 행동규약에 관한 회의와 관련하여 중국은 논의의 범위를 공해와 국제공역으로 한정시키고 배타적 경제수역에 관해서는 논의하지 않겠다는 입장을 견지한다.[72] 이는 배타적 경제수역에서 허용되는 군사적 행위를 둘러싼 양국 간 이견을 반영한다. 미국은 타국의 배타적 경제수역에서도 군사적 정찰활동이 가능하다는 입장인 데 반해 중국은 이러한 행위는 유엔해양법이 정한 통행의 자유를 넘어선다는 입장이다. 중국이 이러한 미국의 정찰행위를 제어하려 한다는 사실은 2001년 정찰기 충돌 사건, 2009년 임페커블호 사건, 그리고 2014년 양국 간 항공기 근접비행 사건

등에서 확인된 바 있다.

양국 간 군사교류에 존재하는 한계는 양국이 군사적 협력을 강화하는 동시에 경계를 늦추지 않는다는 점에서도 확인된다. 미국은 앞에서 지적한 것처럼 아시아 태평양 지역에 대한 해군력 증강 계획을 갖고 있고 또 일본, 필리핀, 베트남 등과의 군사협력도 강화하고 있다. 한편 중국도 림팩훈련에 참가하는 동시에 정찰선을 파견하여 이 훈련을 감시했다. 중국이 2012년부터 이 훈련에 대한 정찰선을 파견해왔음을 고려할 때 이는 새로운 현상은 아니다.[73] 아울러 중국의 국방부가 주장하듯 이 조치가 국제법에 위반되는 것도 아니다.[74] 그러나 한편으로 림팩훈련에 참가하면서도 동시에 정찰선을 보낸 것은 양국관계의 복합성을 웅변한다.[75]

마지막으로 미국에서 중국과의 군사교류를 확대하는 데 대한 이견이 제기되었고 그 결과 양국 간 군사교류에 제약이 초래되기도 했다는 사실 또한 양국 간 군사협력에 존재하는 한계를 보여준다. 미국의 군부를 중심으로 군사관계의 강화가 영토 문제와 관련하여 중국에 압력을 행사하려는 외교적 노력에 불리하게 작용할 수 있다는 우려가 제기되었다.[76] 또 이 책이 출판에 넘겨질 무렵인 2015년 초에 미국 의회에서도 중국과의 군사교류를 확대시키는 데 대한 비판이 제기되었다. 미국 하원 군사위원회 산하의 해상전력 소위원회(Seapower and Projection Forces Subcommittee)를 주도하는 공화당의 랜디 포브스(Randy Forbes) 의원은 국방부가 교류를 통해 얻을 수 있는 목표를 분명하게 하지 않은 채 중국과의 군사교류를 추진하고 있다는 비판을 제기했다.[77] 존 매케인(John McCain) 상원 군사위원회 위원장 또한 중국과 항공모함 교류를 진행하는 것이 정치적·상징적 실수가 될 것이라고 비판했다. 중국의 공격적 행동에도 불구하고 항모를 파견하는 것이 국제적으로 중국 해군에 경의를 표하는 행위로 인식되고, 이는 다시 미국의 지도력을 기대하는 동맹국들에 잘못된 신호를 보낼 것이라는 주장이었다.[78] 이러한 비판은 군사교류 확대가 중국의 행동을 제어하는 결과로 이어지지 못했다는 우려를 반영했다. 이러한 비판에 직면한 미국 국방부가 항공기 사이의 조우를 관리할 규약에 관한 양국 간 합의가 도출될 때까지 중국과의 새로운 중요한 군사교류를 추진하지 않기로 결정했고, 중국에 항공모함을 파견하려던 계획은 연기되었다.[79]

이처럼 양국 간 군사교류 상의 진전과 한계는 미·중관계에 존재하는 복합성을 단적으로 보여준다. 동아시아 영토 분쟁으로 미국과 중국 사이에 갈등이 제고되는 상황에서 가장 대립적일 것 같은 분야에서 양국관계의 진전이 이루어지고 있다는 점에서 군사관계의 진전은 미·중관계의 성숙을 보여준다. 다시 말해 미·중 간 군사교류의 진전은 양국관계가 특정의 이슈나 갈등에 의해 영향을 받지 않음을 보여준다. 그러나 양국 간 군사교류에 분명한 한계가 존재하는 것 또한 부인하기 어려운 사실이다.

5. 지역 국가에 대한 중국의 매력공세

중국이 미국과의 관계를 안정시키려 노력하는 데는 이를 통해 지역 국가에 영향을 끼치려는 의도가 작용한다. 중국은 미국과의 관계를 강화하는 것이 지역 국가들이 미·중 갈등을 활용하는 것을 방지할 뿐 아니라 지역 국가의 정책 방향을 변화시키는 데도 긍정적으로 작용할 것으로 기대한다. 그러나 미국과의 협력에 한계가 존재하는 현실은 이러한 기대를 실현하는 데 제약을 가한다. 오히려 현실은 중국의 지역적 영향력이 미국의 재균형에 의해 제약됨을 보여준다. 런민대학의 스인훙(时殷弘)이 지적하듯 미국의 재균형으로 인해 중국은 동아시아에서 1990년대 이래 가장 커다란 외교적 어려움에 봉착했다고 평가할 수 있다. 동아시아에서의 외교적 주도권이 미국으로 이동한 반면에 중국은 피동적이고 취약하게 되었다는 그의 평가가 지나친 과장만은 아니다.

이러한 상황과 관련하여 중국에서 공세적 지역정책에 대한 반성이 제기되었다. 사회과학원 미국연구소의 한 전임소장은 지역 국가에게 미국이 보호해줄 수 없다는 사실을 깨우치려는 시도가 성공할 수 있는가에 대해 의구심을 제기한다. 그는 현실적으로 중국이 외교적으로 고립될 가능성이 크다고 규정하고 외교정책과 관련하여 모험주의를 배제하고 이성과 합리성을 회복할 필요성을 제기했다.[80] 다른 전문가들 또한 성급하게 성과를 추구하는 강대국 조급증으로 인해 중국이 주변 국가의 불안과 우려를 촉발시켰다는 반성을 제기했다. 중국의 대표적 온건론자인 우젠민(吳建民)은 협력, 발전, 평화가 시대의 조류이며 국제관계에서 게임의 양태가 변화했음을 인식할 필요성을 강조했다. 그는 무력에 의존하는 것은 중국의 국익에 해를 끼칠 것이라고 규정하고 평화적 협상을 통해 주변국과의 분규를 해결할 것을 촉구했다.[81]

이러한 주장은 지역 국가와의 관계를 강화할 필요성을 제기한 것에 다름 아니다. 즉, 주변 국가와의 관계를 강화하는 것이 미국의 재균형에 대응하는 좀 더 현실적 대안이라는 주장이다. 실제로 한 미국전문가는 선린우호정책이 유리한 주변 환경을 건설하는 데 기여한다고 규정한다. 그는 필리핀이나 베트남과의 영토 분쟁이 존재하지만 이 국가와의 관계가 주변외교의 전부는 아니라고 지적하고 지역통합을 지속적으로 추구할 필요성을 제기했다.[82] 이러한 주장을 반영하듯 중국은 지역 국가와의 관계 강화를 추구한다. 그 노력의 중심에 경제외교가 있다. 중국은 경제외교에 대한 국내적 비판에도 불구하고 증대되는 경제력을 활용하여 지역 국가의 우려를 해소하고 관계를 증진시키려는 시도를 이어갔다. 이는 중국이 아세안 10개 구성국가 가운데 태국, 인도네시아, 베트남, 말레이시아, 미얀마 등 5개국의 최대 교역 대상국인 현실을 활용하려는 시도였다.[83] 물론 중국의 경제외교에 변화도 발생했다. 중국은 앞에서 지적한 것처럼 자국에 우호적이거나 지지를 획득할 필요가 있는 국가에 경제적 지원을 집중시키고 비우호적이거나 적대적인 국가에는 경제적 제재를 가함으로써 경제외교를 전략적으로 활용하기 시작했다.

그 대표적 사례로 2012년 아세안 의장국 캄보디아에 대한 경제적 지원을 들 수 있다. 3월 말 후진타오 국가주석은 아세안 의장국을 맡은 캄보디아의 훈센 총리에게 경제교류와 지원 확대를 약속하면서 남중국해 문제에 관한 회담을 너무 빨리 밀어붙이지 않도록 요청했다. 이는 아세안 의장국인 캄보디아를 움직임으로써 아세안이 남중국해 분쟁과 관련하여 통일된 입장을 취하는 것을 방지하려는 시도였다. 이러한 목적을 달성하기 위해 중국은 캄보디아에 대한 주요 경제 후원국으로서의 지위를 활용했다. 후진타오 주석은 훈센 총리와의 회담에서 2017년까지 교역량을 50억 달러로 확대한다는 목표를 제시하고 추가적인 경제원조 제공도 약속했다. 이러한 노력에 호응하여 훈센 총리는 남중국해 문제가 국제화되어서는 안 된다는 생각을 중국과 공유한다는 입장을 표명했다.[84]

중국이 공을 들인 또 하나의 국가는 인도네시아였다. 중국에게 인도네시아는 중요한 에너지 공급원이자 인도양과 남중국해를 연결하는 해상교통의 요충지로서 의미가 있다. 여기에 더해 인도네시아는 미국의 재균형에 대한 대응 차원에서 주변외교정책을 추진하는 중요한 전략적 고리로서의 중요성도 갖는다. 즉, 아세안 맹주로서의 지위, 민주적 가치를 선호하지 않는다는 사실, 그리고 미국 패권에 대해 경계심을 지닌다는 점 등이 인도네시아와 전략적인 관계를 형성할 필요성과 함께 가능성을 제기한다는 것이다. 여기에 더해 인도네시아와의 관계 강화는 아세안의 중립성과 공정성을 확보함으로써 주변외교를 안정화시키는 데 기여할 것으로 간주되었다. 다시 말해 인도네시아가 중국을 이해하고 지지할 경우 아세안에서 남중국해 문제와 관련하여 중국의 입장에 도전하는 목소리가 주류를 이루기 어려울 것이라는 판단이다.[85]

실제로 2013년 10월 시진핑 주석은 인도네시아를 방문하여 관계 개선에 대한 의지를 피력했다. 이러한 노력의 중심에도 경제외교가 자리 잡고 있었다. 시진핑 주석은 유도요노 인도네시아 대통령과 236억 달러에 달하는 경제협력에 합의했다. 여기에 더해 시진핑은 외국 지도자로서는 최초로 이루어진 인도네시아 의회 연설에서 경제협력을 중심으로 하는 동아시아 정책의 청사진도 제시했다. 새로운 중국 지도부의 지역정책을 제시한 것으로 간주되는 이 연설을 통해 그는 중국과 아세안의 공동 운명을 강조하면서 개방의 확대를 통해 아세안 국가가 중국의 발전으로부터 혜택을 보도록 하겠다는 의지를 밝혔다. 21세기 해상실크로드 건설로 명명된 그의 구상에는 2020년까지 아세안과의 교역액을 1조 달러로 증대시키겠다는 계획과 함께 아세안 국가의 철도, 도로, 항만 등 인프라 건설을 지원하기 위한 아시아인프라투자은행(AIIB: Asian Infrastructure Investment Bank) 설립 계획도 포함되었다.[86] 경제협력을 통해 인도네시아를 위시한 아세안 국가와의 관계를 강화하겠다는 의지를 피력한 것이다. 한 인도네시아 경제인이 지적하듯[87] 중국은 미국이 추종할 수 없는 경제적 지원이라는 수단을 활용하여 미국의 소프트 파워를 압도하려 시도했다.

중국은 이처럼 일부 지역 국가와의 경제관계를 증진시키려 시도하면서도 분쟁국인 필리핀과의 교류는 억제했다. 앞에서 지적한 것처럼 황옌도 분쟁과 관련하여 필리핀으로의 관광객 송출을 중단시키고 바나나 수입을 제한한 바 있다. 이는 중국이 경제적 혜택이나 호의를 전략적으로 활용해 자국의 영향력을 제고시키려는 구상을 실천으로 옮긴 사례였다. 여기에 더해 시진핑 체제는 출범 후 필리핀을 제외한 아세안 회원국 모두를 방문하거나 그 정상을 초청하여 정상회담을 거행하면서도 아키노 대통령의 중국 방문은 실질적으로 거부한 바 있다. 이는 필리핀을 다른 아세안 회원국으로부터 고립시키려는 의도로 해석할 수 있다.[88] 아울러 중국은 후일 구체화되는 해상실크로드 건설과 관련해서도 필리핀을 배제하려 들었다.

중국은 베트남에 대해서도 경제카드를 활용해 대응했다. 원유시추선 배치를 둘러싸고 베트남과 분쟁이 발발하자 중국은 자국의 국영기업이 베트남과 새로운 농산품 수입계약을 체결하는 것을 금지시켰다. 아울러 양국간 분쟁이 심화된 2014년 5월 중순부터 6월까지 베트남을 여행한 중국인 관광객 숫자 또한 29.5% 감소했다.[89] 이처럼 중국인 관광객 숫자가 급감한 데는 베트남에서 발생한 반중시위가 한 요인으로 작용했겠지만 동시에 중국이 베트남 GDP의 6% 정도를 차지하는 관광산업에 영향을 끼치는 방식을 통해 압박을 가하려 노력한 것도 작용했다고 해석할 수 있다.[90]

동시에 중국은 지역 국가들이 연합하여 대항할 가능성을 차단하는 데도 공을 들였다. 이를 위해 중국은 지역 국가의 우려를 완화시키기 위한 노력을 진행했다. 가령 시진핑은 2012년 9월 난닝에서 개최된 중·아세안 엑스포에서 영해 문제를 협상을 통해 해결하겠다고 공약했다.[91] 다음 해 4월 중국은, 마르티 나탈레가와(Marty Natalegawa) 인도네시아 외교장관에 따르면, 남중국해 행동규약을 제정하기 위한 특별회동을 아세안에 제안했다.[92] 그다음 달에는 새롭게 외교부장에 취임한 왕이가 취임 후 첫 순방지로 태국, 인도네시아, 브루나이 등 아세안 국가를 선택함으로써 아세안을 중시한다는 사실을 보여주었다.[93] 아세안에 대한 중국의 중시는 영해 분쟁에서도 나타난다. 중국은 댜오위도에 대해 영해기선을 선포한 것과 달리 남중국해에서는 영해기선을 선포하지 않았다. 중국의 한 전문가는 이를 아세안과의 협력을 구현하기 위한 노력으로 간주했다. 아울러 그는 동중국해에서 방공식별구역을 선포한 것을 옹호하면서도 남중국해에서 방공식별구역을

선포하는 것은 신중해야 한다고 주장했다.[94]

이러한 중국의 노력은 남중국해 문제가 적절하게 관리되지 않을 경우 중·아세안 관계가 심화되기 어렵다는 인식을 반영한다.[95] 여기에 더해 중국이 지나치게 강경한 정책을 지속할 경우 지역 국가들로 하여금 미국 쪽으로 더 기울도록 하는 결과를 초래할 가능성에 대한 우려도 작용한다. 이러한 사실을 잘 보여주는 사례로 중국이 시사군도에 배치했던 원유시추선을 예정보다 빨리 철수한 사실을 들 수 있다. 중국은 예정보다 한 달 빠른 2014년 7월 15일에 시추선을 철수시켰는데, 이와 관련하여 ≪환추시보≫의 한 논설위원은 태풍 시즌에 접어들었기 때문에 10억 달러의 장비를 내버려둬 위험에 노출시킬 수 없다는 사실을 조기 철수의 명분으로 지적했다. 그러나 동시에 베트남의 고위 인사가 조만간 미국을 방문할 예정인 상황에서 시추선을 철수시키는 것이 베트남의 예봉을 꺾는 데 기여한다고 지적함으로써 추가적 고려가 있었음을 시사했다.[96]

이는 7월 20일부터 이루어진 한 베트남 공산당 정치국원의 비공식 미국 방문을 지칭하는 것으로 보인다. 그의 방문은 중국과의 영토 분쟁과 관련하여 미국의 지원 의사와 정도를 탐색하려는 시도로 관측되었다. 이러한 시도는 중국이 시사군도에 탐사선을 배치한 이후, 특히 양제츠(杨洁篪) 국무위원이 베트남을 방문하여 강경한 입장을 표명한 후 베트남에서 중국으로부터 벗어나려는 경향이 강화된 상황을 반영했다. 물론 경제적 의존이라는 현실적 원인으로 인해 베트남의 탈중국화와 친미화가 곧바로 실현되기는 어렵겠지만, 중국은 시추선의 조기 철수를 통해 새로운 동맹을 찾으려는 베트남 내 친서방파의 노력을 제어하려 들었다.[97]

중국의 노력은 베트남과의 관계를 회복하는 데 기여했다. 원유시추선 배치를 둘러싼 갈등으로 인해 초래된 긴장을 완화시키기 위해 8월 말에 베트남 공산당 정치국원이자 서기처 상무서기가 베트남 공산당 서기장 특사의 자격으로 중국을 방문했다. 주목할 것은 이러한 노력이 양국 외교부 차원이 아닌 당과 당 사이의 교류형식으로 진행되었다는 점이다.[98] 이는 양국의 최고위급 수준에서 관계를 안정시키려는 노력이 진행됨을 의미한다. 실제로 베트남 서기장 특사는 중국공산당의 류윈산(刘云山) 서기와 ① 양국의 최고 지도자들이 양국관계의 발전을 주도하고, ② 당 사이의 교류를 강화하며, ③ 기존 합의를 준수하고 분쟁을 복잡하게 만드는 것을 방지한다는 등 3개항에 합의했다.[99] 물론 이것이 양국관계가 완전히 정상화됨을 의미하는 것은 아니다. 양국 간 합의에도 불구하고 베트남 일부 관리들은 중국이 과연 해양패권을 추구하려는 야심을 버릴 것인가에 대해 계속해서 의구심을 제기했고 일부 학자들은 베트남이 국제적 중재라는 선택지를 포기할 가능성에 대한 우려도 표명했다.[100] 조기 철수를 통해 베트남과의 관계를 개선하려는 노력에도 불구하고, 중국에서도 강경론이 수그러들지 않았다. 가령 중국의 한 전문가는 지역 국가에게 공세적으로 행동하거나 강요하지 않을 것임을 확신시키는 동시에 중국의 핵심이익을 분명하게 밝힐 필요성도 강조했다.[101] 이는 베트남과의 갈등에서 밀려선 안 된다는 뜻을 표현한 것이자 동시에 권리를 둘러싼 분쟁에서 양보하지 말 것을 촉구한 것이었다.

6. 지역 국가의 균형정책

중국과 영토를 둘러싸고 갈등관계에 있는 일부 지역 국가들은 미국의 재균형을 적극적으로 활용하여 중국을 견제했지만 대다수 지역 국가들은 미국과 안보관계를 강화하면서도 부상하는 중국과의 관계도 계속해서 유지하려 들었다. 다시 말해 다수의 동아시아 국가들은 미국과의 관계를 중국에 대한 우려에 대비하는 수단으로 간주하여 미국의 재균형을 환영하면서도 중국에 대항하는 연합을 형성하는 것은 주저하는 등 미국과 중국 사이에서 어느 한 쪽을 선택하는 것을 원하지 않았다. 대다수 지역 국가들은 미국과의 관계를 지나치게 강화할 경우 중국의 불만을 촉발시킴으로써 지역의 긴장을 제고시킬 수 있다는 우려에서 미국의 재균형이 중국에 대한 봉쇄로 이어지는 것을 경계했다.

그 결과 많은 지역 국가들은 지역의 안정, 평화, 번영에 기여하는 선에서 미국의 재균형을 환영했지만 중국을 봉쇄하고 지배권을 유지하려는 미국의 노력에 대해서는 유보적 입장을 보였다. 특히 전통적으로 강대국 사이의 균형을 통해 자국의 목소리를 유지하려 노력해온 아세안 국가들은 중국을 봉쇄하려는 미국의 노력을 지역의 안정에 대한 위협으로 여기고 경계했다. 가령 아세안 국가들은 미군의 다윈 주둔 계획이 미·중 사이의 긴장을 조성할 가능성을 지적했다. 미군의 다윈 주둔 계획이 발표된 2011년 아세안 의장국이었던 인도네시아의 마르티 나탈레가와 외교장관은 군사적 주둔이 미국과 중국 사이의 작용과 반작용을 촉발시킴으로써 긴장과 불신의 악순환을 초래할 가능성에 대한 우려를 표명했다. 이러한 우려를 반영하듯 인도네시아 전문가들도 다윈 주둔이 미·중 간 경쟁을 촉발시킴으로써 지역 질서를 냉전시기로 되돌릴 가능성을 지적했다. 말레이시아의 나집 라작(Najib Razak) 총리 또한 이 계획이 동아시아의 평화와 안정을 약화시키거나 긴장을 증대시키는 것을 원치 않으며 이 지역에서 중국과 관련한 미국의 역할이 건설적으로 관리되어야 한다고 강조했다.[102] 이러한 우려는 심지어 미국과의 관계를 강화함으로써 중국의 잠재적 위협에 대응하려는 의도를 숨기지 않는 싱가포르의 관리들에 의해서도 공유되었다.[103] 이러한 우려가 제기됨에 따라 오바마 대통령은 2011년 발리에서 개최된 동아시아정상회의에서 유도요노 인도네시아 대통령에게 다윈 주둔이 특정 국가를 겨냥한 것이 아니라고 밝히기에 이르렀다.

아울러 지역 국가들은 미국의 재균형을 환영하면서도 동시에 중국과의 관계도 유지하는 정책을 변화시키려 들지 않았다. 일부 지역 국가들이 미국의 회귀를 환영하고 또 활용함으로써 중국을 견제하려 들었지만, 다른 국가들은 미국의 회귀를 환영하면서도 여전히 중국과의 관계를 유지하려 들었다. 동아시아 지역의 긴장에 대한 해답은 아세안이 미국을 불러들여 군사적인 견제를 유지하는 데 있지 않고 미국과 중국 모두와의 관계를 확장하고 심화하는 데 있다는 마르티 나탈레가와 인도네시아 외교장관의 지적은 미국과 중국 사이에서 균형을 유지하려는 의도를 잘 보여주었다.[104] 이처럼 미국 및 중국 모두와의 관계를 유지하려는 경향은 강대국 사이의 등거리 정책을 추구해온 아세안의 오랜 전통과 부합된다. 아세안은 1967년 창설 때부터 강대국 간의 경쟁으로부터 거리를 유지하려는 의도를 드러냈다. 동아시아가 특정 강대국에 의해 지배되는 것을 방지하려는 의도가 아세안 국가로 하여금 등거리 정책을 통해 외교정책의 유연성을 확보하도록 작용했다.[105] 무엇보다도 자신의 역량이 제한되어 있다는 사실이 강대국 간의 균형을 추구하도록 작용한다. 즉, 여러 강대국을 모두 불러들임으로써 이들 간의 균형을 유지하려는 노력이다. 이처럼 여러 강대국과의 협력 체제를 구축함으로써 자율성을 증대시키려는 노력은 인도네시아의 역동적 평형(dynamic equilibrium)전략에서 가장 분명하게 표출되었다.[106]

아세안 국가들에게 급속하게 부상하는 중국과의 관계를 포기한다는 것은 쉽게 취하기 힘든 선택이었다. 이러한 사실은 중국에 대한 위험회피 정책을 가장 분명하게 추구한 싱가포르마저도 미국과 공식적인 동맹을 맺거나 중국에 대한 봉쇄를 추구하지 않은 데서 단적으로 확인된다. 싱가포르는 미국이 연안 전투선을 배치하는 데 동의했지만 중국과의 관계가 위협에 처하는 것은 원치 않았다. 리센룽 총리는 미국이 중국과 건설적이고 안정적 관계를 유지함으로써 싱가포르가 선택할 필요가 없기를 바란다고 밝혔다.[107] 심지어 미국의 동맹국들조차도 미국의 관여를 환영하는 동시에 중국과의 관계도 유지하려 들었다. 가령 임기 내내 미국과의 동맹을 강화하는 데 주력했던 이명박 대통령마저도 2011년 11월 오바마 대통령이 순방을 통해 동아시아로의 재균형을 선언한 직후 중국을 방문함으로써 중국과의 관계도 유지하려 했다. 여기에 더해 박근혜 정부는 TPP 참여를 선언하는 데 신중한 입장을 노정하는 등 미국과 중국 사이에서 적절한 균형을 찾으려는 의도를 더욱 분명하게 했다.[108] 이러한 사례는 지역 국가들이 미국과 중국 사이에서 선택하기를 원하지 않으며 미국의 회귀가 지역의 불안정을 촉발시키지 않는 온건한 방식으로 진행되기를 희망함을 보여준다.

한편 싱가포르와 브루나이 등은 일본에 대해서도 댜오위도 문제와 관련하여 냉정하게 대응하고 중국과 좋은 관계를 유지할 것을 바란다는 입장을 피력했다.[109] 싱가포르의 한 전문가는 중국을 봉쇄하려는 일본의 노력에 대한 경계를 표시했다. 그는 아베의 동남아시아 순방을 일본판 회귀로 규정하고 이에 대한 아세안 국가의 반응은 필리핀과 달라야 한다고 주장했다.[110] 아울러 태국 외교관 또한 지역 국가들은 경제발전에 초점을 집중시키고 싶어하며 충돌이 악화되는 것을 원하지 않는다는 입장을 표명했다.[111] 심지어 인도네시아 대통령은 일본이 통화스와프 규모를 확대시켰음에도 불구하고, 반중연대를 추구하는 아베 총리에게 대화를 통한 평화적 방식으로 영해 분쟁을 해결하고 또 중국과 관계를 개선할 것을 희망한다는 의견을 밝혔다.[112] 이는 동아시아에서 형성된 밀접한 경제적 연계가 지역 국가의 선택에 가하는 제약을 보여준다. 다시 말해 중국의 경제적 영향력이 동아시아에서 중국에 대한 견제연합이 출현하는 것을 제어한다.

이처럼 지역 국가들은 미국과 중국 사이에서 균형을 유지하려 노력하는 동시에 경제적으로 독자성을 유지하려는 의도마저 노정시켰다. 이러한 사실은 아세안이 역내포괄적경제동반자협정(Regional Comprehensive Economic Partnership)을 추진하기로 한 데서 확인된다. 이 협정이 아세안+6 국가들로 구성된다는 점에서, 아세안의 정책은 아세안+3 국가로 구성되는 동아시아자유무역지대(East Asian Free Trade Area)에 대한 중국의 선호를 거부한 것으로 해석될 수 있다. 아울러 현실적으로 아세안과 중국을 제외한 5개 구성 국가 모두가 민주주의라는 점에서 역내포괄적경제동반자협정은 동아시아자유무역지대보다 중국에 대한 견제적 성격이 강하다고 볼 수도 있다. 그러나 동시에 미국을 포함하고 있지 않다는 점에서 반드시 중국에 불리한 것만도 아니다. 실제로 중국은 아세안+6에 대한 기존의 유보적 입장을 접고 역내포괄적경제동반자협정을 환영했다. 이처럼 아세안은 미국과 중국 사이의 경쟁을 활용하여 경제적으로 독자성을 추구하려 시도했다.

이러한 지역 국가의 행위는 몇 가지 요인으로 설명할 수 있다. 먼저 미국의 회귀가 아세안의 주도권을 약화시킬 가능성에 대한 우려를 들 수 있다. 대표적으로 아세안이 아세안지역안보포럼이나 동아시아정상회의와 같은 다자적 틀을 미중 간 협력을 촉진시키는 장으로 활용하려 한 데 반해 미국은 중국과의 이견을 제기하는 장으로 활용하려 들었다. 아울러 미국은 동아시아정상회의를 위시한 다자적 틀을 더 효율적으로 만들기 위해 의제설정에도 개입하려 들었다. 이러한 미국의 노력은 아세안 방식과 아세안의 중심성이라는 원칙에 대한 도전을 의미했고, 아세안은 미국의 회귀가 제기하는 이러한 도전을 경계했다.

다음으로, 재균형을 실천할 미국의 능력이나 의지에 대한 의구심 또한 지역 국가들로 하여금 균형전략을 추구하도록 작용한다. 지역 국가들이 미국의 재균형에 대해 의구심을 보였다는 사실은 한 조사에서 단적으로 확인된다. 미국의 국제전략문제연구소(CSIS)가 2014년 초 아시아 전문가들을 대상으로 실시한 조사에 따르면 응답자의 79%가 미국의 재균형을 환영한다고 답하면서도 동시에 51%의 응답자가 충분한 자원이 동원되지 않았거나 잘 실천되지 않았다고 평가했다.[113] 이는 지역 국가들이 아시아 태평양 지역에서의 미국의 역할이 장기적으로 약화될 것이라는 의구심을 지님을 보여준다. 미국이 국방비를 대폭 감축할 것이라는 사실이 아시아에서 미군이 전투능력을 유지할 수 있을 것인지에 대한 의구심을 불러일으켰다. 이러한 의구심이 아세안 국가로 하여금 미국과의 관계에 전력투구하고 중국을 견제하는 것을 제어한다. 미국의 회귀에만 의존하는 상황에서 미국의 의지를 과대평가한 것으로 드러날 경우 아세안은 안보적으로 취약해질 것이기 때문이다. 따라서 아세안 국가들은 미국에 편승하기보다 미국과의 관계 강화를 중국과의 관계가 악화될 가능성에 대비하는 카드로 한정시켰다. 이러한 경향은 동북아시아에서도 나타났다. 일본의 독자적 '핵 무장론'은 앞에서 언급한 것처럼 미국의 공약에 대한 일본의 의구심을 반영했다. 여기에 더해 한국에서 핵무장 논의가 제기되는 것 또한 미국의 안보 공약에 대한 의구심을 반영했다.

마지막으로, 그리고 아마도 가장 중요하게 경제적 현실이 지역 국가로 하여금 미국과 중국 사이에서 균형을 추구하도록 작용한다. 기본적으로 아세안 국가들은 경제적으로 모든 거대 경제체와의 관계를 유지하기를 원한다. 이는 동아시아 국가들이 중국과의 경제적 연계를 형성함으로써 혜택을 얻고 나아가 긴장을 완화시키려 함을 의미한다. 중국이 동아시아 지역 국가의 최대 교역 대상국이 되었다는 사실은 이러한 필요성을 더욱 강화시켰다. 동아시아 국가의 대중 교역량과 대미 교역량의 격차는 갈수록 증대되고 있다. 대표적으로 아세안의 경우 2010년 미국과의 교역액이 1860억 달러에 머문 데 반해 중국과의 교역액은 이보다 훨씬 많은 2930억 달러에 달했다. 아세안의 대중국 교역액은 2012년에 다시 4000억 달러로 증가했고 2015년까지는 5000억 달러에 달함으로써 미국과의 차이를 더욱 확대할 것으로 예상된다. 여기에 더해 상호 투자 1000억 달러, 인적교류 1500만 명

등의 현실적 상황이 아세안 국가에게 중국과의 관계를 유지하도록 작용한다.[114] 즉, 아세안을 비롯한 지역 국가는 중국과의 경제관계를 위험에 빠뜨릴 수 있는 행동을 자제할 수밖에 없다.

7. 지역 국가의 분열

이상의 논의는 동아시아 국가들이 중국에 대한 정책과 미국의 역할에 관해 이견을 보임을 제시한다. 일부 지역 국가가 미국의 재균형을 활용하여 중국을 견제하려 드는 데 반해 다른 국가들은 여전히 미국과 중국 사이에서 균형을 유지하려 든다. 이는 지역 국가들이, 미국의 희망과 달리, 중국에 대한 정책을 둘러싸고 연대를 형성하려 들지 않음을 의미한다. 오히려 미국의 재균형은 중국의 부상만큼이나 지역 국가에 도전을 제기했고 지역 국가들은 이러한 도전에 대한 대응을 둘러싸고 차이를 보인다. 이러한 차이와 분열은 아세안 국가들 사이에서 특히 분명했지만 한국과 일본 사이에서도 관찰된다.

1) 아세안의 분열

아세안 국가들은 중국에 대한 대응을 둘러싸고 이견을 보인다. 전반적으로 필리핀, 베트남, 브루나이, 말레이시아 등 중국과 분쟁 중인 국가에서 경계심이 상대적으로 크다고 할 수 있다. 그러나 남중국해에 대한 주권을 주장하는 아세안 국가들 사이에서도 이견이 존재한다.[115] 구체적으로 필리핀과 베트남에서 중국과의 분쟁 가능성에 대한 우려가 큰 데 반해 말레이시아나 브루나이에서는 상대적으로 적다. 한편 캄보디아, 라오스, 미얀마, 태국 등 베트남을 제외한 대부분의 대륙부 국가들은 증대된 중국과의 경제적·안보적 연계로 인해 중국과의 이견에 대해 침묵한다.[116] 이러한 차이가 아세안으로 하여금 일치성을 형성하는 데 제약을 가한다.

중국을 견제하기 위해 미국을 활용하는 문제를 둘러싼 아세안의 분열은 미국이 재균형을 선언하기 이전인 2010년 2차 아세안·미국정상회의에서부터 표면화되었다. 회의 후 발표될 공동성명에서 영토 분쟁을 거론하자는 미국의 제안에 베트남과 필리핀이 찬성한 반면에 다른 아세안 국가들은 남중국해라는 용어를 성명에서 삭제할 것을 선호했다. 대표적으로 미국의 동맹국인 태국 외무장관은 중국이 참여하지 않은 회의에서 남중국해 문제를 거론하는 것은 공정하지 못하다고 지적함으로써 아세안 국가들이 미국이 원하는 모든 것을 수용한다는 인상이 창출되는 것을 경계했다.[117] 아울러 이는 아세안 구성 국가들이 남중국해 문제와 관련한 미국의 역할을 둘러싸고 분열되었음을 의미한다. 일부 국가가 좀 더 적극적인 미국의 역할을 옹호한 반면에 다른 국가는 중국을 자극해서 문제 해결을 더욱 어렵게 할 가능성을 우려했다. 미국의 동맹국인 태국마저 미국의 제안에 유보적 입장을 보였다는 사실은 동아시아에 존재하는 복합성을 웅변한다.

이후 아세안은 남중국해 문제를 둘러싸고 분열된 모습을 더욱 분명하게 드러냈다. 아세안 국가들 사이의 이견은 필리핀이 2012년 들어 아세안의 정책을 통일시켜 중국에 대응하려는 시도를 전개하면서 분명해졌다. 2012년 초 필리핀의 델 로사리오 외교장관은 황옌도 분쟁과 관련하여 아세안에 도움을 요청했다.[118] 11월 들어서도 필리핀 정부는 공동협력지대(a Zone of Peace, Freedom, Friendship and Cooperation) 구상을 제안했다. 분쟁 중인 남중국해를 탈군사화하고 다자간 개발기구를 설립하여 해양자원을 공동으로 관리하자는 제안이었다. 아울러 필리핀은 브루나이, 말레이시아, 베트남 등 중국과 영해 문제로 분쟁 중인 국가에게 공동의 대응방안을 모색하기 위한 회의도 제안했다.[119] 그러나 이러한 필리핀의 제안은 베트남을 제외한 다른 국가들이 반응을 보이지 않음에 따라 실현되지 못했다.[120]

대부분의 아세안 국가들은 필리핀과 베트남의 호소에 호응하지 않았다. 한 외부 관찰자는 아세안의 많은 사람이 남중국해 긴장과 관련하여 중국 어선이 필리핀 영해를 침범함으로써 발생했다기보다 필리핀의 주권을 보호하려는 시도 때문에 발생했다고 믿고 있고 따라서 아세안의 단결성이나 일치성을 찾기 어렵다고 규정한다.[121] 특히 대륙부에 위치한 캄보디아, 라오스, 미얀마, 태국 등은 아세안 차원의 공동의 대책을 마련하는 것보다 중국과의 관계를 강화하는 데 더 큰 관심을 기울인다. 이 국가들은 모든 국가가 개입된 문제가 아니라는 이유를 들어 남중국해 분쟁이 아세안 차원이 아닌 양자적 차원의 문제라는 입장을 취한다. 대표적으로 태국은 남중국해 문제와 관련하여 아세안의 영역을 넘어서는 이슈로 양자적 차원에서 처리되어야 한다는 입장을 견지한다.[122] 이는 실질적으로 양자적 차원에서 문제를 논의하고 해결하자는 중국의 입장을 지지하는 것이다.

내부의 이견이 아세안의 응집력을 약화시켰다는 사실은 2012년에 거행된 일련의 회의에서 아세안 국가들이 남중국해 분쟁에 대한 대응을 둘러싸고 이견을 표면화시킨 데서도 확인된다. 그 중심에 캄보디아와 필리핀이 있었다. 2012년 아세안 의장국이었던 캄보디아는 앞에서 언급한 것처럼 중국과의 관계를 고려하여 7월에 열린 외교장관회의에서 남중국해 문제를 의제에서 배제시키려 시도했다. 회원국 간의 합의를 도출하려는 인도네시아와 싱가포르의 노력을 캄보디아가 거부함에 따라 아세안 외교장관 회의는 사상 최초로 공동선언문을 채택하지 못하고 폐막했다. 비록 캄보디아 외교장관이 양자 간 분쟁에서 어느 한 편을 지지하지 않는 것이 아세안의 원칙이라는 이유를 들었지만, 중국에 매수되었다는 관측이 광범위하게 제기되었다.[123] 분열은 11월에 거행된 아세안 주도의 정상회의에서 다시 반복되었다. 중국과 아세안 간 10+1정상회의 이후 캄보디아의 훈센 총리가 양측이 남중국해 분쟁을 국제화하지 않기로 합의했다고 발표하자 필리핀의 아키노 대통령이 그러한 합의가 없었다고 언론에 밝힘으로써 공개적으로 반박했다.[124]

캄보디아의 주저와 이에 따른 아세안의 분열은 동아시아에서 증대된 중국의 영향력을 보여준다. 경제적 측면에서 캄보디아에 대한 중국의 영향력은 매우 분명하다. 2006년부터 2012년 사이 중국의 캄보디아 투자는 82억 달러로 미국의 투자액 9억 달러를 압도했다. 아울러 중국은 1992년 이후 농업과 인프라 건설 등에서 21억 달러의 원조와 차관을 제공했다.[125] 여기에 더해 원자바오 총리는 2012년에도 아세안과의 정상회의에 참석하면서 1억 달러 투자계획을 선물로 제공하는 등 캄보디아와의 관계를 증진하는 데 노력을 기울였다.[126] 이러한 중국의 경제적 영향력이 캄보디아로 하여금 중국의 선호에 더 큰 주의를 기울이도록 작용했고, 그 결과 아세안은 중국에 대한 공동전선을 취하기 어려웠다.

중국은 아세안 내의 이견을 적극적으로 활용하려 들었다. 중국은 합의를 통한 정책결정 방식으로 인해 실질적으로 모든 회원국에 연성 거부권(a soft veto)이 부여된 상황에서 의장국인 캄보디아와 관계를 강화함으로써 아세안이 협의를 형성하는 것을 방지하려 들었다. 의장국과의 관계를 통해 아세안의 입장에 영향을 끼치려는 중국의 시도는 2013년 아세안 의장국을 맡은 브루나이에 대해서도 진행되었다. 여기에 더해 중국은 영토 분쟁을 전개하는 국가와 분쟁이 없는 국가를 다르게 처리한다는 사실도 밝힘으로써 아세안 내의 분열을 더욱 심화시키려 들었다.[127]

내부의 분열은 아세안이 중국과 추진하고 있는 남중국해 행동규약의 제정을 지체시켰다. 미국은 행동규약의 제정과 관련하여 아세안 국가들이 먼저 합의한 후 다시 중국과 협의하기를 원한다. 이것이 클린턴 국무장관이 아세안 국가들에게 중국에 대해 연합전선을 취할 것을 촉구한 이유였다.[128] 그러나 아세안 국가들은 오히려 행동규약을 기안하는 과정에 중국을 참여시킬 것인가를 둘러싸고 논쟁을 벌였다. 2012년 4월 아세안정상회의에서 캄보디아는 행동규약 제정에 중국이 처음부터 참여해야 한다고 주장함으로써 필리핀 및 베트남과 대립했다.[129] 이러한 논쟁은 중국이 심의 과정에 참여하겠다는 의사를 강력하게 밝히면서 더욱 가열되었다.[130] 이는 아세안 국가의 공동대응을 차단하려는 중국의 전략이 주효함을 보여준다.

물론 이것이 곧 아세안이 중국의 이익을 수용하려 한다는 의미는 아니다. 아세안은 단일체로서 중국과 협상하며 집단적 방식으로 남중국해 문제 관리에 참여함으로써 주도권을 강화하려는 노력을 중단하지 않았다. 가령 아세안은 2012년 남중국해 문제에 관한 합의를 도출하는 데 실패한 이후 2013년 4월 하순 브루나이에서 열린 22차 아세안정상회의에서 남중국해 문제를 다시 다루었고 또 의장성명을 통해 중국에 빠른 시일 내에 행동규약을 채택하라고 촉구함으로써 집단적 목소리를 전달하려는 시도와 관련하여 새로운 진전을 이루었다.[131] 한편 2014년 4월에 개최된 아세안 외교장관회의 또한 남중국해에서의 긴장 제고에 대해 경계를 표시하고 자제를 촉구했다. 아울러 다음 날 개최된 아세안정상회의는 성명을 통해 절제와 무력사용 회피를 촉구했다. 아세안이 남중국해 문제를 다뤘다는 자체가 영토분쟁의 국제화를 거부하는 중국의 입장에 대한 반박으로 해석될 수 있다. 다만 성명은 중국이나 필리핀 또는 베트남 등 국가의 이름을 직접 거명하지 않음으로써 균형을 유지하려는 시도를 이어갔다.[132]

2) 한국과 일본의 갈등

한국과 일본 또한 미국의 재균형에 대해 서로 다른 반응을 보인다. 일본의 적극성을 고려하면 이는 얼핏 한국이 미국의 회귀에 호응하지 않음을 의미하는 것으로 이해되기 쉽다. 그러나 한국은 재균형이 공식적으로 천명되기 이전부터 이미 미국과의 관계를 강화하는 데 적극적으로 나섰다. 2008년 출범한 이명박 정부는 한·미동맹을 강화하는 데 외교정책의 초점을 집중시켰다. 이명박 대통령은 취임 직후 미국을 방문하여 부시 대통령과 한·미동맹을 '21세기 전략 동맹'으로 발전시키는 데 합의한 데 이어 다음 해에는 오바마 대통령과 한·미동맹을 '포괄적 전략동맹'으로 격상시키는 데 합의했다. 2009년 한·미정상회담에서 채택된 '한·미동맹을 위한 공동비전(Joint vision for the Alliance of the Republic of Korea and the United States of America)'은 양국 관계를 기존의 군사동맹 차원을 넘어 다양한 분야를 아우르는 포괄적이고 전략적인 동맹으로 확대할 것을 천명했다.[133] 이는 한·미동맹을 지리적으로 한반도를 넘어 지역 및 범세계적 차원으로 확대하고, 군사적 측면뿐 아니라 비군사적 분야까지 포함하는 포괄적 동맹으로 발전시키려는 시도였다.[134] 이처럼 양국관계가 계속해서 강화된 결과 오바마 대통령은 2010년 이명박 대통령이 미국을 방문했을 때 한·미동맹을 아시아 태평양 지역 안보의 린치핀(lynchpin)으로 규정하기에 이르렀다.[135] 이후 양국은 2012년 6월에 열린 제2차 외교·국방(2+2)장관회의에서 포괄적 연합방어태세를 강화하는 데 합의했다.

이처럼 미국과의 관계를 강화하는 데 정책의 초점을 집중시킨 이명박 정부에게 미국의 재균형 정책은 환영할 만한 것이었다. 미국의 재균형은 한국이 필요로 하는 확장억제와 군사안보적 연계를 강화하는 데 기여할 것으로 인식되었기 때문이다. 실제로 많은 보수주의자들은 미국의 재균형이 북한과 주변 강대국에 대한 자신의 정책 구상과 일치한다고 판단하여 지지했다. 그럼에도 불구하고 한국에서 미국의 재균형이 새로운 것으로 인식되지 않은 것 또한 사실이었다. 미국이 동아시아를 떠난 적이 없다는 인식이 지배적이었기 때문이다.

박근혜 정부에 들어서도 장거리 미사일 발사와 3차 핵실험 등 계속된 북한의 도발이 한·미동맹을 강화하도록 작용했다. 박근혜 대통령은 2013년 5월 미국 의회에서 행한 연설에서 "한·미동맹은 오바마 대통령의 아시아 태평양 지역으로의 재균형 전략을 강화할 수 있다"고 지적함으로써 미국의 재균형에 대한 지지를 표명했다.[136] 이처럼 한·미관계는 여전히 굳건했지만 미국의 재균형이 한·미 간의 갈등 가능성을 제기한 것 또한 사실이다. 우선, 재균형이 미국의 관심과 자원을 동남아시아와 인도양에 집중시키려 들었음을 고려할 때 이는 한국에 대한 미국의 관심이 상대적으로 소홀해질 가능성을 의미했다. 이와 함께 재균형은 미국으로 하여금 한국에 더 큰 군사적 역할을 요구할 가능성도 제기했다. 구체적으로 미국이 동아시아 해양의 안전을 유지하는 데 더 큰 기여를 요구할 가능성을 제기했다.[137] 나아가 한국에서도 미국의 군사태세 변화와 재정적 어려움을 목격하면서 미국의 공약이 지속될 것인가에 대한 의구심이 촉발되었다. 이러한 의구심은 한국의 보수언론인 ≪조선일보≫가 일본에 재무장을 권유하는 미국에 대해 우려를 표명한 데서 단적으로 확인된다. 2013년 10월 3일 발표된 '미·일 안전보장협의위원회' 공동성명과 관련하여 이 신문은 전쟁을 할 수 없는 나라 일본에게 제한적으로나마 전쟁을 할 수 있는 나라가 될 수 있는 길을 열어줌으로써 전후 동북아시아 질서의 근간을 흔들 가능성을 제기했다고 규정했다.[138] 미국의 재균형이 한국에 도전을 초래할 가능성에 대한 우려였다.

박근혜 정부는 미국과의 관계를 강화하면서도 동시에 중국과의 관계도 회복하려 들었다. 북한 핵 문제를 해결할 필요성과 중국이 한국 수출의 1/4 정도를 차지하는 현실이 박근혜 정부로 하여금 한·미동맹과 한·중 전략적 동반자 관계의 조화를 모색하도록 작용했다. 실제로 박근혜 정부는 북한체제의 변화를 추구함으로써 중국과 대립했던 이명박 정부와 달리 중국을 자극할 수 있는 정책을 취하는 데 신중했다. 가령 박근혜 정부는 중국과의 FTA와 한·중·일 FTA를 추진하면서도 TPP 참여를 유보했다. 이는 박근혜 정부가 미국과의 관계를 적극적으로 강화함으로써 중국을 견제하려는 일본과 다른 길을 걸었음을 의미한다.

이명박 정부 시절부터 갈등을 경험하기 시작한 한·일관계는 동북아시아에서 중국에 대한 견제연합이 형성되는 것을 제약했다. 이명박 정부가 처음부터 일본과의 갈등을 불사했던 것은 아니었다. 오히려 이명박 정부는 출범 초기 노무현 정부 시기에 악화되었던 일본과의 관계를 개선하려는 노력을 전개했고 이에 힘입어 일본과의 군사협력이 확대되고 또 증강되었다. 북한의 계속된 도발 또한 한·일관계를 강화하는 데 기여했다. 그 결과 한·일관계는 한·미·일 3국협력의 틀 속에서 진화를 경험했다. 북한의 연평도 포격 후 한·미·일 3국은 외교장관회담에서 상호 군사협력을 포함한 3국 간 협력을 강화하는 데 합의했다. 이후 일본 구축함이 부산 부근에서 진행된 PSI훈련에 참가하고, 2011년에는 한국군 장교와 일본군 장교가 각각 상대국이 미국과 진행한 군사훈련을 참관하기에 이르렀다. 여기에 더해 2012년 4월 북한의 로켓발사는 교착상태에 있던 한·일군사정보보호협정(GSOMIA: General Security Of Military Information Agreement)에 대한 협상을 다시 재개시켰고 또 한·미·일 사이의 연합훈련도 촉진시켰다. 즉, 북한의 도발과 이에 대한 중국의 침묵으로 인해 초래된 공동의 안보이익과 도전이 한·미·일 3국 간 공조를 촉진시켰다.

그러나 이후 한·일관계의 한계가 드러났다. 이러한 사실은 한·일 간 군사정보보호협정 서명 실패와 뒤이은 갈등에서 단적으로 표출되었다. 한·일 간 군사정보보호협정은 북한의 핵과 미사일 위협을 명분으로 추진되었다. 아울러 이 협정은 양국이 북한의 군사력뿐 아니라 중국의 군사력에 관해서도 정보를 교류하고 보호하는 법적 틀을 제공할 것으로 기대되었다.[139] 이

것이 미국이 이 협정을 아시아에서 포괄적 MD체제 구축과 한·미·일 협력을 촉진시키는 데 기여할 것으로 평가한 이유였다.[140] 다시 말해 한국이 일본과 이 협정을 체결한다는 것은 사실상 미국이 주도하는 중국을 겨냥한 연대에 동참하는 것으로 이해되었다. 이명박 정부는 2012년 4월의 가서명을 거쳐 5월 김관진 국방장관이 일본을 방문하여 최종적으로 서명한다는 계획을 수립했다. 그러나 일본과의 군사협력 심화와 밀실추진에 대한 국내적 비판이 제기되면서 서명은 연기되었다. 이는 패네타 미국 국방장관이 2012년 6월 한국과의 2+2 회담에서 서명을 권유한 직후의 일이었다.

이후 한·일관계는 더욱 악화된다. 2012년 8월 이명박 대통령은 한국 대통령으로는 처음으로 독도를 방문했다. 이에 대해 겐바 고이치로(玄葉光一郎) 외무상이 강경한 대응을 밝힘에 따라 긴장이 고조되었다. 일본은 강력한 항의를 제기하고 연례 재무장관회의를 연기하는 외에 주한대사도 소환했으며 통화교환협정을 연장하지 않는 등의 방식으로 압력을 가했다. 한편 2012년 말 출범한 아베 정부의 군사 대국화 노력은 일본의 우경화에 대한 한국의 경계와 우려를 심화시켰다. 위안부 문제와 역사 문제에 대한 일본의 수정주의적 경향이 한국에서 일본의 군사적 위협에 대한 우려를 증폭시킨 것이다.

한·일 양국 사이의 요인만이 양국 갈등을 부추긴 것은 아니다. 미·일동맹의 강화 또한 한국의 불안감을 증대시켰다. 이 책에서 거듭해서 지적한 것처럼, 아시아에 대한 미국의 전략 구상은 중국에 대한 고려에 의해 지배된다. 중국의 부상에 대응할 필요성은 미국으로 하여금 일본의 민족주의를 암묵적으로 인정하고 또 군사적 역할 확대를 권장하도록 작용한다. 대표적으로 미국은 계속해서 일본에 집단적 자위권을 행사하도록 촉구해왔다. 이러한 경향이 일본의 침략과 지배에 대한 기억이 강하게 남아 있는 한국의 불안감을 촉발시켰다. 일본의 역할을 강화시키려는 미국의 시도가 한국의 전략적 공간을 위축시킬 것이라는 우려였다. 오바마 정부가 일본의 역할을 강화시키는 문제와 관련하여 한국과 협의하지 않았다는 사실은 이러한 우려를 더욱 증폭시켰다.[141] 미국이 일본을 통제하지 못하는 상황이 벌어질 경우 일본의 군사력이 한국에 어떻게 작용할 것인가와 관련한 불안감이 한국의 우려를 촉발시킨 것이다.

동아시아 지역질서의 미래에 대한 전망이나 중국과의 관계에 관한 선호의 차이 또한 한·일 갈등을 촉발시킨다. 일본은 거듭해서 지적한 것처럼 미국과 중국 사이의 갈등을 선호한다. 미국과 중국이 협력할 경우 일본의 입지가 제약될 것이기 때문이다. 이에 반해 한국은 미국과 중국의 협력을 선호한다. 양국 간 갈등이 한국에게 선택을 강요할 가능성을 제고시키기 때문이다. 아울러 중국과의 관계와 관련해서도 일본이 중국을 견제하려 듦에 반해 한국은 중국과의 관계를 유지하려 든다. 이러한 차이 또한 한·일 갈등을 심화시킨다.

한·일 간의 갈등은 박근혜 대통령이 2013년 6월 일본을 먼저 방문해왔던 오랜 선례를 깨고 중국을 먼저 방문한 데서 상징적으로 나타났다. 중국 방문이 일본과의 정상회담이 논의조차 되지 않는 상황에서 이루어졌다는 사실은 일본에게 한국이 중국과의 관계를 더 중시한다는 공격을 가할 기회를 제공했다. 여기에 더해 박근혜 대통령이 중국을 방문한 이후 한·중관계가, 갈등을 거듭하는 중·일관계와 달리, 표면상 좋은 관계를 유지하고 있다는 사실 또한 일본에 한국이 중국에 대한 견제에 참여하지 않으려 한다고 공격할 구실을 제공했다. 일본은 한국과의 관계를 개선하기 위해 필요한 최소한의 조치를 취하는 대신에 미국을 상대로 한국이 중국에 지나치게 편향되어 있다는 불평을 확산시키는 데 주력한다. 일본이 과연 한국과의 관계를 개선하려는 진정한 의지가 있는지를 의심하게 하는 대목이다.

한·일 갈등은 한·미·일협력을 제약함으로써 재균형에 장애요인으로 작용한다. 미국의 재균형이 동아시아 지역의 동맹국들을 자국이 주도하는 진영에 정렬시키는 것을 의미함을 고려할 때 미국은 동북아시아에서 한국과 일본이 군사적 협력 체제를 구축함으로써 미국 중심의 연합전력을 강화하는 데 기여하기를 기대한다.[142] 실제로 2012년에 개최된 한·미 2+2 회담에서 미국은 한·미협력뿐 아니라 한·미·일협력도 강조했고 또 미국의 주도아래 3국은 2012년 6월 동해에서 연합 군사훈련을 실시했다.[143] 아울러 박근혜 정부가 출범한 후에도 미국은 좌초된 한·일 정보보호협정을 조속하게 재추진할 것을 계속해서 압박한 것으로 보도되었다.[144] 여기에 더해 오바마 대통령은 2014년 3월 헤이그 핵정상회의에서도 한·미·일정상회의를 주선함으로써 한·일협력을 복원시키려 노력했다. 이러한 미국의 노력에 힘입어 한·미·일협력에 일정한 진전이 나타났다. 그 대표적 사례로 한·미·일 3국이 2014년 12월 말 국방부 차원에서 정보 공유 약정을 체결하기로 합의한 사실을 들 수 있다.[145] 여기에 더해 한국은 미국 및 일본과의 3국 연합 군사훈련도 계속하고 있다. 같은 해 7월 하순 3국 군대는 제주 남쪽 해상에서 미국 항공모함 조지 워싱턴호가 참가한 가운데 구조 및 수색훈련을 거행했다.[146]

이러한 진전에도 불구하고, 일본의 의도에 대한 한국의 우려와 이에 대한 일본의 무감각 내지는 무시를 고려할 때, 한국과 일본 간의 관계 개선은 쉽지 않을 것이고 또 설령 개선된다 하더라도 한국이 중국을 견제하려는 일본의 노력에 참여할 가능성은 크지 않다. 한국은 일본과의 안보협력을 강화하거나 동맹체제를 형성하는 것이 일본의 과거사 왜곡을 정당화시킬 뿐 아니라 일본의 군사적 팽창을 더 가속화시킬 것이라는 우려를 갖는다. 이러한 한국과 일본 사이의 구조적 갈등은 미국이 추구하는 한·미·일 동맹의 실현에 제약을 가한다.

제8장 결론

중국의 부상과 미국의 재균형, 그리고 지역 국가의 대응에 관한 이상의 논의는 동아시아 질서에 심대한 변화가 발생했음을 제시한다. 미국이 재균형을 통해 중국의 영향력 확대를 제어하고 지역의 안정을 유지하려 시도했지만, 국력의 증대에 힘입어 자신감이 증대된 중국이 공세적 정책을 계속하고 지역 국가들 또한 미국의 회귀를 환영하면서도 중국과의 관계를 유지하려는 노력을 멈추지 않음에 따라서 동아시아 질서는 변화를 경험하게 되었다.

중국의 부상으로 촉발된 동아시아의 변화는 복합성을 특징으로 하는데, 이러한 사실은 동아시아에 불안하게 공존하는 2개의 상반된 흐름에서 확인된다. 한편으로 중국이 국력 증대에 힘입어 자국의 이익을 적극적으로 추구하고 미국이 재균형을 통해 대응하면서 동아시아에서 갈등이 제고되고 대치국면마저 출현했다. 다른 한편으로 중국과 미국 모두가 충돌을 회피하고 협력을 유지하려 노력함에 따라 양국 간에 제한적으로나마 협력이 진전되었다. 여기에 더해 대다수 지역 국가들 또한 미국과 중국 사이에서 어느 한 쪽을 선택해야 하는 상황이 출현하는 것을 방지하려 듦에 따라 동아시아에서 본격적 충돌이 발생하거나 전략적 대결구도가 형성되지는 않았다.

결론인 이 장에서는 지금까지의 논의를 정리하고 동아시아 질서의 향후 전망을 제시하게 될 것이다. 다음에서는 우선 이상의 논의를 복합성이라는 틀을 통해 종합한 후 그 이론적 함의를 검토할 것이다. 이어서 이러한 복합성이 지속될 가능성을 살펴본 후 끝을 맺게 될 것이다.

1. 동아시아의 복합성

세계금융위기를 계기로 국제적 자신감이 더욱 증대된 중국은 외교정책을 공세적으로 전환시켰다. 자국의 이익을 분명하게 밝히고 증대된 힘을 활용하여 이를 구현하려는 중국의 정책은 다른 국가와의 타협과 협력을 강조했던 이전 정책으로부터의 변화였다. 이러한 외교정책의 전환은 동아시아에서 중국에 대한 우려를 확대시켰고 궁극적으로 미국의 대응을 촉발시켰다. 미국은 중국이 동아시아에서 영향력을 확장하는 추세를 제어하고 자신의 주도권을 유지하기 위해 재균형을 추진했다. 동아시아에 대한 군사적 투입을 강화하고 지역의 동맹국 및 파트너 국가와의 관계를 강화하는 등의 노력을 통해 기존 질서를 유지하려 들었다. 이러한 미국의 노력은 일본, 필리핀 등 중국과 분쟁 중인 지역 국가들로 하여금 중국에 대한 견제정책을 추구하도록 자극했다.

미국이 재균형을 지역의 안정을 유지하기 위한 노력으로 제시한 데 반해 중국은 이를 봉쇄로 인식했다. 동시에 중국은 미국이 재균형을 실천에 옮길 수 있는 능력에 대해서는 의구심을 보였다. 이러한 인식에 따라 중국은 강경한 대응을 통해 재균형의 효과를 완화시키려 들었다. 중국이 대응의 초점을 지역 국가에 집중시킴에 따라 동아시아에서는 영토를 둘러싼 긴장이 촉발되고 심지어 국가 간 대치국면이 출현하기도 했다. 중국의 강경한 대응에 직면한 미국은 동맹국에 대한 안보 공약을 더욱 강화함으로써 재균형에 대한 신뢰를 제고시키려 들었다. 이는 미국과 중국이 동아시아 질서와 관련하여 상충적 선호를 지님을 보여준다.

동아시아의 상황은 중국의 공세적 정책도 미국의 재균형도 의도한 효과를 달성하지 못했음을 제시한다. 적극적인 정책을 통해 자신의 권리를 확보하려던 중국의 시도는 지역에서 의구심을 촉발시켰고 핵심이익에 대한 존중을 조건으로 내걸고 미국과 구축하려던 새로운 강대국 관계 구상도 호응을 얻지 못했다. 중국이 국제적 발언권 추구를 소박한 것이라고 간주했지만[1] 미국은 강대국 지위에 대한 중국의 추구를 수용하는 것을 주저했다. 미국의 재균형 또한 지역의 안정과 주도권 유지라는 애초의 목표를 달성하지 못했다. 재균형은 지역 국가에게 확신을 심어주지 못했다. 예산 삭감과 이에 따른 장비와 훈련 축소 등을 목격하면서 지역 국가들은 미국의 공약에 대한 의구심을 버리지 못했다. 아울러 재균형의 수사(rhetoric)는 중국을 자극하면서도 중국의 공세적 행동은 제지하지 못했다. 미국이 지역의 안정을 위한 조치라고 주장하는 것을 중국이 봉쇄로 인식함에 따라 양국 사이에는 안보 딜레마가 더욱 분명해졌다.

그러나 긴장이 제고되고 대치국면이 촉발되었다는 것이 곧 동아시아에서 전략적 대결의 국면이 형성되고 따라서 충돌이 불가피함을 의미하지는 않는다. 미국과 중국은 한편으로 갈등을 불사하면서도 여전히 상대와의 충돌을 회피하려는 노력을 계속하며 대부분의 지역 국가들 또한 미국과 중국 사이에서 균형을 유지하려 노력한다. 이러한 사실은 변화의 시기에 진입한 동아시아 질서가 2개의 서로 다른 진영 간의 극한적 대결을 특징으로 했던 냉전기와는 다른 양상을 띰을 제시한다.

미국은 중국을 견제하려는 의도를 강화하면서도 동시에 협력도 유지하려 들었다. 특히 미국은 동맹국에 대한 공약을 강화하면서도 이러한 공약이 지역에서의 분쟁으로 이어지지 않도록 문제의 평화적 해결을 강조한다. 단적으로 오바마 대통령은 2014년 4월 일본 방문에서 영토 분쟁과 관련하여 일본을 안심시키면서도 동시에 자제를 촉구하고 중국과의 관계를 개선하라는 희망도 표출했다. 재정적 어려움이나 정치적 분열과 같은 미국의 국내 문제가 중국에 대해 본격적인 봉쇄를 추진하는 것을 제약했다. 여기에 더해 현실적으로 중국은 협력해야 할 대상이기도 했다. 중국이 엄청난 규모의 미국 채권을 보유하고 있다는 사실뿐 아니라 북한이나 이란의 핵 문제, 시리아 사태, 우크라이나 문제 등 국제적 현안을 해결하는 데 중국의 협조를 필요로 한다는 사실 또한 미국의 선택에 영향을 끼쳤다.

중국 또한, 특히 영토 문제와 관련하여 공세적 행태를 강화했지만 미국과의 충돌은 회피하려 들었다. 다시 말해 대외적으로 한층 강경해졌음에도 불구하고 기존 질서에 본격적으로 도전하거나 미국을 대체하려 시도하지 않았다. 이러한 사실은 미국의 재균형에 대한 중국의 대응이 미국이 아닌 지역 국가에 집중된 데서 단적으로 확인된다. 아울러 중국은 미국에 새로운 형태의 강대국 관계를 제안했다. 비록 좀 더 대등한 지위에서 미국과의 관계를 형성하려는 중국의 의도를 반영했지만 이 구상의 초점은 충돌이 아닌 협력을 추구하는 데 있었다. 미국이 여전히 힘의 우위를 누린다는 사실이 중국의 선택을 규정한 것이다.

그 결과 미국과 중국은 협력에서도 진전을 이루었다. 그 대표적 사례가 제7장에서 살펴본 군사협력의 진전이었다. 양국은 군사교류를 계속했을 뿐 아니라 그 폭과 심도도 확대시켰다. 인적교류로 시작된 양국 간 군사교류와 협력은 항공모함에 대한 양국 군 수뇌부의 상호 방문과 중국의 림팩 훈련 참가에 이어 항공모함의 상호 방문과 해상과 공중에서의 충돌방지를 위한 규약 마련에 대한 합의 등으로 확대되었다. 이처럼 양국이 군사 분야의 협력을 진전시켰다는 사실은 미·중 사이에 경쟁이 강화되었음에도 불구하고 양국관계가 과거보다 더 악화되지는 않았다는 평가의 근거로 작용한다.[2] 여기서 양국 간 경쟁을 지나치게 강조하는 것을 경계할 필요성이 제기된다.

동시에 이러한 양국관계에 나타난 진전이 전면적이고 본격적인 협력을 의미하지 않는다는 점 또한 동아시아에 존재하는 복합성을 보여준다. 미국과 중국 사이의 협력이 제한적이라는 사실은 시진핑 정권이 야심차게 추진한 새로운 형태의 강대국 관계에 미국이 호응하지 않았다는 사실에서 단적으로 확인된다. 아울러 양국이 한편으로 군사협력을 강화하면서도 다른 한편으로 상대에 대한 정찰활동을 계속한다는 점 또한 협력의 한계를 보여준다. 여기에 더해 미국에서는 중국과의 군사협력 확대를 견제하려는 움직임도 나타났다.

한편 동아시아 국가들은 미국의 재균형을 환영하면서도 반중국 연대를 추구하지는 않았다. 중국에 대한 경계심이 증대됨에 따라 일본, 필리핀 등 일부 지역 국가들이 재균형을 활용하여 중국에 대한 견제를 강화했지만, 대다수의 지역 국가들은 미국의 회귀가 반중 연대로 이어지는 것을 전략적으로 불필요하고 현명하지 못한 것으로 간주했다. 미국이 주도하는 반중연대에의 참여가 중국을 자극하고 나아가 강대국 사이의 경쟁에 휘말릴 위험을 제기한다는 인식이었다. 이에 따라 일부 아세안 국가들은 미국의 재균형을 환영하면서도 이로 인해 지역에서의 긴장이 제고되지 않도록 외교적 조치를 중시할 것을 미국에 촉구하기도 했다. 여기에 더해 중국 또한 일부 지역 국가에 대해 매력공세를 전개함에 따라 지역 국가들은 중국에 대한 정책을 둘러싸고 이견을 보였다.

이는 지역 국가들이 미국 패권도 중국 패권도 선호하지 않음을 의미한다. 다시 말해 지역 국가들은 중국이 미국을 대체하는 것을 원하지 않지만 동시에 미국이 지역의 패권을 다시 장악하는 것도 원하지 않았다. 특히 아세안은 스스로 지역의 질서를 주도하려는 의지를 버리지 않았다. 이러한 아세안의 적극성은 동아시아 질서의 미래가 미·중 양국뿐 아니라 지역 국가의 선택과도 밀접하게 연계되어 있음을 제시한다. 이처럼 지역 국가들이 동아시아 지역질서를 형성하는 데 목소리를 내려 한다는 사실은, 미국 및 중국의 모호성과 함께, 동아시아 질서의 복합성을 강화시키는 요인으로 작용한다.

종합하면 한편으로 갈등과 긴장이 제고되면서도 다른 한편으로 충돌을 회피하고 협력을 유지하려는 상충적 경향이 불안하게 공존하는 복합적 상황이 동아시아 질서에 발생한 변화의 본질이다. 이는 중국의 부상으로 촉발된 동아시아 질서의 변화가 불명확하고 유동적 성격을 띰을 제시한다. 부상하는 중국은 여전히 자신의 권리와 국익을 확대할 수 있는 방식과 정도를 탐색하고, 기존 주도국인 미국은 이러한 중국의 노력을 어떻게 제어하고 자신의 주도권을 유지할 것인가를 둘러싸고 혼선을 보이며, 한국과 많은 동남아시아 국가들은 미국과 중국 사이에서 어떻게 균형을 유지할 것인지를 고민한다. 그 결과 동아시아에는 경쟁과 협력이 공존한다. 아울러 이러한 복합성은 시기적으로 비중이 변화함으로써 유동성을 보인다.

2. 복합성의 이론적 함의

중국의 부상이 동아시아 질서에 초래한 변화가 복합적이고 유동적이라는 사실은 이러한 변화를 특정한 이론만으로 파악하기 어려움을 제시한다. 동아시아의 복합성은 이론으로부터 도출된 단순하고 분명한 주장과 차이를 보인다.

무엇보다도 동아시아의 복합성은 이 지역이 중국의 세력권으로 재편될 것이라는 구성주의 주장의 한계를 보여준다. 서던캘리포니아대학의 강은 서론에서 지적한 것처럼 동아시아 국가들이 부상하는 중국의 지도력을 수용할 것이라는 주장을 제기했다. 그러나 이 책의 논의는 동아시아 국가들이 중국의 주도권을 수용하려는 의지가 없음을 보여주었다. 강의 주장과 달리 미국은 궁극적으로 재균형을 통해 현상을 변경시키려는 중국의 노력을 제어하고 지역의 주도권을 유지하려는 의도를 노정시켰다. 이러한 미국의 의도는 다시 일본과 필리핀 등 일부 지역 국가로 하여금 중국에 대한 견제를 추구하도록 작용했다. 국력의 증대로 자신감이 증대된 중국이 이러한 움직임에 강경하게 대응하자 지역에서 갈등과 긴장이 촉발되었다. 이러한 상황은 중국을 중심으로 하는 위계적 질서의 출현을 주장하는 구성주의와 차이를 보인다.

동아시아의 변화는 미국과 중국 사이의 갈등과 경쟁을 예측한 현실주의자들의 주장에 어느 정도 힘을 실어주는 것이 사실이다. 특히 미국의 재균형과 이로 인해 촉발된 중국과의 갈등은 동아시아에서의 세력과 영향력을 둘러싼 경쟁을 잘 보여준다. 아울러 이러한 경쟁이 중국의 부상이 진행될수록 더욱 분명해졌다는 사실 또한 세력균형의 변화와 함께 갈등과 충돌이 불가피해질 것임을 제시한 현실주의의 적실성에 힘을 보탠다. 그러나 이 지역에 발생한 변화가 현실주의의 설명과 차이를 보이는 것 또한 부인하기 어렵다. 이러한 차이는 미국과 중국의 정책에서 확인된다. 중국은 미국의 재균형에 강력하게 대응함으로써 동아시아에서 경쟁을 격화시켰지만 배타적 세력권을 추구하거나 질서를 변화시키려 노력함으로써 미국과의 충돌을 불사하려는 의도를 드러내지는 않았다. 미국 또한 중국을 견제하려는 노력을 강화시켰지만 봉쇄를 추구하지는 않았다. 재균형에도 불구하고 미국과 중국은 협력을 유지하기 위해 노력했고, 그 결과 양국 사이에 군사협력이 진전되었다. 이러한 협력은, 비록 전면적인 것은 아니라 해도, 충돌의 불가피성을 제시하는 현실주의의 적실성에 도전을 제기한다.

마지막으로 동아시아의 상황은 경제적 상호의존이나 제도적 틀이 지역의 평화와 협력을 유지시킬 것이라는 자유주의의 주장과도 차이를 보인다. 미국과 중국 사이는 물론 중국과 지역 국가들 사이에서도 경제적 상호의존이 급속하게 증대되었지만 갈등이 확산되는 것을 방지하지 못했다. 동아시아에서 상호의존의 증대는 공동 이익을 확대시키는 동시에 차이와 갈등도 증대시켰다. 그 결과 지역 국가들은 경제적으로 중국과의 연계를 강화했지만 안보적으로는 여전히 미국과의 관계를 중시한다. 아울러 이러한 현상은 좀처럼 변화할 조짐을 보이지 않는다.

중국의 부상이 촉발시킨 동아시아의 변화는 특정 이론만으로는 설명되기 어렵다. 한편으로 긴장과 갈등이 제고되면서도 다른 한편으로 여전히 충돌을 회피하고 협력을 유지하려는 노력이 계속되는 현상은 특정 이론을 넘어서는 포괄적이고 절충적 시각의 필요성과 유용성을 제시한다.

3. 복합성의 지속 가능성

동아시아 질서에 영향을 끼치는 주요 요인에 대한 검토는 이 지역에 출현한 복합성이 계속해서 유지될 가능성을 제시한다. 이러한 사실은 우선 이 지역의 세력관계에서 확인이 가능하다. 중국이 향후 미국과의 국력 격차를 계속해서 축소하겠지만 미국을 배제하고 독자적으로 질서를 주도할 수 있을 정도의 압도적인 우위를 확보할 수 있을 것인지는 분명하지 않다. 아울러 이 지역의 질서를 형성하는 데 핵심적 요인으로 작용할 미국과 중국의 정책에 모호성이나 이중성이 지속될 가능성이 크다는 사실 또한 복합성의 지속에 힘을 보탠다. 마지막으로 미국과 중국 사이에서 분명한 선택을 하기보다 양국 모두와의 관계를 유지하려는 지역 국가의 노력 또한 계속될 가능성이 크다.

1) 세력균형상의 모호성

동아시아에서의 세력균형을 정확하게 전망하는 것은 쉽지 않은 일이다. 이와 관련하여 많은 논의가 진행되고 있음에도 불구하고, 우리가 미래를 확실하게 예측할 수 있는 능력을 구비했다고 단언하기는 어렵다. 그럼에도 불구하고 질문의 초점을 좀 더 분명하게 하는 것은 논의를 관리하는 데 기여할 것이다. 향후 동아시아에서의 세력균형을 전망하기 위한 핵심적 질문은 '중국이 미국과의 격차를 축소하는 것을 넘어서 독자적으로 질서를 주도할 수 있을 정도의 압도적인 힘의 우위를 확보할 수 있을 것인가?'가 될 것이다.

경제적으로 중국은 성장을 지속할 것이고 이는 다시 미국과의 격차를 축소시키는 요인으로 작용할 것이다. 중국경제의 성장 전망과 관련해서는 그동안 지배적이었던 낙관론과 함께 신중론도 고개를 들고 있다. 2011년 칭화대학의 후안강(胡鞍钢)을 위시한 전문가들은 중국경제가 2011년부터 2030년까지 7~8%의 성장률 기록할 것이라는 낙관적인 전망을 제기했다. 구체적으로 2011~2020년 사이에는 8%를, 그 후 10년간은 7%의 성장률을 기록할 것이라는 전망이었다.[3] 그러나 이후 중국경제의 성장률은 계속해서 하락했고 2014년에는 1990년 이래 최저치인 7.4%를 기록했다. 이처럼 중국경제의 성장 추세가 완화되면서 신중론이 제기되기 시작했다. 중국 내에서 향후 성장률이 7%에 이르지 못할 것이라는 전망이 제기되었고,[4] IMF도

2015년 초 당 해 중국경제의 성장률 전망을 3개월 전에 제시했던 7.1%에서 6.8%로 하향 조정한 바 있다.[5] 심지어 일부에서는 동아시아 국가들이 20여 년에 걸친 고도성장을 기록한 후 그 추세가 완화되었다는 사실을 근거로 중국 경제의 성장률 또한 궁극적으로 2% 정도가 됨으로써 '정상화'될 것이라는 주장까지 제기되었다.[6]

중국경제의 성장 추세를 둘러싸고 발생한 논란은 중국경제가 미국경제를 규모 면에서 추월하게 될 시점에 관한 논의에도 영향을 끼쳤다. 세계금융위기가 발발한 이후 많은 평가들은 중국이 미국을 추월하게 될 시기를 경쟁적으로 앞당겨왔다. 대표적으로 OECD는 2012년 구매력 평가를 기준으로 중국의 GDP가 2016년에 17조 1000억 달러를 기록함으로써 미국의 16조 8000억 달러를 추월하고 2030년에는 미국의 2.2배에 달할 것이라는 전망을 제기했다.[7] 한편 IMF는 2014년 말 중국의 GDP가 구매력 평가를 기준으로 17조 6000억 달러를 기록함으로써 미국의 17조 4000억 달러를 제치고 세계 최대가 되었다는 평가를 제시함으로써 그 시기를 앞당겼다.[8] 그러나 중국경제의 성장 속도가 완화되고 또 미국경제가 2014년 3분기에 GDP 성장률 5%를 기록하는 등 회복세를 보이면서 미국과 중국의 경제력 경쟁에 변화가 발생할 가능성이 거론되기 시작했다.[9] 이러한 흐름을 반영하듯 ≪이코노미스트(The Economist)≫는 2014년에 중국이 미국을 추월하는 시점을 2021년으로 수정했는데 이는 2010년에 제시했던 2019년보다 2년 늦춰진 것이었다.[10]

이러한 논란에도 불구하고 중국경제는 온건한 성장을 이어갈 가능성이 크다. 이는 최근 중국경제에 발생한 성장률 저하가 요소 투입형 경제발전 전략의 한계를 반영하는 것일 뿐 아니라 중국경제의 구조를 개선하기 위한 능동적 조정의 결과이기도 하다는 사실 때문이다. 따라서 중국경제가 성장 속도를 줄이겠지만 성장 추세 자체가 종식될 가능성은 크지 않다고 보아야

할 것이다. 실제로 중국의 많은 전문가들은 중국경제가 2020년까지 7% 전후의 성장률을 유지한 후 완만한 하강추세를 기록할 것이라는 데 의견을 같이한다.[11] 이처럼 중국경제가 '중속 성장'을 기록할 경우에도 궁극적으로 규모 면에서 미국을 앞설 것으로 전망된다. 피터슨국제경제연구소의 한 경제전문가는 중국이 향후 20년 동안 최소한 6.5%의 성장률을 기록할 경우 2030년에 경제규모에서 미국보다 적게는 1/3에서 많게는 2배까지 더 클 것으로 전망한다. 이는 중국의 1인당 GDP가 미국의 절반 수준에 머문 상태에서 나타나게 될 변화이다.[12]

중국경제가 계속해서 성장할 경우, 중국의 경제적 영향력은 동아시아의 세력균형에 추가적인 변화를 초래할 것이다. 중국의 경제적 부상이 지속됨에 따라 아세안을 위시한 지역 국가들은 중국에 더욱 의존하게 될 것이다. 특히 현재 추진하고 있는 내수 중심 경제성장으로의 이행에 성공할 경우 외국으로부터 상품을 흡수할 수 있는 중국의 능력은 더욱 증대될 것이다. 마지막으로 중국이 심혈을 기울이고 있는 철도와 도로 등 인프라 건설을 통해 주변 국가들과의 연계를 증강시키려는 노력 또한 성공할 경우 중국과 일부 아세안 국가 사이의 물리적 통합을 급속하게 촉진시킬 것이다.

경제성장은 지금까지 그랬던 것처럼 중국의 군사력을 증강시키고 나아가 미국과의 격차를 축소시키는 토대로 작용할 것이다. 중국은 2012년 최초의 항모인 랴오닝호를 취역시킨 데 이어 최소한 2척의 항공모함을 추가적으로 건조하여 배치할 계획인 것으로 알려진다. 그 첫 번째 함정은 2020년경에, 두 번째 함정은 2025년경에 배치할 것으로 예상된다. 이 경우 중국은 2개의 전투준비가 완비된 항모를 구비하게 될 것이다.[13] 여기에 더해 실전에 배치될 것으로 알려진 JL-2 탄도미사일이 진급 핵잠수함에 장착될 경우 중국은 해상에서 미국 본토를 타격할 능력을 구비하게 될 것이다. 아울러 중국은 잠수함과 수면함의 개선을 통해 해상으로부터 괌의 미군 기지를 포함

한 서태평양의 미군 전력을 공격할 수 있는 능력도 강화하게 될 것이다.[14]

이러한 중국의 군사력 증강은 동아시아에서 미국의 군사적 패권에 제약을 가할 능력이 증강됨을 의미한다. 실제로 카네기재단의 한 보고서는 중국이 증대되는 경제력에 힘입어 주변 해역에서 미국의 군사력에 점증하는 도전을 제기하게 될 것으로 전망한다. 이에 따라 동아시아에서 미국의 패권은 중국의 증대되는 군사력과 이익을 주장하려는 의지에 의해 완만하게 침식(an eroding balance)될 것으로 제시된다.[15] 다시 말해 중국은 전체적 군사력 면에서 여전히 미국에 뒤처지는 상황에서도 주변 지역에서 빠른 속도로 군사적 세력균형을 변화시키게 될 것이고 이는 다시 중국 주변에 위치한 동맹국을 방어할 수 있는 미국의 능력에 제약을 가할 수 있다는 주장이다.[16]

그러나 이것이 곧 중국이 동아시아의 세력균형에서 압도적 우위를 장악함으로써 미국이 오랫동안 누렸던 지위를 대체할 것임을 의미하는 것은 아니다. 중국이 미국과의 격차를 계속하여 좁혀가고 심지어 경제적 측면에서 미국을 추월한다 하더라도 미국이 한때 누렸던 정도의 압도적인 힘의 우위를 확보하는 데는 어려움을 겪을 가능성이 크다. 우선 중국의 경제 규모가 미국을 추월한다 하더라도 미국경제의 경쟁력을 고려할 때 그 격차를 무한정 확대할 수 있을 것인가는 명확하지 않다. 또한 미국은 설령 그 규모 면에서 중국에 뒤처지더라도 투자와 기술 등에서 여전히 많은 동아시아 국가의 중요한 경제적 파트너로 남을 가능성이 크다. 마지막으로 동아시아 지역의 경제적 규칙을 형성함에 있어서도 미국은 여전히 커다란 영향력을 행사할 수 있을 것이다.

한편 군사적 측면에서 중국이 미국에 대한 열세를 극복하고 분명한 우위를 확보할 가능성은 더욱 불분명하다. 무엇보다도 국방비 면에서 미국의 우위는 당분간 지속될 것으로 예측된다. 산술적으로 중국이 지금까지와 같은 수준으로 국방비를 계속해서 증대시킬 경우 5000억 달러에 달하는 데는 최소 15년 정도의 시간이 소요될 것으로 평가되는데, 이는 중국의 국방비가 2030년 정도가 되어서야 비로소 미국의 국방비를 추월하게 될 것임을 의미한다.[17] 아울러 중국은 군사기술에서도 여전히 많은 제약에 직면할 것이다. 가령 계속되는 개선 노력에도 불구하고 중국의 첨단 항공기는 수입기술에 의존하고 있고 또 실용화되더라도 작전반경은 여전히 제약될 것이다. 여기에 더해 중국은 동맹관계에서 미국에 현저한 열세를 보인다.[18] 이러한 사실은 중국군이 남중국해와 같은 전역을 전면적이고 지속적으로 통제하는 데 어려움을 겪을 가능성을 제시한다. 이 책이 출판에 들어갈 무렵 랜드연구소가 미국의회에 제출한 보고서는 중국군이 20년에 걸친 군사 현대화 노력에도 불구하고 조직과 전투능력 등 두 가지 측면에서의 결정적 약점으로 인해 전쟁에서 승리할 준비가 되어 있지 않다고 평가했다.[19]

그렇다고 미국이 동아시아에서 우위를 회복하는 것 또한 쉽지 않을 것이다. 미국이 중국과의 힘의 격차가 축소되는 상황을 근본적으로 되돌리는 데 어려움을 겪음에 따라 양국 간 국력 격차가 축소되는 현상이 계속될 가능성이 크다. 이러한 전망을 반영하듯 호주의 화이트 교수는 미국이 동중국해에서 중국과 전쟁을 수행할 경우 패배하지는 않겠지만 그렇다고 승리할 수 있는 분명한 방법이 있는지에 대해서 의문을 제기한다.[20] 물론 일본과 같은 동맹국의 존재와 역할이 미국에게 도움을 주겠지만, 일본이 미국이 원하는 수준과 방향으로 군사적 부담을 감당하면서도 계속해서 미국의 지도력을 수용할 것으로 기대하는 것이 현실적인지에 대한 의구심이 제기된다.[21]

종합하면, 앞으로 동아시아에서 미국의 상대적 쇠퇴로 인해 초래되는 힘의 공백을 중국이 채울 가능성은 부정하기 어렵다. 이에 따라 미국 중심의 질서도 계속해서 변화를 경험할 수밖에 없을 것이다. 그러나 이것이 곧 미국이 주도권을 상실하고 중국이 이를 대체하는 세력전이가 발생한다는 의미는 아니다. 미국과 중국 모두가 동아시아에서 독자적으로 자국이 선호하는 지역질서를 창출하고 유지할 수 있는 능력을 확보하는 데 어려움을 겪을 가능성이 크다. 이러한 세력균형상의 탈집중화 추세는 동아시아에서 불안과 경쟁을 촉발시키고 심화시키는 요인으로 작용할 것이다.

2) TPP와 미국의 주도권 회복?

미국이 동아시아의 세력균형에서 압도적 우위를 회복하기 어려울 것이라는 사실은 미국이 이 지역에서 안정을 유지하는 데 어려움을 겪을 가능성을 제시한다.

단기적으로 미국이 동아시아에서 주도권을 되찾고 안정을 유지할 수 있는 가장 가시적인 방법은 TPP를 실현하는 것이 될 것이다. 이는 TPP가 단순한 무역 자유화 시도에 그치지 않고 지적 재산권, 투자규약, 경쟁정책 등 광범위한 분야에서 높은 수준의 보편적 규칙을 확립하려는 시도라는 사실 때문이다.[22] 전 세계 무역의 40% 이상을 차지하는 국가들로 구성된 TPP가 미국이 원하는 방향과 수준으로 성사될 경우 미국은 아시아 태평양 지역에서의 경제적 표준을 설정하고 나아가 미국기업의 아시아 태평양 진출에도 힘을 실어줄 수 있을 것이다. 이것이 미국이 TPP를 적극적으로 추진하는 이유이자 중국이 TPP를 경계하는 이유이다.

그러나 TPP 협상은 이미 여러 차례 예정된 기한을 넘겼고, 또 여전히 어려움에 직면해 있다. 현재 TPP 협상과 관련하여 가장 커다란 어려움은 미국과 일본 사이의 합의 도출이 쉽지 않다는 사실에서 찾을 수 있다. TPP 협상은 전체회담과 양국회담 등 2개의 트랙으로 구분하여 진행되고 있지만, 실질적으로 최대 회원국인 미국과 일본이 치열하게 경쟁하고 다른 국가들은 양국협상의 결과를 기다리는 양상이다. 이러한 상황에서 일본은 안보상의 공약을 강화함으로써 적극적인 호응을 촉구하는 미국에게 경제적 반대급부를 제공하는 데 인색하다. 이는 미국의 압력이 더 이상 일본의 무역정책에 영향을 끼치지 못함을 의미한다. 일본이 미국의 위협을 심각하게 받아들이지 않는 이유는 '일본 없는 TPP는 의미가 없다'는 믿음 때문이다. 일본은 자국이 참가해야 비로소 TPP가 미국이 의도하는 효과를 달성할 수 있다는 사실을 잘 알고 있고, 따라서 일본을 배제하겠다는 미국의 위협을 심각하게 받아들이지 않는다.[23]

현실적으로 2015년까지 합의가 도출되지 않을 경우 TPP가 성사될 가능성은 더욱 줄어들 것으로 전망된다.[24] 이러한 상황을 반영하듯 2015년 들어 오바마 정부는 일본과의 협상에 박차를 가하고 있다. 2015년 1월 미국무역대표부는 향후 2개월 내에 협상을 종결하는 것을 목표로 하고 있다고 상원에 통보했고, 일본 대표도 미국이 TPP 협상을 마무리하는 데 적극적임을 느꼈다고 말했다.[25] 오바마 대통령 또한 1월 20일 의회에서 행한 국정연설에서 중국이 아닌 미국이 아시아 태평양 지역의 무역규칙을 써야 한다고 강조함으로써 중국의 위협을 활용하여 TPP를 성사시키려는 의지를 표명했다.[26] 여기에 더해 미국에서 공화당이 의회를 장악함에 따라 행정부에 무역협상촉진권(TPA)을 부여할 가능성이 제고되었고 이는 다시 일본에 타협안이 의회에서 거부되지 않을 것이라는 메시지를 전달할 것으로 기대된다.[27]

미국과 일본이 합의를 도출한다고 하더라도 그 수준이 애초에 미국이 의도했던 정도가 될 수 있을 것인지의 문제가 남는다. 아울러 높은 수준의 합의가 도출될 경우에도 TPP가 실현되기 위해서는 4개 대륙에 걸친, 경제발전 수준과 규모상의 격차가 현저한 구성 국가들 사이에 합의가 이루어져야 하는 어려운 과제가 기다리고 있다.[28] 과연 대외개방의 정도가 중국에도 미치지 못하는 베트남이나 말레이시아와 같은 국가가 높은 수준의 규칙을 확립하려는 TPP의 기대를 충족시킬 수 있을 것인가라는 의문이 남는다. 여기에 더해 동아시아 최대 경제체인 중국을 배제하고 있다는 사실 또한 장애로 작용할 수 있다. 지역 국가들에게 중국과의 경제관계가 최대 고려사항이 되었고 중국 또한 지역 국가들에 경제적 혜택을 제공하려 하는 상황에서 중국이 배제될 경우 지역 국가들은 TPP 가입을 주저할 수 있다. 실제로 인도네시아는 물론이고 필리핀과 같은 미국의 동맹국조차도 중국이 포함된 역내포괄적경제동반자협정에 더 큰 관심을 보인다.

TPP 성사 여부에 관계없이 미국은 재균형이나 이와 유사한 전략을 통해 동아시아의 주도권을 유지하려는 노력을 계속할 가능성이 크다. 그 중요한 근거는 아시아에 대한 공약이 미국 내에서 광범위하고 강력한 지지를 받고 있다는 사실에서 찾을 수 있다. 공화당이 오바마 정부의 대외정책을 취약하다고 비판하면서 더욱 강력한 조치를 주장하고 있을 뿐 아니라 심지어 민주당의 유력한 차기 대선 후보 가운데 1명인 클린턴 전 국무장관마저도 미국의 지도력을 회복하기 위한 한층 더 강력한 외교적 조치를 주창한다. 여기서 재균형이나 이와 유사한 노력이 지속될 가능성을 찾을 수 있다.

그러나 동아시아의 주도권을 유지하려는 욕구와 노력에도 불구하고, 미국의 재균형은 계속해서 직면한 도전을 해결하는 데 어려움을 겪을 가능성이 크다. 무엇보다 동아시아에 대한 공약과 예산 감축 사이에 존재하는 긴장이 근본적으로 해결될 가능성이 크지 않다. 이에 따라 '미국이 중국의 도전에 대처하기 위해 전력을 다할 것인가'라는 지역 국가의 의구심은 쉽게 해소되지 않을 것이다. 이 경우 미국은 지역 국가로 하여금 중국을 제어하기 위한 노력에 참여하도록 하는 데 어려움을 겪을 가능성이 크다. 최악의 경우 중국이 군사적 능력을 더욱 증강시킴에 따라 동맹국을 지원하기 위해 중국과의 충돌을 감수하려는 미국의 의지가 더욱 약화되고 이것이 다시 지역 국가의 의구심을 더욱 증대시키는 악순환이 초래될 가능성도 배제하기 어렵다.[29]

이러한 현실적 요인으로 인해 미국은 중국에 대한 봉쇄를 본격적으로 추진하기보다 한편으로 우위를 유지하기 위해 노력하면서도 동시에 이러한 노력이 충돌로 이어지는 것은 회피하는 복합적 전략을 계속해서 유지할 가능성이 크다. 즉, 중국에 대한 우위를 유지하기 위해 군사력을 증강시키고 동맹국의 군사력 증강을 장려하면서도 동시에 이러한 노력이 중국과의 충돌로 이어지지 않도록 관리하려 드는 것이다. 이를 통해 미국은 과거처럼 분명하지는 않다하더라도 이 지역에서 계속해서 주도권을 유지하거나 또는 중국이 주도권을 장악하는 것을 방지하려 시도할 수 있다.

3) 중국의 주도권 추구?

향후 동아시아 질서의 향방과 관련하여 중국의 정책이 갖는 중요성은 더욱 중대될 것이다. 이는 동아시아 세력균형에서 중국의 비중이 증대될 것이라는 사실과 밀접하게 관련된다. 국력의 증대와 함께 중국은 자신의 선호를 점차 분명하게 밝히고 또 추구하려 들었다. 다시 말해 중국의 외교정책은 애초 지역 국가와의 타협과 협력을 강조함으로써 위협의식을 완화시키고 관계를 강화하는 데 초점을 두었던 데서 점차 권리 추구를 강조하는 방향으로 변화했고 또 이로 인해 갈등이 발생하는 것도 감수하려 들었다. 그렇다면 이러한 변화의 추세는 향후 중국 외교정책이 동아시아 지역의 주도권을 추구하고 또 이 지역을 자신의 세력권으로 구축하려는 의도를 본격화하는 방향으로 한 걸음 더 나아갈 것임을 제시하는가?

중국 외교정책의 실천 경험은 강경한 방향으로의 변화 가능성에 힘을 보탰다. 그동안 중국이 추진한 외교정책은 자신감을 증대시키는 결과로 이어졌다. 그 대표적 사례로 2013년 11월에 이루어진 동중국해 방공식별구역 선포를 들 수 있다. 방공식별구역의 선포에도 불구하고 미국의 대응은 예상만큼 강경하지 않았다. 이에 따라 중국에서는 방공식별구역 선포를 긍정적으로 평가하는 분위기가 지배적이다. 방공식별구역 선포가 동중국해 상공에서의 항공활동을 강화시켰고 댜오위도에 대한 물리적·법적 통제를 강화하는 수단도 제공했다는 평가이다. 이러한 평가는 다시 특정 국가가 문제를 삼는다고 해서 국토방어를 수호하려는 노력을 중단해서는 안 된다는 강경론으로 이어진다.[30] 여기서 그동안 공세적 외교정책을 통해 증강된 자신감이 더욱 적극적이고 강경한 외교정책을 추구하도록 작용할 가능성을 목격할 수 있다.

국내 정치적으로 공세적 외교정책이 정권에 대한 지지를 제고시키는 데 기여한다는 사실 또한 중국으로 하여금 더욱 강경한 정책을 추구하도록 작용할 수 있다. 공세적 대외정책은 시진핑 체제의 국내적 권력 기반을 강화하고, 증강된 정치적 지지는 다시 국내 문제를 해결할 동력을 제공한다. 실제로 주펑은 미국과 일본에 대한 중국의 강경한 대응이 시진핑 체제에 대한 지지를 강화시켰다고 지적한다. 따라서 그는 향후 새로운 냉전이 출현하는 것은 피하려 들겠지만 그렇다고 중국이 자유주의적 국제질서에 의해 제약되지는 않을 것이라고 규정한다.[31]

이러한 상황을 반영하듯 시진핑 체제는 외교정책과 관련하여 '중국식' 대안을 추구하려는 의도를 강화했다.[32] 이러한 사실은 시진핑 주석이 '중국방안(中国方案)'과 '중국지혜(中国智慧)'를 강조하면서 '일대일로(一带一路, 신실크로드경제지대와 21세기해상실크로드)', NDB, AIIB 등을 적극적으로 추진하고 또 아시아만의 안보적 틀을 구축하려는 의도를 드러낸 데서 확인된다. 일대일로는 상대적으로 낙후된 서부와 남부 지역 국가들과의 연계를 강화하려는 시도로, 한 중국전문가는 이를 농촌으로 도시를 포위하려는 전략으로 규정한다.[33] 이 점에서 세력권을 형성하려는 시도라는 관측을 불러일으킬 수 있다. NDB와 AIIB 또한 미국이 주도하는 다자적 개발은행에 대한 대안을 추구하려는 중국의 시도로 인식될 수 있다. 마지막으로 시진핑 주석이 2014년 5월 상하이 아시아 교류 및 신뢰구축 회의에서 제기한 아시아의 새로운 안보관에 기초한 아시아만의 안보 틀 수립 또한 미국이 배제된 안보 질서를 구축하려는 시도로 해석될 소지를 제공한다. 이 점에서 시진핑 체제가 중국의 증대된 영향력을 활용하여 독자적 영향력을 추구하고 나아가 세력권을 구축하려 한다는 평가가 제기될 수 있다.

그러나 앞에서 언급한 시도들이 곧 중국이 세력권을 구축함으로써 동아시아에서 미국과 영향력을 둘러싸고 본격적으로 경쟁하려 듦을 의미하는지는 분명치 않다. 중국 지도부는 미국과의 국력 대비에서 여전히 열세에 있다는 사실을 잘 알고 있고 따라서 미국과의 본격적인 경쟁을 피하려 한다. 이것이 시진핑 체제가 미국과의 치열한 경쟁이 불가피한 동아시아에서 서쪽 지역으로 관심을 돌리려는 이유이기도 하다. 아울러 독자노선에 대한 중국의 선호가 증대된 것은 사실이지만 이 구상이 기존 질서와 어떻게 다른지가 분명하게 제시되지 않았고 또 중국식 대안을 어떻게 구현할 것인지도 분명하게 드러나지 않고 있다. 다시 말해 독자적 세력권을 구축하기 위한 사상적·정책적 준비가 충분하지 않다.

이러한 현실을 반영하듯, 시진핑을 위시한 중국의 지도자와 관료들은 한편으로 중국식 대안을 추구하면서도 여전히 미국과 새로운 형태의 강대국 관계를 구축하려는 의지도 계속해서 드러낸다. 단적으로 시진핑 주석은 2014년 11월 오바마 대통령과의 회담에서 미국의 재균형이 중국을 봉쇄하려는 시도라는 주장을 일축했다.[34] 중국이 미국의 재균형을 의심의 눈으로 본다는 사실에도 불구하고 최고 지도자가 이를 공개적으로 부인했다는 것은 미국과의 본격적인 갈등을 전개하려는 의지가 없음을 표현한 것으로 해석할 수 있다. 아울러 그가 아시아안보관, AIIB와 실크로드기금 등은 모두 개방성을 원칙으로 하며 미국을 포함한 관련 국가의 적극적 참여를 환영한다고 밝힌 사실 또한 중국이 미국과의 본격적 경쟁을 상정하고 있지 않음을 제시한다.[35] 여기에 더해 2015년 2월 시진핑 주석이 오바마 대통령과의 통화에서 미국을 방문해달라는 초청을 수락한 후 중국에서 미국과의 관계 개선에 대한 기대가 다시 제고되었다는 사실 또한 관계 안정에 대한 중국의 계속되는 선호를 보여준다.[36]

그렇다고 이것이 중국이 미국의 의도대로 움직일 것임을 제시하는 것도 아니다. 중국은 미국으로부터 강대국 지위를 인정받으려 한다. 구체적으로 중국은 미국이 중국의 핵심이익을 존중해주기를 원한다. 이 경우 중국이 동아시아에서 미국의 존재와 역할을 인정하고 또 미국과 협력할 수 있다는 입장이다. 따라서 미국에 대한 중국의 협력에는 한계가 있을 수밖에 없다. 여기서 중국 외교정책이 지금까지 보여준 복합성을 계속해서 유지할 가능성을 목격할 수 있다.

4) 지역 국가의 균형정책과 이견

미국과 중국 사이에서 어느 한 쪽을 선택하는 것을 피하고 균형을 유지하려는 동아시아 국가들의 노력 또한 계속될 가능성이 크다. 미국이 아시아에 대한 관여를 지속하겠다는 의지를 거듭해서 표명했음에도 불구하고 지역 국가의 의구심은 사라지지 않았다. 단적으로 오바마 대통령의 2014년 일본 방문과 관련하여 말은 좋지만 행동과 말투는 매우 조심스럽고 중국과의 분쟁을 회피하려 함을 보여주었다는 일본의 한 전문가의 지적은 미국의 결의에 대한 지역 국가의 의구심이 얼마나 깊은지를 잘 보여준다.[37] 즉, 중국이 재균형을 진지하게 받아들이는 데 반해 지역 국가들은 여전히 재균형에 대한 의구심을 버리지 않는다. 따라서 지역 국가들이 미국의 공약을 환영하면서도 국방비와 국방력을 증강시켜 공동으로 중국을 견제하자는 미국의 제안을 수용할 것인지의 여부는 계속해서 불분명하게 남을 가능성이 크다. 다시 말해 중국으로부터의 위협이 관여를 통해 얻을 수 있는 혜택을 추월한다고 판단하지 않는 한 지역 국가가 전면적인 대중 봉쇄정책에 참여할 가능성은 크지 않다. 이는 지역 국가가 안보와 발전 사이에서 갈등하는 국면이 지속될 가능성을 제시한다.

아울러 지역 국가들이 중국에 대응함에 있어서 통일성을 회복할 가능성 역시 크지 않다. 우선, 아세안 국가가 영토 분쟁과 관련하여 입장을 통일시켜 중국에 대응할 가능성은 크지 않다. 이러한 사실은 중국과 아세안 사이에 진행되고 있는 행동규약 제정 노력에서 확인할 수 있다. 앞에서 지적한 것처럼, 남중국해 행동규약의 제정과 관련하여 아세안 국가들 사이에 이견이 존재한다. 필리핀과 베트남이 아세안의 단결성을 강조하는 데 반해 캄보디아나 태국 등은 중국과의 관계를 강화하는 데 중점을 둔다. 이러한 상황에서 인도네시아가 아세안의 주도국으로서 중국과 아세안 사이를 중재하기 위해 노력한다. 그러나 인도네시아마저도 아세안의 주도국으로서의 지위를 유지할 필요성과 중국과의 관계 강화를 통해 경제적 혜택을 확보할 필요성 사이에서 고민한다.[38] 다시 말해 중국과의 관계를 강화함으로써 국익을 증대시킬 필요성이 인도네시아로 하여금 행동규약 제정을 위한 아세안의 노력을 주도하는 데 제약을 가한다.

한편 동북아시아에서도 한국과 일본 사이의 이견이 지속될 가능성이 크다. 한국이 미·중협력을 선호하는 데 반해 일본은 미·중 갈등을 선호한다는 점에서 양국 간 차이는 분명하다. 이러한 차이는 중국에 대한 정책을 둘러싸고 양국 사이에 이견이 지속될 가능성을 제기한다. 즉, 일본이 중국을 견제하려는 노력을 지속해갈 가능성이 큰 반면에 한국은 중국과의 갈등을 회피하는 데 초점을 둘 가능성이 크다. 북한 문제가 해결되지 않는 한 한국이 중국과의 갈등을 불사하기 어렵다는 사실을 고려할 때 일본의 대중정책이 근본적으로 변화하지 않는 한 한·일 간의 차이는 계속될 가능성이 크다.

5) 갈등과 협력의 병존

동아시아에서 미국이 주도권을 회복하기 어렵고 상대적 비중이 증대된 중국의 외교정책에도 명확한 방향성이 나타나지 않을 가능성은 이 지역에 존재하는 복합성이 지속될 가능성을 제시한다. 미국이 주도권을 유지하려는 노력을 계속할 것이지만 이러한 노력은 소기의 목적을 달성하기보다 중국의 반발을 초래하고 이에 따라 동아시에서 재균형을 둘러싼 공방이 치열하게 전개될 가능성이 크다.

이는 동아시아에서 갈등이 불가피할 것임을 말한다. 이러한 갈등은 안보 측면에서 가장 현저할 것이다. 향후 동아시아에서 안보적 갈등은 이미 시작된 영토 분쟁뿐 아니라 미국이 주도하는 동맹체제로까지 확대될 수 있다. 실제로 이러한 조짐은 이미 드러난 바 있다. 중국은 제6장에서 지적한 것처럼 남중국해의 분쟁 도서에서 매립 및 건설공사를 통해 항만, 활주로, 저장고 등을 건설함으로써 힘을 투사할 수 있는 기반을 증강시키려 시도하고 있다. 이에 대해 미국은, 필리핀 부근의 남중국해에서 P-8A 포세이돈 대잠초계기를 동원하여 정찰활동을 전개한 데서 드러나듯, 적극적 대응을 통해 동맹국에 확신을 심어주고 나아가 일본에 대해서도 남중국해로 정찰범위를 넓힐 것을 권장하고 있다.[39] 이에 따라 향후 남중국해를 위시한 해상에서 치열한 경쟁이 전개되고 이 과정에서 긴장이 더욱 제고될 수 있을 것이다. 여기에 더해 시진핑 주석이 미국의 동맹체제에 대한 비판을 제기하는 등 동맹체제가 동아시아 안정의 지주라는 미국의 주장에 동의하지 않음을 고려할 때 중국이 동맹을 강화시키려는 미국의 움직임에 강경하게 대응할 가능성을 상정할 수 있다. 이 경우 동아시아에서 안보 딜레마가 증대되고 불안정이 확대될 수 있다.

그러나 이러한 경쟁이 곧 동아시아 질서가 미국과 중국 사이의 충돌이나 전략적 대결에 의해 규정될 것임을 의미하지는 않는다. 미국과 중국은 계속해서 갈등이 충돌로 이어지는 것을 방지하는 데 이익을 함께할 가능성이 크다. 물리적 충돌은 양국 모두에게 이익이 되지 않을 것이다. 아울러 양국 가운데 어느 국가도 충돌에서 분명하게 승리하기도 어려울 것이다. 이는 경제적으로는 중국이 주도하고 군사적으로는 미국이 주도하는 상황에서는 양국 모두가 모험을 감행하기 어려울 것임을 의미한다. 여기에 더해 지역 국가들이 중국과 직접적인 갈등을 감수하기보다 부담을 미국에 떠넘기려 들 가능성 또한 미국으로 하여금 중국과의 본격적 대결을 회피하도록 작용할 것이다. 따라서 양국은 갈등을 불사하면서도 동시에 다른 한편으로는 이러한 갈등이 본격적인 충돌로 이어지는 것을 방지하는 데 이익을 공유할 가능성이 크다. 여기서 동아시아에서 협력이 계속될 가능성을 목격할 수 있다.

물론 이러한 협력의 움직임이 동아시아에서 본격적 협력의 시대를 열 것임을 의미하지는 않는다. 동아시아에서 본격적인 협력이 가능하기 위해서는 미국과 중국 사이에 타협이 필요하다. 구체적으로 미국이 중국의 증대되는 힘을 인정하고 수용하며 중국 또한 이 지역에서의 미국의 존재와 역할을 인정하는 것이 필요하다. 이는 미국과 중국이 사실상 이 지역에서 강대국 협조체제를 형성함을 의미한다. 그러나 이러한 변화가 구현되는 데는 많은 장애가 존재한다. 먼저 미국이 수용할 가능성이 크지 않다. 이 책에서 논의한 것처럼 미국은 계속해서 주도권을 유지하려 든다. 패권에 대한 미국의 추구는 다시 중국으로 하여금 미국에 대한 대응책을 모색하도록 작용한다. 여기에 더해 지역 국가들 또한 자국을 배제할 수 있는 양국 간 협조체제를 환영할 가능성이 크지 않다.

결국, 중국의 부상으로 인해 변화를 경험하기 시작한 동아시아 질서는 당분간 하나의 명확한 방향을 향해 일관되게 나아가기보다 협력과 갈등이라는 서로 상충적인 측면을 포괄하는 복합성을 유지할 가능성이 크다. 이러한 복합성과 이에 내재된 유동성이 동아시아 질서의 향방을 정확하게 예측하는 것을 어렵게 한다. 특정 시점에서 협력과 갈등의 두 측면 가운데 어느 한 측면이 더 부각된다 하더라도 다음 시점에서 다른 측면에 의해 대체될 가능성이 상존하기 때문이다.

주(註)

제1장 서론

1 Robert Gilpin, *War and Change in World Politics*(Cambridge: Cambridge University Press, 1981); A. F. K. Organski and Jacek Kugler, *The War Ledger*(Chicago: University of Chicago Press, 1980) 등을 참조.

2 이러한 사실이 동아시아 지역을 폐쇄적이기보다 개방적(porous)으로 만들었다는 주장에 대해서는 Peter J. Katzenstein, *A World of Regions: Asia and Europe in the American Imperium*(Ithaca: Cornell University Press, 2005) 참조.

3 1800년까지 전 세계 인구와 경제력의 절반을 차지했던 아시아는 1900년에 20%로 비중이 하락했다. 21세기 중반에 이르면 아시아는 다시 전 세계 인구와 경제력의 절반을 차지할 것으로 예측된다. Joseph S. Nye, "Our Pacific Predicament," *The American Interest,* March/April (2013).

4 Samuel Huntington, *The Clash of Civilizations and the Remaking of World Order*(New York: Simon & Schuster, 1996), pp.218~238.

5 David C. Kang, *China Rising: Peace, Power and Order in East Asia*(New York: Columbia University Press, 2007). 한편 또 다른 구성주의적 접근은 아시아에서 국가 간 행위에 관한 공동규범의 등장과 이에 따른 지역주의와 지역협력의 진전을 강조한다. Alice Ba, *(Re)Negotiating East and Southeast Asia: Region, Regionalism, and the Association of Southeast Asian Nations*(Stanford: Stanford University Press, 2009); Evelyn Goh, *The Struggle for Order: Hegemony, Hierarchy, and Transition in Post-Cold War East Asia*(Oxford: Oxford University Press, 2013) 참조.

6 David Kang, "Paper Tiger: Why isn't the rest of Asia afraid of China?" *Foreign Policy,* April 25, 2013, http://foreignpolicy.com/2013/04/25/paper-tiger

7 Joshua Kurlantzick, *Charm Offensive: How China's Soft Power Is Transforming the World* (New Haven: Yale University Press, 2007) 참조.

8 John J. Mearsheimer, *The Tragedy of Great Power Politics*(New York: W. W. Norton & Company, 2001).

9 Ronald L. Tammen and Jacek Kugler, "Power Transition and China-US Conflicts," *Chinese Journal of International Politics*, 1: 1(2006), pp.35~55 참조. 이에 반해 중국의 부상을 힘의 전이 이론을 적용하여 설명하려는 시도에 대한 비판으로는 Steve Chan, *China, The U.S., and the Power-Transition Theory: A Critique*(London: Routledge, 2008); 전재성, 『동아시아 국제정치: 역사에서 이론으로』(서울: EAI, 2011) 등을 참조.

10 阎学通, 『历史的惯性: 未来十年的中国与世界』(北京: 中信出版社, 2013).

11 "阎学通称世界两极化不可避免, 中国必居其一," ≪人民日报≫, 2013.11.12.

12 吴心伯, 「奥巴马政府与亚太地区秩序」, ≪世界经济与政治≫, 8期(2013), p.62.

13 Ian Bremmer, "Gathering Storm: America and China in 2020," *World Affairs*, July/August (2010), pp.57~73.

14 张红, "美国真心与中国玩对抗?" ≪人民日报≫(海外版), 2014.8.22. 한편 미국 측 자료에 따르면 2013년 양국 간 교역액은 5600억 달러에 달했다. https://www.census.gov/foreign-trade/balance/c5700.html 참조.

15 Amitav Acharya, "Thinking theoretically about Asian IR," in David Shambaugh and Michael Yahuda(eds.), *International Relations of Asia*(Lanham: Rowman & Littlefield, 2014), p.70.

16 G. John Ikenberry, "The Rise of China and the Future of the West: Can the Liberal System Survive?" *Foreign Affairs*, January/February(2008), pp.23~37.

17 William H. Perry, "U.S. Strategy: Engage China, not Contain It," *Defense Issues*, 10: 109, http://www.defenselink.mil/speeches/1995/s19951030-kaminski.html

18 Robert B. Zoellick, "Whither China: From Membership to Responsibility?" Remarks to National Committee on US-China Relations, September 21, 2005.

19 김재철, 『중국의 외교전략과 국제질서』(서울: 폴리테이아, 2007), 2장 참조.

20 원자바오 총리는 2009년 5월 중-EU정상회담 이후 가진 기자회견에서 G-2에 대한 반대 의사를 분명히 밝혔고, 11월 오바마 미국 대통령과의 회담에서도 G-2에 대한 반대 입장을 반복하고 또 이를 공개했다. *China Daily,* May 21, 2009; ≪人民日报≫, 2009.11.19.

21 庞中英, 『中国与亚洲』(上海: 上海社会科学院出版社, 2004) 참조.

22 G. John Ikenberry and Anne-Marie Slaughter, "Forging A World of Liberty Under Law: US National Security in the 21st Century," Final Paper of the Princeton Project on National Security, September 27, 2006; Evan Feigenbaum and Robert Manning, "The United State in the New Asia," Council Special Report, no.50(2009) 등을 참조.

23 Jae Cheol Kim, "Politics of Regionalism in East Asia: The Case of the East Asian Summit," *Asian Perspective*, 34: 3(2010), pp.113~136 참조.

24 그는 한국에 미·중 갈등이 초래되지 않게 북한과의 관계를 관리할 것을 주문한 것으로 알려졌다. ≪조선일보≫, 2011년 1월 27일 자.

25 분석적 절충주의(analytical eclecticism)가 현실세계의 복합성과 혼란을 다루기에 유용하며

또 충돌과 협력이 공존하는 복합적 시나리오를 분석하는 데 유용하다는 주장은 Amitav Acharya, "Thinking theoretically about Asian IR," pp.77~78 참조.

26 미국과 중국 모두 한편으로 관여를 강조하면서 다른 한편으로는 현실주의적 견제전략을 강조하는 위험 회피전략을 추구한다는 주장에 관해서는 Evan S. Medeiros, "Strategic Hedging and the Future of Asia-Pacific Stability," *The Washington Quarterly*, 29: 1(Winter 2005~2006) 참조.

제2장 중국의 부상과 동아시아의 세력균형

1 胡鞍钢 外,『2030中国: 迈向共同富裕』(北京: 中国人民大学出版社, 2011), p.57.

2 같은 책.

3 〈그림 2-1〉~〈그림 2-4〉, 〈그림 2-6〉~〈그림 2-8〉과 관련된 자료를 제공해주고 또 이를 구체화하는 데 도움을 준 정환우 박사에게 사의를 표한다.

4 竺彩华,「东亚经济合作何去何从?: 从中美日经济实力消长谈起」, ≪外交评论≫, 1期(2012), p.86.

5 IMF에 따르면 중국의 경제 규모는 2000년 일본의 55%에 불과했던 데서 2010년 107%에 달했다. http://www.imf.org/external/ns/cs.aspx?id=28

6 胡鞍钢 外,『2030中国: 迈向共同富裕』, p.57.

7 竺彩华,「东亚经济合作何去何从?: 从中美日经济实力消长谈起」, p.87.

8 胡鞍钢 外,『2030中国: 迈向共同富裕』, p.30에서 재인용.

9 "GDP," http://data.worldbank.org/indicator/NY.GDP.MKTP.CD

10 "China surpasses US as world's largest economy based on key measure," *Reuters*, October 8, 2014.

11 竺彩华,「东亚经济合作何去何从?: 从中美日经济实力消长谈起」, p.86.

12 *China Daily,* March 2, 2014.

13 "China's Foreign Assets More Than Half Its GDP," *Forbes*, April 7, 2014.

14 竺彩华,「东亚经济合作何去何从?: 从中美日经济实力消长谈起」, p.89.

15 Zhou Shengqi, "Sino-South Korean Trade Relations: From Boom to Recession," *EAI Background Brief*, No.508(2010).

16 Xing Yuqing, "Japan's Unique Economic Relations with China: Economic integration under political uncertainty," *EAI Background Brief*, No.410(2008).

17 같은 글. 한편 중·일관계가 급격하게 악화된 후인 2013년 중국은 일본의 최대 교역대상국 지위를 미국에 내주었다.

18 Ian Storey, *Southeast Asia and the Rise of China*(London: Routledge, 2011), pp.59~60.

19 같은 책, p.80.

20 魏玲,『东亚地区合作: 2011』(北京: 经济科学出版社, 2012), p.365.

21 *Asean statistical yearbook*, various years.

22 "China's imports from ASEAN up 44.8 pct in 2010," January 20, 2011, http://news.xinhuanet.com/english2010/china/2011-01/20/c_13700143.htm

23 CRS의 한 보고서는 2000년대 초반 중국 수출품의 절반 이상이 중국에 진출한 외국 기업에 의해 제조된 것으로 평가했다. 한편 중국의 공식적 평가는 대미수출의 70% 이상이 외국 부품, 특히 대만·한국·싱가포르 등으로부터 조달된 부품으로 제조되는 것으로 추정했다. Thomas Lum and Dick K. Nanto, "China's Trade with the United States and the World," *CRS Report*, January 4, 2007, p.11.

24 Zhou, "Sino-South Korean Trade Relations: From Boom to Recession."

25 Xing, "Japan's Unique Economic Relations with China: Economic integration under political uncertainty."

26 Storey, *Southeast Asia and the Rise of China*, p.62.

27 Yang Mu and Heng Siam-Heng, "China-ASEAN Relations after CAFTA," *International Journal of China*, 1: 3(2010), p.672.

28 John Ravenhill, "Is China an Economic Threat to Southeast Asia?" *Asian Survey*, 46: 5 (September/October 2006), p.672.

29 Will Martin and Elena Ianchovichina, "Implications of China's Accession to the World Trade Organization for China and the WTO," *World Economy*, 24: 9(2001); John Weiss and Gao Shanwen, "People's Republic of China's Export Threat to ASEAN: Competition in the U.S. and Japanese Markets," ADB Institute Discussion Paper, No.2(January 2003) 등을 참조.

30 John Wong and Sarah Chan, "China-ASEAN Free Trade Agreement: Shaping Future Economic Relations," *Asian Survey*, 43: 3(May/June 2003), p.523.

31 Ravenhill, "Is China an Economic Threat to Southeast Asia?" pp.655~657.

32 Ellen L. Frost et al., "China's Rising Influence in Asia: Implications for U.S. Policy," *Strategic Forum*, No.231(April 2008), p.3.

33 Josh Noble, "Asean overtakes China in FDI," *Financial Times*, March 5, 2014.

34 Yukon Huang, "China's Rise: Opportunity or Threat for East Asia?" *International Economic Bulletin*, April 12, 2012.

35 같은 글.

36 반면에 중국 측 자료에 따르면 아세안이 28억 달러의 흑자를 기록했다. Yang and Heng, "China -ASEAN Relations after CAFTA," pp.674~675.

37 박번순, "아세안 중국의 시장이 되다," 서남포럼, 2013년 8월 10일, http://seonamforum.net/newsletter/view.asp?idx=2141&board_id=21&page=1

38 竺彩華,「東亞經濟合作何去何從」, pp.90~91.

39 Steve Chan, *Looking for Balance: China, The United States, and Power Balancing in East Asia*(Stanford: Stanford University Press, 2012), p.81.

40 江泽民, "国际形势和军事战略方针," http://cpc.people.com.cn/GB/64184/64185/180137/10818700.html

41 "战斗力, 在变革中跃升——国防和军队建设成就综述(1)," 2012.6.12, http://news.xinhuanet.com/politics/2012-06/12/c_112201245.htm

42 "国防白皮书: 中国武装力量的多样化运用," 2013.4.16, http://news.xinhuanet.com/politics/2013-04/16/c_115403491.htm

43 C. Fred Bergsten, et al., *China's Rise: Challenges and Opportunities*(Washington DC: Peterson Institute for International Economics, 2009), pp.194~197.

44 Robert Haddick, "An Arms Race America Can't Win," *Foreign Policy*, June 8, 2012. http://www.foreignpolicy.com/articles/2012/06/08/this_week_at_war_an_arms_race_america_can_t_win?page=full

45 Jane Perlez, "Continuing Buildup, China Boosts Military Spending More Than 11 Percent," *New York Times*, March 4, 2012.

46 「2010年中国的国防」, 中华人民共和国国务院新闻办公室, 2011.3, http://news.xinhuanet.com/politics/2011-03/31/c_121252219.htm

47 Winslow Wheeler, "The Military Imbalance: How The U.S. Outspends The World," March 16, 2012, http://defense.aol.com/2012/03/16/the-military-imbalance-how-the-u-s-outspends-the- world

48 "China's defense budget to grow 11.2 pct in 2012: spokesman," http://news.xinhuanet.com/english/china/2012-03/04/c_131445012.htm. 한편 중국의 국방비가 GDP에서 차지하는 비중이 2%를 넘어섰다는 평가에 관해서는 Keith B. Richburg, "China military spending to top $100 billion in 2012, alarming neighbors," *The Washington Post*, March 4, 2012; Stockholm International Research Institute, "The SIPRI Military Expenditure Database(China)," http://milexdata.sipri.org/result.php4 등을 참조.

49 David Lague and Charlie Zhu, "Insight: China builds its own military-industrial complex," *Reuters*, September 16, 2012.

50 러시아가 중국에 대한 무기 수출에 소극적인 입장으로 선회한 것 또한 이러한 결과를 초래하는 데 기여했다.

51 Lague and Zhu, "Insight: China builds its own military-industrial complex" 참조.

52 Richard A. Bitzinger, "Will the US Pivot Trigger a New Regional Arms Race?" *Global Asia*, 7: 4(Winter 2012), p.35.

53 U.S. Department of Defense, "Annual Report to Congress: Military and Security Developments Involving the People's Republic of China 2011," Office of the Secretary of Defense

(2011), p.43.

54 Mike Hoffman, "China's Advancing Sub Fleet Concerns U.S. Navy," February 5, 2014, http://defensetech.org/2014/02/05/chinas-advancing-sub-fleet-concerns-u-s-navy/#ixzz3A8uydsu9 Defense.org; ≪연합뉴스≫, 2014년 3월 28일 자.

55 Tim Huxley, "Response to PacNet #35 - US 1, China 0," *PacNet*, #35R, June 12, 2012.

56 "China's development of a new long-range missile is a significant boost for the military, say analysts," *South China Morning Post*, August 10, 2014.

57 Huxley, "Response to PacNet #35 - US 1, China 0"에서 재인용.

58 Department of Defense, "Annual Report to Congress: Military and Security Developments Involving the People's Republic of China 2012," May(2012).

59 王生·罗肖, 「国际体系转型与中国周边外交之变: 从维稳到维权」, ≪现代国际关系≫, 2013年 1期 참조.

60 Perlez, "Continuing Buildup, China Boosts Military Spending More Than 11 Percent."

61 Drew Thompson, "China's Military: It's not time to panic. Yet.," *Foreign Policy*, March/April(2010).

62 Thompson, "China's Military: It's not time to panic. Yet."

63 "Building an Active, Layered Defense: Chinese Naval and Air Force Advancement," An Interview with Andrew S. Erickson, http://www.nbr.org/research/activity.aspx?id=272, September 10, 2012.

64 이 평가에 따르면, 중국의 해군 함정은 1986년 5월에야 처음으로 서북 태평양에서 원양합동작전훈련을 거행했으며, 또 2005년까지도 50척의 중국 함정 가운데 원양에서 순찰활동을 한 경우가 전혀 없었다. 비록 2008년 대양에서의 순찰활동이 12회로 증대했지만 이는 중국 함정이 평균 4년 반 만에 한 차례의 순찰 기회를 가지는 것을 의미하는 것으로 미국 함정이 매년 최소 한 차례의 순찰활동을 진행하는 것과 커다란 격차를 보인다. 여기에 더해 중국 해군은 대잠수함과 대어뢰 등 기초능력이 부족하며, 원양전투함, 대형유조선, 보급함 등으로 구성되는 대양작전에 필요한 지원함대도 결여하고 있다. ≪東方日報≫, 2012.8.25 참조.

65 Wang Xiaoxuan, "Navy has to get stronger," *China Daily*, July 27, 2012.

66 祁怀高, 「冷战后中美在东亚的制度均势及对中国的启示」, ≪世界经济与政治≫, 2011年 7期, pp.96~101.

67 Stephen Harner, "U.S. Policy, Not China, Is Driving The Asian Arms Race," *Forbes Asia*, April 6, 2014.

68 Perlez, "Continuing Buildup, China Boosts Military Spending More Than 11 Percent."

69 물론, 앞에서 지적한 것처럼 중국의 국방비 규모에 대한 논쟁이 여전히 존재한다. 그러나 미국의 경우에도 핵무기 관련 비용 등은 공식적으로 국방비에 포함되지 않는다. 또한 이스라엘과 파키스탄에 대한 군사적 지원 비용을 모두 포함할 경우 2011년 미국의 국방 예산은 7393억 달

러가 아닌 1조 달러에 이를 것으로 평가된다. Winslow Wheeler, "The Military Imbalance: How The U.S. Outspends The World," March 16, 2012, http://defense.aol.com/2012/03/16/the-military-imbalance-how-the-u-s-outspends-the-world

70 Paul Kennedy, "The Eagle has Landed: The US Global Military Position," *Financial Times Weekend*, February 1, 2002.

71 Harner, "U.S. Policy, Not China, Is Driving The Asian Arms Race."

72 Thompson, "China's Military: It's not time to panic. Yet."

73 ≪연합뉴스≫, 2013년 5월 7일 자.

74 "美刊称'东风'-21D打破美国太平洋霸权," 2014.7.20, http://www.js.xinhuanet.com/2014-07/21/c_1111707472.htm

75 Jens Kastner, "Gaps in China's area-denial strategy," *Asia Times online*, May 8, 2012에서 인용.

76 Andrew S. Erickson, "China's Evolving Anti-Access Approach: Where's the Nearest(U.S.) Carrier?" *China Brief*, 10: 18, September 10, 2010.

77 Robert Farley, "Should America Fear China's 'Carrier-Killer' Missile?" *The National Interest*, September 22, 2014.

78 Denny Roy, *Return of the Dragon: Rising China and Regional Security*(New York: Columbia University Press, 2013), p.69.

79 Dan Blumenthal, "The Power Projection Balance in Asia," Thomas G. Mahnken(ed.), *Competitive Strategies for the 21st Century: Theory, History and Practice*(Stanford: Stanford University Press, 2012), pp.173~178; Roy, *Return of the Dragon: Rising China and Regional Security*, p.70.

80 Robert D. Kaplan, "How We Would Fight China," *The Atlantic,* June 2005, http://www.theatlantic.com/magazine/archive/2005/06/how-we-would-fight-china/3959/?single_page=true

81 Niall Ferguson and Moritz Schularick, "The End of Chimerica," *Harvard Business School Working Paper* 10-037(2009).

82 Wayne Morrison and Marc Labonte, "China's Holdings of U.S. Securities: Implications for the U.S. Economy," CRS Report, August 19, 2013, p.6.

83 Zachary Karabell, *Superfusion: How China and America Became One Economy and Why the World's Prosperity Depends on It*(New York: Simon & Schuster, 2009).

84 Niall Ferguson and Moritz Schularick, "'Chimerica' and the Global Asset Market Boom," *International Finance*, 10: 3(2007), pp.215~239.

85 "Wang stresses China, US economic interdependence," *China Daily*, May 24, 2010.

86 何自力, 「莫高估中美经济的相互依赖性」, ≪环球时报≫, 2014.6.28.

87 Geoff Dyer, "Beijing hesitates at the global threshold," *Financial Times*, November 21, 2008.

88 Eswar Prasad, "The U.S.-China Economic Relationship: Shifts and Twists in the Balance of

Power," U.S.-China Economic and Security Review Commission Testimony, February 25, 2010.

89 胡鞍钢 外,『2030中国: 迈向共同富裕』, p.64.

90 Daljit Singh, "US–China dialogue process: prospects and implications," November 2, 2012, http://www.eastasiaforum.org/2012/11/02/us-china-dialogue-process-prospects-and-implications

91 Aaron L. Friedberg, *A Contest for Supremacy: China, America, and the Struggle for Mastery in Asia*(New York: W. W. Norton & Company, 2011), p.237.

제3장 중국의 동아시아 정책: 협력에서 공세로?

1 庞中英,『中国与亚洲』 참조.

2 Mearsheimer, *The Tragedy of Great Power Politics; Hugh White, The China Choice: Why America Should Share power*(Victoria, Australia: Black Inc., 2012) 참조.

3 张蕴岭,「东亚合作之路该如何走?」, ≪外交评论≫, 2009年 2期, pp.1~8.

4 庞中英,『中国与亚洲』, p.189.

5 吴琳,「冷战后中国周边政策的历史演进」, ≪国际论坛≫, 2010年 3期, p.43.

6 Steven I. Levine, "China in Asia: The PRC as a Regional Power," in Harry Harding(ed.), *China's Foreign Relations in the 1980s*(New Haven: Yale University Press, 1984); Bin Yu, "China and Its Asian Neighbors: Implications for Sino-U.S. Relations," in Yong Deng and Fei-Ling Wang(eds.), *In the Eyes of the Dragon: China Views the Wrold*(Lanham: Rowman & Littlefield Publishers, 1999) 참조.

7 李鹏, "政府工作报告," 1993.3.15, http://www.people.com.cn/zgrdxw/zlk/rd/8jie/newfiles/a1360.html

8 庞中英, 『中国与亚洲』, pp.184~189.

9 魏玲,「国内进程, 不对称互动与体系变化」, ≪中国外交≫, 2011年 4期, p.46.

10 唐世平·张蕴岭,「中国的地区战略」, 牛军·王缉思 編,『中国学者看世界 4: 中国外交卷』(北京: 新世界, 2007), p.121.

11 이 협정은 1999년에 채택되었다. Storey, *Southeast Asia and the Rise of China*, p.52.

12 陈峰君,「加强中国与东盟合作的战略意义」, ≪国际政治研究≫, 2004年 1期, p.25.

13 张蕴岭 编,『未来10-15年中国在亚太地区面临的国际环境』(北京: 中国社会科学出版社, 2003), p,309,

14 李晨阳, "塑造新的东亚地区秩序'分论坛簡报(四)," 2012.5.27, http://www.shanghaiforum.fudan.edu.cn/view.aspx?id=821

15 庞中英,「中国的亚洲战略: 灵活的多边主义」, ≪世界经济与政治≫, 2001年 10期, p.33.

16 庞中英, 『中国与亚洲』, p.185.

17 宋伟,「中国的东亚区域一体化战略: 限度, 方式与速度的反思」, ≪中国外交≫, 2012年 1期, p.49.

18 "温家宝总理出席东盟商业与投资峰会并发表演讲," 2003.10.8, http://www.fmprc.gov.cn/chn/pds/gjhdq/gjhdqzz/lhg_14/xgxw/t26502.htm

19 吴琳,「冷战后中国周边政策的历史演进」, p.45.

20 Storey, *Southeast Asia and the Rise of China*, p.90.

21 Zheng Bijian, "China's 'Peaceful Rise' to Great-Power Status," *Foreign Affairs*, 84: 5, September/October(2005).

22 ≪人民日报≫, 2005.9.16.

23 张蕴岭,「中国同东亚的经济一体化与合作」, ≪当代亚太≫, 2006年 1期, p.6.

24 Thomas Lum et al., "China's Foreign Aid Activities in Africa, Latin America, and Southeast Asia," CRS Report, February 25, 2009.

25 같은 글.

26 같은 글; Brian McCartan, "A Helping Chinese Hand: Trade and Aid with Southeast Asia," *The Asia Times online*, April 30, 2009.

27 Thomas Lum et al., "China's 'Soft Power' in Southeast Asia," CRS Report, January 4, 2008, p.5.

28 Bertil Lintner, "Checkbook diplomacy raises China's standing with Laos and Cambodia," *YaleGlobal*, April 25, 2008.

29 Kurlantzick, *Charm Offensive: How China's Soft Power Is Transforming the World*, p.98.

30 Chien-peng Chung, *China's Multilateral Cooperation in Asia and the Pacific: Institutionalizing Beijing's "Good Neighbor policy"*(New York: Routledge, 2010).

31 庞中英,『中国与亚洲』, p.185.

32 吴琳,「冷战后中国周边政策的历史演进」, p.44.

33 祁怀高,「冷战后中美在东亚的制度均势及对中国的启示」, p.107.

34 중국이 아세안+3로부터 미국을 배제하려 했다는 주장에 관해서는 祁怀高,「冷战后中美在东亚的制度均势及对中国的启示」, p.107 참조.

35 Chu Shulong and Lin Xinzhu, "The Six Party Talks: A Chinese Perspective," *Asian Perspective*, 32: 4(2008), pp.30~31.

36 같은 글.

37 Thomas J. Christensen, "Will China Become a 'Responsible Stakeholder?' The Six Party Talks, Taiwan Arms Sales, and Sino-Japanese Relations," *China Leadership Monitor*, no.16 (October 2005) 참조.

38 Gilbert Rozman, "Post Cold War Evolution of Chinese Thinking on Regional Institutions in Northeast Asia," *Journal of Contemporary China*, 19: 66(September 2010), p.607.

39 张蕴岭, 「对东亚合作发展的再认识」, ≪当代亚太≫, 2008年 1期 참고.

40 Rozman, "Post Cold War Evolution of Chinese Thinking on Regional Institutions in Northeast Asia," pp.618~619.

41 이에 관한 자세한 사항은 김재철, 「중국과 동아시아 지역협력: 기대, 현실 그리고 대응」, 동아시아공동체연구회 엮음, 『동아시아공동체: 동향과 전망』(서울: 아산정책연구원, 2014), 174~205쪽 참조.

42 Ellen L. Frost et al., "China's Rising Influence in Asia: Implications for U.S. Policy," *Strategic Forum*, No.231(Apri 2008), p.3.

43 Storey, *Southeast Asia and the Rise of China*, p.91.

44 "China Warns Exxon over Vietnam Deal," *Reuters*, July 19, 2008.

45 Greg Torode, "Troubled Waters," *South China Morning Post*, October11, 2010.

46 이 절의 논의는 김재철, 「중국의 공세적 외교정책」, ≪한국과 국제정치≫, 28: 4(2012), 29~59쪽에서 끌어왔음.

47 한 연구는 공세(assertion)를 '한 국가가 확신에 찬 직접적인 방식(a confident and direct way)'으로 권리나 주장을 방어하는 것으로 정의한다. Dingding Chen and Xiaoyu Pu, "To the Editors: Debating China's Assertiveness," *International Security*, 38: 3(Winter 2013), p.177. 한편 공세가 공격(aggression)과는 다르다는 주장에 관해서는 James G. Hollandsworth Jr., "Differentiating Assertion and Aggression: Some Behavioral Guideline," *Behavior Therapy*, 8: 3(June 1977), pp.347~352 참조.

48 Kenneth Lieberthal and Wang Jisi, *Addressing US-China Strategic Distrust*(Washington, DC: Brookings Institution, 2012), p.8.

49 Shen Dingli, "Don't shun the idea of setting up overseas military bases," http://www.china.org.cn/opinion/2010-01/28/content_19324522.htm

50 金灿荣·董春岭, 「中国外交现状与发展战略」, ≪当代世界≫, 2009年 9期.

51 王小东, 「该由西方正视中国'不高兴'了」, 宋晓军 외, 『中国不高兴』(南京: 江苏人民出版社, 2009) 참고.

52 雷墨, "中国应更积主动地塑造周边," ≪环球时报≫, 2010.9.9.

53 "Louder military voice raises concerns," *South China Morning Post*, January 18, 2011; Shi Yinhong, "The United States, East Asia, and the Chinese 'Triumphalism'," 『중국의 권력 교체와 한반도 정세 전망』, 고려대학교 아세아문제연구소 학술회의 발표문(2012.12.3), p.73.

54 Shi, "The United States, East Asia, and the Chinese 'Triumphalism'," p.73.

55 陈健, "外交政策不能被'民意'左右," ≪环球时报≫, 2014.2.11.

56 Edward Wong, "Chinese Military Seeks to Extend Its Naval Power," *New York Times*, April 23, 2010.

57 "Hillary R. Clinton, Secretary of State, Interview With Greg Sheridan of *The Australian*,"

November 8, 2010, http://www.state.gov/secretary/rm/2010/11/150671.htm

58 Jonathan Holslag, "China's muscle-flexing is a sign of weakness," *Financial Times*, September 27, 2010.

59 Carlyle A. Thayer, "Recent Developments in the South China Sea: Grounds for Cautious Optimism?" *RSIS Working Paper*, No.220(December 14, 2010). 반면에 프레이블은 2010년 중국이 추방한 외국 어선의 숫자가 7건 정도라고 제시한다. M. Taylor Fravel, "China's Strategy in the South China Sea," *Contemporary Southeast Asia*, 33: 3(2011), pp.303~305 참조.

60 *The China Post*, March 31, 2011.

61 *The Wall Street Journal*, June 11, 2011.

62 *South China Morning Post*, July 31, 2010.

63 한·중 갈등에 관한 논의는 김재철, 「미·중관계의 변화와 한국」, 『우리에게 중국은 무엇인가』, 경제·인문사회연구회 대중국 종합연구 협동연구총서 10-03-01(2010)에서 끌어왔음.

64 ≪중앙일보≫, 2010년 5월 21일 자.

65 ≪한겨레≫, 2010년 5월 30일 자.

66 陈向阳, "更需冷静和克制," ≪人民日报≫, 2010.8.4.

67 ≪조선일보≫, 2010년 7월 8일 자.

68 Shi, "The United States, East Asia, and the Chinese 'Triumphalism'," pp.69~71.

69 *South China Morning Post*, July 31, 2010.

70 Shi, "The United States, East Asia, and the Chinese 'Triumphalism'," p.72; Pu Haiyang and Zhong Jijun, "Naval Troops Conduct Exercise on Sea Frontier," *PLA Daily* , July 30, 2010.

71 *South China Morning Post*, July 4, 2010.

72 「外交部: 中方反对外国军用舰机到中国近海活动」, 2010.7.8, http://news.xinhuanet.com/world/2010-07/08/c_12313809.htm; ≪조선일보≫, 2010년 7월 31일 자 등을 참조. 중국은 한국에 대해서도 군사훈련에 반대한다는 입장을 여러 차례 밝힌 것으로 보도되었다. ≪조선일보≫, 2010년 7월 8일 자; ≪한국일보≫, 2010년 8월 13일 자 등을 참조.

73 *China Daily*, June 29, 2010.

74 *South China Morning Post*, August 4, 2010; August 11, 2010.

75 Bonnie S. Glaser, "China's Coercive Economic Diplomacy-A New and Worrying Trend," *PacNet*, #46, July 23, 2012.

76 같은 글.

77 McCartan, "A Helping Chinese Hand: Trade and Aid with Southeast Asia."

78 Rangga D. Fadillah, "China affirms plans to relocate factories to Indonesia," *The Jakarta Post*, August 13, 2011, www.thejakartapost.com/news/2011/08/13/china-%E2%80%98affirms%E2%80%99-plan-relocate-factories-indonesia.html

79 Jonathan Weston et al., "China's Foreign Assistance in Review: Implications for the United

States," Staff Research Backgrounder, U.S.-China Economic and Security Review Commission, September 1, 2011.

80 "专家: 美国在东南亚拼凑亚洲版小北约可能性甚微", 2010.10.11, http://news.xinhuanet.com/world/2010-10/11/c_12647827_2.htm

81 ≪环球时报≫, 2010.8.11.

82 *South China Morning Post*, November 26, 2011.

83 郑永年, 「中国外交新思维才会有新格局」, ≪中国经贸≫, 2010年 12期, ≪中国外交≫, 2011年 3期, pp.62~63에서 인용.

84 王森·杨光海, 「东盟大国平衡外交在南海问题上的运用」, ≪当代亚太≫, 2014年 1期, p.56.

85 Wang Zaibang, "Aggressive diplomacy will leave country in isolation," *Global Times*, October 24, 2011.

86 王海運, "'南海是中國核心利益'并非官方表態," 2010.10.13, http://view.news.qq.com/a/20101013/000026.htm

87 Li Mingjiang, "Reconciling Assertiveness and Cooperation? China's Changing Approach to the South China Sea Dispute," *Security Challenges*, 6: 2(Winter 2010), p.61.

88 ≪环球时报≫, 2010.10.11.

89 马晓天, "把握战略机遇期的时代内涵明确我们的历史使命和担当," ≪学习时报≫, 2011.1.17. 후진타오 총서기의 지적은 2010년 10월 중국공산당 17기 5중전회에서 이루어졌다.

90 戴秉国, "坚持走和平发展道路," ≪人民日报≫, 2010.12.13.

91 Fravel, "China's Strategy in the South China Sea," p.312.

92 "China, ASEAN set 'guidelines' on sea row, but no deal expected," *Reuters*, July 20, 2011.

93 Glaser, "China's Coercive Economic Diplomacy-A New and Worrying Trend."

94 程亚文, "中国需走出外交新路," ≪联合早报≫, 2012.5.24.

95 漆海霞·毛小骅, 「从南海争端看中国经济外交的限度」, 2011.12.15, http://www.tiandainstitute.org/cn/article/1204_1.html

96 김재철, 「시진핑 체제의 외교정책: 기조, 주요정책, 그리고 평가」, ≪2013 중국정세보고≫, 국립외교원 중국연구센터(2014) 참조.

97 习近平, 「更好统筹国内国际两个大局, 夯实走和平发展道路的基础」, 2013.1.29, http://news.xinhuanet.com/politics/2013-01/29/c_114538253.htm

98 曲星, "周边外交需要顶层设计," ≪环球时报≫ 2013.10.26; 习近平, "让命运共同体意识在周边国家落地生根," 2013.10.25, http://news.xinhuanet.com/politics/2013-10/25/c_117878944.htm

99 "Xi in call for building of new 'maritime silk road'," *China Daily*, October 4, 2013.

100 Benjamin Schreer, "China's Achilles' heel in Southeast Asia," November 1, 2013, http://www.eastasiaforum.org/2013/11/01/chinas-achilles heel-in-southeast-asia

101 Baogang He, "East Asian ideas of regionalism: a normative critique," *Australian Journal of*

international Affairs, 58: 1(March 2004), p.109.

102 Rozman, "Post Cold War Evolution of Chinese Thinking on Regional Institutions in Northeast Asia," p.610.

103 Storey, *Southeast Asia and the Rise of China*, pp.68~69.

104 동아시아정상회의에 관한 논의는 Kim, "Politics of Regionalism in East Asia: The Case of the East Asian Summit," pp.113~136에서 끌어왔음.

105 "Towards an East Asian Community: Region of Peace, Prosperity and Progress," EAVG report, 2001.

106 "Final Report of the East Asia Study Group," November 2002.

107 Ren Xiao, "Between Adapting and Shaping: China's Role in Asian Regional Cooperation," *Journal of Contemporary China*, 18: 59(March 2009), p.312.

108 "Li Zhaoxing Attends the ASEAN and China, Japan, Korea Foreign Ministers' Meeting," http://www.chinaconsulatesf.org/eng/xw/t142012.htm

109 季志业,「上海合作组织与东亚一体化前景分析」, ≪江南社会学院学报≫, 2006年 1期, p.35.

110 Shintaro Hamanaka, "Comparing Summitry, Financial and Trade Regionalism in East Asia: From the Japanese Perspective," in Christopher M. Dent(ed.), *China, Japan and Regional Leadership in East Asia*(Cheltenham, UK: Edward Elgar, 2008), p.68.

111 田中青,「试论'东亚共同体'」, ≪当代亚太≫, 2004年 10期 참조.

112 Wu Xinbo, "East Asia: Building a Community in the 21st Century, a Chinese Perspective," *CSIS Working Paper*, November 2006.

113 Zhang Yunling, "East Asian Community Building and China," www.kikou.waseda.ac.jp/asia/en/.../doc/zhang.doc

114 Robert Sutter, "China's Regional Strategy and Why It May Not Be Good for America," in David Shambaugh(ed.), *Power Shift: China and Asia's New Dynamics*(London: University of California Press), pp.289~305.

115 王毅, "亚洲区域合作与中日关系: 中国驻日本大使王毅2005年1月12日在东京早稻田大学的演讲," http://www.fmprc.gov.cn/ce/cejp/chn/sgxxs/t182300.htm

116 杨伯江 外,「东亚峰会与区域政策的深化」, ≪现代国际关系≫, 2005年 3期, pp.39~48.

117 Qin Yaqing and Wei Ling, "Structure, Process and the Socialization of Power," in Robert S. Ross and Zhu Feng(eds.), *China's Ascent: Power, Security and the Future of International Politics*(Ithaca: Cornell University Press, 2008), p.134.

118 Bruce Vaughn, "East Asia Summit: Issues for Congress," CRS Report, December 9, 2005, p.2.

119 Mohan Malik, "China and the East Asian Summit: More Discord than Accord," Asia-Pacific Center for Security Studies, February 2006, p.3.

120 Serene Hung, *China in ASEAN-led Multilateral Forums*(Baltimore, MD.: School of Law,

University of Maryland., 2006), p.88.

121 Wen Jiabao, "Work Together for a Better Future Through Stronger Cooperation," Kuala Lumpur, Malaysia, December 12, 2005.

122 魏玲,「国内进程, 不对称互动与体系变化」, pp.42~49.

123 균형자론에 관한 논의는 김재철, 『중국의 외교전략과 국제질서』, 239~241쪽에서 끌어왔음.

124 ≪人民日报≫, 2009.10.11; 2009.12.15; 2010.4.14.

125 Ko Hirano, "China wary of Hatoyama's East Asian community," *Japan Times*, October 3, 2009.

126 时殷弘,「美国在东北亚: 权势阵地的随机巩固」, ≪现代国际关系≫, 2012年 1期, p.11.

127 庞中英,「中国与亚洲」, p.196.

제4장 지역 국가의 대응: 관여와 위험회피의 이중주

1 Kenneth N. Waltz, "Structural realism after the Cold War," *International Security*, 25: 1(Summer 2000), pp.5~41 참조.

2 관여정책에 관해서는 Randall L. Schweller, "Managing the rise of great powers: History and theory," in Alastair Iain Johonston and Robert S. Ross(eds.), *Engaging China: The management of an emerging power*(London: Routledge, 2002), pp.14~16.

3 동아시아 국가들이 추구하는 관여정책은 중국의 국내정치적 변화를 추구하기보다 대외행위에 영향을 끼치려는 시도라는 점에서 미국이 추구하는 관여정책과도 차이를 보인다. Amitav Acharya, "Containment, Engagement, or Counter-Dominance?: Malaysia's response to the rise of China," in Johonston and Ross(eds.), *Engaging China: The management of an emerging power*, p.130.

4 Derek McDoughall, "Responses to 'Rising China' in the East Asian Region: soft balancing with accommodation," *Journal of Contemporary China*, 21: 73(January 2012), pp.3~5 참조. 연성 견제전략에서 군사적 요소는 전략적 목적을 달성하기 위해 필요한 경우 군사력이 동원될 수도 있다는 메시지를 전달하는 정도로만 활용되며, 전략의 초점은 중국에 대한 대결(confront)이 아니라 제약(constrain)을 위한 외교적 신호를 보내는 데 있다.

5 Roy, *Return of the Dragon: Rising China and Regional Security* 참조.

6 Mutiah Alagapa, *Asia Security Practice: Material and Ideational Influences*(Stanford: Stanford University Press, 1998).

7 Michael D. Swaine and Ashley J. Tellis, *Interpreting China's Grand Strategy: Past, Present and Future*(Santa Monica: RAND, 2000) p.198.

8 张蕴岭, 『中国同东亚的经济一体化与合作』, p.6.

9 중국에 대한 정책을 둘러싼 일본 내의 이견에 관해서는 Mike M. Mochizuki, "Japan's shifting strategy toward the rise of China," *Journal of Strategic Studies*, 30: 4~5(Augus~October 2007), pp.739~776 참조.

10 Storey, *Southeast Asia and the Rise of China*, pp.47~48.

11 Alastair Iain Johnston, "Socialization in International Institutions: The ASEAN Way and International Relations Theory," in G. John Ikenberry and Michael Mastanduno(eds.), *International Relations Theory and the Asia-Pacific*(New York: Columbia University Press, 2003) 참조.

12 魏玲,「国内进程, 不对称互动与体系变化」, p.47.

13 *The Straits Times*, November 5, 2001.

14 Eddie Leung, "Southeast Asia-China: Threats, opportunities," *Asia Times online*, August 2, 2003.

15 Denis D. Gray, "Anxiety and Opportunities Mount as Chinese Colossus Exerts Influence on Southeast Asia," *Associated Press*, March 30, 2004.

16 Prashanth Parameswaran, "The Limits to Sino-Indonesian Relations," *China Brief*, 12: 8(2012).

17 Wang Zhengxu, "Is China Winning Friends in Southeast Asia?: Views from the Citizens," *EAI Background Brief*, No.413(2008)에서 재인용.

18 Andrew Kohut, "How the World Sees China," December 11, 2007, http://pewresearch.org/pubs/656/how-the-world-sees-china

19 温家宝. "携手奋进, 共创中国-东盟关系的美好未来," 2006.10.30, http://news.xinhuanet.com/world/2006-10/30/content_5268467.htm

20 Christopher R. Hill, "Emergence of China in the Asia-Pacific: Economic and Security Consequences for the United States," Senate Foreign Relations Committee, June 7, 2005.

21 漆海霞·毛小骅, "从南海争端看中国经济外交的限度."

22 Prashanth Parameswaran, "The Limits to Sino-Indonesian Relations."

23 Kurlantzick, *Charm Offensive: How China's Soft Power Is Transforming the World*, p.140.

24 Storey, *Southeast Asia and the Rise of China* , p.91.

25 Richard L. Armitage and Joseph S. Nye, "The U.S.-Japan Alliance: Getting Asia Right through 2020," CSIS, February 2007, p.8.

26 Kurlantzick, *Charm Offensive: How China's Soft Power Is Transforming the World*, p.133.

27 Evelyn Goh(ed.), *Betwixt and Between: Southeast Asian Strategic Relations with the US and China*(Singapore: IDSS, 2005) 참조.

28 Kohut, "How the World Sees China."

29 이 절의 논의는 Kim, "Politics of Regionalism in East Asia: The Case of the East Asian Summit"에서 끌어왔음.

30 Kurlantzick, *Charm Offensive: How China's Soft Power Is Transforming the World*, p.142.

31 Storey, *Southeast Asia and the Rise of China* 참조.

32 같은 책.

33 구본학 외, 「한미동맹의 장래: 향후 5년간의 전망과 과제」, ≪신아세아≫, 15: 3(2008년 가을), 144~191쪽.

34 Christopher W. Hughes, "Japan's response to China's rise: regional engagement, global containment, dangers of collision," *International Affairs*, 85: 4(2009), p.845.

35 Jayshree Bajoria, "Countering China's Military Modernization," February 4, 2009, http://www.cfr.org/china/countering-chinas-military-modernization/p9052

36 Hughes, "Japan's response to China's rise: regional engagement, global containment, dangers of collision," pp.849~850.

37 Fravel, "China's Strategy in the South China Sea," pp.303~305.

38 같은 글, p.307.

39 "Dispute Between Vietnam and China Escalates Over Competing Claims in South China Sea," *New York Times*, June 10, 2011.

40 "菲律宾签署群岛基线法 幕后有美国撑腰," ≪国际先驱导报≫, 2009.3.16.

41 Joel D Adriano, "China, Philippines stoke island tensions," *Asia Times online*, Mar 27, 2009.

42 *The China Post*, March 31, 2011.

43 한·중 갈등에 관한 논의는 김재철, 「미·중관계의 변화와 한국」에서 끌어왔음.

44 ≪중앙일보≫, 2010년 7월 18일 자.

45 Akira Kato, "Collapse of Big-Power self-Confidence in Japan's Diplomacy," December 18, 2014, http://www.ceac.jp/e/commentary/141218.pdf

46 남창희, 「일본의 해석개헌, 위협인가 자산인가?」, ≪국제정치논총≫, 54: 1(2014), 312쪽.

47 Randy W. Nandyatama, "China's dilemma: After the US reengagement in Southeast Asia," *The Jakarta Post*, January 17, 2012.

48 Parameswaran, "The Limits to Sino-Indonesian Relations."

49 "Global Views of United States Improve While Other Countries Decline," http://news.bbc.co.uk/2/shared/bsp/hi/pdfs/160410bbcwspoll.pdf

50 "Superpowers turn up the heat in their struggle for the upper hand in Asia," *South China Morning Post*, June 19, 2014.

51 이에 앞서 2010년 1월 케빈 러드(Kevin Rudd) 호주 총리 또한 미국의 참여를 권유한 바 있다. Jeffrey A. Bader, *Obama and China's Rise: An Insider's Account of America's Asia Strategy* (Washington, D.C.: Brookings Institution Press, 2012), p.96.

52 Bertil Lintner, "ASEAN Paralysis Gives China Free Hand in South China Sea," *Yale Global*, August 12, 2014.

53 "Beijing offers Manila $2.6bn in funds," *The Straits Times*, April 28, 2005; "Philippines warms to China with care," *The Straits Times*, June 7, 2006; Renato Cruz De Castro, "Engaging both the Eagle and the Dragons: The Philippines' Precarious and Futile Attempt in Equi-balancing," *Pacific Focus*, XXV: 3(December 2010), pp.360~370.

54 王生·罗肖, 「国际体系转型与中国周边外交之变: 从稳维稳到维权」, P.10.

55 Donald K. Emmerson, "China's 'frown Diplomacy' in Southeast Asia," *Asia Times online*, October 6, 2010.

56 "US-Vietnam ties strengthen with military exercises, to China's chagrin," *The Christian Science Monitor*, August 12, 2010.

57 Richard Samuels, "Evolution of Japan's Grand Strategy," June 4, 2013, http://www.eastasiaforum.org/2013/06/04/evolution-of-japans-grand-strategy

58 도쿄대학교 가와시마 신(川島眞) 교수는 2008년 12월 중국 해양감시선 46호와 51호가 9시간 동안 센카쿠 해역을 침범하는 행동을 통해 현상을 변경하려는 의도를 드러냈다고 지적했고, 와세다대학교의 아마코 사토시(天兒慧)도 중국이 2009년부터 온건한 외교를 버리고 강경한 강대국 외교로 전환함으로써 일본 내에서 중국위협론을 제기시켰다고 규정했다. 饮冰, "日本舆论如何解读中日外交," 2014.4.11, http://opinion.huanqiu.com/opinion_world/2014-04/4969627.html

59 Bader, *Obama and China's Rise: An Insider's Account of America's Asia Strategy*, p.106.

60 Bernard K. Gordon, "The Trans-Pacific Partnership and the Rise of China," *Foreign Affairs*, November 7, 2011, http://www.foreignaffairs.com/articles/136647/bernard-k-gordon/the-trans-pacific-partnership-and-the-rise-of-china

61 이명찬, 「센카쿠제도를 둘러싼 중·일 간 갈등과 동북아」, ≪국제정치논총≫, 53집 1호(2013), 273~281쪽.

62 Charles Grant, "Japan's response to China's rise," *Policy Brief*, Center for European Reform, 2012, p.2.

63 Stein Tønnesson, "China's Boomerang Diplomacy," *Yale Global*, November 16, 2012.

64 Richard Javad Heydarian, "Japan pivots south, with eye on China," *Asia Times online*, January 26, 2013.

65 Grant, "Japan's response to China's rise."

66 John Hemmings, "China's Rise=Remilitarizing Japan?" *The Diplomat*, January 21, 2011.

67 Paul J. Bolt, "Contemporary Sino-Southeast Asian Relations," *China: An International Journal*, 9: 2(September 2011), pp.289~290.

68 Parameswaran, "The Limits to Sino-Indonesian Relations."

69 같은 글.

70 "亚太美军在中国周边异动频频," ≪中国青年报≫, 2012.10.27.

71 ≪産経新聞≫ 2012.11.3, http://news.xinhuanet.com/world/2012-11/04/c_123910329.htm에서 재인용.

72 「美日敏感时刻启动大规模军演」, 2012.11.6, http://news.xinhuanet.com/world/2012-11/06/c_123917229.htm

73 Martin Fackler, "Japan Aims to Revise Security Pact With U.S.," *The New York Times*, November 9, 2012.

74 Ian Storey, "Asia's Changing Balance of Military Power: Implications for the South China Sea Dispute," in Clive Schofield(ed.), *Maritime Energy Resources in Asia: Energy and Geopolitics*, NBR Reports, December 2011.

제5장 미국의 재균형

1 Greg Sheridan, "China wins as 'US neglects region'," *The Australian*, September 3, 2007.

2 오바마 대통령이나 전 국가안보보좌관 토머스 도닐런(Thomas Donilon)이 재균형이라는 용어를 선호한 데 반해 클린턴 전 국무장관은 좀 더 대결적인 중심 이동이라는 용어를 선호한 것으로 알려진다. Kenneth Lieberthal, "The American Pivot to Asia," *Foreign Policy*, December 21, 2011.

3 9·11 이후 미국의 전략적 초점이 반테러 전쟁으로 이동함에 따라 동아시아에 대한 관심이 감소했고, 이러한 변화로 중국이 주변정책을 추진하는 데 대한 장애요인이 약화되었다는 주장에 관해서는 王生·罗肖, 「国际体系转型与中国周边外交之变: 从维稳到维权」, p.10 참조.

4 Friedberg, *A Contest for Supremacy: China, America, and the Struggle for Mastery in Asia*, pp.6~7.

5 같은 책, p.61에서 인용.

6 G. John Ikenberry, "American hegemony and East Asian order," *Australian Journal of International Affairs*, 58: 3(September 2004), pp.353~367 참조.

7 Joseph S. Nye Jr. "Work With China, Don't Contain It," *The New York Times*, January 25, 2013.

8 James Baker, "America in Asia: Emerging Architecture for a Pacific Community," *Foreign Affairs*, 70: 5(1991/1992), pp.1~18.

9 "As China rises, US taps Japan as key Asia ally," *The Christian Science Monitor*, March 21, 2005.

10 Armitage and Nye, "The U.S.-Japan Alliance: Getting Asia Right through 2020."

11 Bader, *Obama and China's Rise: An Insider's Account of America's Asia Strategy*, pp.43~44.

12 같은 책, p.4.

13 같은 책.

14 Wu Xinbo, "A Forward-Looking Partner in a Changing East Asia," *The Washington Quarterly*, 31: 4(2008), pp.155~163.

15 Sheridan, "China wins as 'US neglects region'."

16 Ellen L. Frost et al., "China's Rising Influence in Asia: Implications for U.S. Policy," *Strategic Forum*, No.231(2008); Diane K. Mauzy and Brian L. Job, "U.S. Policy in Southeast Asia: Limited Re-engagement after Years of Benign Neglect," *Asian Survey*, 47: 4(2007), pp.622~641.

17 Sutter, "China's regional strategy and why it may not be good for America," pp.289~305 참조.

18 Armitage and Nye, "The U.S.- Japan Alliance: Getting Asia Right through 2020," p.20.

19 Friedberg, *A Contest for Supremacy: China, America, and the Struggle for Mastery in Asia*, p.183.

20 Department of Defense, "United States Strategy for the East-Asia Pacific Region," February 27, 1995.

21 Perry, "U.S. Strategy: Engage China, Not Contain It."

22 Robert B. Zoellick, "Whither China: From Membership to Responsibility?"

23 Rozman, "Post Cold War Evolution of Chinese Thinking on Regional Institutions in Northeast Asia," p.611.

24 Armitage and Nye, "The U.S.- Japan Alliance: Getting Asia Right through 2020," p.23.

25 Nye, "Work With China, Don't Contain It."

26 C. Fred Bergsten, "A Partnership of Equals," *Foreign Affairs*, 87: 4(July/August 2008), pp.57~69; Zbigniew Brzezinski, "The Group of Two that could change the World," *Financial Times*, January 13, 2009; Robert B. Zoellick and Justin Yifu Lin, "Recovery Rides on The 'G-2'," *The Washington Post*, March 6, 2009 등을 참조.

27 Bergsten, "A Partnership of Equals" 참조.

28 Bader, *Obama and China's Rise: An Insider's Account of America's Asia Strategy*, pp.6~18.

29 같은 책, p.22.

30 袁鹏,「关于构建中美新型大国关系的战略思考」, ≪现代国际关系≫, 10期(2012).

31 吴荻·金灿荣,「金灿荣点评前后'对话'之不同」, ≪世界知识≫, 16期(2009).

32 Lieberthal, "The American Pivot to Asia."

33 袁鹏,「关于构建中美新型大国关系的战略思考」.

34 James B. Steinberg, "Remarks at Nixon Center," Washington, DC, July 27, 2010, http://www.state.gov/s/d/former/steinberg/remarks/2010/169318.htm

35 *The Christian Science Monitor*, August 30, 2010.

36 Mark Landler, "Obama's Journey to Tougher Tack on a Rising China," *The New York Times*,

September 20, 2012; Bader, *Obama and China's Rise: An Insider's Account of America's Asia Strategy*, p.105.

37 *The New York Times*, September 21, 2012.

38 Lieberthal, "The American Pivot to Asia."

39 Mark Landler, "Shake-Up Could Affect Tone of U.S. Policy on China," *The New York Times*, April 8, 2011.

40 The White House Office of the Press Secretary, "Remarks by President Obama to the Australian Parliament," November 17, 2011.

41 Department of Defense, "Sustaining U.S. Global Leadership: Priorities for 21st Century Defense," January(2012).

42 Hillary Rodham Clinton, "Economic Statecraft," Economic Club of New York, October 14, 2011.

43 王传剑, 「理性看待美国战略重心东移」, ≪外交评论≫, 2012年 5期, p.49.

44 Mark E. Manyin, et al., "Pivot to the Pacific? The Obama Administration's 'Rebalancing' Toward Asia," CRS Report, March 28, 2012, p.19.

45 Robert S. Ross, "The Problem With the Pivot: Obama's New Asia Policy Is Unnecessary and Counterproductive," *Foreign Affairs*, 91: 6(Nov/Dec 2012), pp.70~82.

46 Hillary Clinton, "America's Pacific Century," *Foreign Policy*, November 2011.

47 Harry Kazianis, "Can China Crash U.S. Pivot Party?" *The Diplomat*, February 24, 2012.

48 Lieberthal, "The American Pivot to Asia."

49 Clinton, "America's Pacific Century."

50 Bader, *Obama and China's Rise: An Insider's Account of America's Asia Strategy*, p.109.

51 Donnald K. Emmerson, "Challenging ASEAN: The US Pivot Through Southeast Asia's Eyes," *Global Asia*, 7: 4(Winter 2012), p.23; Hugh De Santis, "The China Threat and the 'Pivot' to Asia," *Current History*, September(2012), p.210.

52 미국은 2013년 4월, 첫 신형 연안 전투함인 USS 프리덤호를 싱가포르에 배치했다.

53 "Asia to be base for 60 pc of U.S. fleet," *South China Morning Post*, June 3, 2012.

54 "US insists missile defense targets DPRK, not China," *China Daily*, August 25, 2012.

55 "US plans for Guam missile base seen as countering strength of China," *South China Morning Post*, December 10, 2013.

56 Tomas Donilon, "President Obama's Asia Policy & Upcoming Trip to Asia: Remarks by National Security Advisor Tom Donilon," http://www.whitehouse.gov/the-press-office/2012/11/15/remarks-national-security-advisor-tom-donilon-prepared-delivery

57 De Santis, "The China Threat and the 'Pivot' to Asia," p.211.

58 Department of Defense, "Sustaining U.S. Global Leadership: Priorities for 21st Century De-

fense."

59 Robert Haddick, "An Arms Race America Can't Win," *Foreign Policy*, June 8, 2012. http://www.foreignpolicy.com/articles/2012/06/08/this_week_at_war_an_arms_race_america_can_t_win?page=full

60 Department of Defense, "Sustaining U.S. Global Leadership: Priorities for 21st Century Defense" 참조.

61 The White House, "Press Briefing by National Security Advisor Tom Donilon," June 8, 2013, http://www.whitehouse.gov/the-press-office/2013/06/08/press-briefing-national-security-advisor-tom-donilon

62 Richard L. Armitage and Joshep S. Nye, "U.S.-Japan Alliance: Anchor of the Stability in Asia," Report of the CSIS Japan chair, August 15, 2012.

63 Tomohiko Satake and Yusuke Ishihara, "America's Rebalance to Asia and its Implications for Japan-US-Australia Security Cooperation," *Asia-Pacific Review*, 19: 2(2012), p.12.

64 Ross, "The Problem With the Pivot: Obama's New Asia Policy Is Unnecessary and Counterproductive," pp.70~82.

65 *China Daily*, June 20, 2011; July 3, 2012.

66 Donald Kirk, "US-Vietnam ties strengthen with military exercises, to China's chagrin," *The Christian Science Monitor*, August 12, 2010.

67 ≪세계일보≫, 2010년 8월 17일 자.

68 Steven Myers, "Clinton Begins Asia Trip, Trying to Ease Tension With China," *The New York Times*, September 1, 2012.

69 Ralf Emmers, "The US in the EAS: implications for US–ASEAN relations," November 23, 2011, http://www.eastasiaforum.org/2011/11/23/the-us-in-the-eas-implications-for-us-asean-relations

70 Donilon, "President Obama's Asia Policy & Upcoming Trip to Asia: Remarks by National Security Advisor Tom Donilon."

71 De Santis, "The China Threat and the 'Pivot' to Asia," p.210.

72 Ross, "The Problem With the Pivot: Obama's New Asia Policy Is Unnecessary and Counterproductive," pp.70~82.

73 De Santis, "The China Threat and the 'Pivot' to Asia"; *The New York Times*, November 16, 2011.

74 "Clinton urges Asean unity on sea disputes ahead of Beijing visit," *South China Morning Post*, September 4, 2012.

75 Bader, "Obama and China's Rise: An Insider's Account of America's Asia Strategy," p.4.

76 흥미롭게도 중국 또한 다자주의가 미국과 직접적으로 충돌하지 않는 방식으로 미국의 영향력

을 제어하는 수단이 될 것이라는 인식을 드러낸 바 있다.

77 Emmers, "The US in the EAS: implications for US-ASEAN relations."

78 Bader, "Obama and China's Rise: An Insider's Account of America's Asia Strategy," pp.14, 96.

79 Matthew P. Goodman, "East Asia Summit: The Path from Base Camp," *PacNet*, #73, November 15, 2012.

80 Jackie Calmes, "Obama and Asian Leaders Confront China's Premier," *The New York Times*, November 19, 2011.

81 Goodman, "East Asia Summit: The Path from Base Camp"; Calmes, "Obama and Asian Leaders Confront China's Premier."

82 Donilon, "President Obama's Asia Policy & Upcoming Trip to Asia: Remarks by National Security Advisor Tom Donilon."

83 "Remarks By Tom Donilon, National Security Advisory to the President," The Asia Society, March 11, 2013, http://www.whitehouse.gov/the-press-office/2013/03/11/remarks-tom-donilon-national-security-advisory-president-united-states-a

84 De Santis, "The China Threat and the 'Pivot' to Asia," p.210.

85 Manyin et al., "Pivot to the Pacific? The Obama Administration's 'Rebalancing' Toward Asia." p.21.

86 Tom Donilon, "Obama is on the right course with his reorientation toward Asia," *The Washington Post*, April 21, 2014.

87 De Santis, "The China Threat and the 'Pivot' to Asia," p.210.

88 이러한 사실은 후일 오바마 대통령이 2015년 의회에 행한 국정연설에서 아시아 태평양 지역에서 통상규칙의 형성을 중국이 아닌 미국이 주도할 필요성을 강조한 데서 다시 확인되었다. "Remarks by the President in State of the Union Address," January 20, 2015, http://www.whitehouse.gov/the-press-office/2015/01/20/remarks-president-state-union-address-january-20-2015

89 Lanxin Xiang, "China and the 'Pivot'," *Survival*, 54: 5(October/November 2012), pp.113~128.

90 De Santis, "The China Threat and the 'Pivot' to Asia"; Donilon, "President Obama's Asia Policy & Upcoming Trip to Asia: Remarks by National Security Advisor Tom Donilon."

91 "Panetta seeks to reassure Xi Jinping over US motives in Asia Pacific," *South China Morning Post*, September 20, 2012.

92 Donilon, "President Obama's Asia Policy & Upcoming Trip to Asia: Remarks by National Security Advisor Tom Donilon."

93 Zbigniew Brzezinski, "Giants, but Not Hegemons," *The New York Times*, February 13, 2013.

94 Ralph A. Cossa, "US 1, China 0," *PacNet*, #35, June 6, 2012.

95 Haddick, "An Arms Race America Can't Win."

96 같은 글.

97 "Secretary of Defense Speech," CSIS Global Security Forum, November 05, 2013, http://www.defense.gov/speeches/speech.aspx?speechid=1814

98 Jayant Menon, "How to multilateralise Asian regionalism," January 6, 2013, http://www.eastasiaforum.org/2013/01/06/how-to-multilateralise-asian-regionalism

99 ≪鏡報≫, 2012.6, p.12.

100 마이클 멀린(Michael Mullen) 합참의장은 2010년 말 한국 방문에서 강력한 지지 의사를 표시하면서도 군사훈련이 지역에서의 긴장을 확산시키는 결과로 이어지지 않도록 하려는 노력도 동시에 진행했다. Bader, *Obama and China's Rise: An Insider's Account of America's Asia Strategy*, pp.90~91.

101 John Kerry, "Statement of Senator John F. Kerry, Nominee for Secretary of State," Senate Committee on Foreign Relations, January 24, 2013, http://www.foreign.senate.gov/imo/media/doc/Johnpercent20Fpercent20Kerrypercent20Testimony.pdf

102 Donilon, "President Obama's Asia Policy & Upcoming Trip to Asia"; The White House, "Press Briefing by National Security Advisor Tom Donilon" 참조.

103 Susan Rice, "America's Future in Asia," speech delivered at Georgetown University in Washington DC, November 20, 2013, http://www.whitehouse.gov/the-press-office/2013/11/21/remarks-prepared-delivery-national-security-advisor-susan-e-rice

104 Tom Donilon, "America is Back in the Pacific and will Uphold the Rules," *Financial Times*, November 17, 2011.

105 "俄'东进', 美'重返', 亚太不会有'冷战'," ≪广州日报≫, 2014.1.6.

106 Manyin et al., "Pivot to the Pacific? The Obama Administration's 'Rebalancing' Toward Asia," p.8.

제6장 동아시아의 긴장과 대치

1 Randy W. Nandyatama, "China's dilemma: After the US reengagement in Southeast Asia," *The Jakarta Post*, January 17 2012.

2 Donald K. Emmerson, "Challenging ASEAN: the American pivot in Southeast Asia," January 13, 2013, http://www.eastasiaforum.org/2013/01/13/challenging-asean-the-american-pivot-in-southeast-asia

3 "China is trying to change region by force, warns Japan," *South China Morning Post*, July 10, 2013.

4 남창희, 「일본의 해석개헌, 위협인가 자산인가?」 참조.

5 Chico Harlan, "Japan's Prime Minister Shinzo Abe: Chinese need for conflict is 'deeply ingrained'," *The Washington Post*, February 20, 2013.

6 Jackie Calmes, "Japan and United States Reaffirm Their Close Ties," *The New York Times*, February 23, 2013.

7 "US and Japan boost military alliance with new missile defence system," *South China Morning Post*, October 4, 2013; ≪조선일보≫, 2013년 10월 4일 자.

8 ≪조선일보≫, 2013년 12월 18일 자.

9 Brad Glosserman, "The China challenge and the US-Japan alliance," *PacNet*, #83, November 21, 2013.

10 Yoichiro Sato, "The Senkaku Dispute and the US-Japan Security Treaty," *PacNet*, #57, September 10, 2012.

11 Yoichiro Sato, "Japan's view on Sino-Japanese Relations: Leveling the playing field?" in Shihoko Koto(ed.), *Japan's Vision for East Asia: Diplomacy Amid Geopolitical Challenges* (Washington: Wilson Center, 2014), p.8.

12 Hitoshi Tanaka, "Challenges for the US-Japan alliance in a changing Asia," April 22, 2014, http://www.eastasiaforum.org/2014/04/22/challenges-for-the-us-japan-alliance-in-a-changing-asia

13 Nakayama Toshihiro, "Our Sense of Uneasiness about America," http://www2.jiia.or.jp/en_commentary/201402/25-1.html. 라이스의 연설은 Rice, "America's Future in Asia" 참조.

14 Peter Lee, "Japan stirs Campbell's US 'pivot' soup," *Asia Times Online*, April 26, 2013.

15 ≪연합뉴스≫, 2013년 2월 2일 자.

16 Martin Fackler, "Japanese Minister Proposes More Active Military Presence in Region," *The New York Times*, July 26, 2013.

17 ≪연합뉴스≫, 2014년 7월 1일 자.

18 Richard J. Heydarian, "Japan pivots south, with eye on China," *Asia Times Online*, January 26, 2013. 이후 일본의 방위비는 3년 연속 증대된다.

19 Fackler, "Japanese Minister Proposes More Active Military Presence in Region."

20 ≪연합뉴스≫, 2013년 12월 17일 자; ≪조선일보≫, 2013년 12월 18일 자; "Beijing 'watching Japan closely' after Tokyo boosts its military," *South China Morning Post*, December 18, 2013.

21 罗援,「用事实说话, 谁在打破地区现状」, ≪环球时报≫, 2014.7.23.

22 "Japan expands military footprint for first time in 40 years, risking angering China," *South China Morning Post*, April 19, 2014; Ian Forsyth, "The East China Sea ADIZ: Old Policy, New Packaging," *China Brief*, 14: 17(September 3, 2014).

23 "日本拟建立先发制人打击能力, 保卫'西南诸岛'," ≪北京晨报≫, 2013.7.26.

24 "日本忧美军'保护'钓鱼岛能力, 将强化攻击能力," ≪环球时报≫, 2013.7.27.

25 ≪경향신문≫, 2014년 7월 14일 자; ≪조선일보≫, 2014년 7월 14일 자.

26 Satake and Ishihara, "America's Rebalance to Asia and its Implications for Japan-US-Australia Security Cooperation," pp.12~14.

27 Robert G. Sutter et al., "Balancing Acts: The US Rebalance and Asia-Pacific Stability," Elliott School of International Affairs, The George Washington University, August 2013, p.44.

28 Rommel C. Banlaoi, "The Philippines and US Pivot to Asia," March 26, 2013, http://www.academia.edu/1531821/The_Philippines_and_U.S._Pivot_to_Asia

29 Cheng-Chwee Kuik et al., "The China Factor in the U.S. 'Reengagement' With Southeast Asia: Drivers and Limits of Converged Hedging," *Asian Politics & Policy*, 4: 3(2012), p.338.

30 Banlaoi, "The Philippines and US Pivot to Asia."

31 Catherine Traywick, "American 'Pivot' to Asia Divides the Philippines," July 23, 2012, http://world.time.com/2012/07/23/american-pivot-to-asia-divides-the-philippines

32 Richard J. Heydarian, "Philippine 'pivot' in the South China Sea," *Asia Times Online*, May 21, 2013.

33 *GMA News*, December 11, 2012.

34 Justin Goldman, "President Aquino's Second Half: Minimum Credible Defense in Contested Waters?" *China Brief*, 13: 3(June 21, 2013).

35 "菲律宾增派军力巡逻南沙岛礁, 高官扬言扩充人口", 2012.10.1, http://world.huanqiu.com/regions/2012-10/3160488.html

36 "US-Philippines drill fuels tension," *China Daily*, July 3, 2012.

37 The White House, "Remarks Following a Meeting With President Benigno Aquino III of the Philippines and an Exchange With Reporters," Washington, D.C., June 8, 2012.

38 Floyd Whaley, "U.S. Reaffirms Defense of Philippines in Standoff With China," *The New York Times*, May 1, 2012.

39 "US won't take sides in Philippine-China sea row," May 1, 2012. http://www.sunstar.com.ph/breaking-news/2012/05/01/us-wont-take-sides-philippine-china-sea-row-219142

40 이러한 미국의 입장은 클린턴 행정부 시기의 정책과 유사한 것이었다. 1995년 중국이 미스치프를 점령했을 때 필리핀은 미국에 강력한 지원을 호소했지만 클린턴 정부는 영토주권 문제에 대해 입장을 취하지 않는다는 원칙을 앞세워 호응하지 않았다. Kuik et al., "The China Factor in the U.S. 'Reengagement' With Southeast Asia: Drivers and Limits of Converged Hedging," p.334.

41 같은 글, p.337.

42 Carl Thayer, "Vietnam Gradually Warms up to US Military," *The Diplomat*, November 6, 2013.

43 U.S. Department of Defense, "Joint Press Briefing with Secretary Panetta and Vietnamese Minister of Defense Gen. Phung Quang Thanh from Hanoi, Vietnam," Hanoi, Vietnam, June 4, 2012.

44 "Hanoi plays up Beijing ties ahead of Panetta visit," *South China Morning Post*, June 3, 2012.

45 "Vietnam reaffirms opposition to China's territorial claims," *South China Morning Post*, July 27, 2013.

46 Mike Ives and Thomas Fuller, "Vietnam Fails to Rally Partners in China Dispute," *The New York Times*, May 11, 2014.

47 Lien Hoang, "Vietnam floats between China and US," *Asia Times online*, May 12, 2012.

48 2014년 11월 미국은 베트남에 대한 금수조치를 부분적으로 해제했다. "US eases arms embargo against Vietnam for South China Sea defence," *South China Morning Post*, October 3, 2014.

49 Hai Hong Nguyen, "Does Hanoi deal with Beijing for its people, or for itself?" January 12th, 2013, http://www.eastasiaforum.org/2013/01/12/does-hanoi-deal-with-beijing-for-its-people-or-for-itself

50 Mike Ives and Thomas Fuller, "Vietnam Fails to Rally Partners in China Dispute," *The New York Times*, May 11, 2014.

51 Nguyen, "Does Hanoi deal with Beijing for its people, or for itself?"

52 Stein Tønnesson, "China's Boomerang Diplomacy," *Yale Global*, November 16, 2012; Justin Ho Cheng Lun, "Sino-Vietnamese tensions in the South China Sea," December 15, 2012, http://www.eastasiaforum.org/2012/12/15/sino-vietnamese-tensions-in-the-south-china-sea ; Nguyen, "Does Hanoi deal with Beijing for its people, or for itself?"

53 Heydarian, "Japan pivots south, with eye on China."

54 *Kyodo*, April 15, 2013.

55 Heydarian, "Japan pivots south, with eye on China."

56 Yoichiro Sato, "Japan aid to the Philippines a warning to China," August 29, 2013, http://www.eastasiaforum.org/2013/08/29/japan-aid-to-the-philippines-a-warning-to-china

57 "Abe busy in ASEAN blitz aimed at Beijing," *China Daily*, November 18, 2013.

58 "日本拟建立先发制人打击能力,保卫'西南诸岛'," ≪北京晨报≫, 2013.7.26.

59 "Abe diplomacy starts with Southeast Asia," *The Daily Yomiuri*, January 15, 2013.

60 "Philippines backs rearming of Japan," *Financial Times*, December 9, 2012.

61 Martin Fackler, "Japan Is Flexing Its Military Muscle to Counter a Rising China," *The New York Times*, November 26, 2012.

62 Justin Ho Cheng Lun, "Sino-Vietnamese tensions in the South China Sea," December 15, 2012, http://www.eastasiaforum.org/2012/12/15/sino-vietnamese-tensions-in-the-south-china

-sea

63 "Japan, Vietnam to deepen security ties amid China's growing assertiveness," *The Mainichi*, January 17, 2013.

64 "安倍围堵中国难如愿 越南避谈中日钓岛争端", ≪环球时报≫, 2013.1.17.

65 "美国对华'C'形包围圈是否存在?" ≪环球时报≫, 2010.2.26; 王帆·凌胜利, 「中国的外交政策变强硬了吗?: 如何理解中国新外交」, ≪当代世界≫, 2013年 3期 비교.

66 吴心伯, "应不断在亚太'安抚'美国," ≪环球时报≫, 2011.7.29; Wu Xinbo, "Beijing's Wish list: A Wiser China Policy in President Obama's Second Term," Brookings Institution, December 2012 참조.

67 "2012周边安全'系列二: 南海动武代价过大", 2011.12.31, http://opinion.huanqiu.com/roll/2012-01/2318768.html

68 任卫东, "美国意欲打造新冷战格局吗?" ≪人民日报≫(海外版), 2013.1.10.

69 朱锋, 「奥巴马政府'转身亚洲'战略与中美关系」, ≪现代国际关系≫, 2012年 4期, ≪中国外交≫, 2012年 7期, PP.36~38.

70 朱锋, 「奥巴马政府亚太战略调整及其影响」, ≪现代国际关系≫, 2012年 1期, P.9.

71 "中国战略机遇期并未终结", ≪人民日报≫(海外版), 2012.7.30.

72 张露, "美国重返亚太是否意在遏制中国?" ≪中国青年报≫, 2012.7.20.

73 Wang Jisi, "How is a 'New Model of Great Power Relations' Possible?" Special Commentaries, July 19, 2013, http://www.theasanforum.org/views-on-what-should-come-next-after-the- obama-xi-summit-and-other-introductory-summits-in-2013

74 朱锋, 「中美战略竞争与东亚安全秩序的未来」, ≪世界经济与政治≫, 2013年 3期, PP.13~17; Wu Xinbo, "America Should Step Back from the East China Sea Dispute," *The New York Times*, April 23, 2014.

75 "周边安全'系列二: 南海动武代价过大", 2011.12.31, http://opinion.huanqiu.com/roll/2012-01/2318768.html

76 金灿荣, "美在亚太只能做'保安'难做'老板'," ≪环球时报≫, 2012.1.31.

77 金灿荣, "构建新型大国关系是首要战略议题," 2013.7.11, http://news.xinhuanet.com/world/2013-07/11/c_124992836.htm

78 陶文钊, "美国'重返亚洲'战略面临五大挑战", 2011.12.28, http://news.xinhuanet.com/world/2011-12/28/c_122493199.htm

79 金灿荣·黄达, "在亚洲, 奥巴马'英雄回归'气势有些虚," ≪环球时报≫, 2012.11.20.

80 朱锋, 『中美战略竞争与东亚安全秩序的未来』, p.20.

81 齐皓, "中国不应高看美国在南海争端中的作用," 2014.6.25, http://opinion.huanqiu.com/opinion_world/2014-06/5034980.html

82 刘治琳, "'无齿虎'奥巴马在愁什么?" 2014.5.4, http://opinion.huanqiu.com/opinion_world/

2014-05/4986549.html

83 "June 2012 Ministry of Defense Regular Press Conference," Ministry of National Defense of the People's Republic of China, June 28, 2012, http://www.mod.gov.cn/photo/2012-06/28/content_4381068.htm

84 "Department of Defense Press Briefing with Secretary Hagel and Gen. Chang from the Pentagon," August 19, 2013, http://www.defense.gov/transcripts/transcript.aspx?transcriptid=5289. 재균형에 대한 중국 정부의 가장 강력한 비판은 다이빙궈 국무위원이 클린턴 국무장관에게 아시아로 중심을 이동시키는 대신에 이동해나갈 것을 제안한 것이었다. Hillary R. Clinton, *Hard Choices*(New York: Simon & Schuster, 2014), p.79. 그러나 이 책은 다이빙궈 국무위원이 언제 어떤 맥락에서 어떤 의미로 이러한 제안을 했는지 밝히지 않고 있다.

85 陶文钊, "美国'重返亚洲'战略面临五大挑战."

86 金灿荣, "中国应淡定面对美国重返亚太," 2012.7.2, http://www.gmw.cn/xueshu/2013-11/01/content_9358172.htm

87 张露, "美国重返亚太是否意在遏制中国?"

88 赵可金, "中美合作的'机会之窗'已打开," ≪环球时报≫, 2013.2.2.

89 丁剛, "美國若視中國爲敵也不可怕," ≪环球时报≫, 2011.5.16.

90 "社评: 提防美国蛮横打断亚太的'势'," ≪环球时报≫, 2012.1.6.

91 "给美国在南海划一条界线很必要," ≪人民日报≫(海外版), 2012.6.1.

92 Wang, "How is a 'New Model of Great Power Relations' Possible?"

93 Yang yi, "China must have strong navy," *China Daily*, December 2, 2011.

94 "中国海军应打造'太平洋舰队'," ≪国际先驱导报≫, 2011.12.5.

95 韩旭东, "防御思维在阻碍中国海外扩张," ≪环球时报≫, 2012.6.26.

96 "社评: 提防美国蛮横打断亚太的'势'."

97 이 제목은 王生·罗肖, 「国际体系转型与中国周边外交之变: 从维稳到维权」에서 끌어왔음.

98 Zhu Feng, "Geopolitics and China's Response: Be a Co-operator and a Competitor," *Global Asia*, 9: 3(Fall 2014), p.26.

99 같은 글, p.12.

100 郑明, "惩戒'赖邻'才能睦邻," ≪环球时报≫, 2012.5.30.

101 鲍盛钢, "钓鱼岛事端是日本的苦肉计," 2012.9.30, http://opinion.huanqiu.com/1152/2012-09/3159748.html

102 滕建群, "中国的骄傲与孤独," ≪联合早报≫, 2012.6.7.

103 滕建群, "中国外交必须的抉择: 维稳还是维权," 2012.8.7, http://www.aisixiang.com/data/56202.html

104 吴心伯, "中国展现强国外交新气象," ≪环球时报≫, 2012.11.10.

105 郑明, "惩戒'赖邻'才能睦邻."

106 "美菲军演让华盛顿更不可信," ≪环球时报≫, 2012.4.17.

107 王生·罗肖, 「国际体系转型与中国周边外交之变: 从维稳到维权」, p.13.

108 漆海霞·毛小骅, "从南海争端看中国经济外交的限度."

109 "有点'孤独'是中国崛起的正常境遇," ≪环球时报≫, 2012.6.29.

110 "中国应扩大对'睦邻'的理解," ≪环球时报≫, 2012.5.22.

111 Ross, "The Problem With the Pivot: Obama's New Asia Policy Is Unnecessary and Counterproductive," pp.70~82.

112 ≪人民日报≫, 2013.1.30.

113 "阎学通称世界两极化不可避免, 中国必居其一."

114 Ministry of Foreign Affairs of Japan, "Recent Developments in Japan-China Relations: Basic facts on the Senkaku islands and the recent Incident," October 2010.

115 张良福, 「中国政府对钓鱼岛主权争端和东海划界问题的基本立场和政策」, ≪太平洋学报≫, 2005年 8期, p.62.

116 http://news.163.com/10/0927/16/6HJQC4Q500014AEE.html

117 "钓鱼岛巡航日记八: 中国公务船首次巡航赤尾屿," 2010.10.3, http://world.huanqiu.com/roll/2010-10/1146395.html

118 "三位专家谈钓鱼岛: 中国来了, 日本就该撤走," 2012.7.12, http://opinion.huanqiu.com/1152/2012-07/2907912.html

119 ≪경향신문≫, 2012년 9월 11일 자.

120 "专家: 日已做好在钓鱼岛与中方执法船撞击对峙准备," 2013.10.14, http://news.xinhuanet.com/world/2013-10/14/c_125530384.htm

121 吴正龙, "不能过分夸大美日之间的矛盾," 2014.4.14, http://opinion.huanqiu.com/opinion_world/2014-04/4970734.html

122 李杰, "日欲对华设立海上四层拦阻," ≪环球时报≫, 2013.11.11.

123 "Beijing's air defence zone aimed at making Tokyo negotiate, analysts say," *South China Morning Post*, December 1, 2013.

124 David Cohen, "East China Sea Air Defense Moves: What for and Why Now?" *China Brief*, 13: 24(November 27, 2013).

125 Peter Mattis, "China's East China Sea ADIZ: Framing Japan to Help Washington Understand," *China Brief*, 13: 24(December 5, 2013).

126 Yoichiro Sato, "Chinese Announcement of the Air Defense Identification Zone: What Follows?" *PacNet*, #87, December 4, 2013.

127 乔良, "只有强大才能真正强硬," ≪环球时报≫, 2013.11.28.

128 Mark Landler and Jane Perlez, "Biden Backs Ally Japan but Avoids Roiling China," *The New York Times*, December 3, 2013.

129 “China scrambles military planes after US and Japan fly sorties into new zone,” *South China Morning Post*, November 29, 2013.

130 “China fighters in ‘dangerous’ brush with Japanese planes,” *South China Morning Post*, May 25, 2014; “国防部证实我军机紧急升空应对日机侦察中俄军演,” 2014.5.25, http://world.huanqiu.com/exclusive/2014-05/5004489.html; “中国迅速回击日‘军机接近’说法 要求停止干扰,” ≪环球时报≫, 2014.5.26.

131 “China, Japan trade blows as Beijing releases footage of military jets’ close encounter,” *South China Morning Post*, June 12, 2014; “社评: 日机挂弹带副油箱贴30米嚣张至极”, ≪环球时报≫, 2014.6.13.

132 Storey, *Southeast Asia and the Rise of China*, p.45.

133 Bonnie S. Glaser, “Armed Clash in the South China Sea,” Council on Foreign Relations, Contingency Planning Memorandum, no.14, April(2012), http://www.cfr.org/world/armed-clash-south-china-sea/p27883; “分析: 中国强硬姿态挑战美重返亚太,” 2014.5.17, http://www.bbc.co.uk/zhongwen/simp/world/2014/05/140517_ana_us_china_maritime-claims.shtml; Elizabeth Economy and Michael Levi, “Rein in China in its dispute with Vietnam over energy resources,” *The Washington Post*, May 15, 2014.

134 Economy and Levi, “Rein in China in its dispute with Vietnam over energy resources.”

135 Prashanth Parameswaran, “Challenged by China, ASEAN States Seek Common Response,” *China Brief*, 14 :10(2014).

136 王森·杨光海, 「东盟‘大国平衡外交’在南海问题上的运用」, ≪当代亚太≫, 2014年 1期, P.55.

137 남중국해에 대한 중국의 영유권과 배타적 경제수역 주장이 국제법에 위반되지 않는다는 입장에 관해서는 Sourabh Gupta, “Murky waters surround the rule of law in the South China Sea,” July 20, 2014, http://www.eastasiaforum.org/2014/07/20/murky-waters-surround-the-rule-of-law-in-the-south-china-sea/ 참조.

138 林先江, “中国与亚细安国家的协作与争议,” ≪联合早报≫, 2011.11.23.

139 王森·杨光海, 「东盟‘大国平衡外交’在南海问题上的运用」, p.46.

140 같은 글, p.51.

141 林先江, “中国与亚细安国家的协作与争议.”

142 沈世顺, “日菲抱团也吓不倒中国,” ≪环球时报≫, 2013.5.25.

143 Evelyn Goh, “US-China power play puts heat on ASEAN,” September 8, 2011, http://www.eastasiaforum.org/2011/09/08/us-china-power-play-puts-heat-on-asean

144 “菲律宾盼美帮忙争岛礁 献‘厚礼’换取协防承诺,” ≪环球时报≫, 2014.4.28.

145 “社评· 打击阿基诺执政应成对菲斗争核心,” ≪环球时报≫, 2012.6.9.

146 Storey, “Manila Ups the Ante in the South China Sea.”

147 Christopher Ward, "South China Sea on the rocks: the Philippines' arbitration request," April 21, 2014, http://www.eastasiaforum.org/2014/04/21/south-china-sea-on-the-rocks-the-philIppines-arbitration-request

148 ≪조선일보≫, 2014년 4월 29일 자.

149 "Obama signs new security deal with Philippines, backs Manila's arbitration bid," *South China Morning Post*, April 28, 2014.

150 ≪조선일보≫, 2014년 5월 7일 자.

151 苏晓晖, "菲律宾'示强'自讨没趣," ≪人民日报≫(海外版), 2014.5.9.

152 "美菲演习给菲律宾壮胆, 菲总统府批评中国新地图," ≪环球时报≫, 2014.6.28.

153 DJ Sta. Ana, "China reclaiming land in 5 reefs?" *The Philippine Star*, June 13, 2014. 이후 2015년 상반기까지 중국은 모두 7개 지역에서 매립과 건설공사를 진행 중인 것으로 알려졌다.

154 "Beijing rejects US, Philippines suggestion it freezes South China Sea projects," *South China Morning Post*, August 5, 2014.

155 Le Hong Hiep, "Oil rig incident means Vietnam–China relations face a new test," May 21, 2014, http://www.eastasiaforum.org/2014/05/21/oil-rig-incident-means-vietnam-china-relations-face-a-new-test

156 "王毅同印尼外长通电话, 应询介绍中越海上摩擦情况," 2014.5.14, http://world.huanqiu.com/article/2014-05/4995179.html

157 "Ships collide as Vietnam tries to stop China oil rig deployment in disputed waters," *South China Morning Post*, May 7, 2014; "China claims Vietnam boat 'rammed oil rig' before sinking in disputed waters," *South China Morning Post*, May 27, 2014.

158 谷源洋, "博弈东南亚, 对越合作可突出," ≪环球时报≫, 2013.11.11.

159 柯小寨, 「评估中越关系需用现实态度」, ≪环球时报≫, 2013.11.15

160 "Deadly anti-China riots in Vietnam play into the hands of Beijing's hawks," *South China Morning Post*, May 16, 2014.

161 Daniel Kliman et al., "The China-Vietnam Standoff: How Will It End?" May 9, 2014, http://www.chinafile.com/China-Vietnam-Standoff-How-Will-It-End

162 "President Xi Jinping vows peace, as PLA top brass talks tough and with Vietnam ablaze," *South China Morning Post*, May 18, 2014.

163 彭元正, "南海是我油气开发新重点," ≪环球时报≫, 2014.8.8.

164 王生·罗肖, 「国际体系转型与中国周边外交之变: 从维稳到维权」, p.15.

165 Ankit Panda, "Why Did China Set Up an Oil Rig Within Vietnamese Waters?" *The Diplomat*, May 13, 2014.

166 "PLA Navy sends two of its biggest ships to protect oil rig, Vietnamese media report," *South China Morning Post*, May 16, 2014.

167 Jane Perlez and Keith Bradsher, “In High Seas, China Moves Unilaterally,” *The New York Times*, May 9, 2014.

168 Peter Lee, “Bell tolls for US pivot in South China Sea,” *Asia Times online*, May 14, 2014.

169 “Deadly anti-China riots in Vietnam play into the hands of Beijing's hawks.”

170 Murray Hiebert, “China's Push in the South China Sea Divides the Region,” *Yale Global*, May 15, 2014.

171 “社评: 拉美国吓唬中国, 南海上的笑话,” ≪环球时报≫, 2014.5.7.

172 “Obama signs new security deal with Philippines, backs Manila's arbitration bid,” *South China Morning Post*, April 28, 2014.

173 Perlez and Bradsher, “In High Seas, China Moves Unilaterally.”

174 Zhang Yunbi, “Stop fueling maritime provocation, Beijing tells Washington,” *China Daily*, May 14, 2014.

175 “Vietnam and Philippines jointly denounce China's maritime moves,” *South China Morning Post*, May 21, 2014.

176 Philip Stephens, “How to avoid war in the East China Sea,” *Financial Times*, April 3, 2014.

177 Kerry Gershaneck, “Xi and Abe on the Brink: Can the US Help Avert Armed Conflict?” *PacNet*, #31, May 3, 2013.

178 滕建群, “美军‘叫板’为哪般?” ≪北京青年报≫, 2014.4.14.

179 “US defence chief Chuck Hagel calls on China to respect its neighbours amid tensions with Japan,” *South China Morning Post*, April 7, 2014.

180 “Interview with US Defense Secretary Chuck Hagel,” April 5, 2014, http://asia.nikkei.com/Politics-Economy/International-Relations/Interview-with-US-Defense-Secretary-Chuck-Hagel.

181 Bhubhindar Singh, “Obama's statement on the Senkakus/Diaoyus: why so bold?” May 3, 2014, http://www.eastasiaforum.org/2014/05/03/obamas-statement-on-the-senkakusdiaoyus-why-so-bold

182 “War of words erupts as John Kerry calls Beijing ‘provocative’ in South China Sea disputes,” *South China Morning Post*, May 13, 2014.

183 “PLA wants to set tone for military ties with US, analysts say,” *South China Morning Post*, April 16, 2014.

184 “Stop fueling maritime provocation, Beijing tells Washington,” *China Daily*, May 14, 2014.

185 “房峰辉谈东海南海: 祖宗土地一寸不能丢,” 2014.5.16, http://news.xinhuanet.com/politics/2014-05/16/c_1110731533.htm; “中美总长记者会激辩一小时 不回避双方重大分歧,” ≪环球时报≫, 2014.5.17.

186 习近平, “积极树立亚洲安全观 共创安全合作新局面: 在亚洲相互协作与信任措施会议第四次峰会上的讲话,” 2014.5.21, http://www.fmprc.gov.cn/mfa_chn/ziliao_611306/zyjh_611308/t11

58070.shtml

187 "Tensions run high at security forum as Chinese official criticises US, Japan," *South China Morning Post*, June 2, 2014.

188 "United States and Chinese warships nearly collide in South China Sea," *South China Morning Post*, December 15, 2013; "美军舰险些相撞内幕, 强行闯进航母'内防区'," ≪环球时报≫, 2013.12.16.

189 "United States and Chinese warships nearly collide in South China Sea."

190 "Chinese jet 'flew within 10 metres of US plane'," *South China Morning Post*, August 23, 2014.

191 张军社, "美应遵守国际法停止对华侦察," ≪人民日报≫(海外版), 2014.8.25.

192 "中方敦促美方停止对华抵近侦察," ≪人民日报≫, 2014.8.24.

193 Zhu, "Geopolitics and China's Response: Be a Co-operator and a Competitor," p.25.

제7장 충돌의 회피와 균형정책

1 James R. Holmes, "Responding to China's Assertiveness in the South China Sea," http://www.nbr.org/publications/element.aspx?id=746

2 "Kerry not sure of need for military build-up in Asia," *South China Morning Post*, January 26, 2013. 이후 케리 국무장관은 2013년 중반까지 모두 여덟 차례에 거쳐 중동을 방문하며 중동에 대한 관심을 이어간다. Nikolas Gvosdev, "The Realist Prism: Asia Pivot to Suffer as Obama's Attention Returns to Middle East," *The World Politics Review*, September 27, 2013.

3 Rice, "America's Future in Asia."

4 "Biden wants Japan, China to have communication channel over air defence zone," *South China Morning Post*, December 3, 2013.

5 공식 회담, 확대 회담, 만찬 등 모두 5시간 반 동안 진행된 양자 간 회동은 미국이 요구를 제기하고 중국이 듣는 일방적인 방식이 아니라 서로 입장을 주고받는 방식으로 진행되었다. 미국과 중국이 방공식별구역 선포를 둘러싸고 이견을 숨기지 않았음을 제시하는 대목이다. "Xi and Biden: What the White House says they talked about- full transcript," *South China Morning Post*, December 5, 2013.

6 "习近平同美国副总统拜登举行会谈," 2013.12.4, http://news.xinhuanet.com/politics/2013-12/04/c_118422300.htm

7 "Obama's defense commitment would be war trigger for Abe," *Xinhua*, April 24, 2014; Zhang Yunbi, "Diaoyu Islands vow 'may backfire'," *China Daily*, April 24, 2014.

8 Perlez and Bradsher, "In High Seas, China Moves Unilaterally."

9 "房峰辉谈东海南海: 祖宗土地一寸不能丢," 2014.5.16, http://news.xinhuanet.com/politics/2014-05/16/c_1110731533.htm; "中美总长记者会激辩一小时, 不回避双方重大分歧," ≪环球时报≫, 2014.5.17.

10 John Kerry, "Remarks with Chinese President Xi Jinping," speech delivered in Beijing, China, July 10, 2014, http://www.state.gov/secretary/remarks/2014/07/229022.htm

11 John Kerry, "U.S. Vision for Asia-Pacific Engagement," East-West Center, Honolulu, Hawaii, August 13, 2014, http://www.state.gov/secretary/remarks/2014/08/230597.htm

12 Thom Shanker, "U.S. Sends Two B-52 Bombers Into Air Zone Claimed by China," *The New York Times*, November 26, 2013.

13 "Obama reassures Japan over Diaoyu Islands, but warns against provoking China," *South China Morning Post*, April 24, 2014; Mark Landler and Jodi Rudoren, "Obama Suffers Setbacks in Japan and the Mideast," *The New York Times*, April 24, 2014.

14 "Xi Jinping calls for renewed trust as US security adviser Susan Rice concludes three-day visit," *South China Morning Post*, September 9, 2014.

15 Michael Mazza, "Can Obama Save His Mighty Pivot to Asia?" April 18, 2014, http://nationalinterest.org/commentary/can-obama-save-his-mighty-pivot-asia-10280

16 门洪华, 「中国对美国的主流战略认知」, ≪国际观察≫, 2014年 1期, ≪中国外交≫, 2014年 4期, pp.36~37; 朱锋, 「中美战略竞争与东亚安全秩序的未来」, p.59.

17 2014년 6월 말 중국에서 인터뷰를 진행한 이 전문가는 고위 관료일수록 미국의 우위를 인정하는 경향이 강하다고 주장한다. Bruce Jones, "How Does China View the Question of American Leadership, and Perceived American Decline?" July 2, 2014, http://www.brookings.edu/blogs/up-front/posts/2014/07/02-china-view-american-leadership-decline-jones

18 陶文钊, "美国'重返亚洲'战略面临五大挑战."

19 方长平, 「东亚一体化与中国的东亚战略方長平」, ≪现代国际关系≫, 2011年 2期, pp.39~40.

20 祁怀高, 「冷战后中美在东亚的制度均势及对中国的启示祁懷高」, p.108.

21 "'塑造新的东亚地区秩序'分论坛简报(一)," 2012.5.26, http://www.shanghaiforum.fudan.edu.cn

22 "Clinton urges Asean unity on sea disputes ahead of Beijing visit," *South China Morning Post*, September 4, 2012.

23 "社评: 日本投靠美国, 难获对抗中国资本," ≪环球时报≫, 2013.10.30.

24 杨民青, "中美海上备战会引发冲突吗?" 2014.8.11, http://opinion.huanqiu.com/opinion_world/2014-08/5101404.html

25 廖峥嵘, "中美结构性矛盾被夸大了," ≪环球时报≫, 2014.8.19.

26 袁征, "应对美国'围堵'需要先做好自己," 2014.8.20, http://opinion.huanqiu.com/opinion_world/2014-08/5112012.html

27 赵可金, "中美合作的'机会之窗'已打开."

28 朱锋, 「中美战略竞争与东亚安全秩序的未来」, p.58.

29 张露, “美国重返亚太是否意在遏制中国?”

30 Steven Metz, “Strategic Horizons: A U.S. Strategic Pivot to Nowhere,” *World Politics Review*, October 9, 2013.

31 刘志勤, “安倍参拜的真正目标是挑战美国,” 2013.12.31, http://opinion.huanqiu.com/opinion_world/2013-12/4712548.html

32 “Regional security tops Sino-US talks in Beijing,” *South China Morning Post*, January 23, 2014.

33 钟声, “钓鱼岛问题考验美国政治智慧,” ≪人民日报≫, 2012.9.20.

34 “外交部官员: 中美关系经不起折腾, 应加强合作遏制日本右翼,” 2012.11.3, http://world.people.com.cn/n/2012/1103/c1002-19483548.html

35 Wu, “Beijing's Wish list: A Wiser China Policy in President Obama's Second Term.”

36 门洪华, 「中国对美国的主流战略认知」, p.43.

37 이 절의 논의는 김재철, 「'새로운 형태의 강대국 관계' 구상과 미-중관계」, ≪중소연구≫, 37: 3(2013 가을), 19~48쪽에서 발췌했음.

38 习近平, “共创中美合作伙伴关系的美好明天: 在美国友好团体欢迎午宴上的演讲,” ≪人民日报≫, 2012.2.17.

39 崔天凯·庞含兆, 「新时期中国外交全局中的中美关系: 兼论中美共建新型大国关系」, 北京大学国际关系学院编, 『中国国际战略评论2012』(北京: 世界知识出版社发行, 2012).

40 Su Xiaohui, “Thucydides trap can be avoided,” *China Daily*, June 25, 2013.

41 胡锦涛, “推进互利共赢合作 发展新型大国关系: 在第四轮中美战略与经济对话开幕式上的致辞,” 2012.5.3, http://www.chinanews.com/gn/2012/05-03/3863654.shtml

42 Pang Zhongying, “'New Type of Great Power Relationship' between China and US,” July 2, 2013, http://www.chinausfocus.com/foreign-policy/a-new-type-of-great-power-relationship-between-china-and-us

43 “国的对华'防范派'别太投入了,” ≪环球时报≫, 2013.6.3.

44 Willy Lam, “China Deploys Pugilistic Foreign Policy with New Vigor,” *China Brief*, 12: 12 (June 22, 2012).

45 Wang Yi, “Toward a New Model of Major-Country Relations Between China and the US,” 20 September 2013, http://www.brookings.edu/~/media/events/2013/9/20%20us%20china%20foreign%20minister%20wang%20yi/wang%20yi%20english%20prepared%20remarks.pdf

46 Su, “Thucydides trap can be avoided.”

47 Ely Ratner, “(Re)Defining the 'New Type of Major Country Relationship' between the United States and China,” *PacNet*, #4, January 13, 2014.

48 David Pilling, “China is stealing a strategic march on the US,” *Financial Times*, May 28, 2014.

49 "Xi Jinping calls for renewed trust as US security adviser Susan Rice concludes three-day visit," *South China Morning Post*, September 9, 2014.

50 "社评: 中美站在两种未来拔河的十字路口," ≪环球时报≫, 2014.9.10.

51 门洪华, 「中国对美国的主流战略认知」, pp.38~40.

52 Shannon Tiezzi, "Surprise: US-China Military Ties Are Actually Improving," *The Diplomat*, June 27, 2014.

53 Timothy R. Heath, "China and the U.S. Alliance System," *The Diplomat*, June 11, 2014.

54 "Better Sino-US ties needed given rising risk of military clash, Chuck Hagel says," *South China Morning Post*, April 9, 2014.

55 Jan Perlez, "Naval Ties With China Advance, Symbolically," *The New York Times*, July 20, 2014.

56 "Better Sino-US ties needed given rising risk of military clash, Chuck Hagel says," *South China Morning Post*, April 9, 2014.

57 "US urged to restrain Japan," *China Daily*, April 9, 2014.

58 "China and US agree to be more open about their military activities," *South China Morning Post*, July 11, 2014.

59 "中美关系的一次'战略再确认'," ≪人民日报≫, 2014.7.12.

60 吴祖荣, "中美开战无赢家, 莫炒作毒化两国关系," 2014.7.4, http://opinion.huanqiu.com/opinion_world/2014-07/5048381.html

61 "美善意邀请换来诚意参加, 游戏规则是边吵架边合作," ≪环球时报≫, 2014.6.26.

62 "日菲单靠美国大树不安全, 需弃零和思维同中国合作," ≪环球时报≫, 2014.6.26.

63 张军社, "'环太'军演缘何对中国破例," ≪人民日报≫(海外版), 2014.6.28.

64 "美善意邀请换来诚意参加, 游戏规则是边吵架边合作."

65 Steve Cohen, "Why Help China's Military Progress?" *The New York Times*, August 6, 2014.

66 "Can we train together? PLA officer uses US ships' port visit to boost ties," *South China Morning Post*, August 7, 2014.

67 李显荣, "中美联合军演越来越常见," ≪人民日报≫(海外版), 2014.8.1.

68 "美海军部长邀中国航母访美 积极言论改善两军关系," ≪环球时报≫, 2014.8.1; 吴祖荣, "中美'航母互访'是大势所趋," 2014.7.31, http://opinion.huanqiu.com/opinion_world/2014-07/5092179.html

69 "Xi Jinping calls for renewed trust as US security adviser Susan Rice concludes three-day visit," *South China Morning Post*, September 9, 2014.

70 "习近平同美国总统奥巴马举行会谈, 强调从六个重点方向推进中美新型大国关系建设," ≪人民日报≫, 2014.11.13.

71 张军社, "中美从新型军事关系突破," ≪环球时报≫, 2014.11.13.

72 “中美军方磋商‘相遇规则’, 抵近侦察增大误判风险,” ≪环球时报≫, 2014.8.28.

73 Perlez, “Naval Ties With China Advance, Symbolically.”

74 “国防部回应’中国船监视环太军演’: 符合国际法,” ≪环球时报≫, 2014.7.21.

75 Jeremy Page, “Chinese Ship Spies on U.S.-Led Drills,” *The Wall Street Journal*, July 19, 2014.

76 “美海军部长邀中国航母访美, 积极言论改善两军关系,” ≪环球时报≫, 2014.8.1.

77 Julian Barnes and Jeremy Page, “Pentagon Pauses New Exchanges With China”. *The Wall Street Jorunal*, January 28, 2015.

78 Craig Whitlock, “McCain to Pentagon: Don't let your aircraft carriers visit China,” *The Washington Post*, February 5, 2015.

79 그러나 이러한 결정은 기존 교류에는 영향을 끼치지 않으며, 또 미국 국방부 관리는 중국과 군사교류를 계속하는 것이 아시아에서 안정을 유지하는 데 초석으로 작용할 것이라고 밝힘으로써 군사협력을 계속하려는 의지를 피력했다. Barnes and Page, “Pentagon Pauses New Exchanges With China.”

80 “评: 中国外交要理性, 勿走向冒险主义,” 2014.2.5, http://phtv.ifeng.com/program/zbjsj/detail_2014_02/05/33555612_0.shtml

81 “Diplomacy, not military power, key to security, veteran adviser says,” *South China Morning Post*, January 19, 2014.

82 陶文钊, “美国‘重返亚洲’战略面临五大挑战.”

83 周方银, 「中国崛起, 东亚格局变迁与东亚秩序的发展方向」, ≪当代亚太≫, 2012年 5期, ≪中国外交≫, 2013年 3期, P.17.

84 “Hu seeks Cambodia's help on sea dispute,” *South China Morning Post*, April 1, 2012.

85 陈先奎, “印尼, 中国外交的战略支点,” ≪环球时报≫, 2012.4.28.

86 “Xi pledges to boost ties with Indonesia,” *China Daily*, October 3, 2013; “Xi Jinping outlines US$1tr trade target with Asean states,” *South China Morning Post*, October 4, 2013; “Xi in call for building of new ‘maritime silk road’,” *China Daily*, October 4, 2013.

87 Jane perlez and Joe Cochrane, “Obama's Absence Leaves China as Dominant Force at Asia-Pacific Meeting,” *The New York Times*, October 7, 2013.

88 물론 중국이 필리핀과의 관계 개선 가능성을 완전히 배제한 것은 아니다. 중국은 필리핀에 압력을 가하는 동시에 관계를 개선하자는 메시지도 계속해서 보냈다. 2014년 1월 필리핀에 새로운 조업규칙과 관련한 타협을 촉구한 바 있고, 이후에도 필리핀 주재 중국 외교관이 다른 아세안 국가에 비해 뒤떨어진 양국 간 경제관계를 거론하며 필리핀의 정책 변화를 촉구한 바 있다. “Diplomacy, not military power, key to security, veteran adviser says.”

89 “Drilling for diplomacy: How China's rig removal affects change in Vietnam,” *South China Morning Post*, July 17, 2014.

90 2014년 6월까지 110만 명을 넘어선 중국인 관광객 숫자는 베트남을 방문하는 최대의 관광객 집

단이자, 두 번째로 많은 한국인 관광객 숫자 40만을 압도하는 것이다. "Chinese tourists abandon Vietnam after oil rig row," *South China Morning Post*, July 21, 2014.

91 "Xi Jinping uses tougher tone on South China Sea disputes at Asean meeting," *South China Morning Post*, September 22, 2012.

92 "Asean, China to meet on maritime code of conduct," *South China Morning Post*, April 11, 2013.

93 "ASEAN friendship growing," *China Daily*, May 7, 2013.

94 吴士存, "外界不必臆测南海防空识别区," ≪环球时报≫, 2014.1.3.

95 王森·杨光海, 「东盟'大国平衡外交'在南海问题上的运用」, p.56.

96 王德华, "'981'撤离是看美国脸色? 别信谣言," 2014.7.17, http://opinion.huanqiu.com/opinion_world/2014-07/5069200.html

97 "Drilling for diplomacy: How China's rig removal affects change in Vietnam." 2013년 베트남이 중국으로부터 수입한 품목 가운데 33%가 부품과 장비였다. 이러한 현실은 중국과의 경제관계가 악화될 경우 베트남의 제조업에 타격을 가해 수출에까지 영향을 끼칠 수 있음을 의미한다.

98 "'Correct political decisions' can get us past 'shock', Xi tells Vietnamese envoy," *South China Morning Post*, August 28, 2014.

99 "刘云山与越共中央总书记特使举行会谈," ≪人民日报≫, 2014.8.28.

100 华益声, "别让南海问题搅了中越大局," ≪人民日报≫(海外版), 2014.8.27.

101 "New leaders to face foreign-policy issues," *China Daily*, March 2, 2013.

102 Kuik et al., "The China Factor in the U.S. 'Reengagement' With Southeast Asia: Drivers and Limits of Converged Hedging," pp.338~339.

103 De Santis, "The China Threat and the 'Pivot' to Asia," p.210.

104 Kuik et al., "The China Factor in the U.S. 'Reengagement' With Southeast Asia: Drivers and Limits of Converged Hedging," p.340.

105 Tan Seng Chey, "Changing Global Landscape and Enhanced US Engagement with Asia: Challenges and Emerging Trends," *Asia-Pacific Review*, 19: 1(2012), p.116.

106 Dewi Fortuna Anwar, "An Indonesian Perspective on the U.S. Rebalancing Effort toward Asia," February 26, 2013, http://www.nbr.org/research/activity.aspx?id=320

107 Lally Weymouth, "An interview with Singapore Prime Minister Lee Hsien Loong," *The Washington Post*, March 15, 2013.

108 Perlez and Cochrane, "Obama's Absence Leaves China as Dominant Force at Asia-Pacific Meeting."

109 "日本仿效美国'重返东南亚'图谋制衡中国, ≪人民日报≫, 2013.1.16.

110 Simon Tay, "ASEAN must not be dragged into an anti-China coalition by Japan," *South Chi-*

na Morning Post, January 22, 2013.

111 "安倍围堵中国难如愿, 越南避谈中日钓岛争端," ≪环球时报≫, 2013.1.17.

112 "Japan's Abe touts ASEAN during brief Jakarta visit," *The Jakarta Post*, January 19, 2013; "Tokyo to pledge US$20b to Southeast Asia to win friends at Asean summit," *South China Morning Post*, December 14, 2013.

113 Michael J. Green and Zack Cooper, "Revitalizing the Rebalance: How to Keep U.S. Focus on Asia," *The Washington Quarterly*, 37 :3(2014).

114 "安倍图谋'围堵中国'不会得逞," 2013.6.13, http://news.xinhuanet.com/world/2013-06/13/c_116136845.htm

115 Huxley, "Response to PacNet #35 ₩ – US 1, China 0."

116 Ian Storey, "Asean Is a House Divided," *The Wall Stree Journal*, June 14, 2012.

117 Kuik et al., "The China Factor in the U.S. 'Reengagement' With Southeast Asia: Drivers and Limits of Converged Hedging."

118 Floyd Whaley, "U.S. Reaffirms Defense of Philippines in Standoff With China," *The New York Times*, May 1, 2012.

119 Emmerson, "Challenging ASEAN: The US Pivot Through Southeast Asia's Eyes," p.26.

120 Hung Ming-Te and Tony Tai-Ting Liu, "Sino-U.S. Strategic Competition in Southeast asia: China's Rise and U.S. Foregign Policy Transformation since 9/11," *Political Perspective*, 5: 3(2011), p.112.

121 Cossa, "US 1, China 0."

122 Thitinan Pongsudhirak, "Obama's Southeast Asia visit: re-engaging with the region," November 20, 2012, http://www.eastasiaforum.org/2012/11/20/obamas-southeast-asia-visit-re-engaging-with-the-region

123 Jane Perlez, "Asian Leaders at Regional Meeting Fail to Resolve Disputes Over South China Sea," *The New York Times*, July 12, 2012.

124 Jane Perlez, "China Stalls Move to Quell Asia Disputes Over Territory," *The New York Times*, November 19, 2012; *South China Morning Post*, November 20, 2012.

125 Chun Han Wong, "China's Aid to Cambodia Helps Cement Ties," *The Wall Street Journal*, November 15, 2012.

126 Stuart Grudgings and Terril Yue Jones, "Analysis: China courts friends in region; for others a show of strength," *Reuters*, November 21, 2012.

127 Sanchita Basu Das, "ASEAN: a united front to tackle the South China Sea issue," May 13, 2012. http://www.eastasiaforum.org/2012/05/13/asean-a-united-front-to-tackle-the-south-china-sea-issue

128 "Clinton urges Asean unity on sea disputes ahead of Beijing visit," *South China Morning*

Post, September 4, 2012.

129 Storey, "Asean Is a House Divided."

130 Sanchita Basu Das, "ASEAN: a united front to tackle the South China Sea issue."

131 王森·杨光海,「东盟'大国平衡外交'在南海问题上的运用」, p.50.

132 "Asean foreign ministers urge self-restraint as tensions with China continue to rise," *South China Morning Post*, May 10, 2014.

133 ≪연합뉴스≫, 2009년 6월 17일 자.

134 김성한,「한미동맹의 현황과 미래비전」, ≪전략연구≫, 17: 1(2010년 3월), 39쪽.

135 The White House Office of the Press Secretary, "Remarks by President Obama and President Lee Myung-Bak of the Republic of Korea After Bilateral Meeting," June 26, 2010. http://www.whitehouse.gov/the-press-office/remarks-president-obama-and-president-lee-myung-bak-republic-korea-after-bilateral-

136 "Full text of Park's speech at U.S. Congress," http://english.yonhapnews.co.kr/national/2013/05/08/4/0301000000AEN20130508010800315F.HTML

137 Scott A. Snyder, "U.S. Policy Toward the Korean Peninsula: Accomplishments and Future Challenges," *Kokusaimondai(International Affairs)*, No.614(September 2012), http://www2.jiia.or.jp/en/pdf/publication/2012-09_003-kokusaimondai.pdf

138 ≪조선일보≫, 2013년 10월 4일 자.

139 Bruce Klingner, "Washington Should Urge Greater South Korean-Japanese Military and Diplomatic Cooperation," September 24, 2012, http://www.heritage.org/research/reports/2012/09/washington-should-urge-greater-south-korean-japanese-military-and-diplomatic-cooperation

140 Ralph Cossa, "Time for U.S. to help Japan, South Korea to get along," http://globalpublic-square.blogs.cnn.com/2012/08/21/time-for-u-s-to-help-japan-south-korea-to-get-along

141 Robert E. Kelly, "US-Japan Alliance Sparks Korean Grand Strategy Debate," *The Diplomat*, December 11, 2013; Shim Jae Hoon, "US-Japan Defense Accord Upsets Seoul," *YaleGlobal*, October 10, 2013.

142 Klingner, "Washington Should Urge Greater South Korean-Japanese Military and Diplomatic Cooperation."

143 Spitzer, "U.S. Gets Its Asian Allies Together - Finally," *Time*, June 21, 2012.

144 ≪국민일보≫, 2013년 3월 19일 자.

145 ≪중앙일보≫, 2014년 12월 27일 자.

146 ≪연합뉴스≫, 2014년 7월 21일 자.

제8장 결론

1 "中美APEC争主导权, 好唬人的段子," ≪环球时报≫, 2014.11.10.

2 "贾庆国驳中美对抗论: 中国没有挑战现存国际秩序," 2015.1.6, http://world.people.com.cn/n/2015/0106/c1002-26333801.html

3 胡鞍钢 外, 『2030中国: 迈向共同富裕』, pp.57~61.

4 Yu Yongding, "China faces challenges but bears beware of betting on collapse," December 28, 2014, CASS, http://www.eastasiaforum.org/2014/12/28/china-faces-challenges-but-bears-beware-of-betting-on-collapse/ 참조

5 "IMF trims forecast for China's GDP growth, raises outlook for US," *South China Morning Post*, January 20, 2015.

6 Lant Pritchett and Lawrence H. Summers, "Asiaphoria Meets Regression to the Mean," NBER Working Paper no.20573, October 2014. 반면에 세계은행 부총재를 지닌 린이푸(林毅夫)는 역사적 사례와 중국의 고도성장을 가능하게 하는 원인을 고려할 때 2008년부터 20년간 8% 성장을 유지할 잠재력이 있으며 최소한 7.5% 정도의 성장은 무난하다고 주장한다. 林毅夫, "驳'唱衰中国论', 我是'客观派'," 2014.8.7, http://sike.news.cn/article.do?action=articleDetail&id=218202199

7 Asa Johansson et al., "Looking to 2060: Long-term Global Growth Prospects," OECD Economic Policy Papers, November 2012.

8 "China surpasses US as world's largest economy based on key measure,"

9 廖峥嵘, "对'美国衰落论'的反思," ≪环球时报≫, 2014.12.26.

10 S.R. and D.H., "Catching the eagle," *The Economist*, August 22, 2014.

11 중국의 한 전문가는 향후 7~8년 동안 중국경제의 성장률이 7.5%에서 크게 낮아지지는 않을 것으로 전망한다. 刘迎秋, "我国经济中长期走势怎么看," ≪人民日报≫, 2015.2.9. 다른 전문가 또한 2014년 중국의 GDP 성장률이 1990년 이래 최저인 7.4%를 기록했지만 향후 10년 동안 7% 이상 성장할 수 있을 것으로 추정한다. 姚洋, "中国经济7%增长十年, 完全可能", ≪环球时报≫, 2015.1.22.

12 Arvind Subramanian, "Eclipse: Living in the Shadow of China's Economic Dominance," The Peterson Institute for International Economics, September 2011 참조.

13 2012년 취역한 랴오닝호는 훈련용으로서의 성격이 강하다. "Shanghai shipyard 'to build second Chinese designed aircraft carrier'," *South China Morning Post*, October 22, 2014.

14 구체적으로 2020년까지 ICBM이나 대함 순항미사일을 탑재한 잠수함 60여 척과 수면함 75척 등 서태평양에서 최대 규모의 잠수함과 수면함을 보유하게 될 것으로 전망된다. U.S.-China Economic and Security Review Commission, "2013 Annual Report to Congress," November

20, 2013, http://www.uscc.gov/Annual_Reports/2013-annual-report-congress

15 Michael D. Swaine, et al., "China's Military and the U.S.-Japan Alliance in 2030: A Strategic Net Assessment," Carnegie Endowment for International Peace, May 3, 2013.

16 James Dobbins et al., "Conflicts with China: Prospects, Consequences, and Strategies for Deterrence," Occasional Paper, RAND, 2011.

17 "The dragon's new teeth," *The Economist*, April 7, 2012.

18 Joseph Nye, "American and Chinese Power after the Financial Crisis," *The Washington Quarterly*, 33: 4(Autumn 2010), pp.143~153.

19 Michael S. Chase et al., "China's Incomplete Military Transformation: Assessing the Weakness of the PLA," RAND, February 2015.

20 Hugh White, "Why Obama should abandon the pivot," May 4, 2014, http://www.eastasiaforum.org/2014/05/04/why-obama-should-abandon-the-pivot

21 David M. Lampton, "Sino-American ties: building relations beyond Washington's 'rebalancing'," November 19, 2013, http://www.eastasiaforum.org/2013/11/19/sino-american-ties-building-relations-beyond-washingtons-rebalancing

22 Richard Katz, "The Trans-Pacific Partnership: Lessons from Negotiations," http://www.nbr.org/publications/element.aspx?id=769 이처럼 TPP가 보편적 규칙을 추구하고 있지만 정작 그 구체적 내용이 무엇인지는 잘 알려져 있지 않다.

23 Aurelia George Mulgan, "Why the US struggles against Japan in TPP negotiations," August 27, 2014, http://www.eastasiaforum.org/2014/08/27/why-the-us-struggles-against-japan-in-tpp-negotiations

24 Katz, "The Trans-Pacific Partnership: Lessons from Negotiations."

25 *The Japan Times*, January 14 & January 17, 2015 참조.

26 "Remarks by the President in State of the Union Address."

27 Andy Nguyen, "The U.S. Rebalance to Asia," January 15, 2015, http://nbr.org/research/activity.aspx?id=521

28 Jayant Menon, "TPPing over?" July 15, 2014, www.eastasiaforum.org/2014/07/15/tpping- over

29 White, "Why Obama should abandon the pivot."

30 滕建群, "美国对亚太政策何以频出杂音?" ≪北京青年报≫, 2014.2.12; Ian Forsyth, "The East China Sea ADIZ: Old Policy, New Packaging," *China Brief*, 14: 17(September 3, 2014).

31 Zhu Feng, "Geopolitics and China's Response: Be a Co-operator and a Competitor," p.27.

32 외교정책과 관련하여 중국적 대안을 추구하려는 시도에 관해서는 김재철, 「'중국식' 외교정책의 등장? 2014년 중국외교의 기조」, ≪2014 중국정세보고≫, 국립외교원 중국연구센터(2015)를 참조.

33 "中国外交: 从韬光养晦到奋发有为," ≪国际先驱导报≫, 2014.1.14.

34 Mark Landler, “A Fruitful Visit by Obama Ends With Blunt Words by Xi Jinping,” *The New York Times*, November 12, 2014.

35 “习近平同美国总统奥巴马举行会谈, 强调从六个重点方向推进中美新型大国关系建设,” ≪人民日报≫, 2014.11.13.

36 “美中关系到了‘正面时刻’, 需领导人亲自牵引,” ≪环球时报≫, 2015.2.12.

37 Mark Landler, “Ending Asia Trip, Obama Defends His Foreign Policy,” *The New York Times*, April 28, 2014.

38 Philip Bowring, “Standing Up to China on the South China Sea,” *The Asia Sentinel*, August 14, 2014.

39 “罗援评P8A进南海: 美从偷鸡摸狗到明目张胆当强盗,” ≪环球时报≫, 2015.2.28; “U.S. Would Welcome Japan Air Patrols in South China Sea,” *Reuters*, January 30, 2015.

참고문헌

〈국내문헌〉

구본학 외. 2008.「한미동맹의 장래: 향후 5년간의 전망과 과제」. ≪신아세아≫, 15: 3.

김성한. 2010.「한미동맹의 현황과 미래비전」. ≪전략연구≫, 17: 1.

김재철. 2015.「'중국식' 외교정책의 등장? 2014년 중국외교의 기조」. ≪2014 중국정세보고≫. 국립외교원 중국연구센터.

______. 2014a.「중국과 동아시아 지역협력: 기대, 현실 그리고 대응」. 동아시아공동체연구회 엮음.『동아시아공동체: 동향과 전망』. 서울: 아산정책연구원.

______. 2014b.「시진핑 체제의 외교정책: 기조, 주요정책, 그리고 평가」. ≪2013 중국정세보고≫. 국립외교원 중국연구센터.

______. 2013.「"새로운 형태의 강대국 관계" 구상과 미-중관계」. ≪중소연구≫, 37: 3.

______. 2010.「미·중관계의 변화와 한국」.『우리에게 중국은 무엇인가』. 경제·인문사회연구회 대중국 종합연구 협동연구총서 10-03-01. https://www.nrcs.re.kr/reference/together에서 검색 가능.

______. 2007.『중국의 외교전략과 국제질서』. 서울: 폴리테이아.

남창희. 2014.「일본의 해석개헌, 위협인가 자산인가?」. ≪국제정치논총≫, 54: 1.

박번순. 2013.「아세안 중국의 시장이 되다」. http://seonamforum.net/newsletter/viewasp?idx=2141&board_id=21&page=1

이명찬. 2013.「센카쿠제도를 둘러싼 중·일 간 갈등과 동북아」. ≪국제정치논총≫, 5: 1.

전재성. 2011.『동아시아 국제정치: 역사에서 이론으로』. 서울: EAI.

〈중국문헌〉

鲍盛钢. 2012. "钓鱼岛事端是日本的苦肉计." http://opinion.huanqiu.com/1152/2012-09/3159748.html

陈峰君. 2004.「加强中国与东盟合作的战略意义」. ≪国际政治研究≫. 1期.
陈健. 2014.2.11. "外交政策不能被'民意'左右." ≪环球时报≫.
陈先奎. 2012.4.28. "印尼 中国外交的战略支点." ≪环球时报≫.
陈向阳. 2010.8.4. "更需冷静和克制." ≪人民日报≫.
程亚文. 2012.5.24. "中国需走出外交新路." ≪联合早报≫.
崔天凯·庞含兆. 2012.「新时期中国外交全局中的中美关系: 兼论中美共建新型大国关系」. 北京大学国际关系学院 编.『中国国际战略评论2012』. 北京: 世界知识出版社发行.
戴秉国. 2010.12.13. "坚持走和平发展道路." ≪人民日报≫.
丁刚, 2011.5.16. "美國若視中國爲敵也不可怕." ≪环球时报≫.
方长平. 2011.「东亚一体化与中国的东亚战略方長平」. ≪现代国际关系≫. 2期.
谷源洋. 2013.11.11. "博弈东南亚. 对越合作可突出." ≪环球时报≫.
韩旭东. 2012.6.26. "防御思维在阻碍中国海外扩张." ≪环球时报≫.
何自力. 2014.6.28. "莫高估中美经济的相互依赖性." ≪环球时报≫.
胡鞍钢 外. 2011.『2030中国: 迈向共同富裕』. 北京: 中国人民大学出版社.
胡锦涛. 2012. "推进互利共赢合作 发展新型大国关系: 在第四轮中美战略与经济对话开幕式上的致辞." http://www.chinanews.com/gn/2012/05-03/3863654.shtml
华益声. 2014.8.27. "别让南海问题搅了中越大局." ≪人民日报≫(海外版).
季志业. 2006.「上海合作组织与东亚一体化前景分析」. ≪江南社会学院学报≫. 1期.
江泽民. "国际形势和军事战略方针." http://cpc.people.com.cn/GB/64184/64185/180137/10818700.html
金灿荣. 2013. "构建新型大国关系是首要战略议题." ≪新华新闻≫. http://news.xinhuanet.com/world/2013-07/11/c_124992836.htm
______. 2012. "中国应淡定面对美国重返亚太." ≪光明日报≫. http://www.gmw.cn/xueshu/2013-11/01/content_9358172.htm
______. 2012.1.31. "美在亚太只能做'保安'难做'老板'." ≪环球时报≫.
金灿荣·董春岭. 2009.「中国外交现状与发展战略」. ≪当代世界≫. 9期.
金灿荣·黄达. 2012.11.20. "在亚洲, 奥巴马'英雄回归'气势有些虚." ≪环球时报≫.
柯小寨. 2013.11.15. "评估中越关系需用现实态度." ≪环球时报≫.
雷墨. 2010.9.9. "中国应更积主动地塑造周边." ≪环球时报≫.
李晨阳. 2012. "塑造新的东亚地区秩序'分论坛简报(四)." http://www.shanghaiforum.fudan.edu.cn/

view.aspx?id=821
李杰. 2013.11.11. “日欲对华设立海上四层拦阻.” ≪环球时报≫.
李鹏. 1993. “政府工作报告.” ≪人民日报≫. http://www.people.com.cn/zgrdxw/zlk/rd/8jie/newfiles/a1360.html
李显荣. 2014.8.1. “中美联合军演越来越常见.” ≪人民日报≫(海外版).
廖峥嵘. 2014.12.26. “对‘美国衰落论’的反思.” ≪环球时报≫.
______. 2014.8.19. “中美结构性矛盾被夸大了.” ≪环球时报≫.
刘治琳. 2014. “‘无齿虎’奥巴马在愁什么?” ≪环球时报≫. http://opinion.huanqiu.com/opinion_world/2014-05/4986549.html
刘迎秋. 2015.2.9. “我国经济中长期走势怎么看.” ≪人民日报≫.
刘志勤. 2013. “安倍参拜的真正目标是挑战美国.” ≪环球时报≫. http://opinion.huanqiu.com/opinion_world/2013-12/4712548.html
林先江. 2011.11.23. “中国与亚细安国家的协作与争议.” ≪联合早报≫.
罗援. 2014.7.23. “用事实说话, 谁在打破地区现状.” ≪环球时报≫.
马晓天. 2011.1.17. “把握战略机遇期的时代内涵明确我们的历史使命和担当.” ≪学习时报≫.
门洪华. 2014. 「中国对美国的主流战略认知」. ≪国际观察≫. 4期.
庞中英. 2004. 『中国与亚洲』. 上海: 上海社会科学院出版社.
______. 2001. 「中国的亚洲战略: 灵活的多边主义」. ≪世界经济与政治≫. 10期.
彭元正. 2014.8.8. “南海是我油气开发新重点.” ≪环球时报≫.
漆海霞·毛小骅. 2011. “从南海争端看中国经济外交的限度.” http://www.tiandainstitute.org/cn/article/1204_1.html
齐皓. 2014. “中国不应高看美国在南海争端中的作用.” ≪环球时报≫. http://opinion.huanqiu.com/opinion_world/2014-06/5034980.html
祁怀高. 2011. 「冷战后中美在东亚的制度均势及对中国的启示」. ≪世界经济与政治≫. 7期.
乔良. 2013.11.28. “只有强大才能真正强硬.” ≪环球时报≫.
曲星. 2013.10.26. “周边外交需要顶层设计.” ≪环球时报≫.
任卫东. 2013.1.10. “美国意欲打造新冷战格局吗?” ≪人民日报≫(海外版).
沈世顺. 2013.5.25. “日菲抱团也吓不倒中国.” ≪环球时报≫.
时殷弘. 2012. 「美国在东北亚: 权势阵地的随机巩固」. ≪现代国际关系≫. 1期.
宋伟. 2012. 「中国的东亚区域一体化战略: 限度, 方式与速度的反思」. ≪中国外交≫. 1期.

苏晓晖. 2014.5.9. “菲律宾‘示强’自讨没趣.” ≪人民日报≫(海外版).

唐世平·张蕴岭. 2007. 「中国的地区战略」. 牛军·王缉思 編. 『中国学者看世界 4: 中国外交卷』. 北京: 新世界.

陶文钊. 2011. “美国‘重返亚洲’战略面临五大挑战.” http://news.xinhuanet.com/world/2011-12/28/c_122493199.htm

滕建群. 2014.4.14. “美军'叫板'为哪般?” ≪北京青年报≫.

______. 2014.2.12. “美国对亚太政策何以频出杂音?” ≪北京青年报≫.

______. 2012. “中国外交必须的抉择: 维稳还是维权.” http://www.aisixiang.com/data/56202.html

______. 2012.6.7. “中国的骄傲与孤独,” ≪联合早报≫.

田中青. 2004. 「试论‘东亚共同体’」. ≪当代亚太≫. 10期.

王德华. 2014. “‘981’撤离是看美国脸色? 别信谣言.” http://opinion.huanqiu.com/opinion_world/2014-07/5069200.html

王传剑. 2012. 「理性看待美国战略重心东移」. ≪外交评论≫. 5期.

王海運. 2010. “‘南海是中國核心利益’并非官方表態.” http://view.news.qq.com/a/20101013/000026.htm

王森·杨光海. 2014. 「东盟大国平衡外交在南海问题上的运用」. ≪当代亚太≫. 1期.

王生·罗肖. 2013. 「国际体系转型与中国周边外交之变: 从维稳到维权」. ≪现代国际关系≫. 1期.

王小东. 2009. 「该由西方正视中国‘不高兴’了」. 宋晓军 外. 『中国不高兴』. 南京: 江苏人民出版社.

王毅. 2005. “亚洲区域合作与中日关系: 中国驻日本大使王毅 2005年1月12日在东京早稻田大学的演讲.” http://www.fmprc.gov.cn/ce/cejp/chn/sgxxs/t182300.htm

魏建国. 2015.2.17. “别寄望美国国会不批准TPP.” ≪环球时报≫.

魏玲. 2012. 『东亚地区合作: 2011』. 北京: 经济科学出版社.

______. 2011. 「国内进程, 不对称互动与体系变化」. ≪中国外交≫. 4期.

温家宝. 2006. “携手奋进 共创中国-东盟关系的美好未来.” http://news.xinhuanet.com/world/2006-10/30/content_5268467.htm

吴荻·金灿荣 . 2009. 「金灿荣点评前后‘对话’之不同」. ≪世界知识≫. 16期.

吴琳. 2010. 「冷战后中国周边政策的历史演进」. ≪国际论坛≫. 3期.

吴士存. 2014.1.3. “外界不必臆测南海防空识别区.” ≪环球时报≫.

吴心伯. 2013. 「奥巴马政府与亚太地区秩序」. ≪世界经济与政治≫. 8期.

______. 2012.11.10. “中国展现强国外交新气象.” ≪环球时报≫.

______. 2011.7.29. “应不断在亚太‘安抚’美国.” ≪环球时报≫.

吴正龙. 2014. “不能过分夸大美日之间的矛盾.” http://opinion.huanqiu.com/opinion_world/2014-04/4970734.html

吴祖荣. 2014. “中美开战无赢家, 莫炒作毒化两国关系.” http://opinion.huanqiu.com/opinion_world/2014-07/5048381.html

习近平. 2014. “积极树立亚洲安全观 共创安全合作新局面: 在亚洲相互协作与信任措施会议第四次峰会上的讲话.” http://www.fmprc.gov.cn/mfa_chn/ziliao_611306/zyjh_611308/t1158070.shtml

______. 2013a. “让命运共同体意识在周边国家落地生根.” http://news.xinhuanet.com/politics/2013-10/25/c_117878944.htm

______. 2013b. “更好统筹国内国际两个大局, 夯实走和平发展道路的基础.” http://news.xinhuanet.com/politics/2013-01/29/c_114538253.htm

______. 2012.2.17. “共创中美合作伙伴关系的美好明天: 在美国友好团体欢迎午宴上的演讲.” ≪人民日报≫.

阎学通. 2013.『历史的惯性: 未来十年的中国与世界』. 北京: 中信出版社.

杨伯江 外. 2005.「东亚峰会与区域政策的深化」. ≪现代国际关系≫. 3期.

姚洋. 2015.1.22. “中国经济7%增长十年, 完全可能.” ≪环球时报≫.

袁鹏. 2012.「关于构建中美新型大国关系的战略思考」. ≪现代国际关系≫. 10期.

袁征. 2014.「应对美国‘围堵’需要先做好自己」. http://opinion.huanqiu.com/opinion_world/2014-08/5112012.html

张红. 2014.8.22. “美国真心与中国玩对抗?” ≪人民日报≫(海外版).

张军社. 2014.11.13. “中美从新型军事关系突破.” ≪环球时报≫.

______. 2014.8.25. “美应遵守国际法停止对华侦察.” ≪人民日报≫(海外版).

______. 2014.6.28. “‘环太’军演缘何对中国破例.” ≪人民日报≫(海外版).

张露. 2012.7.20. “美国重返亚太是否意在遏制中国?” ≪中国青年报≫.

张蕴岭. 2009.「东亚合作之路该如何走?」. ≪外交评论≫. 2期.

______. 2008.「对东亚合作发展的再认识」. ≪当代亚太≫. 1期.

______. 2006.「中国同东亚的经济一体化与合作」. ≪当代亚太≫. 1期.

______. 2005.「中国政府对钓鱼岛主权争端和东海划界问题的基本立场和政策」. ≪太平洋学报≫. 8期.

张蕴岭 编. 2003.『未来10-15年中国在亚太地区面临的国际环境』. 北京: 中国社会科学出版社.

赵可金. 2013.2.2. “中美合作的‘机会之窗’已打开.” ≪环球时报≫.

郑明. 2012.5.30. “惩戒‘赖邻’才能睦邻.” ≪环球时报≫.

郑永年. 2010.「中国外交新思维才会有新格局」. ≪中国经贸≫. 12期.
钟声. 2012.9.20. "钓鱼岛问题考验美国政治智慧." ≪人民日报≫.
周方银. 2012.「中国崛起, 东亚格局变迁与东亚秩序的发展方向」. ≪当代亚太≫. 5期.
竺彩华. 2012.「东亚经济合作何去何从?: 从中美日经济实力消长谈起」. ≪外交评论≫. 1期.
朱锋. 2013.「中美战略竞争与东亚安全秩序的未来」. ≪世界经济与政治≫. 3期.
______. 2012.「奥巴马政府'转身亚洲'战略与中美关系」. ≪现代国际关系≫. 4期.

"安倍图谋'围堵中国'不会得逞." 2013.6.13. http://news.xinhuanet.com/world/2013-06/13/c_116136845.htm
"安倍围堵中国难如愿 越南避谈中日钓岛争端." ≪环球时报≫. 2013.1.17.
"钓鱼岛巡航日记八: 中国公务船首次巡航赤尾屿." 2010.10.3. http://world.huanqiu.com/roll/2010-10/1146395.html
"俄'东进', 美'重返', 亚太不会有'冷战'." ≪广州日报≫. 2014.1.6.
"房峰辉谈东海南海: 祖宗土地一寸不能丢." 2014.5.16. http://news.xinhuanet.com/politics/2014-05/16/c_1110731533.htm
"菲律宾盼美帮忙争岛礁 献'厚礼'换取协防承诺." ≪环球时报≫. 2014.4.28.
"菲律宾签署群岛基线法 幕后有美国撑腰." ≪国际先驱导报≫. 2009.3.16.
"菲律宾增派军力巡逻南沙岛礁, 高官扬言扩充人口." 2012.10.1. http://world.huanqiu.com/regions/2012-10/3160488.html
"给美国在南海划一条界线很必要." ≪人民日报≫(海外版). 2012.6.1.
"国防白皮书: 中国武装力量的多样化运用." 2013.4.16. http://news.xinhuanet.com/politics/2013-04/16/c_115403491.htm
"国防部回应'中国船监视环太军演': 符合国际法." ≪环球时报≫. 2014.7.21.
"国防部证实我军机紧急升空应对日机侦察中俄军演." 2014.5.25. http://world.huanqiu.com/exclusive/2014-05/5004489.html
"贾庆国驳中美对抗论: 中国没有挑战现存国际秩序." 2015.1.6. http://world.people.com.cn/n/2015/0106/c1002-26333801.html
"刘云山与越共中央总书记特使举行会谈." ≪人民日报≫. 2014.8.28.
"罗援评P8A进南海: 美从偷鸡摸狗到明目张胆当强盗." ≪环球时报≫. 2015.2.28.
"美菲军演让华盛顿更不可信." ≪环球时报≫. 2012.4.17.

“美菲演习给菲律宾壮胆，菲总统府批评中国新地图.” ≪环球时报≫. 2014.6.28.
“美国的对华‘防范派’别太投入了.” ≪环球时报≫. 2013.6.3.
“美国对华‘C’形包围圈是否存在?” ≪环球时报≫. 2010.2.26.
“美海军部长邀中国航母访美 积极言论改善两军关系.” ≪环球时报≫. 2014.8.1.
“美军舰险些相撞内幕，强行闯进航母‘内防区’.” ≪环球时报≫. 2013.12.16.
“美刊称‘东风’-21D打破美国太平洋霸权.” 2014.7.20. http://www.js.xinhuanet.com/2014-07/21/c_1111707472.htm
“美日敏感时刻启动大规模军演.” 2012.11.6. http://news.xinhuanet.com/world/2012-11/06/c_123917229.htm
“美善意邀请换来诚意参加，游戏规则是边吵架边合作.” ≪环球时报≫. 2014.6.26.
“美中关系到了‘正面时刻’，需领导人亲自牵引.” ≪环球时报≫. 2015.2.12.
“评: 中国外交要理性，勿走向冒险主义.” 2014.2.5. http://phtv.ifeng.com/program/zbjsj/detail_2014_02/05/33555612_0.shtml
“日本仿效美国‘重返东南亚’ 图谋制衡中国.” ≪人民日报≫. 2013.1.16.
“日本拟建立先发制人打击能力，保卫‘西南诸岛’.” ≪北京晨报≫. 2013.7.26.
“日本忧美军‘保护’钓鱼岛能力，将强化攻击能力.” ≪环球时报≫. 2013.7.27.
“日菲单靠美国大树不安全，需弃零和思维同中国合作.” ≪环球时报≫. 2014.6.26.
“三位专家谈钓鱼岛: 中国来了，日本就该撤走.” 2012.7.12. http://opinion.huanqiu.com/1152/2012-07/2907912.html
“社评: 打击阿基诺执政应成对菲斗争核心.” ≪环球时报≫. 2012.6.9.
“社评: 拉美国吓唬中国，南海上的笑话.” ≪环球时报≫. 2014.5.7.
“社评: 日本投靠美国，难获对抗中国资本.” ≪环球时报≫. 2013.10.30.
“社评: 日机挂弹带副油箱贴30米嚣张至极.” ≪环球时报≫. 2014.6.13.
“社评: 提防美国蛮横打断亚太的‘势’.” ≪环球时报≫. 2012.1.6.
“社评: 中美站在两种未来拔河的十字路口.” ≪环球时报≫. 2014.9.10.
“‘塑造新的东亚地区秩序’分论坛简报(一)”. 2012.5.26. http://www.shanghaiforum.fudan.edu.cn/upload/pdf/20121010/120526%E5%A1%91%E9%80%A0%E6%96%B0%E7%9A%84%E4%B8%9C%E4%BA%9A%E5%9C%B0%E5%8C%BA%E7%A7%A9%E5%BA%8F%EF%BC%88%E4%B8%80%EF%BC%89%E4%B8%AD.pdf
“王毅同印尼外长通电话，应询介绍中越海上摩擦情况.” 2014.5.14. http://world.huanqiu.com/art-

icle/2014-05/4995179.html
“外交部: 中方反对外国军用舰机到中国近海活动.” 2010.7.8. http://news.xinhuanet.com/world/2010-07/08/c_12313809.htm
“外交部官员: 中美关系经不起折腾, 应加强合作遏制日本右翼.” 2012.11.3. http://world.people.com.cn/n/2012/1103/c1002-19483548.html
“温家宝总理出席东盟商业与投资峰会并发表演讲.” 2003.10.8. http://www.fmprc.gov.cn/chn/pds/gjhdq/gjhdqzz/lhg_14/xgxw/t26502.htm
“习近平同美国副总统拜登举行会谈.” 2013.12.4. http://news.xinhuanet.com/politics/2013-12/04/c_118422300.htm
“习近平同美国总统奥巴马举行会谈, 强调从六个重点方向推进中美新型大国关系建设.” ≪人民日报≫. 2014.11.13.
“亚太美军在中国周边异动频频.” ≪中国青年报≫. 2012.10.27.
“阎学通称世界两极化不可避免,中国必居其一.” 2013.11.12. http://politics.people.com.cn/n/2013/1112/c1001-23508143.html
“有点‘孤独’是中国崛起的正常境遇.” ≪环球时报≫. 2012.6.29.
“战斗力, 在变革中跃升——国防和军队建设成就综述(1).” 2012.6.12. http://news.xinhuanet.com/politics/2012-06/12/c_112201245.htm
“中方敦促美方停止对华抵近侦察.” ≪人民日报≫. 2014.8.24.
“中国海军应打造‘太平洋舰队’.” ≪国际先驱导报≫. 2011.12.5.
“中国外交: 从韬光养晦到奋发有为.” ≪国际先驱导报≫. 2014.1.14.
“中国迅速回击日‘军机接近’说法 要求停止干扰.” ≪环球时报≫. 2014.5.26.
“中国应扩大对‘睦邻’的理解.” ≪环球时报≫. 2012.5.22.
“中国战略机遇期并未终结.” ≪人民日报≫(海外版). 2012.7.30.
“中美APEC争主导权, 好唬人的段子.” ≪环球时报≫. 2014.11.10.
“中美关系的一次‘战略再确认’.” ≪人民日报≫. 2014.7.12.
“中美军方磋商‘相遇规则’, 抵近侦察增大误判风险.” ≪环球时报≫. 2014.8.28.
“中美总长记者会激辩一小时, 不回避双方重大分歧.” ≪环球时报≫. 2014.5.17.
“周边安全’系列二: 南海动武代价过大”, 2011.12.31, http://opinion.huanqiu.com/roll/2012-01/2318768.html
“专家: 美国在东南亚拼凑亚洲版小北约可能性甚微.” ≪瞭望新闻周刊≫. 2010.10.11. http://news.xin-

huanet.com/world/2010-10/11/c_12647827_2.htm

"专家: 日已做好在钓鱼岛与中方执法船撞击对峙准备." 2013.10.14. http://news.xinhuanet.com/world /2013-10/14/c_125530384.htm

〈서양문헌〉

Acharya, Amitav. 2014. "Thinking theoretically about Asian IR." in David Shambaugh and Michael Yahuda(eds.). *International Relations of Asia*. Lanham: Rowman & Littlefield.

Adriano, Joel D. 2009. "China, Philippines stoke island tensions." *Asia Times online*. March 27.

Akira, Kato. 2014, "Collapse of Big-Power self-Confidence in Japan's Diplomacy." December 18. http://www.ceac.jp/e/commentary/141218.pdf

Alagapa, Mutiah. 1998. *Asia Security Practice: Material and Ideational Influences*. Stanford: Stanford University Press.

Ana, DJ Sta. 2014. "China reclaiming land in 5 reefs?" *The Philippine Star*. June 13.

Anwar, Dewi Fortuna. 2013. "An Indonesian Perspective on the U.S. Rebalancing Effort toward Asia." February 26. http://www.nbr.org/research/activity.aspx?id=320

Armitage, Richard L.& Joseph S. Nye. 2012. "U.S.-Japan Alliance: Anchor of the Stability in Asia." Report of the CSIS. August 15.

______. 2007. "The U.S.- Japan Alliance: Getting Asia Right through 2020." CSIS. February.

Ba, Alice. 2009. *(Re)Negotiating East and Southeast Asia: Region, Regionalism, and the Association of Southeast Asian Nations*. Stanford: Stanford University Press.

Bader, Jeffrey A. 2012. *Obama and China's Rise: An Insider's Account of America's Asia Strategy*. Washington, D.C.: Brookings Institution Press.

Bajoria, Jayshree. 2009. "Countering China's Military Modernization." February 4. http://www.cfr.org/china/countering-chinas-military-modernization/p9052

Baker, James. 1991/92. "America in Asia: Emerging Architecture for a Pacific Community." *Foreign Affairs*, 70: 5.

Banlaoi, Rommel C. 2013. "The Philippines and US Pivot to Asia." March 26. http://www.academia.edu/1531821/The_Philippines_and_U.S._Pivot_to_Asia

Barnes, Julian. and Jeremy Page. 2015. "Pentagon Pauses New Exchanges With China." *The Wall Street Journal.* January 28.

Basu Das, Sanchita. 2012. "ASEAN: a united front to tackle the South China Sea issue." May 13. http://www.eastasiaforum.org/2012/05/13/asean-a-united-front-to-tackle-the-south-china-sea-issue.

Bergsten, C. Fred. 2008. "A Partnership of Equals." *Foreign Affairs,* 87: 4(July/August).

Bergsten, C. Fred et al. 2009. *China's Rise: Challenges and Opportunities.* Washington D.C.: Peterson Institute for International Economics.

Bitzinger, Richard A. 2012. "Will the US Pivot Trigger a New Regional Arms Race?" *Global Asia*, 7: 4(Winter).

Blumenthal, Dan. 2012. "The Power Projection Balance in Asia." Thomas G. Mahnken(ed.), *Competitive Strategies for the 21st Century: Theory, History and Practice.* Stanford: Stanford University Press.

Bolt, Paul J. 2011. "Contemporary Sino-Southeast Asian Relations." *China: An International Journal*, 9: 2(September).

Bowring, Philip. 2014. "Standing Up to China on the South China Sea." *The Asia Sentinel.* August 14.

Bremmer, Ian. 2010. "Gathering Storm: America and China in 2020." *World Affairs*, July/ August.

Brzezinski, Zbigniew. 2009. "The Group of Two that could change the World." *Financial Times*, January 13.

______. 2013. "Giants, but Not Hegemons." *The New York Times*, February 13.

Calmes, Jackie. 2013. "Japan and United States Reaffirm Their Close Ties." *The New York Times*, February 23.

______. 2011. "Obama and Asian Leaders Confront China's Premier." *The New York Times*, November 19.

Chan, Steve. 2008. *China, The U.S., And the Power-Transition Theory: A Critique.* London: Routledge.

Chase, Michael S. Chase et al. 2015. "China's Incomplete Military Transformation: Assessing the Weakness of the PLA." RAND. February.

Chey, Tan Seng. 2012. "Changing Global Landscape and Enhanced US Engagement with Asia: Challenges and Emerging Trends." *Asia-Pacific Review*, 19: 1.

Choong, William. 2013. "US pivot to Asia must come with reassurances." *The Straits Times*, April 24.

Christensen, Thomas J. 2005. "Will China Become a 'Responsible Stakeholder'? The Six Party Talks, Taiwan Arms Sales, and Sino-Japanese Relations." *China Leadership Monitor*, no.16(October).

Chu, Shulong and Lin Xinzhu. 2008. "The Six Party Talks: A Chinese Perspective." *Asian Perspective*, 32: 4.

Chung, Chien-peng. 2010. *China's Multilateral Cooperation in Asia and the Pacific: Institutionalizing Beijing's "Good Neighbor policy."* New York: Routledge.

Clinton, Hillary Rodham. 2014. *Hard Choices*. New York: Simon & Schuster.

______. 2011a. "America's Pacific Century." *Foreign Policy*, November.

______. 2011b. "Economic Statecraft." Economic Club of New York, October 14.

Cohen, David. 2013. "East China Sea Air Defense Moves: What for and Why Now?" *China Brief*, 13: 24.

Cohen, Steve. 2014. "Why Help China's Military Progress?" *The New York Times*, August 6.

Cossa, Ralph A. 2012a. "Time for U.S. to help Japan, South Korea to get along," http://globalpublicsquare.blogs.cnn.com/2012/08/21/time-for-u-s-to-help-japan-south-korea-to-get-along

______. 2012b. "US 1, China 0." *PacNet*, #35(June 6).

De Castro, Renato Cruz. 2010. "Engaging both the Eagle and the Dragons: The Philippines' Precarious and Futile Attempt in Equi-balancing." *Pacific Focus*, XXV:3(December).

Department of Defense. 2012a. "Annual Report to Congress: Military and Security Developments Involving the People's Republic of China 2012." May.

______. 2012b. "Sustaining U.S. Global Leadership: Priorities for 21st Century Defense." January.

______. 1995. "United States Strategy for the East-Asia Pacific Region." February 27.

De Santis, Hugh. 2012. "The China Threat and the 'Pivot' to Asia." *Current History*, September.

Dobbins, James et al. 2011. "Conflicts with China: Prospects, Consequences, and Strategies for Deterrence." Occasional Paper, RAND.

Donilon, Tom. 2014. "Obama is on the right course with his reorientation toward Asia." *The Washington Post*, April 21.

______. 2012. "President Obama's Asia Policy & Upcoming Trip to Asia: Remarks by National Security Advisor Tom Donilon." http://www.whitehouse.gov/the-press-office/2012/11/15/remarks-national-security-advisor-tom-donilon-prepared-delivery

______. 2011. "America is Back in the Pacific and will Uphold the Rules." *Financial Times*, November 17.

Dyer, Geoff. 2008. "Beijing hesitates at the global threshold." *Financial Times*. November 21.

Economy, Elizabeth & Michael Levi. 2014. "Rein in China in its dispute with Vietnam over energy resources." *The Washington Post*. May 15.

Emmers, Ralf. 2011. "The US in the EAS: implications for US-ASEAN relations." November 23. http://www.eastasiaforum.org/2011/11/23/the-us-in-the-eas-implications-for-us-asean-relations

Emmerson, Donald K. 2013. "Challenging ASEAN: the American pivot in Southeast Asia." January 13. http://www.eastasiaforum.org/2013/01/13/challenging-asean-the-american-pivot-in-southeast-asia

______. 2012. "Challenging ASEAN: The US Pivot Through Southeast Asia's Eyes." *Global Asia*, 7: 4(Winter).

______. 2010. "China's 'frown Diplomacy' in Southeast Asia." *Asia Times online*. October 6.

Erickson, Andrew S. 2010. "China's Evolving Anti-Access Approach: 'Where's the Nearest (U.S.) Carrier?" *China Brief*, 10: 18.

Fackler, Martin. 2013. "Japanese Minister Proposes More Active Military Presence in Region." *The New York Times*, July 26.

______. 2012a. "Japan Is Flexing Its Military Muscle to Counter a Rising China." *The New York Times*, November 26.

______. 2012b. "Japan Aims to Revise Security Pact With U.S.." *The New York Times*, November 9.

Fadillah, Rangga D. 2011. "China affirms plans to relocate factories to Indonesia." *The Jakarta Post*, August 13. www.thejakartapost.com/news/2011/08/13/china-%E2%80%98affirm

s%E2%80%99-plan-relocate-factories-indonesia.html

Farley, Robert. 2014. "Should America Fear China's 'Carrier-Killer' Missile?" *The National Interest*, September 22.

Feigenbaum, Evan and Manning, Robert. 2009. "The United State in the New Asia." Council Special Report. no.50.

Ferguson, Nill and Moritz Schularick. 2009. "The End of Chimerica." *Harvard Business School Working Paper*, 0-037.

______. 2007. "'Chimerica' and the Global Asset Market Boom," *International Finance*, 10: 3.

Forsyth, Ian. 2014. "The East China Sea ADIZ: Old Policy, New Packaging." *China Brief*, 14: 17.

Fravel, M. Taylor. 2011. "China's Strategy in the South China Sea." *Contemporary Southeast Asia*, vol.33, no.3.

Friedberg, Aaron L. 2011. *A Contest for Supremacy: China, America, and the Struggle for Mastery in Asia*. New York: W. W. Norton & Company.

Frost, Ellen L. et al. 2008. "China's Rising Influence in Asia: Implications for U.S. Policy." *Strategic Forum*, no.231(April).

Gershaneck, Kerry. 2013. "Xi and Abe on the Brink: Can the US Help Avert Armed Conflict?" *PacNet*, #31(May 3).

Gilpin, Robert. 1981. *War and Change in World Politics*. Cambridge: Cambridge University Press.

Glaser, Bonnie S. 2012a. "China's Coercive Economic Diplomacy–A New and Worrying Trend." *PacNet*, #46(July 23).

______. 2012b. "Armed Clash in the South China Sea." Council on Foreign Relations, Contingency Planning Memorandum. no.14(April). http://www.cfr.org/world/armed-clash-south-china-sea/p27883

Goh, Evelyn. 2013. *The Struggle for Order: Hegemony, Hierarchy, and Transition in Post-Cold War East Asia*. Oxford: Oxford University Press.

______. 2011. "US-China power play puts heat on ASEAN." September 8. http://www.eastasiaforum.org/2011/09/08/us-china-power-play-puts-heat-on-asean

______. 2006. *Betwixt and Between: Southeast Asian Strategic Relations with the US and China*. Singapore: IDSS.

Goldman, Justin. 2013."President Aquino's Second Half: Minimum Credible Defense in Contested Waters?" *China Brief*, 13: 13.

Goodman, Matthew P. 2012. "East Asia Summit: The Path from Base Camp." *PacNet*, #73(November 15).

Gordon, Bernard K. 2011. "The Trans-Pacific Partnership and the Rise of China." *Foreign Affairs*. November 7. http://www.foreignaffairs.com/articles/136647/bernard-k-gordon/the-trans-pacific-partnership-and-the-rise-of-china

Grant, Charles. 2012. "Japan's response to China's rise." *Policy Brief*. Center for European Reform.

Gray, Denis D. 2004. "Anxiety and Opportunities Mount as Chinese Colossus Exerts Influence on Southeast Asia." *Associated Press*, March 30.

Green, Michael J. and Zack Cooper. 2014. "Revitalizing the Rebalance: How to Keep U.S. Focus on Asia." *The Washington Quarterly*, 37: 3.

Grudgings. Stuart. and Terril Yue Jones. 2012. "Analysis: China courts friends in region; for others a show of strength." *Reuters*, November 21.

Gupta, Sourabh. 2014. "Murky waters surround the rule of law in the South China Sea." July 20. http://www.eastasiaforum.org/2014/07/20/murky-waters-surround-the-rule-of-law-in-the-south-china-sea

Gvosdev, Nikolas. 2013. "The Realist Prism: Asia Pivot to Suffer as Obama's Attention Returns to Middle East." *The World Politics Review*, September 27.

Haddick, Robert. 2012. "An Arms Race America Can't Win." *Foreign Policy*, June 8. http://www.foreignpolicy.com/articles/2012/06/08/this_week_at_war_an_arms_race_america_can_t_win?page=full

Hai Hong Nguyen. 2013. "Does Hanoi deal with Beijing for its people, or for itself?" January 12. http://www.eastasiaforum.org/2013/01/12/does-hanoi-deal-with-beijing-for-its-people-or-for-itself

Hamanaka, Shintaro. 2008. "Comparing Summitry, Financial and Trade Regionalism in East Asia: From the Japanese Perspective." Christopher M. Dent(ed.). *China, Japan and Regional Leadership in East Asia*. Cheltenham, UK: Edward Elgar.

Harlan, Chico. 2013. "Japan's Prime Minister Shinzo Abe: Chinese need for conflict is 'deeply ingrained'." *The Washington Post*, February 20.

Harner, Stephen. 2014. "U.S. Policy, Not China, Is Driving The Asian Arms Race." *Forbes Asia*, April 6.

He, Baogang. 2004. "East Asian ideas of regionalism: a normative critique." *Australian Journal of international Affairs*, vol.58, no.1(March).

Heath, Timothy R. 2014. "China and the U.S. Alliance System." *The Diplomat*, June 11.

Hemmings, John. 2011. "China's Rise = Remilitarizing Japan?" *The Diplomat*, January 21.

Heydarian, Richard J. 2013a. "Philippine 'pivot' in the South China Sea." *Asia Times Online*, May 21.

______. 2013b. "Japan pivots south, with eye on China." *Asia Times Online*, January 26.

Hiebert, Murray. 2014. "China's Push in the South China Sea Divides the Region." *Yale Global*, May 15.

Hiep, Le Hong. 2014 "Oil rig incident means Vietnam-China relations face a new test." May 21. http://www.eastasiaforum.org/2014/05/21/oil-rig-incident-means-vietnam-china-relations-face-a-new-test

Hill, Christopher R. 2005. "Emergence of China in the Asia-Pacific: Economic and Security Consequences for the United States." Senate Foreign Relations Committee. June 7.

Hirano, Ko. 2009. "China wary of Hatoyama's East Asian community." *Japan Times*, October 3.

Hoang, Lien. 2012. "Vietnam floats between China and US." *Asia Times online*, May 12.

Hoffman, Mike. 2014. "China's Advancing Sub Fleet Concerns U.S. Navy." February 5. http://defensetech.org/2014/02/05/chinas-advancing-sub-fleet-concerns-u-s-navy/#ixzz3A8uydsu9Defense.org

Hollandsworth Jr, James G. 1977. "Defferentiating Assertion and Aggression: Some Behavioral Guideline." *Behavior Therapy*, 8: 3(June).

Holmes, James R. "Responding to China's Assertiveness in the South China Sea." http://www.nbr.org/publications/element.aspx?id=746

Holslag, Jonathan. 2010. "China's muscle-flexing is a sign of weakness" *Financial Times*, September 27.

Huang, Yukon. 2012. "China's Rise: Opportunity or Threat for East Asia?" International Economic Bulletin. April 12.

Hughes, Christopher W. 2009. "Japan's response to China's rise: regional engagement, global containment, dangers of collision." *International Affairs*, vol.85, no.4.

Hung, Ming-Te and Tony Tai-Ting Liu. 2011. "Sino-U.S. Strategic Competition in Southeast asia: China's Rise and U.S. Foregign Policy Transformation since 9/11." *Political Perspective*, vol.5, no.3.

Hung, Serene. 2006. *China in ASEAN-led Multilateral Forums. Baltimore, MD.*: School of Law, University of Maryland.

Huntington, Samuel. 1996. *The Clash of Civilizations and the Remaking of World Order.* New York: Simon & Schuster.

Huxley, Tim. 2012. "Response to PacNet #35 – US 1, China 0." *PacNet*, #35R(June 12).

Ikenberry, G. John. 2014. "American hegemony and East Asian order." *Australian Journal of International Affairs*, vol.58, no.3(September).

______. 2008. "The Rise of China and the Future of the West: Can the Liberal System Survive?" *Foreign Affairs*, January-February.

Ikenberry, G. John and Anne-Marie Slaughter. 2006. "Forging A World of Liberty Under Law: US National Security in the 21st Century." Final Paper of the Princeton Project on National Security. September 27.

Ives, Mike and Thomas Fuller. 2014. "Vietnam Fails to Rally Partners in China Dispute." *The New York Times*, May 11.

Johansson, Asa et al. 2012. "Looking to 2060: Long-term Global Growth Prospects." OECD Economic Policy Papers. November.

Johnston, Alastair Iain. 2003. "Socialization in International Institutions: The ASEAN Way and International Relations Theory." G. John Ikenberry and Michael Mastanduno(eds.). *International Relations Theory and the Asia-Pacific.* New York: Columbia University Press.

Jones, Bruce. 2014. "How Does China View the Question of American Leadership, and Perceived American Decline?" July 2. http://www.brookings.edu/blogs/up-front/posts /2014/07/02-china-view-american-leadership-decline-jones

Kang, David C. 2013. "Paper Tiger: Why isn't the rest of Asia afraid of China?" *Foreign Policy*, April 25. http://www.foreignpolicy.com/articles/2013/04/25/paper_tiger_china_military_buildup?page=full

______. 2007. *China Rising: Peace, Power and Order in East Asia*. New York: Columbia University Press.

Kaplan, Robert D. 2005. "How We Would Fight China." *The Atlantic*. http://www.theatlantic.com/magazine/archive/2005/06/how-we-would-fight-china/3959/?single_page=true

Karabell, Zachary. 2009. *Superfusion: How China and America Became One Economy and Why the World's Prosperity Depends on It*. New York: Simon & Schuster.

Kastner, Jens. 2012. "Gaps in China's area-denial strategy." *Asia Times online*, May 8.

Katz, Richard. "The Trans-Pacific Partnership: Lessons from Negotiations." http://www.nbr.org/publications/element.aspx?id=769

Katzenstein, Peter J. 2005. *A World of Regions: Asia and Europe in the American Imperium*. Ithaca: Cornell University Press.

Kazianis, Harry. 2012. "Can China Crash U.S. Pivot Party?" *The Diplomat*, February 24.

Kelly, Robert. E. 2013. "US-Japan Alliance Sparks Korean Grand Strategy Debate." *The Diplomat*, December 11.

Kennedy, Paul. 2002. "The Eagle has Landed: The US Global Military Position." *Financial Times Weekend*, February 1.

Kerry, John. 2014. "Remarks with Chinese President Xi Jinping." July 10. http://www.state.gov/secretary/remarks/2014/07/229022.htm

______. 2013. "Statement of Senator John F. Kerry, Nominee for Secretary of State." Senate Committee on Foreign Relations. January 24. http://www.foreign.senate.gov/imo/media/doc/Johnpercent20Fpercent20Kerrypercent20Testimony.pdf

Kim, Jae Cheol, 2010. "Politics of Regionalism in East Asia: The Case of the East Asian Summit." *Asian Perspective*, vol.34, no.3.

Kirk, Donald. 2010. "US-Vietnam ties strengthen with military exercises, to China's chagrin." *The Christian Science Monitor*, August 12.

Klingner, Bruce. 2012. "Washington Should Urge Greater South Korean–Japanese Military and Diplomatic Cooperation." September 24. http://www.heritage.org/research/reports/2012/09/washington-should-urge-greater-south-korean-japanese-military-and-diplomatic-cooperation

Kliman, Daniel et al. 2014. "The China-Vietnam Standoff: How Will It End?" May 9. http://www.chinafile.com/China-Vietnam-Standoff-How-Will-It-End

Kohut, Andrew. 2007. "How the World Sees China." December 11. http://pewresearch.org/pubs/656/how-the-world-sees-china

Kuik, Cheng-Chwee. et al. 2012. "The China Factor in the U.S. 'Reengagement' With Southeast Asia: Drivers and Limits of Converged Hedging." *Asian Politics & Policy*, vol.4, no.3.

Kurlantzick, Joshua. 2007. *Charm Offensive: How China's Soft Power Is Transforming the World*. New Haven: Yale University Press.

Lague, David and Zhu, Charlie. 2012. "Insight: China builds its own military-industrial complex." *Reuters*, September 16.

Lam, Willy. 2012. "China Deploys Pugilistic Foreign Policy with New Vigor." *China Brief*, 12: 12.

Lampton, David M. 2013. "Sino-American ties: building relations beyond Washington's 'rebalancing'." November, 19. http://www.eastasiaforum.org/2013/11/19/sino-american-ties-building-relations-beyond-washingtons-rebalancing

Landler, Mark. 2014a. "A Fruitful Visit by Obama Ends With Blunt Words by Xi Jinping." *The New York Times*, November 12.

______. 2014b. "Ending Asia Trip, Obama Defends His Foreign Policy." *The New York Times*, April 28.

______. 2012. "Obama's Journey to Tougher Tack on a Rising China." *The New York Times*, September 20.

______. 2011. "Shake-Up Could Affect Tone of U.S. Policy on China." *The New York Times*, April 8.

Landler, Mark and Jane Perlez. 2013. "Biden Backs Ally Japan but Avoids Roiling China." *The New York Times*, December 3.

Landler, Mark and Jodi Rudoren. 2014. "Obama Suffers Setbacks in Japan and the Mideast." *The New York Times*, April 24.

Lee, Peter. 2014. "Bell tolls for US pivot in South China Sea." *Asia Times online*, May 14.

______. 2013. "Japan stirs Campbell's US 'pivot' soup." *Asia Times online*, April 26.

Leung, Eddie. 2003. "Southeast Asia-China: Threats, opportunities." *Asia Times online*, August 2.

Levine, Steven I. 1984. "China in Asia: The PRC as a Regional Power." Harry Harding(ed.). *China's Foreign Relations in the 1980s*. New Haven: Yale University Press.

Li, Mingjiang. 2010. "Reconciling Assertiveness and Cooperation? China's Changing Approach to the South China Sea Dispute." *Security Challenges*, 6: 2(Winter).

Lieberthal, Kenneth and Wang Jisi. 2012. *Addressing US-China Strategic Distrust*. Washington D.C.: Brookings Institution.

Lintner, Bertil. 2014. "ASEAN Paralysis Gives China Free Hand in South China Sea." *Yale Global*, August 12.

______. 2008. "Checkbook diplomacy raises China's standing with Laos and Cambodia." *Yale Global*, April 25.

Lum, Thomas. 2008. "China's 'Soft Power' in Southeast Asia." CRS Report. January 4.

Lum, Thomas et al. 2009. "China's Foreign Aid Activities in Africa, Latin America, and Southeast Asia." CRS Report. February 25.

Lum, Thomas and Dick K. Nanto. 2007. "China's Trade with the United States and the World." CRS Report. January 4.

Lun, Justin Ho Cheng. 2012. "Sino-Vietnamese tensions in the South China Sea." December 15. http://www.eastasiaforum.org/2012/12/15/sino-vietnamese-tensions-in-the-south-china-sea

Malik, Mohan. 2006. "China and the East Asian Summit: More Discord than Accord." Asia-Pacific Center for Security Studies. February.

Manyin, Mark E et al. 2012. "Pivot to the Pacific? The Obama Administration's 'Rebalancing' Toward Asia." CRS Report. March 28.

Martin, Will and Elena Ianchovichina. 2001. "Implications of China's Accession to the World Trade Organization for China and the WTO." *World Economy*, vol.24, no.9.

Mattis, Peter. 2013. "China's East China Sea ADIZ: Framing Japan to Help Washington Understand." *China Brief*, 13: 24.

Mauzy, Diane K and Brian Job. L. 2007. "U.S. Policy in Southeast Asia: Limited Reengagement after Years of Benign Neglect." *Asian Survey*, vol.47, no.4.

Mazza, Michael. 2014. "Can Obama Save His Mighty Pivot to Asia?" April 18. http://nationalinterest.org/commentary/can-obama-save-his-mighty-pivot-asia-10280

McCartan, Brian. 2009. "A Helping Chinese Hand: Trade and Aid with Southeast Asia." *The Asia Times online*, April 30.

McDoughall, Derek. 2012. "Responses to 'Rising China' in the East Asian Region: soft balancing with accommodation." *Journal of Contemporary China*, January. 21(73).

Mearsheimer, John J. 2001. *The Tragedy of Great Power Politics*. New York: W. W. Norton & Company.

Medeiros, Evan S. 2005-2006. "Strategic Hedging and the Future of Asia-Pacific Stability." *The Washington Quarterly*, 29: 1(Winter).

Menon, Javant. 2014. "TPPing over?" July 15. www.eastasiaforum.org/2014/07/15/tpping-over/?...

______. 2013. "How to multilateralise Asian regionalism." Januaray 6. http://www.eastasiaforum.org/2013/01/06/how-to-multilateralise-asian-regionalism

Metz, Steven. 2013. "Strategic Horizons: A U.S. Strategic Pivot to Nowhere." *World Politics Review*, October 9.

Mochizuki, Mike M. 2007. "Japan's shifting strategy toward the rise of China." *Journal of Strategic Studies*, 30: 4~5(August/October).

Morrison, Wayne and Marc Labonte. 2013. "China's Holdings of U.S. Securities: Implications for the U.S. Economy." CRS Report. August 19.

Myers, Steven. 2012. "Clinton Begins Asia Trip, Trying to Ease Tension With China." *The New York Times*, September 1.

Nandyatama, Randy W. 2012. "China's dilemma: After the US reengagement in Southeast Asia." *The Jakarta Post*, January 17.

Nguyen, Andy. 2015. "The U.S. Rebalance to Asia." January 15. http://nbr.org/research/activity.aspx?id=521

Noble, Josh. 2014. "Asean overtakes China in FDI." *Financial Times*, March 5.

Nye Jr. Joseph S. 2013a. "Our Pacific Predicament." *The American Interest*, March/April.

______. 2013b. "Work With China, Don't Contain It." *The New York Times*, January 25.

______. 2010. "American and Chinese Power after the Financial Crisis." *The Washington Quarterly*, 33: 4(Autumn).

Organski, A. F. K. and Jacek Kugler. 1980. *The War Ledger*. Chicago: University of Chicago Press.

Page, Jeremy. 2014. "Chinese Ship Spies on U.S.-Led Drills." *The Wall Street Journal*, July 19.

Panda, Ankit. 2014. "Why Did China Set Up an Oil Rig Within Vietnamese Waters?" *The Diplomat*, May 13.

Pang, Zhongying. 2013. "'New Type of Great Power Relationship' between China and US." July 2. http://www.chinausfocus.com/foreign-policy/a-new-type-of-great-power-relationship- between-china-and-us/

Parameswaran, Prashanth. 2014. "Challenged by China, ASEAN States Seek Common Response." *China Brief*, 14: 10.

______. 2012. "The Limits to Sino-Indonesian Relations." *China Brief*, 12: 8.

Perlez, Jane. 2014. "Naval Ties With China Advance, Symbolically." *The New York Times*, July 20.

______. 2012a. "China Stalls Move to Quell Asia Disputes Over Territory." *The New York Times*, November 19.

______. 2012b. "Asian Leaders at Regional Meeting Fail to Resolve Disputes Over South China Sea." *The New York Times*, July 12.

______. 2012c. "Continuing Buildup, China Boosts Military Spending More Than 11 Percent." *The New York Times*, March 4.

Perlez, Jane and Joe Cochrane. 2013. "Obama's Absence Leaves China as Dominant Force at Asia-Pacific Meeting." *The New York Times*, October 7.

Perlez, Jane and Kwith Bradsher. 2014. "In High Seas, China Moves Unilaterally." *The New York Times*, May 9.

Perry, William H. "U.S. Strategy: Engage China, not Contain It." *Defense Issues*, vol.10, no.109. http://www.defenselink.mil/speeches/1995/s19951030-kaminski.html

Pilling, David. 2014. "China is stealing a strategic march on the US." *Financial Times*, May 28.

Pongsudhirak, Thitinan. 2012. "Obama's Southeast Asia visit: re-engaging with the region." November 20. http://www.eastasiaforum.org/2012/11/20/obamas-southeast-asia-visit-re-engaging-with-the-region

Prasad, Eswar. 2010. "The U.S.-China Economic Relationship: Shifts and Twists in the Balance of Power." U.S.-China Economic and Security Review Commission Testimony. February 25.

Pritchett, Lant and Lawrence H. Summers. 2014. "Asiaphoria Meets Regression to the Mean." NBER Working Paper, no.20573. October.

Pu, Haiyang and Zhong Jijun. 2010. "Naval Troops Conduct Exercise on Sea Frontier." *PLA Daily*, July 30.

Qin, Yaqing and Wei Ling. 2008. "Structure, Process and the Socialization of Power." Robert S. Ross and Zhu Feng(eds.). *China's Ascent: Power, Security and the Future of International Politics*, Ithaca: Cornell University Press.

Ratner, Ely. 2014. "(Re)Defining the 'New Type of Major Country Relationship' between the United States and China." *PacNet*, #4. January 13.

Ravenhill, John. 2006. "Is China an Economic Threat to Southeast Asia?" *Asian Survey*, 46: 5 (September/October).

Ren, Xiao. 2009. "Between Adapting and Shaping: China's Role in Asian Regional Cooperation." *Journal of Contemporary China*, vol.18, no.59(March).

Rice, Susan. 2013. "America's Future in Asia." November 20. http://www.whitehouse.gov/the-press-office/2013/11/21/remarks-prepared-delivery-national-security-advisor-susan-e-rice

Richburg, Keith B. 2012. "China military spending to top $100 billion in 2012, alarming neighbors." *The Washington Post*, March 4.

Ross, Robert S. 2012. "The Problem With the Pivot: Obama's New Asia Policy Is Unnecessary and Counterproductive." *Foreign Affairs*, 91: 6(November/December).

______. 2002. *Engaging China: The management of an emerging power*. London: Routledge.

Roy, Denny. 2013. *Return of the Dragon: Rising China and Regional Security*. New York: Columbia University Press.

Rozman, Gilbert. 2010. "Post Cold War Evolution of Chinese Thinking on Regional Institutions in Northeast Asia." *Journal of Contemporary China*. 19(66). September.

Ryu, Yongwook. 2013.10.10. "ASEAN's Middle Power Diplomacy toward China," http://www.eai.or.kr/type_k/panelView.asp?bytag=p&catcode=&code=kor_report&idx=12526&page=1

Samuels, Richard. 2013. "Evolution of Japan's Grand Strategy." June 4. http://www.eastasiaforum.org/2013/06/04/evolution-of-japans-grand-strategy

Satake, Tomohiko and Yusuke Ishihara. 2012. "America's Rebalance to Asia and its Implications for Japan-US-Australia Security Cooperation." *Asia-Pacific Review*, 19: 2.

Sato. Yoichiro. 2014. "Japan's view on Sino-Japanese Relations: Leveling the playing field?" Shihoko Koto(ed.). *Japan's Vision for East Asia: Diplomacy Amid Geopolitical Challenges*. Washington: Wilson Center.

______. 2013a. "Chinese Announcement of the Air Defense Identification Zone: What Follows?" *PacNet*, #87. December 4.

______. 2013b. "Japan aid to the Philippines a warning to China." August 29. http://www.eastasiaforum.org/2013/08/29/japan-aid-to-the-philippines-a-warning-to-china

______. 2012. "The Senkaku Dispute and the US-Japan Security Treaty." *PacNet*, #57. September 10.

Schreer, Benjamin. 2013. "China's Achilles' heel in Southeast Asia." November 1. http://www.eastasiaforum.org/2013/11/01/chinas-achilles-heel-in-southeast-asia

Schweller, Randall L. 2002. "Managing the rise of great powers: History and theory." Alastair Iain Johonston and Robert S. Ross(eds.), *Engaging China: The management of an emerging power*. London: Routledge.

Shanker, Thom. 2013. "U.S. Sends Two B-52 Bombers Into Air Zone Claimed by China." *The New York Times*, November 26.

Shen, Dingli, 2010. "Don't shun the idea of setting up overseas military bases." http://www.china.org.cn/opinion/2010-01/28/content_19324522.htm

Sheridan, Greg. 2007. "China wins as 'US neglects region'." *The Australian*, September 3.

Shi, Yinhong. 2012. "The United States, East Asia, and the Chinese 'Triumphalism'." 『중국의 권력 교체와 한반도 정세 전망』. 고려대학교 아세아문제연구소 학술회의 발표문(2012.12.3).

Shim, Jae Hoon. 2013. "US-Japan Defense Accord Upsets Seoul." *Yale Global*, October 10.

Singh, Daljit. 2012. "US–China dialogue process: prospects and implications." November 2. http://www.eastasiaforum.org/2012/11/02/us-china-dialogue-process-prospects-and-implications

Singh, Bhubhindar. 2014. "Obama's statement on the Senkakus/Diaoyus: why so bold?" May 3.

http://www.eastasiaforum.org/2014/05/03/obamas-statement-on-the-senkakusdiaoyus-why-so-bold

Snyder, Scott A. 2012. "U.S. Policy Toward the Korean Peninsula: Accomplishments and Future Challenges." Kokusaimondai(International Affairs). no.614(September). http://www2.jiia.or.jp/en/pdf/publication/2012-09_003-kokusaimondai.pdf

S.R. and D.H. 2014. "Catching the eagle." *The Economist*, August 22.

Steinberg, James B. 2010 "Remarks at Nixon Center." July 27. http://www.state.gov/s/d/former/steinberg/remarks/2010/169318.htm

Stephens, Philip. 2014. "How to avoid war in the East China Sea." *Financial Times*, April 3.

Stockholm International Research Institute. "The SIPRI Military Expenditure Database (China)." http://milexdata.sipri.org/result.php4

Storey, Ian. 2012. "Asean Is a House Divided." *The Wall Street Journal*, June 14.

______. 2011. *Southeast Asia and the Rise of China*. London: Routledge.

Su, Xiaohui. 2013. "Thucydides trap can be avoided." *China Daily*, June 25.

Subramanian, Arvind. 2011. "Eclipse: Living in the Shadow of China's Economic Dominance." The Peterson Institute for International Economics. September.

Sutter, Robert. 2006. "China's Regional Strategy and Why It May Not Be Good for America." David Shambaugh(ed.). *Power Shift: China and Asia's New Dynamics*. London: University of California Press.

Sutter, Robert et al. 2013. "Balancing Acts: The US Rebalance and Asia-Pacific Stability." Elliott School of International Affairs, The George Washington University. August.

Swaine, Michael D and Tellis, Ashley J. 2000. *Interpreting China's Grand Strategy: Past, Present and Future*. Santa Monica: RAND.

Swaine, Michael D et al. 2013. "China's Military and the U.S.-Japan Alliance in 2030: A Strategic Net Assessment." Carnegie Endowment for International Peace. May 3.

Tammen, Ronald L. and Jacek Kugler. 2006. "Power Transition and China–US Conflicts." *Chinese Journal of International Politics*, 1: 1.

Tanaka, Hitoshi. 2014. "Challenges for the US-Japan alliance in a changing Asia." April 22. http://www.eastasiaforum.org/2014/04/22/challenges-for-the-us-japan-alliance-in-a-changing-asia

Tay, simon. 2013. "ASEAN must not be dragged into an anti-China coalition by Japan." *South China Morning Post*, January 22.

Thayer, Carl. 2013. "Vietnam Gradually Warms up to US Military." *The Diplomat*. November 6.

______. 2010. "Recent Developments in the South China Sea: Grounds for Cautious Optimism?" *RSIS Working Paper*, no.220(December 14).

The White House. 2013. "Press Briefing by National Security Advisor Tom Donilon." June 8. http://www.whitehouse.gov/the-press-office/2013/06/08/press-briefing-national-security-advisor-tom-donilon

______. 2012. "Remarks Following a Meeting With President Benigno Aquino III of the Philippines and an Exchange With Reporters." June 8.

The White House Office of the Press Secretary. 2011. "Remarks by President Obama to the Australian Parliament." November 17.

______. 2010. "Remarks by President Obama and President Lee Myung-Bak of the Republic of Korea After Bilateral Meeting." June 26. http://www.whitehouse.gov/the-press-office/remarks-president-obama-and-president-lee-myung-bak-republic-korea-after-bilateral-

Thompson, Drew. 2010. "China's Military: It's not time to panic. Yet." *Foreign Policy*, March/April.

Tiezzi, Shannon. 2014. "Surprise: US-China Military Ties Are Actually Improving." *The Diplomat*, June 27.

Tønnesson, Stein. 2012. "China's Boomerang Diplomacy." *Yale Global*, November 16.

Torode, Greg. 2010. "Troubled Waters." *South China Morning Post*, October 11.

Traywick, Catherine. 2012. "American 'Pivot' to Asia Divides the Philippines." July 23. http://world.time.com/2012/07/23/american-pivot-to-asia-divides-the-philippines

U.S.-China Economic and Security Review Commission. 2013. "2013 Annual Report to Congress." November 20. http://www.uscc.gov/Annual_Reports/2013-annual-report-congress

U.S. Department of Defense. 2012. "Joint Press Briefing with Secretary Panetta and Vietnamese Minister of Defense Gen. Phung Quang Thanh from Hanoi, Vietnam."

______. 2011. "Annual Report to Congress: Military and Security Developments Involving the People's Republic of China 2011." Office of the Secretary of Defense.

Vaughn, Bruce. 2005. "East Asia Summit: Issues for Congress." CRS Report. December 9.

Waltz, Kenneth N. 2000. "Structural realism after the Cold War." *International Security*, 25: 1.

Wang, Jisi. 2013. "How is a 'New Model of Great Power Relations' Possible?" July 19. http://www.theasanforum.org/views-on-what-should-come-next-after-the-obama-xi-summit-and-other-introductory-summits-in-2013

Wang, Xiaoxuan. 2012. "Navy has to get stronger." *China Daily*, July 27.

Wang, Yi. 2013. "Toward a New Model of Major-Country Relations Between China and the US." September 20. http://www.brookings.edu/~/media/events/2013/9/20%20us%20china%20foreign%20minister%20wang%20yi/wang%20yi%20english%20prepared%20remarks.pdf

Wang, Zaibang. 2011. "Aggressive diplomacy will leave country in isolation." *Global Times*, October 24.

Wang, Zhengxu. 2008. "Is China Winning Friends in Southeast Asia?: Views from the Citizens." *EAI Background Brief*, no.413.

Ward, Christopher. 2014. "South China Sea on the rocks: the Philippines' arbitration request." April 21. http://www.eastasiaforum.org/2014/04/21/south-china-sea-on-the-rocks-the-philippines-arbitration-request

Weiss, John and Gao Shanwen. 2003. "People's Republic of China's Export Threat to ASEAN: Competition in the U.S. and Japanese Markets." ADB Institute Discussion Paper. no.2 (January).

Wen, Jiabao. 2005. "Work Together for a Better Future Through Stronger Cooperation." December 12.

Weston, Jonathan et al. 2011. "China's Foreign Assistance in Review: Implications for the United States." Staff Research Backgrounder. U.S.-China Economic and Security Review Commission.

Weymouth, Lally. 2013. "An interview with Singapore Prime Minister Lee Hsien Loong." *The Washington Post*, March 15.

Whaley, Floyd. 2012. "U.S. Reaffirms Defense of Philippines in Standoff With China." *The New York Times*, May 1.

Wheeler, Winslow. 2012. "The Military Imbalance: How The U.S. Outspends The World."

March 16. http://defense.aol.com/2012/03/16/the-military-imbalance-how-the-u-s-out-spends-the-world

White, Hugh. 2014. "Why Obama should abandon the pivot." May 4. http://www.eastasia-forum.org/2014/05/04/why-obama-should-abandon-the-pivot

______. 2012. *The China Choice: Why America Should Share power.* Victoria, Australia: Black Inc.

Whitlock, Crag. 2015. "McCain to Pentagon: Don't let your aircraft carriers visit China." *The Washington Post*, February 5.

Wong, Chun Han. 2012. "China's Aid to Cambodia Helps Cement Ties." *The Wall Street Journal*, November 15.

Wong, Edword. 2010 "Chinese Military Seeks to Extend Its Naval Power." *The New York Times*, April 23.

Wong, John and Sarah Chan. 2003. "China-ASEAN Free Trade Agreement: Shaping Future Economic Relations." *Asian Survey*, 43: 3(May/June).

Wu, Xinbo. 2012. "Beijing's Wish list: A Wiser China Policy in President Obama's Second Term." Brookings Institution. December.

______. 2008. "A Forward-Looking Partner in a Changing East Asia." *The Washington Quarterly*, 31: 4.

______. 2006. "East Asia: Building a Community in the 21stCentury, a Chinese Perspective." *CSIS Working Paper*, November.

Xiang, Lanxin. 2009. "China and the 'Pivot'." *Survival*, 54: 5(October 3).

Xing, Yuqing. 2008. "Japan's Unique Economic Relations with China: Economic integration under political uncertainty." *EAI Background Brief*, no.410.

Yang, Mu and Heng Siam-Heng. 2010. "China-ASEAN Relations after CAFTA." *International Journal of China*, 1: 3.

Yang, Yi. 2011. "China must have strong navy." *China Daily*, December 2.

Yu, Bin. 1999. "China and Its Asian Neighbors: Implications for Sino-U.S. Relations." Yong Deng and Fei-Ling Wang(eds.). *In the Eyes of the Dragon: China Views the World.* Lanham: Rowman & Littlefield Publishers.

Yu, Yongding. 2014. "China faces challenges but bears beware of betting on collapse." December 28. CASS. http://www.eastasiaforum.org/2014/12/28/china-faces-challenges-but-bears-beware-of-betting-on-collapse/

Zhang, Yunbi. 2014a. "Stop fueling maritime provocation, Beijing tells Washington." *China Daily*, May 14.

______. 2014b. "Diaoyu Islands vow 'may backfire'." *China Daily*, April 24.

Zhang, Yunling. "East Asian Community Building and China." http://www.kikou.waseda.ac.jp/asia/en/.../doc/zhang.doc

Zheng, Bijian. 2005. "China's 'Peaceful Rise' to Great-Power Status." *Foreign Affairs*, 84: 5(September/October).

Zhou, Shengqi. 2010. "Sino-South Korean Trade Relations: From Boom to Recession." *EAI Background Brief*, no.508.

Zhu, Feng. 2014. "Geopolitics and China's Response: Be a Co-operator and a Competitor." *Global Asia*, 9: 3(Fall).

Zoellick, Robert B. 2005. "Whither China: From Membership to Responsibility?" Remarks to National Committee on US-China Relations. September 21.

Zoellick, Robert B and Justin Yifu Lin. 2009. "Recovery Rides on The 'G-2'." *The Washington Post*, March 6.

"Abe busy in ASEAN blitz aimed at Beijing." *China Daily*, November 18, 2013.

"Abe diplomacy starts with Southeast Asia." *The Daily Yomiuri*, January 15, 2013.

"As China rises, US taps Japan as key Asia ally." *The Christian Science Monitor*, March 21, 2005.

"Asean, China to meet on maritime code of conduct." *South China Morning Post*, April 11, 2013.

"Asean foreign ministers urge self-restraint as tensions with China continue to rise." *South China Morning Post*, May 10, 2014.

"Asean ministers want legally binding code of conduct for South China Sea." *South China Morning Post*, August 8, 2014.

"Asia to be base for 60 pc of U.S. fleet." *South China Morning Post*, June 3, 2012.

"Beijing offers Manila $2.6bn in funds." *The Straits Times*, April 28, 2005.

"Beijing rejects US, Philippines suggestion it freezes South China Sea projects." *South China Morning Post*, August 5, 2014.

"Beijing 'watching Japan closely' after Tokyo boosts its military." *South China Morning Post*, December 18, 2013.

"Beijing's air defence zone aimed at making Tokyo negotiate, analysts say." *South China Morning Post*, December 1, 2013.

"Better Sino-US ties needed given rising risk of military clash, Chuck Hagel says." *South China Morning Post*, April 9, 2014.

"Biden wants Japan, China to have communication channel over air defence zone." *South China Morning Post,* December 3, 2013.

"Building an Active, Layered Defense: Chinese Naval and Air Force Advancement." An Interview with Andrew S. Erickson. http://www.nbr.org/research/activity.aspx?id=272, September 10, 2012.

"Can we train together? PLA officer uses US ships' port visit to boost ties." *South China Morning Post*, August 7, 2014.

"China and US agree to be more open about their military activities." *South China Morning Post*, July 11, 2014.

"China, ASEAN set 'guidelines' on sea row, but no deal expected." *Reuters*, July 20, 2011.

"China claims Vietnam boat 'rammed oil rig' before sinking in disputed waters." *South China Morning Post*, May 27, 2014.

"China fighters in 'dangerous' brush with Japanese planes." *South China Morning Post*, May 25, 2014.

"China is trying to change region by force, warns Japan." *South China Morning Post*, July 10, 2013.

"China, Japan trade blows as Beijing releases footage of military jets' close encounter." *South China Morning Post*, June 12, 2014.

"China scrambles military planes after US and Japan fly sorties into new zone," *South China Morning Post*, November 29, 2013.

"China surpasses US as world's largest economy based on key measure." *Reuters*, October 08, 2014.

"China Warns Exxon over Vietnam Deal." *Reuters*, July 19, 2008.

"China's development of a new long-range missile is a significant boost for the military, say analysts." *South China Morning Post*, August 10, 2014.

"China's Foreign Assets More Than Half Its GDP." *Forbes*, April 7, 2014.

"China's imports from ASEAN up 44.8 pct in 2010." January 20, 2011. http://news.xinhuanet.com/english2010/china/2011-01/20/c_13700143.htm

"Chinese jet 'flew within 10 metres of US plane'." *South China Morning Post*, August 23, 2014.

"Chinese tourists abandon Vietnam after oil rig row." *South China Morning Post*, July 21, 2014.

"Clinton urges Asean unity on sea disputes ahead of Beijing visit." *South China Morning Post*, September 4, 2012.

"'Correct political decisions' can get us past 'shock', Xi tells Vietnamese envoy." *South China Morning Post*, August 28, 2014.

"Deadly anti-China riots in Vietnam play into the hands of Beijing's hawks." *South China Morning Post*, May 16, 2014.

"Department of Defense Press Briefing with Secretary Hagel and Gen. Chang from the Pentagon." August 19, 2013. http://www.defense.gov/transcripts/transcript.aspx?transcriptid=5289

"Diplomacy, not military power, key to security, veteran adviser says" *South China Morning Post*, January 19, 2014.

"Drilling for diplomacy: How China's rig removal affects change in Vietnam." *South China Morning Post*, July 17, 2014.

"Full text of Park's speech at U.S. Congress." http://english.yonhapnews.co.kr/national/2013/05/08/4/0301000000AEN20130508010800315F.HTML

"GDP." http://data.worldbank.org/indicator/NY.GDP.MKTP.CD

"Global Views of United States Improve While Other Countries Decline." http://news.bbc.co.uk/2/shared/bsp/hi/pdfs/160410bbcwspoll.pdf

"Hanoi plays up Beijing ties ahead of Panetta visit." *South China Morning Post*, June 03, 2012.

"Hillary R. Clinton, Secretary of State, Interview With Greg Sheridan of The Australian." November 8, 2010. http://www.state.gov/secretary/rm/2010/11/150671.htm

"Hu seeks Cambodia's help on sea dispute," *South China Morning Post*, April 1, 2012.

"IMF trims forecast for China's GDP growth, raises outlook for US," *South China Morning Post*, January 20, 2015.

"Interview with US Defense Secretary Chuck Hagel." April 5, 2014. http://asia.nikkei.com/Politics-Economy/International-Relations/Interview-with-US-Defense-Secretary-Chuck-Hagel

"Japan expands military footprint for first time in 40 years, risking angering China." *South China Morning Post*, April 19, 2014.

"Japan, Vietnam to deepen security ties amid China's growing assertiveness," *The Mainichi*, January 17, 2013.

"Japan's Abe touts ASEAN during brief Jakarta visit." *The Jakarta Post*, January 19, 2013.

"June 2012 Ministry of Defense Regular Press Conference." June 28, 2012. http://www.mod.gov.cn/photo/2012-06/28/content_4381068.htm

"Li Zhaoxing Attends the ASEAN and China, Japan, Korea Foreign Ministers' Meeting." http://www.chinaconsulatesf.org/eng/xw/t142012.htm

"Louder military voice raises concerns." *South China Morning Post*, January 18, 2011.

"Obama reassures Japan over Diaoyu Islands, but warns against provoking China." *South China Morning Post*, April 24, 2014.

"Obama signs new security deal with Philippines, backs Manila's arbitration bid." *South China Morning Post*, April 28, 2014.

"Obama warns against 'aggression' in South China Sea during key address." *South China Morning Post*, May 28, 2014.

"Obama's defense commitment would be war trigger for Abe." *Xinhua*, April 24, 2014.

"Obama's statement on the Senkakus/Diaoyus: why so bold?" May 3, 2014. http://www.eastasiaforum.org/2014/05/03/obamas-statement-on-the-senkakusdiaoyus-why-so-bold

"Panetta seeks to reassure Xi Jinping over US motives in Asia Pacific." *South China Morning Post*, September 20, 2012.

"Philippines backs rearming of Japan." *Financial Times*, December 9, 2012.

"Philippines warms to China with care." *The Straits Times*, June 7, 2006.

"PLA Navy sends two of its biggest ships to protect oil rig, Vietnamese media report." *South China Morning Post.* May 16, 2014.

"PLA wants to set tone for military ties with US, analysts say." *South China Morning Post*, April 16, 2014.

"President Xi Jinping vows peace, as PLA top brass talks tough and with Vietnam ablaze." *South China Morning Post*, May 18, 2014.

"Remarks by the President in State of the Union Address." January 20, 2015. http://www.whitehouse.gov/the-press-office/2015/01/20/remarks-president-state-union-address-january-20-2015

"Remarks By Tom Donilon, National Security Advisory to the President." March 11, 2013. http://www.whitehouse.gov/the-press-office/2013/03/11/remarks-tom-donilon-national-security-advisory-president-united-states-a

"Secretary of Defense Speech." November 5, 2013, http://www.defense.gov/speeches/speech.aspx?speechid=1814

"Shanghai shipyard 'to build second Chinese designed aircraft carrier'." *South China Morning Post*, October 22, 2014.

"Ships collide as Vietnam tries to stop China oil rig deployment in disputed waters." *South China Morning Post*, May 7, 2014.

"Stop fueling maritime provocation, Beijing tells Washington." *China Daily*, May 14, 2014.

"Superpowers turn up the heat in their struggle for the upper hand in Asia." *South China Morning Post*, June 19, 2014.

"Tensions run high at security forum as Chinese official criticises US, Japan." *South China Morning Post*, June 2, 2014.

"Tokyo to pledge US$20b to Southeast Asia to win friends at Asean summit." *South China Morning Post*, December 14, 2013.

"Towards an East Asian Community: Region of Peace, Prosperity and Progress." EAVG report. 2001.

"United States and Chinese warships nearly collide in South China Sea." *South China Morning Post*, December 15, 2013.

"US and Japan boost military alliance with new missile defence system." *South China Morn-*

ing Post, October 4, 2013.

"US defence chief Chuck Hagel calls on China to respect its neighbours amid tensions with Japan." *South China Morning Post*, April 7, 2014.

"US eases arms embargo against Vietnam for South China Sea defence." *South China Morning Post*, October 3, 2014.

"US urged to restrain Japan." *China Daily*, April 9, 2014.

"Vietnam and Philippines jointly denounce China's maritime moves." *South China Morning Post*, May 21, 2014.

"Vietnam reaffirms opposition to China's territorial claims." *South China Morning Post*, July 27, 2013.

"Wang stresses China, US economic interdependence." *China Daily*, May 24, 2010.

"War of words erupts as John Kerry calls Beijing 'provocative' in South China Sea disputes." *South China Morning Post*, May 13, 2014.

"Xi and Biden: What the White House says they talked abou-full transcript." *South China Morning Post*, December 5, 2013.

"Xi in call for building of new 'maritime silk road'." *China Daily*, October 4, 2013.

"Xi Jinping calls for renewed trust as US security adviser Susan Rice concludes three-day visit." *South China Morning Post*, September 9, 2014.

"Xi Jinping outlines US$1tr trade target with Asean states." *South China Morning Post*. October 4, 2013.

"Xi Jinping uses tougher tone on South China Sea disputes at Asean meeting." *South China Morning Post*, September 22, 2012.

"Xi pledges to boost ties with Indonesia." *China Daily*, October 3, 2013.

찾아보기

지은이 | 김재철(金材澈)

가톨릭대학교 국제학부 교수로 중국의 정치·외교와 국제관계에 대해 강의하고 있다. 미국 워싱턴대학교(University of Washington)에서 「중국의 당 개혁: '당의 지도원칙'의 재개념화(Party Reform in Post-Mao China: Reconceptualizing the Party's 'Leading Role')」라는 논문으로 정치학 박사학위를 취득했으며, 세종연구소 연구위원을 역임했다. 주요 연구업적으로 『중국의 정치개혁』(2002), 『중국의 외교전략과 국제질서』(2007) 등의 저서와 "The Political Economy of Chinese Investment in North Korea", "Politics of Regionalism in East Asia", 「'중국식' 외교정책의 등장? 2014년 중국외교의 기조」 등의 논문이 있다. 현재 '중국 외교사상의 분화와 외교정책'이라는 연구를 진행하고 있다.

한울아카데미 1819

중국, 미국 그리고 동아시아

신흥 강대국의 부상과 지역질서

지은이 | 김재철
펴낸이 | 김종수
펴낸곳 | 한울엠플러스(주)

초판 1쇄 발행 | 2015년 9월 4일
초판 2쇄 발행 | 2016년 9월 30일

주소 | 10881 경기도 파주시 광인사길 153 한울시소빌딩 3층
전화 | 031-955-0655
팩스 | 031-955-0656
홈페이지 | www.hanulmplus.kr
등록번호 | 제406-2015-000143호

Printed in Korea.
ISBN 978-89-460-5819-4 93340(양장)
ISBN 978-89-460-6230-6 93340(학생판)

* 책값은 겉표지에 표시되어 있습니다.
* 이 책은 강의를 위한 학생판 교재를 따로 준비했습니다.
강의 교재로 사용하실 때에는 본사로 연락해주십시오.